# ÉTUDES

SUR

# L'ESPAGNE

ET SUR LES INFLUENCES

## DE LA LITTERATURE ESPAGNOLE

EN FRANCE ET EN ITALIE

PAR

### M. PHILARÈTE CHASLES

Professeur au Collège de France

---

Origine et influences du drame
espagnol
Drames fantastiques et symboliques
de Caldéron. — Alarcon
Antonio Perez et la princesse d'Eboli
L'Espagne en France
St-Amand. — Théophile de Viau
Balzac. — P. Corneille
Le drame venitien - espagnol
au XVIII° Siècle
Carlo Gozzi et les Femmes dalmates

---

PARIS : AMYOT, RUE DE LA PAIX

Plusieurs questions graves, relatives aux points de communication de la Littérature Espagnole et des autres Littératures, de la nôtre surtout, sont indiquées dans ce volume; j'ai cherché à les résoudre.

Dans des Études sur le Théatre Espagnol, j'ai voulu préciser le caractère de ce drame original, — chrétien et catholique dans son essence, et qui émane du fonds même du moyen-âge, sans aucun rapport avec les traditions de l'antiquité.

J'ai montré le génie espagnol usurpant tout-à-coup un empire exclusif au commencement du xvii⁰ siècle, et propagé en France par quelques initiateurs en crédit, tels que le ministre

Antonio Perez à la cour de Henri IV, et le poète Marino, chez la marquise de Rambouillet.

L'excès et l'abus de ce mouvement espagnol-italien m'est apparu dans les produits capricieux et irréfléchis de quelques hommes de talent et de verve, les uns comme Saint-Amant, exagérant l'emphase et le bel esprit, les autres, comme Théophile de Viau, poussant jusqu'à l'imprudence la liberté sceptique de l'esprit français.

Par un contraste inhérent à l'éternel antagonisme des choses humaines, j'ai fait voir dans cette époque même Pierre Corneille s'assimilant les plus belles qualités du génie espagnol au lieu de s'y asservir et se faisant imiter des Espagnols après les avoir traduits.

Enfin, lorsque Boileau, tout en respectant Corneille, eut chassé du sanctuaire les imitateurs étourdis de l'Espagne, — lorsque vers la fin du xviii° siècle, la verve puissante de ce grand peuple sembla pour toujours effacée; un phénomène contraire et très-curieux m'a fait voir la renaissance momentanée d'un drame moitié espagnol, moitié vénitien, suscité par le génie fan-

tasque et cependant raisonnable de Charles
Gozzi. Les aventures comiques et romanesques
de cet écrivain et les tragiques périls courus par
Antonio Perez ont trouvé leur place naturelle
dans ces Études.

Elles ont été commencées dans la jeunesse, à
une époque où les admirations ne se raisonnent
pas ; on y trouvera plus d'une trace de cette séduction profonde, de cet enivrement sincère,
causés par le génie original d'une poésie inconnue. Il ne faut jamais effacer les vestiges de nos
premiers enthousiasmes, alors même que nous
les jugeons avec froideur. Ils nous rappellent
quelques-uns de nos moments les plus regretta-
bles ; ces pures et saines voluptés de l'esprit,
douces et consolantes pour ceux qui voyagent,
comme le dit admirablement Sophocle, « à travers les sentiers nombreux et les diverses voies
de la Pensée » :

Πολλὰς δ'ὁδοὺς ἐλθόντα Φροντίδος πλάνοις. (1)

(1) Œdipe-Roi.

**PHILARÈTE CHASLES.**

Paris, Institut, 28 avril 1847.

# TABLE DES MATIÈRES.

## ÉTUDES SUR LE DRAME ESPAGNOL.

PAGES.

§ I<sup>er</sup>. Du génie espagnol. — Des faux jugements portés sur ce génie. — M. Sismondi. — Pourquoi le théâtre et le génie espagnols ont été mal appréciés. . . . . . . . . . . . . . . 3

§ II. Suite. — Frivolité de la critique. — Défense de la nationalité espagnole. — Sans nationalité point de littérature. 8

§ III. Quel place occupe le drame espagnol dans l'histoire. . 15

§ IV. Études sur Caldéron. — Son portrait. — Ce que c'est qu'un grand homme. — Shakspeare et Caldéron. . . . . 24

§ V. Drame d'amour et de vengeance. — *A segreto agravio segreta venganza.* . . . . . . . . . . . . . . . . . . . . . 27

§ VI. Études sur Caldéron. — Suite. — La critique appliquée au théâtre espagnol. — Drame du symbole catholique. — *La dévotion de la croix.* . . . . . . . . . . . . . . . . . . . . 38

§ VII. Études sur Caldéron. — Suite. — Drame surnaturel et mystique. — Le docteur Faust en Espagne. — *El magico prodigioso.* . . . . . . . . . . . . . . . . . . . . . . . . 59

§ VIII. En quoi le drame de Caldéron diffère de ceux de Shakspeare, de Gœthe et de Schiller — et du drame moderne. — Le diable sur la scène. . . . . . . . . . . . . . . . . . . . 75

§ IX. Alarcon. — Biographie de don Juan Ruiz de Alarcon y Mendoza. . . . . . . . . . . . . . . . . . . . . . . . . . 81

§ X. Études sur Alarcon. — Caractère spécial de son génie et de ses œuvres. — Fragments. . . . . . . . . . . . . . . . 86

§ XI. Du génie gothique ou septentrional reparaissant et se transformant dans la littérature et le drame espagnol. — Un Hamlet espagnol................. 93
§ XII. Comment le goût espagnol se répandit en Europe. — Shakspeare ennemi personnel du génie espagnol. — Exemples : *Armado* et *Pistolet*................ 97
§ XIII. Suite. — De 1620 à 1660. — France espagnole. — Les femmes et les romans. — Magnétisme social. — Terreur espagnole. — Costumes. — Callot. — Poésie. — Le chocolat et le bœuf. — Théâtre. — Galons et galants. — Voiture, Balzac, Saint-Amant. — Pierre Corneille........... 107
§ XIV. La *Verdad sospechosa*. — Quelques nouveaux détails sur Alarcon................... 116
§ XV. Études sur Alarcon. — Suite. — Ce que Corneille a fait du *Menteur*. — Le matériel du théâtre espagnol en 1650. . 126
§ XVI. Suite. — Alarcon. — Les *Maris passés en Revue*. — *L'intrigue de Melille*................ 147
§ XVII. Alarcon. — Suite. — Le *Tisserand de Ségovie*. . . 178
§ XVIII. Fin des Études sur Alarcon. — En quoi le théâtre diffère du drame. — Pourquoi le règne du drame est passager. — Le drame de passion et d'action appartient aux nations du Midi. — Le drame d'observation aux nations du Nord. — Rôle de l'Espagne. — Conclusion......... 220

# L'ESPAGNE EN FRANCE ET EN ITALIE.

## ANTONIO PEREZ, ESCOVEDO ET LA PRINCESSE D'EBOLI.

§ I<sup>er</sup>. Pourquoi les Espagnols n'ont pas écrit de mémoires. — Ce que c'était qu'Antonio Perez. — Philippe II...... 233
§ II. Généalogie et vie d'Antonio Perez. — La princesse d'Eboli. — Le meurtre................. 239
§ III. Procès d'Antonio Perez. — Sa fuite.......... 244
§ IV. L'insurrection de Sarragosse est fomentée par Antonio Perez..................... 247
§ V. Influence littéraire exercée par les mémoires d'Antonio Perez..................... 250

§ VI. Quels rapports unissent l'histoire littéraire et l'histoire politique. . . . . . . . . . . . . . . . . . . . . . 253

## LE MARINO, SA VIE ET SON INFLUENCE.

### LE MARINO EN FRANCE ET EN ITALIE. (INFLUENCE ESPAGNOLE-ITALIENNE).

§ I<sup>er</sup>. Scène napolitaine. — Triomphe de Marino. . . . . . 260
§ II. Ce que c'était que le Marino. — Le poète et le chef de parti. . . . . . . . . . . . . . . . . . . . . . . . . 264
§ III. Comment Marino s'empara du crédit littéraire. — Marino appelé à Paris par Concini. — Vraie naissance des *précieuses*. — L'origine de ces dernières est italienne-espagnole. 268
§ IV. Influence du Marino. — Sa lettre sur les mœurs parisiennes. . . . . . . . . . . . . . . . . . . . . . . . 276
§ V. Analyse littéraire des œuvres de Marino, son système. — Les Français l'imitent. . . . . . . . . . . . . . . . 284
§ VI. L'Adone. . . . . . . . . . . . . . . . . . . . . . . 295
§ VII. Un poème ridicule et une bonne action de Marino. . 298

## ÉTUDES SUR QUELQUES VICTIMES DE BOILEAU.

§ I<sup>er</sup>. Règne du genre burlesque sous Louis XIII. . . . . . 306
§ II. Suite. — SAINT-AMANT ROI DES GOINFRES. . . . . . . 314
§ III. La société tapageuse de 1610. — Viveurs et libertins. — Les princesses. . . . . . . . . . . . . . . . . . 317
§ IV. Jeunesse de Gérard de Saint-Amant. — Cadet-la-Perle. 320
§ V. Suite. — Développement du talent poétique de Saint-Amant. — Sa vie guerrière. . . . . . . . . . . . . . 329
§ VI. Saint-Amant à Paris. — Ses princesses. . . . . . . . 340
§ VII. Saint-Amant veut se faire d'église. — Moïse sauvé. . . 346
§ VIII. Scène populaire à Paris en 1623. —Théophile de Viau. 376
§ IX. Mouvement philosophique de l'époque. — Groupe des sceptiques. — DE VIAU ROI DES LIBERTINS. . . . . . . . 380

§ X. Théophile à Chantilly, au Louvre et en Hollande. — Son déisme. . . . . . . . . . . . . . . . . . . . . . 386
§ XI. Malheurs et voyages de Théophile. — Son séjour dans les Landes. — Son cachot. . . . . . . . . . . . . . 412
§ XII. Théophile prosateur et poète. — Caractère de son talent. . . . . . . . . . . . . . . . . . . . . . . 428

## CORNEILLE DANS SES RAPPORTS AVEC LE DRAME ESPAGNOL.

### ALLIANCE DE L'ESPRIT FRANÇAIS ET DE L'INFLUENCE ESPAGNOLE.

§ I<sup>er</sup>. Des plagiats faussement imputés à Pierre Corneille. — Il a étudié les Espagnols, et les Espagnols l'ont traduit. . . 449
§ II. Corneille et Caldéron. — Héraclius. — *Todo es verdad y todo mentira.* — Rodogune. . . . . . . . . . . . 458

## D'UN THÉÂTRE ESPAGNOL-VÉNITIEN AU XVIII<sup>e</sup> SIÈCLE, ET DE CHARLES GOZZI.

### APPRENTISSAGE DE CHARLES GOZZI, SES AVENTURES EN DALMATIE ET A VENISE.

§ I<sup>er</sup>. Ce que c'est que le théâtre espagnol-vénitien de Charles Gozzi. . . . . . . . . . . . . . . . . . . . . 465
§ II. Les femmes Dalmates. — Memorie inutili. . . . . . . 467
§ III. Comment Gozzi étudia l'art dramatique. — Suite des aventures en Dalmatie. . . . . . . . . . . . . . . 483
§ IV. Les trois amours du philosophe vénitien. . . . . . . 494
§ V. Venise à la fin du xviii<sup>e</sup> siècle. . . . . . . . . . . 524
§ VI. Théâtre espagnol-vénitien de Gozzi. . . . . . . . . 530
§ VII. L'Amour des trois Oranges. — Canevas. . . . . . . 537
§ VIII. Gozzi continue son œuvre. — Le Roi-Cerf, fable populaire. — Conclusion. . . . . . . . . . . . . . . 543

FIN DE LA TABLE DES MATIÈRES.

# ÉTUDES

SUR

LE DRAME ESPAGNOL.

# QUELQUES DOCUMENTS RELATIFS A CALDÉRON ET AU THÉATRE ESPAGNOL.

Consulter — Don Eugenia de Ochos, Répertoire, etc.
          Schlegel, Leçons de Littérature.
          Rosenkrantz, Essais.
          Von Schack, Geschichte, etc.
          F. Denis. Chroniques espagnoles.
          Lord Holland, life of Lope de Vega.
          Aarssens, voyage en Hollande (1667).
          Sismondi, Hist. des Littératures du Midi.
          De Puibusque, Hist. Parallèle des Littératures espagnole et française.
          Ch. Magnin. Hist. du Théâtre.
          Calderon. Obras sueltas. (Éd. de Keil.)

# ÉTUDES

SUR

# LE DRAME ESPAGNOL.

## § I<sup>er</sup>.

Du génie espagnol. — Des faux jugements portés sur ce génie. — M. de Sismondi. — Pourquoi le théâtre et le génie espagnols ont été mal appréciés.

---

Le malheur du génie espagnol est d'avoir été trop grand, trop naïf, trop spontané, trop fort ; d'avoir épuisé toute sa sève et fait éclater toute son énergie, sans avarice et sans compter ; de s'être fié à ses ressources, à son pouvoir et à sa fécondité ; d'avoir oublié que l'opulence des plus magnifiques torrents réclame un renouvellement, un aliment et une économie dans la dépense : son malheur, enfin, a été l'orgueil. Cet orgueil a tout pris en lui-même. Il s'est dévoré.

Content de produire, et sûr de sa force, le reste lui importait peu. L'avenir même ne l'embarrassait guère. Il lui suffisait de sa conscience, de Dieu et de son épée. C'est ainsi, armés de cette fière et sombre cuirasse, protégés par ce puissant rempart, inaccessibles à toute critique étrangère, que les Espagnols chantaient, qu'ils dessinaient, qu'ils peignaient, qu'ils écrivaient l'histoire, qu'ils faisaient le roman, la pastorale et le drame. Ils ne vantaient pas leurs tableaux, ils ne répandaient et ne cherchaient point à propager leurs systèmes littéraires. Ils se renfermaient dans le sentiment de leur valeur propre. La chaleur du soleil, la vie de la nature, la beauté mystique de l'âme et l'ardente force du sang se reproduisaient sur leurs toiles. Les chances de l'existence humaine et les variétés phénoménales des passions se jouaient dans leurs drames, la majesté de la volonté humaine dans leurs histoires. Ce fut un grand jour et un vaste éclat littéraires; mais, après ce jour, une sombre nuit. A peine nos contemporains se souviennent-ils que l'Europe du XVIe et du XVIIe siècle a puisé à la source de ce drame comme on puise l'eau d'un fleuve, sans qu'il y parût, sans que personne vît diminuer ou tarir le bienfaisant trésor. Les tableaux espagnols restèrent ignorés et suspendus aux parois des églises. Toute cette vive flamme périt, et l'Espagne, une fois condamnée à l'imitation, ne fut rien.

Il est vrai que deux influences, celle de l'Italie et celle de la France, tombèrent sur l'Espagne, entre 1550 et 1750, et modifièrent sa décadence. Mais ces deux écoles ne produisirent rien de grand. Depuis qu'elle est soumise à l'action du Nord, les résultats de cette influence nouvelle ne sont pas meilleurs. Un peu plus de facilité dans la versification et de souplesse dans la facture, voilà ce que la poésie espagnole a gagné dans ses rapports avec l'Italie moderne. Aux écrivains français du XVIIe et du XVIIIe siècle, elle a emprunté quelque lucidité dans l'exposition et l'enchaînement des idées, et un certain goût de régularité apparente et extérieure. Faibles conquêtes, qui ne remplacent pas ce que l'Espagne posséda, fécondité, énergie, nationalité surtout.

Cette glorieuse nationalité, toute catholique, chevaleresque, et, si l'on veut, fanatique, a été récemment en butte à de violents reproches. Un Génevois très-éclairé, M. de Sismondi, esprit assurément distingué, érudit d'une patience exemplaire, a foudroyé la littérature et les mœurs espagnoles.

Le génie du XVIII<sup>e</sup> siècle a pénétré cet écrivain jusqu'à se rendre incapable de se mêler au vieux génie des nations et d'en sentir la valeur, la fleur ou le poids. Il entre dans le XIII<sup>e</sup> siècle avec une lumière de 1820, qui déforme les objets, et les voile plutôt qu'elle ne les éclaire. Vous diriez un musicien qui ne connaît qu'une seule clé, celle de *sol*, par exemple, et qui, essayant de lire une partition à livre ouvert, s'en irait confondant toutes les clés l'une avec l'autre, et se plaindrait ensuite de l'épouvantable tintamare dont il ferait au compositeur le cadeau gratuit. Avec le plus grand respect pour les consciencieux labeurs et les sages intentions de ce savant, il est impossible de ne pas récuser ici la rigueur de ses jugements. Il se récrie contre la férocité des mœurs, le fanatisme religieux, le point d'honneur exagéré, qui règnent dans les œuvres espagnoles, c'est-à-dire contre leur originalité, leur vérité, leur âme, leur force et leur grandeur. Autant vaudrait se scandaliser du fanatisme romain de Tacite, de son admiration enthousiaste pour les suicides grandioses, et de sa haine contre les Juifs (1).

La férocité du coloris manque-t-elle à Eschyle, à Dante, et même à Homère? Autre chose est la poésie, autre la morale pratique. La scène et les livres français abon-

---

(1) V. Nos Études sur l'Antiquité. T. I. et celles sur le Moyen-Age. T. II, (Flavius-Josèphe.)

dent, depuis Jehan de Meung jusqu'à Crébillon fils, en plaisanteries licencieuses que l'on ne peut donner pour modèles à personne, et qui n'empêchent pas *George Dandin* d'être un chef-d'œuvre, ni *Candide* non plus. « Quoi ! s'écrie M. de Sismondi, vous voulez que nous souffrions ce mélange adultère dont les Espagnols se sont rendus coupables : la religion jointe à la cruauté, à la licence et à l'infamie ! » Blâmez les mœurs, ou plutôt l'infirmité humaine, qui paie toujours si cher sa grandeur; mais ne demandez pas à ces œuvres qui émanent de la passion, qui expriment le préjugé national, qui sont pétries et moulées au feu même des croyances, ne leur demandez pas d'être sans passions, sans préjugés et sans croyance. N'allez pas vous étonner que le frère tue sa sœur sur un soupçon de faiblesse féminine, quand il s'agit pour le dramaturge de satisfaire un peuple qui a la superstition et la folie du point d'honneur. Le poète vous montre-t-il un vassal donnant sa vie à son roi, sans espoir de récompense pour sa famille, ou même de renommée, ne vous courroucez pas, fils du XIX$^e$ siècle !

Vous qui lisez les œuvres de Caldéron et de Tirso, rappelez-vous qu'il s'agit de l'Espagne et de la féodalité ; songez qu'il est question de ce peuple chez lequel un Guzman vit poignarder son fils sous ses yeux, plutôt que d'être *félon* à son seigneur et de livrer à l'ennemi le château que son roi lui avait confié. Vertus barbares, à la bonne heure ; d'un autre temps, je le veux ; dangereuses, si vous le jugez ainsi ; mais le poète n'est pas le moraliste glacé que vous êtes ; il est la voix des nations, l'organe de leur âme, la flamme qui marque leur passage. Dès qu'il se détache des passions nationales, il n'est plus, suivant la belle expression de Dryden; « qu'une flamme peinte. » Il n'a plus d'originalité, il est sans pouvoir.

Cette originalité était surtout essentielle à la littérature espagnole, qui n'avait pas d'autre fonds que ces mœurs grandement fanatiques. L'originalité du génie anglais n'en approche même pas (1); cette dernière, toute commerciale, sympathique malgré son individualité, restant elle-même, mais ne méprisant aucune acquisition, accepte des associations, sans abdiquer sa franchise, sa force, sa puissance teutonique; elle se permet des alliances. Elle a profité de l'Italie, elle a emprunté des grâces ou des essais de grâce à la France. L'Espagne, au contraire, toutes les fois qu'elle a plié sous l'imitation, s'est perdue. La liberté et la spontanéité constituent sa vie. Dès qu'elle s'en éloigne, elle meurt.

Elle n'a pas, comme les littératures française, italienne, allemande, d'époque de renouvellement. Son histoire intellectuelle ne possède qu'une fleur magnifique et dont l'épanouissement splendide est suivi d'une rapide décadence; ainsi fleurissent les cactus de ses roches brûlées. Les ballades que chantèrent les héros de la guerre contre les Maures, sont catholiques comme les *autos sacramentales* de Caldéron. Tandis que la France était tour-à-tour italienne, espagnole, anglaise; l'Angleterre, tour-à-tour italienne, française, allemande; l'Espagne, du XIII<sup>e</sup> siècle au XVII<sup>e</sup> siècle, se développait dans une direction unique; ses premiers chefs-d'œuvre, ceux de Caldéron, sont dictés par la même inspiration qui anime le vieux poème du Cid. Voilà ce que n'ont pas vu les critiques frivoles.

La frivolité exclut le jugement sévère; elle détruit la

(1) V. nos Études sur l'Antiquité, Vues Générales, p. 15.

profondeur, au sein de laquelle repose toujours la vérité; l'attention, qui seule éclaire la science; l'étude, qui enlève les surfaces et creuse le sillon fertile ; la pénétration, qui détruit les apparences et parvient aux réalités ; la comparaison des faits qui exige du temps; l'examen des résultats, la critique des détails, le courage de remonter aux sources; enfin l'élévation des idées qui montre les produits de la pensée coïncidant avec la civilisation, faisant partie intégrante de l'histoire, et concourant à renverser les trônes ou à changer les républiques : tous ces mérites, je ne dis pas supérieurs, mais indispensables au philosophe et à l'écrivain sérieux sont exilés par la frivolité de l'esprit.

## § II.

Suite. — Frivolité de la critique. — Défense de la nationalité espagnole. — Sans nationalité point de littérature.

Souvent cette frivolité de la critique se mêle à un pédantisme excessif et insoutenable. On se croit lucide parce qu'on est léger. Intelligences profondes et éclatantes, Bacon, Shakspeare, Cervantes, Pascal, venez venger les qualités les plus brillantes et les plus solides de la pensée, compromises par le docteur Beattie, l'abbé Coyer, M. de Marmontel, l'abbé Le Batteux, le jésuite Bouhours, qui babillent si lestement leurs frivolités pédantesques. Vous prouvez assez qu'il ne suffit pas, pour avoir titre à endoctriner les autres, de savoir les ennuyer de lieux-communs habillés selon la mode. — Quoi de plus profond que Tacite! et quel drame fut plus amusant que le sien! Quoi de plus lourd et de plus long que le frivole Varillas! — Y a-t-il un style plus neuf et plus vif que celui de Montesquieu ; et un style plus pâteux et plus empêtré dans les mots que celui de M. de Mably, qui nous apprit à être des Phocions ? — Partout où est la vraie profondeur, je trouve la véritable clarté. Dès que vous apercevez dans les idées publiques des masses vagues et flottantes, des nuages indécis, soyez sûrs qu'une étude est encore à faire, que ceux qui vous ont précédé n'ont amassé que des vapeurs, et n'ont pas su éveiller la lumière! Défiez-vous de cet esprit léger qui se contente d'un certain ordre faux, d'une certaine lueur extérieure, d'une certaine forme régulière ; qui se paie de certains mots, et croit qu'il n'y a plus rien à dire. Bannissez les phrases toutes faites, les frivolités pédantesques. Rejetez le lieu-commun. Cherchez la vérité. Permettez aux esprits libres et méditatifs de se défier du jugement public et de le réviser.

Il y a des idées toutes faites sur le drame espagnol. M. Linguet et Voltaire ont jeté dans la circulation toutes les phrases qui roulent à ce sujet et qui nous servent encore. Une certaine facilité d'extravagance, un pêle-mêle d'amants qui se battent, de sœurs qui font l'amour, de frères qui se vengent, de pères qui surveillent et de galants qui s'embrouillent dans une intrigue sans issue ; voilà, disons-nous, le théâtre espagnol. En vain occupe-t-il une place assez vaste dans l'*Histoire des Littératures du Midi*, par l'écrivain dont nous avons parlé tout-à-l'heure. Il a augmenté notre erreur et doublé le voile ; il n'a parlé que du fanatisme, de la superstition, de la férocité des drames espagnols. Il nous en a dégoûtés sans nous les faire connaître. Toute sa patience, sa philosophie et son érudition n'ont pu pénétrer au-delà des surfaces. Il a été superficiel avec gravité et géométriquement frivole.

Ce talent distingué, consciencieux et persévérant se fait remarquer par un caractère inflexible, assez commun dans la république genévoise que le sévère Calvin a fondée. Quelques principes une fois adoptés servent de règle à tous ses jugements. Il a foi dans le XVIII° siècle, et pense innocemment que le genre humain, avant cette époque, menait une vie de superstition sauvage : le joug des prêtres, la tyrannie des préjugés lui offrent des fantômes redoutables ; il dit encore *les temps de barbarie*, et il oublie que toutes nos inventions datent de ces âges obscurs. (1) Il abhorre Louis XIV, exècre le fanatisme, croit à l'*Eldorado* promis par d'honnêtes philosophes, et porte dans l'histoire leurs illusions bienveillantes. Remplaçant un préjugé par un autre, une superstition monacale par une superstition dogmatique, étouffant le fanatisme de l'inquisition pour professer le fanatisme de Diderot, il manque évidemment de la première qualité de l'historien, de cette souplesse impartiale qui nous associe aux variations de l'histoire. Esprit juste qui voit faux, intelligence rigide trompée par sa rigueur même, il ramène toutes choses au présent. Il ne voit pas que le présent n'est qu'un point mobile. Charlemagne est jugé par lui comme il jugerait l'empereur de Russie ou d'Autriche ; et il soumet les actes de saint Martin, de saint Grégoire de Tours, ou les écrits de saint Thomas d'Aquin à la sévérité constitutionnelle. En vérité, cela n'est pas juste ! Ces paladins, ces barons et ces moines,

---

(1) V. nos Études sur le Moyen-Age.

à des vertus que vous n'avez pas joignaient des vices aujourd'hui devenus rares. Ce que vous appelez vile servitude, ils l'appelaient noble devoir. Ce qui est pour vous brigandage, était conquête pour eux. Laissez leur mérite et leur dévoûment véritables à ces personnages qui, sous le froc du moine ou le bonnet du docteur, vous inspirent si peu d'admiration ; aussi bons citoyens que Caton, quelques-uns doués d'un génie au moins l'égal de tous les génies ! Croyez-vous que Jehan Gerson, Juvénal des Ursins, Étienne Boileau, ne marchent pas égaux des tribuns, des édiles, des consuls de l'antiquité ? Imaginez-vous qu'il y ait si loin de Lucrèce à Jeanne d'Arc, l'une qui ne vengea que son honneur, l'autre qui sauva sa patrie ? Méprisez-vous Jehanne parce qu'elle disait ses patenôtres ? Lucrèce et Cornélie sacrifiaient aux dieux Lares. Il faut avoir étrangement rétréci et abaissé son esprit par le préjugé, pour ne pas estimer Thomas d'Aquin, Roger Bacon, Abeilard, à l'égal ou au-dessus de Varron et d'Aulu-Gelle, ou de Thalès et de Bias !

La fin du XVIIIᵉ siècle a commencé une réaction vive contre les idoles et les enthousiasmes des siècles précédents. Voltaire, puissant organe de ce mouvement, a entraîné avec lui une foule d'esprits ardents ou logiciens, qui ont porté de tous côtés sa théorie comme une flamme. L'infécondité de ces principes n'a plus besoin qu'on la prouve. Elle a pour gages, dans l'histoire, M. de Sismondi ; dans la philologie, Volney ; dans le drame, Marie Chénier et Dubelloy ; dans le roman, Lemontey et mille autres. Que personne n'en soit surpris. La négation est stérile.

L'esprit de Voltaire, cette miraculeuse et dévorante flamme qui a touché à tout, qui s'est emparée de tout, qui a fait étinceler toutes ses destructions; phénomène français, et merveille inouie, ne prétendait rien organiser; il voulait détruire. Il a réussi. Qui donc peut adopter de bonne foi ses jugements sur Dante, sur l'Arioste, sur l'Espagne, sur Milton, sur Corneille même ? Toutes les surfaces sont caressées par ce feu sans repos; le dédain du passé, l'élan vers l'avenir dictent cette critique hardie, amusante, éclatante, partiale et terrible. Parcourant la torche à la main la carrière de l'intelligence et du savoir, ce général d'armée illuminait ou incendiait au gré de ses desseins; l'habileté audacieuse du chef de parti éclatait dans sa course aventureuse et triomphale. M. de Sismondi et ses émules ont adopté de trop bonne foi la vivacité politique de leur maître; méconnaissance de l'esprit des siècles; légèreté dans les sentences, dénigrement des choses passées; critique amère de tout ce qui étonne ou blesse le goût français; condamnation sans appel et sans enquête des produits étrangers à la philosophie moderne, des actes et des ouvrages émanés du christianisme; voilà le résumé de ces dogmes frivoles.

M. de Sismondi nous apprend donc que l'on se tue beaucoup dans le drame espagnol, que le génie de l'Inquisition y respire, que les héros espagnols sont souvent des brigands, que les mystères du christianisme y sont représentés, qu'il arrive au poète de sanctifier le meurtre par le symbole et la dévotion, et qu'enfin toutes ces choses constituant une abominable morale, d'un usage dangereux, d'un très-mauvais exemple, la tragédie, la comédie, la saynète et l'*auto* de la Castille méritent la réprobation du philosophe et la colère de l'homme vertueux.

Il y a trois ou quatre erreurs dans ce jugement. La première, est la confusion de l'art et de la moralité; deux

choses qui peuvent s'unir, mais dont l'essence est évidemment distincte. On sait que même Aristophane, grand flagellateur et amusant poète, n'a corrigé personne. Pourquoi chercher des sermons dans des drames qui n'ont pas la prétention d'être philosophiques? ils sont populaires. Ils existent en vertu du génie national, dans lequel ils ont leur racine, et sans lequel ils ne vivraient pas. »
» Quiconque étudie bien le théâtre d'un peuple, dit un
» Allemand original et profond, a sous les yeux la carte
» topographique de son génie, le plan figuré de ses inten-
» tions secrètes; non pas son histoire, mais le dessin géné-
» ral de ses idées. »

Cet Allemand exprimait dans une phrase bizarre tout le secret du théâtre ; le plan, les intentions secrètes, les idées mères, la carte topographique du génie espagnol se trouvent dans son théâtre. Rien de plus complet, rien qui s'accorde mieux avec les annales de ce peuple. Il égorge ses ennemis, — tous les peuples en ont fait autant. Il se soumet à l'Inquisition,—comme Rome à sa vieille discipline. Son fanatisme est aveugle, — comme le fanatisme de Brutus, de Scévola, de Léonidas. Vous condamnez la férocité du patriotisme chrétien, vous qui exaltez celle du patriotisme grec! Les deux sentiments sont les mêmes; c'est une passion identique, capable de brûler le monde et de le noyer dans le sang, comme toutes les passions poussées à l'extrême. Sont-ce des modèles de conduite morale que vous demandez aux assassinats d'Eschyle, aux incestes d'Euripide? L'activité passionnée constitue le drame; elle le remplit de crimes.

En lisant Caldéron, M. de Sismondi a dû frémir. Entre sa fenêtre régulière et les Alpes blanches et roses, une procession sanglante s'élève et passe, le crucifix en main;

ce sont des bandoleros armés de l'escopette et comptant les grains de leurs rosaires ; des vierges saintes crucifiées par les bourreaux ; des moines à l'œil cave et dont la prière semble un remords ; de jeunes cavaliers en grande foule, qui jouent avec le poignard et ne vivent pas un jour sans intrigue, sans confession et sans duel ; puis quelques Arabes à l'œil d'aigle, au cimeterre courbe, chargés de chaînes, ou couverts du *san-benito ;* enfin, tous ces personnages que les peintres d'Espagne ont reproduits avec un génie sublime, une puissance qui effraie, une verve sans égale et tardivement reconnue. Ces acteurs n'ont pas une moralité plus stricte que Clytemnestre, Médée et tous les vieux monstres tragiques sortis des entrailles sanglantes de la mythologie.

La question de moralité une fois écartée, il s'en présente une autre, infiniment plus raisonnable. Les Espagnols, plus catholiques que tous les catholiques, plus chrétiens que tous les chrétiens, ont suivi une route opposée à celle des peuples modernes ; ils ne se sont imposé aucune loi dramatique antérieure à leur propre civilisation. Depuis le moyen-âge leur drame a vécu sur les éléments du moyen-âge. Ont-ils créé par ce procédé un théâtre digne d'admiration ? Ont-ils atteint le but de l'art ? Les lois universelles du beau ont-elles dominé ce drame spécial, unique, tout chrétien, tout chevaleresque ?

Oui, certes, leur drame, dans son ensemble, nous semble supérieur à celui de l'Italie, et même supérieur, non pour la force philosophique, mais *en tant que drame,* au théâtre anglais.

## § III.

*Quelle place occupe le drame espagnol dans l'histoire littéraire.*

L'histoire littéraire ne peut plus s'écrire ni par les dates, ni par les biographies, ni par les redites. Toute monographie est insuffisante désormais ; les intelligences élevées cherchent nécessairement la synthèse de la civilisation de l'Europe, le panorama de ses produits variés ; elles veulent éclairer ce grand tableau par les parallèles, les concordances, l'analyse des influences diverses et des fusions internationales. Elles n'oublient pas que chaque peuple a ses passions comme chaque individu, et que ces passions constituent l'âme de chaque poésie. Elles voyent ces passions se former, se déclarer, éclater, s'affaiblir, s'éteindre et correspondre à tous les mouvements littéraires qu'elles annoncent de loin et qu'elles décident plus tard.

L'Espagne a créé son drame original longtemps avant la France et l'Angleterre. L'Italie nous a enseigné la disposition des scènes ; les Espagnols n'ont demandé qu'à eux-mêmes l'art romanesque, et la verve d'incidents qui animent *la Célestine*, cette vieille mère des drames castillans. Lorsque Heywood faisait représenter en Angleterre ses bouffonneries sans intérêt et sans verve ; lorsque Paris n'avait encore que des mystères fort plats et des moralités baroques, vers 1540 ; Lope de Rueda l'Espagnol jouait sur les places publiques de Madrid de véritables comédies-proverbes, pleines de sens et de sel. Dès l'année 1510, un Juan de la Encina et un Torres Naharro mêlent et croisent merveilleusement tous les incidents de la vie réelle. Un siècle s'écoule, et ce drame si brillamment éclos, premier rayon du soleil dramatique, acquiert une fécondité tellement vive que l'Europe entière est inondée de sa chaleur. Il fournit des sujets à l'Italie, à la France, à l'Angleterre. Toutes les nations imitent-elles ce qui n'a pas de valeur? Corneille et Shakespeare eussent-ils abreuvé leur génie à une source méprisable? Assurément non.

Pourquoi la scène espagnole a-t-elle été si neuve et si féconde? Pourquoi s'est-elle isolée complètement du théâtre antique, dont l'Italie et l'Angleterre même recevaient les leçons?

Dans toutes les histoires modernes, celle de l'Espagne exceptée, une chaîne non interrompue de jeux scéniques, tantôt approuvés, tantôt prohibés par la loi chrétienne, rattache au théâtre des anciens le théâtre des peuples nouveaux. Pantomimes, dialogues, jeux-partis, bouffonneries mêlées de tours de force, drames pieux, allégories morales, combats, danses, mascarades; ces divers spectacles dépendent du même art, et s'y substituent fréquemment. M. Magnin prouve que jamais en Europe, l'Espagne seule exceptée, il n'y a eu suspension complète du théâtre. Au IV$^e$ siècle, le troisième concile de Carthage admet à la conversion et à la pénitence les acteurs et histrions, *scenicos et histriones*. Ausone, à la fin du même siècle, parle à un ami des pièces de théâtre que ce dernier compose. Le concile d'Afrique, en 417, s'élève contre l'usage des représentations théâtrales qui ont lieu le dimanche. Cassiodore, l'écrivain du siècle suivant, indique l'extrême perfection donnée de son temps à la pantomime. Une lettre d'Atalaric, adressée au sénat de Rome, rapporte qu'il a dépensé des sommes énormes pour payer les acteurs qui amusent le peuple. En 536, Pierre, hérétique acéphale, s'éprend d'une actrice nommée Stephana, que le concile de Constantinople lui reproche d'avoir placée dans un couvent pour la voir plus à son aise. Le concile de Rome, en 680, défend aux évêques de faire représenter des pièces de théâtre ; et celui de Constantinople (même année) leur défend d'y remplir des rôles. Le moine Alcuin, sous Charlemagne, défend à Engelbert d'assister aux jeux de la scène. On trouve dans les divers conciles du IXe siècle une multitude d'anathèmes contre les jongleurs, acteurs, actrices, histrions, et leurs arts damnables et dangereux. Dès le siècle suivant, les formes et le style de Térence sont tout-à-coup appliqués à des sujets religieux par une abbesse allemande, Hrosvita de Gandersheim (1), tant la tradition dramatique s'est fidèlement conservée et transmise. Les érudits rapportent au XIIe siècle le drame allégorique intitulé *Ludus Paschalis* ; au XIIIe, toute l'Europe est inondée de *sotties*, de *moralités*, de *légendes* coupées en scènes, enfin d'essais dramatiques.

Au lieu de cette transmission régulière et de cette vie permanente de l'art théâtral, tour-à-tour pédant, bouffon, gladiateur, escamoteur, sermonnaire, pantomime, écuyer, danseur, tragédien, toujours soutenant son vieux sceptre en dépit des foudres ecclésiastiques ; que trouvez-vous en Espagne ? Une lacune absolue de quatre siècles entiers. Les Arabes s'emparent du royaume ; un faible

---

(1) V. nos Études sur le Moyen-Age. Naissance du Drame Chrétien.

débris de nation se cache dans les montagnes et les bois inaccessibles ; la lutte recommence, et ce duel, qui dure trois cents ans, extermine enfin les Orientaux.

Non-seulement des hommes aussi occupés que les chrétiens d'Espagne trouvaient peu d'instants à donner aux imitations du théâtre ; mais les conquérants arabes, philosophes subtils, poètes lyriques, artisans industrieux et guerriers hardis, étaient éloignés de l'art dramatique par leurs habitudes et leurs dogmes. Livrés à des amusements plus actifs, ils préféraient à tout les joûtes, les tournois, le maniement du cheval et de la lance, la musique et la volupté, la galanterie et la gloire.

L'Espagne chrétienne, quand elle redevint maîtresse d'elle-même, eut donc à reconstruire son théâtre de ses propres mains. Rien ne la liait à l'antiquité. Les Provençaux lui apportaient leurs tensons et leurs sirventes, beaux élans de colère ou d'amour, chefs-d'œuvre lyriques dont le drame espagnol a conservé la trace. Les Italiens s'essayaient déjà dans cette reproduction de la vie humaine, qu'ils mêlaient de caricature et de poésie, mais dont ils dépassaient le but en exagérant les couleurs. Le reste de l'Europe n'avait guère que de mauvaises farces et des moralités lourdement instructives.

L'Espagne tira son théâtre de son propre sein. Sans traditions à respecter, sans théâtre établi, sans habitudes antérieures, elle consulta ses mœurs, toutes de péril et de hasard ; elle demanda conseil à sa passion, et cette passion était catholique. « Haine aux hérétiques ! s'écria le nou-
» veau drame ; vive l'Espagne ! Héros et bandits, pourfen-
» deurs de Maures, jeunes galants, vieux seigneurs, don-
» zelles qui êtes le prix du combat ; ermites des monta-
» gnes, saints et saintes, protecteurs de l'Église, extermi-

» nateurs des Sarrasins; jouez votre drame sur les ruines
» du croissant, sur les cendres des alcazars ! Le triomphe
» de la gloire catholique remplira nos tragédies; aux œu-
» vres inférieures nous laissons le triomphe de l'amour et
» la féerie du hasard ! » Le génie national s'éveillant, créa
sur cette donnée des pièces sans nombre, des drames sans fin,
avec du talent, sans talent, en vers, en prose, en couplets,
en redondilles, en divers patois que la même pièce entassait; proverbes, comédies, tragi-comédies en sept actes, en
six actes, en vingt-et-un actes, comme *la Célestine*; avec
allégories, comme les pièces de Cervantes; avec musique
ou sans musique; et toujours sur le même inépuisable
texte; la gloire de l'Espagne, la gloire de l'Église, l'amour
vainqueur, le duel de l'homme avec le sort, et le symbole
chrétien planant sur ce combat pour l'éclairer et lui donner la consolation, la couronne ou la vengeance.

Il était impossible que ce développement naïf du drame
espagnol exploité par tant de mains, entouré d'une prédilection si populaire, d'accord avec l'énergie, la passion, la verve, le souvenir, l'orgueil et les voluptés de ces
hommes ardents et ingénieux, ne produisît pas des chefs-
d'œuvre. Ainsi était éclos le magnifique théâtre des Grecs.

Ce résultat fut tard. La sève trop abondante se projetait en feuillages épais et stériles. Ce théâtre populaire se
chargeait de tous les défauts de son origine; fécondité insouciante, liberté exagérée, nuances hardies et violentes,
excès dans les péripéties et dans l'expression des passions.
La forme provençale des petits vers de huit pieds favorisait
une prolixité dangereuse; le mélange des *canzoni* et des
odes dans le drame plaisait aux imaginations lyriques et
exaltées; les combats, les intrigues et les allures de Matamore se multipliaient à l'infini. Tels sont les vices du pre-

mier drame espagnol, ceux de Lope de Véga, qui résume la force et la faiblesse de cette première époque. Il manquait à cette scène un Sophocle. L'Espagne, nous avons dit pourquoi, ne pouvait le trouver que dans le catholicisme ; il lui fallait un poète d'une raison passionnée, exaltée, véhémente, que beaucoup n'appelleront pas raison, mais la seule qui fût espagnole. Le plus léger souffle de la raison sceptique eût détruit cet édifice de gloire conquérante, de christianisme vainqueur, de foi absolue, d'obéissance orgueilleuse, de visions enchaînées au monde réel et de prosélytisme insatiable. Il vint un homme de génie qui, sans corriger les défauts inhérents à la sève nationale, défauts chéris que tout peuple préfère à ses vertus, expliqua, fonda et compléta le théâtre de sa patrie, lui donna pour base et pour dôme, pour assise première et pour coupole étincelante ce qui en était l'appui et la couronne, le catholicisme.

Ce poète fut Caldéron.

Pour décider s'il a bien ou mal fait, on ne doit pas, comme M. de Sismondi, remettre en cause la moralité du catholicisme ; question d'histoire, résolue d'avance par ceux qui savent combien la lutte catholique de l'Espagne a servi la cause et le progrès de la civilisation. Caldéron a été sublime, parce qu'il a été complet. Ses œuvres renferment les expressions les plus éloquentes, les événements les plus pathétiques, les caractères les plus énergiques, les catastrophes les plus terribles qui puissent surgir de ce fond chrétien et chevaleresque. Il a épuré la forme nationale, sans toutefois atteindre la beauté achevée de la poésie grecque, perfection inimitable. Il a déployé une imagination plus vaste dans des régions plus élevées, il est descendu sans peur dans des profondeurs inconnues.

Une logique plus redoutable a étreint ses conceptions. Il a osé dire le génie espagnol tout entier.

Fallait-il qu'il abandonnât ce petit vers si facile et si souple, ou la coupe de l'ancien drame par journées, ou la foule habituelle des *galanes* et des *viejos?* Fallait-il qu'il imitât Plaute et Ménandre, et qu'il travaillât pour les savants? Mais le peuple ne l'eût pas compris. Il conserva les irrégularités de la poésie populaire ; il en concentra la puissance, en accrut les témérités et en doubla les émotions. Plus sévère et plus logique que son prédécesseur Lope de Véga, il agrandit toutes les beautés du Théâtre national, l'anima d'une chaleur, et l'éclaira d'une lumière puisées dans ce génie national même.

## § IV.

Études sur Caldéron. — Son portrait. — Ce que c'est qu'un grand homme. — Shakspeare et Caldéron.

L'Allemagne s'est éprise, au XIX$^e$ siècle, d'un vif amour pour la poésie catholique des Espagnols, pour Caldéron surtout. Les deux Schlegel l'ont commenté ; et leur commentaire est une auréole plutôt qu'une scholie ; les libraires de Leipsick et de Vienne lui ont consacré leurs presses ; une belle édition de Caldéron a été publiée à Leipsick. Maurice Retsch, a dessiné le portrait du poète, portrait placé à la tête du premier volume; une tête grave, magnifique par l'homogénéité et la délicatesse des contours; au front plus élevé que large, à l'œil fixe et préoccupé, à l'attitude distraite et rêveuse; une tête qui n'est pas sans rapports physionomiques avec les portraits de William Shakspeare, ni pour la forme du nez et le gracieux ovale du visage avec les bustes de Racine. Vous le prendriez pour un saint homme qui a passé sa vie entre les quatre murs d'un couvent de Tolède, absorbé par la *Fleur des Saints;* à voir son costume monacal, la médaille dévote pendue à son cou par une corde, son air béatifique et paisible, et ses grands yeux ouverts non sur le monde extérieur, mais comme s'ils regardaient *en dedans* et se repliaient sur l'âme, vous pourriez bien lui refuser place au nombre des hommes de génie. Il a l'air si calme !

Qu'est-ce qu'un homme de génie? Les diverses époques ont eu là-dessus des idées fort diverses. La première condition de celui qui, au XVIIe siècle, prétendait au génie, était de casser une quantité de verres quand il faisait la débauche au cabaret. Au XVIe siècle, celui qui se portait *homme de génie* espadonnait merveilleusement, se grisait tous les jours, et tachait d'encre et de vin les pages de son Pindare; il touchait familièrement la main du grand Ronsard; il fermait outrageusement les portes de la gloire à ce pauvre Montaigne, qui n'avait pas de si grandes façons; à Cervantes, qui était humble et naïf; à Shakspeare, qui ne l'était pas moins. Tous ces gens qui menaient si petit bruit ne méritaient point d'être admis dans la congrégation forcenée des faux hommes de génie. Cervantes et Michel Montaigne, polis et bien élevés, ainsi que Caldéron et Shakspeare, ainsi que Racine et Voltaire, n'avaient pas le droit de coudoyer Marc de Lasphryse, capitaine et poète, qui relevait si bien sa moustache en faisant des vers à sa *Vénus de Cathédrale* (1); ils ne pouvaient s'asseoir à la même table que messire Dubartas le Gascon, qui brisait ses meubles quand il composait une tempête en *sexamètres*; ils n'étaient point admis au splendides banquets honorés de la présence de Jodelle, triste novateur, adoré de son temps. Je suis sûr que l'on eût repoussé le provincial Montaigne, s'il eût désiré assister à la grande fête d'Auteuil, où l'on tuait un bouc *thespidique* adorné de tragiques guirlandes, en l'honneur de Jodelle. Laissons la postérité faire son œuvre; et quittant ces bruyants hommes de génie, revenons au calme et doux Caldéron, homme paisible et modeste comme je l'ai dit.

C'était un grand poète, bien que les Espagnols du XIX<sup>e</sup> siècle le comprennent fort peu. Les uns préfèrent à Caldéron Lope de Véga qu'ils trouvent plus inventif, moins lyrique, moins bariolé de comparaisons et d'exclamations; les autres que le goût français a transformés, rejettent toute la vieille littérature espagnole, depuis le poème gothique du *Cid* jusqu'aux œuvres latinisées du commencement du XVIII<sup>e</sup> siècle.

Caldéron n'est donc plus compris, au XIX<sup>e</sup> siècle, que d'une faible partie de l'Espagne lettrée. Son empreinte est trop profondément des anciens temps. Il n'est pas, comme Cervantes, philosophe et citoyen du monde; Cervantes, cet autre Molière; nom devant lequel tous les noms s'abaissent; autour duquel les partis se groupent, et les haines se concilient; un de ces hommes qui forcent la sym-

---

(1) V. nos Études sur le XVI<sup>e</sup> siècle, t. III.

pathie et commandent l'amour, une de ces têtes vastes qui ramènent toutes les pensées dans leur cercle magique parce qu'elles ont tout compris; un de ces génies universels dont on ne peut pas plus nier l'existence que la vérité mathématique ou la lumière du soleil.

Caldéron est l'homme de génie d'une race et d'une phase sociale.

Les Espagnols modernes sont trop éloignés de lui pour s'associer pleinement à son drame.

Le drame émane essentiellement de l'action nationale; c'est la pensée nationale réalisée et changée en fait. Cette pensée cesse d'être compréhensible à distance de temps ou à distance de lieux. Le drame exprime, non ce qu'un peuple est, mais ce qu'un peuple voudrait être : les raisonneurs de Molière sont l'idéal du bon sens français au XVIIe siècle; les chevaliers de Caldéron sont l'idéal de la chevalerie espagnole; les amoureux qui soupirent et qui brûlent dans les pastorales italiennes représentent la vie molle de l'Italie. Les grands écrivains, qui sont toujours des séducteurs habiles, savent quelle corde secrète il faut toucher; ils satisfont le besoin idéal des esprits et des âmes qui se livrent à eux. Ils nous consolent du monde qui nous entoure, en créant pour nos menus plaisirs un monde nouveau, le monde de notre désir et de notre pensée. Les grandes inspirations de Corneille et les tendresses divines de Racine constituent la pensée même de leur siècle; Retz est tout-à-fait un héros de Corneille; la douce et touchante La Vallière semble une pâle et noble figure détachée d'un beau drame de l'auteur de Bérénice.

Le dramaturge nous dit : « Cet univers que tu souhaites, je l'ouvre à ton désir. Toi, Italien et contemporain du Tasse ou de l'Arioste, tu rêves des amours éternelles et mélodieuses ou de piquantes aventures ; voici la pastorale et la comédie italiennes. Toi, chevalier espagnol, il te faut la religion du point d'honneur défendue à coups d'épée, des aventures galantes très-embrouillées, des dévoûments extraordinaires et de l'exaltation lyrique, au milieu du mouvement rapide des événements ! En voici bien plus que la vie humaine n'en peut supporter ! »

Ainsi sont nés tous les théâtres ; c'est la partie la plus vitale et la plus passagère des littératures chez toutes les nations; c'est celle qui nous donne le plus d'enseignements sur les évolutions sociales et sur le génie secret qui les a dictées.

Le théâtre réalise donc et transforme en action la pensée secrète des peuples. Shakspeare lui-même offre l'idéal de l'observation, telle que la rêvait un peuple pratique et positif. Quand cette observation est fatiguée de son travail, elle se change en rêverie triste ; il y a dans les drames shakspeariens plus d'un personnage dont le seul emploi est de philosopher : tel le Jacques de *Comme il vous plaira*, et le vieil ermite de *Roméo et Juliette*. Leur voix, c'est la voix de Shakspeare, qui après avoir analysé curieusement les âmes humaines, l'inanité de nos désirs et la terrible fin de nos passions consumées par leur intensité, pousse un long et sublime gémissement.

Cette plainte si dolente et si profonde n'émane point des drames de Caldéron. Non-seulement Caldéron, c'est le midi, mais c'est la foi. Il ne craint rien ; il ne doute pas. Il y a toujours au-dessus de sa tête un ciel qui s'ouvre, des anges qui chantent, un soleil d'amour et de gloire qui attend les élus. Caldéron a été soldat, et il s'est fait prêtre. Il écrit aujourd'hui un drame de terrible jalousie, quelque chose de plus effrayant qu'*Othello*, et demain *l'Exal-*

*tation de la Croix*; aujourd'hui le roi lui commande un *mystère*, un *acte sacramentel*, et demain une comédie de cape et d'épée. Calderón entasse incidents sur incidents, événements sur événements, amours sur amours, intrigues sur intrigues. Quelle que soit l'immoralité des faits et des acteurs, il a une moralité toute prête : Dieu et le confesseur qui condamnent ou absolvent. Jamais il n'est triste ; la mélancolie aux aîles grises ne plane jamais sur sa scène ; les demi-teintes de la rêverie sont inconnues à sa palette ou dédaignées de son pinceau. Il est gai, flamboyant ; la vie déborde dans ses œuvres. Il crée sans beaucoup réfléchir ; il chante et il agit, passant de l'élan lyrique et de la passion dithyrambique au conflit tumultueux des faits. Il invente lundi des situations étranges pour recommencer le lundi suivant une nouvelle ponte, si je puis employer ce terme trivial.

C'est à trait de plume et avec une rapidité, une ferveur extraordinaires de création, qu'il court à travers le monde enchanté dont il est roi. Son rhythme correspond à sa pensée ; la matière est digne de l'ouvrier : c'est une procession rapide de vers de huit pieds, qui volent dans l'espace comme des flèches empennées, comme des oiseaux traversent la nue par bataillons ; ces vers soutiennent sans effort des périodes immenses, des récits merveilleux, de grandes descriptions ; ils vous entraînent dans leur marche ou plutôt dans leur essor. La rime vient ou ne vient pas ; si elle est obéissante, on l'accepte ; si elle est rétive, on se passe d'elle. Cette liberté de mouvement s'accorde bien avec les nombreuses évolutions des cavaliers espagnols, avec l'éternel cliquetis de leurs épées, avec le désordre de leurs intrigues qui s'entrecoupent et se heurtent sans cesse dans l'obscurité, avec le fracas immense d'un imbroglio qui ne se dénoue qu'au moment où tout le monde demande grâce, où acteurs et spectateurs, fatigués d'agir et de voir agir, ont besoin de repos. Quelquefois le poëte suspend son vol. Dans les crises de grande passion, un calme terrible commence; le vers de huit pieds est rejeté ; l'hymne s'élève ; le rhythme de l'ode, un vers à la fois mesuré, grave et scandé, exprime l'agitation douloureuse du personnage. Corneille, dans le Cid et dans Polyeucte, Rotrou fort souvent, ont employé ce mode ; les belles stances lyriques prononcées par le Cid sont calquées sur le rhytme espagnol. Quand cette voix passionnée a retenti, quand le mouvement des faits recommence, le drame redevient octosyllabique et marche au but avec sa rapidité accoutumée.

## § V.

Drame d'amour et de vengeance. — *A segreto agravio segreta venganza.*

Étudions Caldéron dans trois de ses drames, l'un consacré à l'amour et à la vengeance; — le second au symbole et à la foi; — le troisième au combat de la volupté et de la grâce; — tous trois profondément caractéristiques.

Ce n'est pas toujours dans les chefs-d'œuvre des hommes de génie que se trouve l'empreinte la plus vive des mœurs contemporaines et du caractère spécial qui distinguait l'écrivain. Je retrouve bien mieux le Racine que j'aime, le cœur tendre et dévoué, l'homme délicat et plein de grâce, dans *Bérénice* que dans *Athalie*. *Athalie* est une grande étude hébraïque. *Bérénice* est une étude faite par Racine sur son propre cœur et sur les nuances de la passion telle que le siècle de Louis XIV en comprenait le dévoûment. Shakspeare à peine se montre dans ses plus beaux ouvrages; son génie mélancolique et rêveur s'efface devant les images de Macbeth et d'Othello; il ne reparaît dans sa réalité individuelle qu'au milieu d'une pastorale élégiaque, intitulée : *As you like it*. C'est là qu'il a ses coudées franches, et qu'il parle pour son compte. La petite pièce intitulée : *Critique de l'École des Femmes*, est de toutes les œuvres de Molière, celle qui découvre le mieux sa pensée. Caldéron aussi est souvent absorbé par ses créations; ses galants et ses dames sont des êtres fort amusants et très-agités; parmi ses comédies de cape et d'épée il y a des chefs-d'œuvre d'intrigue; ses *Autos sacramentales* étincellent d'éloquence lyrique;—mais de toutes ses pièces voici celle où le génie national respire le plus librement, celle qui en dit le plus sur le point d'honneur espagnol : *A secrète offense, vengeance secrète.* (*A segreto agravio. segreta venganza.*)

Entrons à Madrid au moment où elle se joue. Nous allons voir comment Caldéron et son pays entendent la vengeance conjugale : *Se venger, tuer, aimer* (*vengarse, matar, amar*), sont les trois mots qui se représentent le plus souvent dans le théâtre espagnol. Les moralistes ont raison de trouver ces habitudes mauvaises et ces paroles dangereuses, et nous ne soulèverons aucune discussion à ce sujet. Le drame dont il est question est immoral et féroce ; car l'auteur répète à tout instant cet axiôme :

> Quand on veut se venger, il faut savoir attendre,
> Et se taire et frapper !

C'est la ritournelle lyrique de son œuvre ; il en revient toujours à sa théorie.

Caldéron crée d'abord une situation belle et simple. Une jeune femme, après avoir contracté un mariage de convenance, rencontre le lendemain même de ses noces le jeune homme préféré par elle, le fiancé qu'elle avait choisi et qu'elle croyait mort. Cette situation puissante ouvre vivement le drame.

Observons que dans l'art dramatique de l'Espagne il y a peu de ces lentes préparations qui plaisent à la sagacité des hommes septentrionaux. On ne saurait pas, au milieu de cette société ardente, distiller la passion et l'analyser. Vous ne voyez jamais un Iago torturer lentement sa victime et verser le poison de la jalousie goutte par goutte dans un cœur souffrant ; tout éclot d'un jet, comme ces plantes des tropiques, dont le calice s'ouvre bruyamment et fait jaillir sous le soleil une moisson de fleurs rayonnantes ; la situation se dessine à l'instant même, franche et vive ; la capacité d'attention s'applique au mouvement des événements, non au développement des caractères. Ce dernier plaisir n'appartient qu'au nord, seul capable d'une étude pareille. Il faut se posséder, il faut imposer un grand silence à toutes ses émotions quand on veut approfondir le caractère ; c'est chose difficile à étudier. Le caractère résulte à la fois de l'organisation, du climat, de l'éducation, de la position sociale, des traverses de la vie, des émotions éprouvées. Pour calculer ces influences et en distinguer les nuances, l'homme du nord a besoin de toute sa raison, de toute sa finesse, de toute sa sagacité, même de toute sa froideur (1). Il doit suivre et comprendre le caractère au moment où les passions le transforment. Le naïf Othello devient une bête féroce ; il rugit, il égorge, il rit et pleure en voyant le sang qu'il a versé. La faible Juliette devient grande et sans peur comme une héroïne de l'ancienne Rome ; les tombeaux ne l'effraient pas ; la jeune fille se cache au milieu des ossements de ses ancêtres. Jamais écrivain du Midi ne se fût arrêté avec une attention aussi barbare sur les lentes et profondes souffrances d'Othello et de Juliette. Jamais Caldéron ne nous eût fait assister à la douloureuse métamorphose de ces deux âmes.

Revenons à la pièce de Caldéron. La jeune femme, déjà engagée, comme je l'ai dit, dans les liens d'un mariage de convenance, reçoit une lettre de celui qu'elle a aimé. Elle lutte contre le désir de le revoir : mais la passion l'emporte sur la raison ; la passion a toujours d'admirables excuses pour conseiller les grandes folies. « Il faut que je le » revoie, se dit Léonor. Je le verrai pour l'engager à quit- » ter cette ville. Je l'exigerai ; il m'obéira. » En effet, elle le revoit.

« — Je suis esclave, lui dit-elle. Mes pieds sont chargés » de fers ; mon col porte le lacet fatal. Je ne m'appartiens » plus. Ainsi renoncez à moi. »

Cette causerie douloureuse, qui n'a rien encore de cou-

---

(1) V. nos ÉTUDES SUR LE MOYEN-AGE ; Naissance du Roman.

pable, est interrompue par l'arrivée de don Juan ; ce don Juan est un ami du mari, gentilhomme que don Lope a recueilli et sauvé par une généreuse hospitalité. Les amants se trouvent dans une obscurité qui rend leur situation équivoque : don Juan les surprend et s'apprête à venger l'honneur d'un ami. L'amant veut fuir : don Juan l'arrête. « Réponds ! ou une langue d'acier, mon épée, va te parler ! » Le mari qui rentre prête l'oreille à tout ce tapage ; parmi ce bruit d'épées et de voix courroucées, si commun chez Caldéron, don Luis (l'amant) profite de la confusion et des ténèbres pour se jeter dans la première porte qu'il trouve ouverte. « Dis-moi ton nom, répète don Juan, qui
» croit parler au fuyard et qui tient son épée toujours
» nue !

— » Mais c'est moi, reprend le mari ! Abaissez votre
» épée ! — Vous faites bien de parler ! Si vos lèvres ne
» s'étaient ouvertes, la pointe de mon glaive allait vous ou-
» vrir la poitrine ! »

On s'explique. Don Juan apprend à son ami qu'un homme était là chez sa femme, qu'il en est sûr, qu'il l'a entendu. Le mari soutient que cela est impossible et force don Juan à se taire ; il ne veut pas que son plus intime ami puisse supposer ou soupçonner son déshonneur. — « Si je
» suis offensé, se dit-il à lui-même, je serai prudent, et ma
» vengeance servira d'exemple au monde. Elle reposera
» sur le silence. »

> Si l'on veut se venger, il faut savoir attendre,
> Et se taire et frapper !

C'est le refrain de la pièce.

Le mari renvoie son ami, prend la lumière des mains du domestique, entre dans un cabinet et y trouve don Luis, l'amant de Léonor.

Ce dernier ne se trouble pas, jette son manteau sur son épaule, et s'avance l'épée au poing. Il a, dit-il, été poursuivi par des assassins, et s'est précipité dans la première maison venue ; il reste à la merci de celui dont il a violé le domicile. « Maintenant, seigneur, ajoute-t-il, don-» nez-moi la mort ; donnez-la-moi honorablement. Je sa-» crifierai ma vie, mon âme, mon avenir à un gentilhomme » tel que vous, qui se croit offensé ; je ne périrai pas du » moins sous le couteau d'un lâche meurtrier. » Don Lope n'est pas dupe. Il écoute et finit par reconduire avec politesse don Luis, ce même don Luis devenu l'objet de sa jalousie. Léonor se croit sauvée. Tout se calme. Mais le courroux le plus ardent bouillonne dans le cœur de don Lope. « Quand il s'agit de vengeance, répète-t-il en-» core au moment où la seconde journée finit, on souffre, » on se tait, on attend. » Vous entendez sans cesse ces mots terribles : chaque fois qu'ils se font entendre, le spectateur frémit.

Il y a là bien du mouvement et de l'intérêt ! L'émotion ne se repose pas ; le cœur bat plus vite de scène en scène. Jetez toute cette pièce, telle que l'auteur l'a créée, sur un théâtre moderne ; le succès populaire s'y attachera. Rien de plus touchant que la situation de Léonor, ni de plus effrayant que le calme du mari espagnol. Ces beautés essentiellement dramatiques se sentent au premier instant ; elles n'ont pas besoin de commentaires, et se comprennent moins encore à la lecture qu'à la scène. Elles ne se rapportent en rien à l'étude du caractère ; elles vivent de passion.

On va voir combien cette unique donnée du point d'honneur deviendra féconde pour Caldéron. Don Juan, l'ami du mari, est aussi jaloux de l'honneur de son ami, que l'est le mari lui-même. Don Juan croit don Lope aveugle et veut l'instruire. Le devoir, l'amitié, la reconnaissance l'y obligent. Comment faire? ne sera-ce pas l'offenser davantage? Vaut-il mieux le laisser reposer dans une ignorance honteuse qui protégera son repos? Cette incertitude le tourmente; alors don Lope paraît. « Don Lope,
» ami, lui dit don Juan, nous sommes seuls. Je veux vous
» consulter sur un scrupule que j'ai dans l'âme. Vous me
» donnerez conseil. » Et sous d'autres noms, don Juan lui raconte ses propres scrupules, et la situation présente de la famille qui l'a reçu sous son toit. La souffrance de don Lope pendant que son ami lui parle, sa dissimulation qui ne se dément pas, sa résolution de vengeance qui prend des forces nouvelles, cette émotion intense et intérieure qui se révèle sans s'épancher; tout cela est magnifique. Les deux amis se sont entendus sans s'être parlé de ce qui les occupe l'un et l'autre. Ils se quittent. Don Lope rencontre le roi qui lui demande s'il restera auprès de sa femme ou s'il le suivra pour guerroyer en Afrique.

— « Je vous suivrai, seigneur! » — « Prenez garde dit don Sébastien ; mari qui part pour un voyage a souvent des grandes affaires à la maison. »

Les paroles du roi blessent don Lope, dont l'orgueil se soulève; il se croit deviné. On a donc surpris les mouvements de son âme! on connaît ses émotions les plus douloureuses. Il y a là un sublime monologue d'orgueil que le poète espagnol lui prête. Il ne laisse pas échapper une parole d'amour, pas un regret donné à une affection perdue, pas un sentiment émané du cœur,

pas un retour sur son bonheur détruit. Non : La parole du roi est tombée sur lui comme du feu. Lui! lui! il ne songe qu'à lui. « N'a-t-il pas été libéral avec le pauvre, juste avec
» le soldat, compatissant envers le faible, loyal envers le
» gentilhomme, courtois avec tous! Et il subit la raillerie
» de son roi! Et il est blessé si profondément! Va-t-il se
» plaindre de ce que sa femme en aime un autre? Non,
» dit-il, je ne vis pas pour corriger le monde et les
» femmes, je vis pour me venger. Il saura, ce roi, il saura,
» don Juan, et le monde le saura, et les siècles sauront
» comment un Espagnol se venge! »

> Si l'on veut se venger, il faut savoir attendre,
> Et se taire, et frapper!

En effet la vengeance approche. Nous savons déjà que le monde de Calderón est un monde à demi-africain. On le reconnaîtra aisément. Léonor, après la scène dramatique où son amant a été surpris chez elle par son mari, veut revoir encore une fois celui qu'elle aime. Le poète peint très-bien ce progrès inévitable de la passion qui augmente par le danger, qui s'enivre du péril, et qui s'expose sans cesse à des périls nouveaux. Elle donne rendez-vous à don Luis, dans une maison de campagne, située sur une île à quelque distance du rivage. Au moment où don Luis cherche un batelier pour l'y conduire, don Lope le mari se montre. Il accoste poliment le jeune amant de sa femme, lui fait beaucoup de caresses, et lui demande ce qu'il cherche sur cette plage : « Un batelier qui me con-
» duise à la *Quinta* du roi. — Je vous conduirai, moi, » répond avec empressement don Lope, qui s'est déjà en-

tendu avec un autre batelier; « j'ai promis à l'un de mes
» amis d'aller lui rendre visite à sa Quinta! — Ah ! » se
dit-il à lui-même, « le moment de ma vengeance est donc
arrivé ! » Don Luis se félicite intérieurement de la complaisance que le mari lui montre. Cependant don Lope dit
tout bas : « Le voici dans mes mains ! Il y mourra ! » Et
don Luis reprend : « Que ce soit l'époux lui-même qui
» me conduise chez sa femme ! Est-il bien possible ! »

Le batelier se présente et veut conduire son bateau ; don
Lope n'y consent pas : il force l'homme du peuple à rester
sur le rivage et lui ordonne d'attendre l'arrivée d'un domestique, auquel il est chargé de dire que son maître va
bientôt revenir. « N'entrez pas encore dans le bateau, dit
» le batelier, j'ai quelque chose à réparer; mon bateau
» prendrait eau ! » — « Bah ! bah ! nous partons ; ce ba-
» teau est excellent, reprend don Lope ; dites au domesti-
» que de nous attendre ! »

La barque s'éloigne. « Vive Dieu ! dit le batelier, qui
» voit fuir sa nacelle portant le mari et l'amant, cela est
» étrange, personne n'arrive. Quand donc viendra ce do-
» mestique?... Que vois-je ! la barque chavire et fait nau-
» frage. Dieu seul peut les sauver tous deux ! et la mer, je
» le crois, sera leur tombeau ! »

En effet, Lope a renversé la barque et se sauve à la
nage, pendant que l'amant don Luis se débat au milieu des
flots.

C'est du drame et du drame le plus terrible. Léonor attend l'arrivée de don Luis; un dernier hymne de douleur
s'échappe de cette âme féminine, qui paraît avoir le
pressentiment de sa destinée. Elle est dans son boudoir, tremblante et agitée, quand un cri parvient jusqu'à elle ! C'est un homme qui lutte contre les flots, et qui

s'écrie : « Que Dieu sauve mon âme ! » — « Quelle est « cette clameur lugubre? demande-t-elle, cette clameur » que le vent de la nuit m'apporte ? » — Elle n'a pas reconnu encore la voix de don Luis qui se noie, mais elle est restée sous l'impression de terreur dont cette clameur la pénètre, quand don Lope son mari, échevelé, sortant de la mer, toujours l'épée au poing, se montre à elle.

« Je te touche donc, s'écrie-t-il, ô terre! douce patrie » de l'homme! Léonor! mon bien! Le ciel me comble de » ses faveurs! Et toi ami, je te retrouve! »

Don Juan, l'ami qui vient d'arriver sur la scène, et Léonor, sa femme, écoutent le récit de Lope. « Un acci- » dent terrible, dit-il, a pensé le perdre ainsi que don Luis de Benavides, cet étranger qui s'était réfugié la veille dans sa maison. La barque qui les portait tous deux a chaviré. Don Luis est mort! » A cette nouvelle, Léonor tombe évanouie sans prononcer une parole : et (ce que d'autres nations auraient pris pour le comble de l'atrocité, ce que cette civilisation extraordinaire admettait comme sublime) son mari la relève, lui adresse de tendres paroles, et ne laisse soupçonner à aucun des serviteurs qui l'entourent les sentiments de fureur qui l'agitent. On emporte le corps inanimé de sa femme. « Bien, bien, dit-il, j'ai bien agi. J'ai » été prudent, j'ai été fort, je me suis tu. Ah! ce jeune » homme, je lui ai donné un tombeau de cristal et un mo- » nument éternel. D'après les lois de l'honneur, j'ai tué » l'un; j'espère tuer l'autre. Le roi ne me dira plus qu'il » ne faut pas faire de voyage quand on est marié! Cette » nuit, cette nuit même terminera tout! Léonor, Léonor » (ajoute-t-il, comme si un sentiment humain venait » enfin se manifester chez lui) belle autant que coupa-

» ble ! Malheureuse autant que belle ! Ruine fatale de mon
» honneur ! tu vas donc mourir au milieu de ce que la vie
» a de plus brillant ! Tous les éléments serviront ma ven-
» geance ; l'eau et le vent m'ont servi déjà ; la terre et le
» feu me serviront encore. Cette nuit, cette nuit même,
» mon palais va périr dans l'incendie que ma main al-
» lumera ; et je la tuerai, pendant que les flammes dévore-
» ront la maison de mes pères. Flammes, allumez-vous ! mon
» honneur sortira pur de ces cendres, comme l'or du
» creuset. »

Cette résolution, il l'exécute : le palais brûle ; le roi et sa cour, éveillés par le bruit, attirés par l'incendie, s'approchent du lieu où se passe ce dénouement. Du sein des débris enflammés on voit sortir don Lope Benavides, couvert de cendres. Il soutient le corps inanimé de sa femme ; et fidèle à son premier caractère ;

« La voici, dit-il au roi, cette beauté morte ! Elle est
» pâle comme la cendre qui couvre mon palais détruit.
» Fleur dévorée par l'incendie, flamme éclatante que le
» feu vient d'anéantir ! Regardez, messire ! celle-ci fut
» mon épouse ; une noble et vertueuse femme, d'un cœur
» grand et d'un esprit haut ; une femme pure et admirée !
» La voici, celle que j'ai tant aimée, celle que je ne ver-
» rai plus ! — Maintenant tout est dit, je vous suis à la
» guerre ; je marche avec vous, messire ; vous m'avez dit
» hier : Prenez-garde à l'absence, l'absence est fatale.
» — L'absence ne peut plus me donner aucune crainte, je
» mourrai volontiers, puisque je mourrai sans tache. »

Puis il se tourne vers don Juan, son ami :

« Et vous, mon ami don Juan, si jamais quelqu'un vous
» demande de quelle façon un gentilhomme se venge, sou-
» venez-vous de moi, rappelez-vous don Lope, qui n'a ja-

» mais dit son injure, qui n'a jamais dit sa vengeance. »

Tel est ce vigoureux drame que Linguet n'a pas traduit, que les critiques n'ont pas même cité, et qui ne vaut pas mieux, il est vrai, que beaucoup d'autres drames de Caldéron. C'est une esquisse hardie, pleine de franchise, d'éloquence et de passion, que les connaisseurs apprécieront sans peine. Il ne nous reste plus qu'à suivre la coutume espagnole et à prier le lecteur de nous « pardonner nos fautes » avant la chute du rideau :

> ..... *pedir de nuestras faltas*
> *Perdon; y humilde el Autor*
> *Os le pide a vuestras plantas!*

## § VI.

Études sur Caldéron. — Suite. — La critique appliquée au théâtre espagnol. — Drame du symbole catholique. — *La dévotion de la Croix.*

Vous n'êtes plus en France. Vous avez quitté le xixe siècle. A droite, vous avez le couvent, à gauche l'autodafé, partout le crucifix. Vous, pour qui vivre c'est douter, transformez-vous, essayez de croire; vous êtes Espagnols. Les sierras sauvages des Alpujarres et les maisons jaunes de Madrid ont frappé vos yeux lorsqu'ils s'ouvraient au jour. Pour vous, il n'a jamais existé de Voltaire; et le plus hardi des hommes, c'est le prédicateur qui doute du purgatoire, ou se fait un système hétérodoxe sur la conception immaculée.

Encore une fois, changez ; faites quitter à votre esprit son enveloppe de scepticisme et de dégoût ; voyez ; — ce grand symbole ardent et ensanglanté qui plane sur l'Espagne entière, c'est la croix ; —.

Pour le xix<sup>e</sup> siècle et le Nord, l'image vénérable d'un supplice et d'un sauveur ; —

Pour le xvii<sup>e</sup> siècle et le Midi, un Dieu vivant et terrible !

Si, vous détachant de la critique vulgaire, répudiant ses tristes formules, vous élevant à la contemplation des variations de la pensée humaine et de ses élans les plus insolites, vous savez, comme le *brahma* indien, vous métamorphoser pour comprendre, et vous associer pour les dominer aux mille apparences extérieures du monde ; lisez, devenu fanatique, le drame fanatique de Caldéron. Cette sympathie est étrangère à votre époque ; elle attaque de front toutes les idées modernes ; elle est, à elle seule, une conquête de la pensée sur l'habitude, une victoire remportée sur l'usage et gagnée par l'intelligence.

Eschyle, dit un critique moderne, est barbare et cyclopéen comme ces vieilles murailles bâties de blocs informes par les géans : anathème sur Eschyle ! Racine, dit un esthétique de Heidelberg, est pâle et privé de mouvement comme les momies antiques : que Racine soit oublié ! Shakspeare, s'écrie l'homme du xviii<sup>e</sup> siècle, Shakspeare est sans élégance, sans éloquence et sans pureté : maudit soit Shakspeare ! C'est la myopie des nations qui a partout écrit le code de la critique. Elle a procédé par dégoût et dédain, par ostracisme, par exclusion ; elle a mis des points et des virgules à nos plaisirs ; elle a fait régner ses antipathies, nées de ses préjugés; elle nous a empêchés de comprendre, de sentir et d'aimer.

Considérée comme une immense et éternelle négation, la critique est d'une utilité bornée et douteuse. Comme rayon qui éclaire le monde intellectuel, qui fait jaillir des profondeurs du passé la vie morale des nations, qui explique l'histoire des faits par l'histoire des âmes, la critique est la torche placée sur le point le plus élevé de toutes les connaissances acquises. La critique est savoir, puissance et prophétie.

On sait pourquoi le drame espagnol, de souche ibérique, chevaleresque par le mouvement et l'action, héroïque par l'idéalité, catholique par la pensée première, n'a plus d'écho dans les contrées d'Europe. L'Europe s'est dépouillée de ses brassards et de son heaume; le capuce monacal est jeté aux orties; les beaux panaches flottants et les dentelles historiées qui se jouaient sur la tête et sur les pieds des jeunes amoureux, on ne les porte plus qu'aux jours de folie et de carnaval, parmi les travestissements grotesques. Du drame espagnol, il n'est resté que sa partie la plus grossière; il nous a légué les portes secrètes, les doubles pavillons, les escaliers dérobés, pauvre bagage que nous traînons encore. C'est lui qui a enseigné à l'Italie l'imbroglio puéril des événements qui se heurtent, se croisent et s'entrelacent. Maître et précurseur de tout le théâtre européen, il a fait Corneille et Beaumarchais, les deux génies les plus opposés que l'on puisse nommer. Dès le milieu du XVIe siècle, l'Angleterre imite la scène espagnole. Les contemporains de Shakspeare, hommes de talent groupés autour de l'homme de génie, *Marston, Dekker, Jonson, Marlowe, Webster, Heywood* (noms trop peu connus en France), copient ou plutôt calquent les imbroglios de Lope de Véga et de ses élèves. Ainsi se bâtit le drame anglais. L'Italie fournissait le sujet, le conte original, la trame première ; l'Espagne donnait le mouvement dramatique : ruses, fourberies, aventures nocturnes, enlèvements, déguisements, changements et suppositions de noms et d'état. Tout ce qui tient à la vie active venait du midi ; le génie national du nord y ajoutait sa profondeur native, son analyse et sa réflexion.

Consultez les pièces de Congrève, de madame Centlivre, de Farquhar, tout le mauvais drame anglais du xvii⁰ siècle jusqu'à la belle et brillante comédie de *Sheridan* fort Scandal ; il porte l'empreinte espagnole, quant à l'intrigue. J'aurai plus tard l'occasion de dire comment le drame français a reçu de Corneille jusqu'au dithyrambe passionné des Espagnols, si contraire à nos mœurs, dithyrambe qui suspend l'intérêt comme une harmonie d'instruments, qui s'exhale au milieu du récit poétique et se mêle à l'action, qu'il arrête à l'improviste. Voyez de beaux exemples de cet emprunt dans *Polyeucte* et *le Cid* (1).

Racine échappe à l'influence espagnole ; on ne la retrouve chez lui que sous forme de galanterie et d'élégance. Racine a embrassé la statue de la Grèce antique ; il n'est jamais infidèle à son culte. Racine mort, Lagrange-Chancel et Crébillon lui succèdent, médiocres ouvriers d'intrigues espagnoles. Les Timocrate et les Rhadamiste qui ont frayé la voie au mélodrame moderne, nous viennent d'Espagne. C'est Lope, c'est Alarcon, c'est Tirso de Molina, qui ont créé pour notre usage cette architecture toute pleine d'escaliers dérobés, de cabinets secrets, de pavillons mystérieux, de retraites pour les galants, de balcons à escalader et de mu-

(1) V. plus bas Corneille et l'Espagne.

railles faciles à franchir; cet attirail auquel personne ne renonce encore. Le plus petit vaudeville d'intrigue qui se joue maintenant est une création de l'Espagne. Les anciens ne nous avaient point transmis ce modèle. Leurs meilleures peintures de mœurs ne ressemblent pas à nos comédies d'intrigue. Chez eux la femme n'existait que pour soigner le ménage et perpétuer la race : Romains et Grecs ne pouvaient introduire dans leurs drames que des femmes esclaves, victimes passives des caprices des hommes, ou des femmes placées hors de la société par la vénalité de leur amour, ou de grandes criminelles, comme Clytemnestre et Médée (1). Dans l'état de cette civilisation, ils n'eussent pas compris les stratagèmes de Rosine dans *le Mariage de Figaro*, ni tout ce mouvement de jalousie, de rivalités, de folies, de violences, de fourberies, dont l'indépendance des femmes a doté la scène espagnole, maîtresse sous ce rapport et modèle de la scène européenne.

Il n'est pas vrai non plus, comme le prétend Schlégel, que le théâtre de l'Espagne soit un hymne éternel à Dieu, à l'amour et à l'honneur. Les passions humaines s'y font reconnaître à des traces bien plus terribles! Il y a là du sang, des larmes, des crimes sans nom, des fureurs inconnues à tous les peuples ; il y a là une société enfiévrée, grande et puissante, extrême et gigantesque, une civilisation pétrie par l'étreinte embrasée du catholicisme et la main de fer du chevalier.

Retrouvons donc cette civilisation dans son théâtre, et pour cela faisons-nous Espagnol. Souvenons-nous que le symbole c'est Dieu ;

---

(1) V. nos Études sur l'Antiquité, les Hétaïres.

Que ce bois, ces clous, ce fer, cette image colorée, ce crucifix, c'est Dieu ;

Que Dieu ne vit pas dans les profondeurs d'une éternité impalpable, invisible, impénétrable ;

Mais que le Symbole est tout. Il protége, rachète, ranime, sauve, pacifie, ouvre le ciel et ouvre l'enfer.

Entrons maintenant dans le drame de Caldéron. Je ne puis reproduire la partie mélodieuse et rhythmique de son œuvre ; ces longues périodes de vers octosyllabiques, se déployant avec une facilité inspirée ; cette poésie qui roule, brillante et rapide, à travers les replis du drame, comme le souffle humain dans les spirales de l'airain ; un drame qui glisse, s'enfuit et passe avec la sonorité caressante d'un instrument magique ; une perpétuelle harmonie, qui gémit, éclate, retentit et s'éteint dans un sublime éloignement. Je ne puis donner ici que la trame et le tissu primitif de ce drame bizarre.

Dans une gorge de montagne, au sein d'une solitude âpre et sauvage, loin de tous les chemins fréquentés, au milieu de rocs bronzés par la pluie, jaunis sous le soleil, et de grands blocs de pierre superposés, aux arêtes aiguës qui se dessinent durement à l'horizon, il y a une grande croix, formée de deux débris de chêne que l'outil du charpentier n'a pas même équarris. C'est un de ces paysages aux couleurs tranchées, aux lignes aiguës, qui s'accordent avec toutes les pensées terribles et toutes les fureurs de l'âme. Là doivent se réfugier les *bandoleros ;* là doivent s'asseoir de misérables pâtres fatigués ; là des ennemis acharnés doivent commencer et finir un combat mortel.

C'est là aussi que Caldéron place ses acteurs.

Le début est simple ; un pauvre bûcheron et sa femme, las de ne pouvoir faire marcher leur bourrique, viennent prendre un peu de repos. Le mari a, comme Sancho, des tendresses infinies pour cet animal, qui s'est obstiné à rester sur la grande route. « Parbleu, lui dit Menga, sa femme, tu ne bouges pas ; je vais, moi, chercher des camarades qui sauront lui prêter secours. » Le paysan ne demande pas mieux ; mais resté seul, il a peur de l'asile où il se trouve. « Si des *bandoleros* débouchaient de ce côté, » que deviendrait-il ? Il n'est pas brave.

Un bruit frappe son oreille ; il se lève et regarde. Deux cavaliers descendent de cheval ; tous deux se dirigent de son côté. Moitié curiosité, moitié terreur, Gil se cache dans un buisson.

L'un des gentilshommes était un de ces Castillans intraitables quant à l'honneur de leur famille, qui lavaient une faute, ou l'apparence même d'une faute, dans le sang d'une sœur, d'une femme, d'un maîtresse et d'un amant. Fils de Lisardo Curcio, noble ruiné, frère de la belle et jeune Julia, il a provoqué Eusèbe. Il n'a donné à Eusèbe aucune explication, seulement il l'a prié de le suivre ; Eusèbe a obéi : tous deux s'arrêtent dans ce ravin solitaire.

— N'allons pas plus loin (dit Curcio). Voici un lieu désert, éloigné du chemin, et qui convient à ce que je veux de vous. Tirez votre épée du fourreau, Eusèbe. Mettez-vous en garde. Vous êtes gentilhomme sans doute ; il faut vous battre.

— Très-bien ! Et pour vous répondre avec le fer, il suffirait que vous m'eussiez conduit ici ; mais quelle est votre plainte, et que voulez-vous de moi ? J'ai besoin de le savoir avant de nous battre.

— Me plaindre ? Oui, j'ai à me plaindre ; c'est un outrage trop grand pour que je le dise. Ma voix s'y refuse ;

je voudrais le taire ; je voudrais l'oublier. Vous le redoublez en me le rappelant. Connaissez-vous ces lettres ?

— Jetez-les à terre. Je les ramasserai.
— Les voici !
— Eh bien ! vous avez pâli ; vous êtes troublé !
— Misérable, cent fois misérable quiconque fie ses secrets au papier !
— Vous connaissez ces lettres.
— Elles sont de moi, toutes ; je ne le nie pas.
— Eh bien ! moi, je suis fils de Lisardo Curcio, gentilhomme. Vous étiez mon ami. Vous avez séduit ma sœur Julia. Vous êtes pauvre et n'aurez jamais ma sœur. Demain, pour que la pureté de mon nom ne soit pas ternie, elle sera consacrée à Dieu ; elle entrera dans un couvent ; par volonté ou par force, elle sera religieuse. Quant à vous, rendez-moi raison ; en garde, dis-je : que l'un de nous meure, et qu'il meure ici. Si c'est vous, ma sœur ne sera pas votre maîtresse; si c'est moi, je ne le verrai pas.

— Je vous ai écouté, je me suis contenu, répond Eusèbe. Lisardo, modérez-vous de même et entendez ma réponse. Il faut que l'un ou l'autre tombe sur cette place. C'est bien ; mais sachez quel personnage est devant vous. Un homme qui ne craint rien et qui se sent conduit par une main invisible. Ma vie s'est passée dans les prodiges. Répétez au monde ce que je vais vous dire si vous me voyez mourir, et qu'un oubli éternel ne couvre pas ces étranges, ces grands et sublimes miracles. Je ne sais quel fut mon père ; je ne l'ai jamais connu. On m'a dit que j'étais né au pied d'une croix, le ciel pour dais, une pierre pour berceau. Trois jours je pleurai, trois jours les bêtes féroces errèrent autour de moi sans toucher à l'enfant abandonné. Je ne mourrai pas de faim, car je suis né au pied de la croix. Un berger, errant dans les âpres solitudes de ces monts à la recherche de sa brebis égarée, me recueillit par miséricorde; son nom était Eusèbe. Il m'appela Eusèbe *de la Croix*. Il me traitait comme un fils et je grandissais dans sa cabane ; mon naturel était dur et barbare ; l'astre de ma naissance était terrible, menaçant à la fois et sauveur ; toujours cette croix me protégeait. A trois ans, je tombai dans une eau profonde, je surnageai ; une petite *croix de fer* était dans mes faibles mains. L'incendie dévora un soir la maison de mon père adoptif. Cette *croix de fer* qui ne me quittait pas me fit traverser les flammes dans lesquelles tout périssait. Je choisis le métier des armes par goût ; je cultivai la poésie par plaisir. Embarqué avec des troupes, je vis notre vaisseau donner contre un écueil et se briser : un madrier sur lequel je me cramponnai me sauva ; c'était le symbole miraculeux qui me protégeait encore ; ce débris avait la forme d'une croix. Dans les batailles, en face des bandits, dans la misère, dans mes vices, dans mes crimes, toujours le signe divin veille sur moi. Là, au milieu de ma poitrine, une croix divine est imprimée en sillons de sang; j'ai vu briller le même signe dans les nuages noirs qui promenaient le tonnerre sur ma tête sans l'atteindre, dans les flots qui me menaçaient sans me dévorer. Je suis mystérieusement prédestiné, Lisardo ; ne vous attaquez pas à moi ! La mort ne voudra pas de moi, vous dis-je. Les murs d'un couvent ne protégeront pas votre sœur. Je suis prêt à vous satisfaire; car apprenez que nul n'a des passions plus terribles, nul n'a plus soif de sang, nul n'est plus éloigné de vous craindre que cet homme qui est devant vous, *Eusèbe de la Croix*.

— Eusèbe, reprend le frère, que la langue se taise; c'est au fer de parler ! »

Est-ce là poser assez fièrement ses acteurs? Et quel effrayant mélange de sang, de foi, d'amour, de cruauté! Cette scène est frappante, et le mouvement en est dramatique.

Ce paysage, ces routes sombres, ces bandits dans le lointain, cette croix au milieu, ce duel à mort, cette main invisible d'un Dieu qui, pour quelque raison inconnue et profonde, guide et protége Eusèbe le meurtrier, homme de volupté et de sang; l'harmonie des idées, des faits, des passions et des caractères; tout est complet.

*Eusèbe de la Croix* n'a point reçu avec le symbole céleste une âme pure et un esprit honnête. C'est une nature brutale, violente, fougueuse, indomptée; cette nature d'animal féroce va être édifiée par le symbole; Eusèbe va marcher à travers le sang, les larmes, le parricide et l'inceste. Nous ne demanderons pas la moralité de ce drame fanatique; nous ne demanderons pas une leçon morale à ces tableaux chrétiens, où les chairs pantelantes du martyr saignent sous le fer du bourreau, où les muscles sont à nu, où le peintre a réalisé, sous l'auréole sacrée, d'épouvantables tortures; nous séparerons la question d'art de la question politique. L'idolâtrie du symbole, voilà le texte de Caldéron, le sujet donné; il est impossible d'en presser plus énergiquement la dernière conséquence, de lui demander avec une force plus impérieuse le sens tragique qu'elle renferme.

Les jeunes gens se battent. L'épée de Lisardo glisse sur la croix sainte qui protége le criminel Eusèbe. Ce dernier tue son adversaire. « Ah! mourrai-je sans confession? s'écrie Lisardo. Au nom de cette croix sur laquelle le Sauveur est mort, ne me laissez pas mourir sans confession. »

— Au nom de la croix !... cette parole te sauve. Viens, je vais te prendre dans mes bras; il y a près d'ici un couvent de moines, je te porterai moi-même, et tu te confesseras !

— Je te remercie, je te remercie ; à cause de la pitié que tu me témoignes, va, je te le promets, lorsque je serai devant Dieu, je lui demanderai pour toi la même grâce; je lui demanderai de ne pas te laisser mourir sans être confessé! »

Eusèbe emporte dans ses bras son adversaire expirant et le dépose sous le porche du couvent voisin; puis, entraîné par cette ardeur fougueuse qui ne le quitte jamais, il se dirige vers la maison habitée par Julia, sœur de celui qu'il vient de tuer. Son intention est de décider la jeune fille à le suivre ; il veut enlever Julia avant que la nouvelle de la mort de son frère soit parvenue jusqu'à elle. « S'il est vrai que tu m'as aimé, lui dit-il, s'il est certain que ton cœur et le mien se sont entendus, viens, viens à l'instant : ton père est inflexible; il va te sacrifier à sa tyrannie; tu ne vaincras pas sa résistance; viens; j'ai des palais pour te garder; j'ai des amis pour te défendre; j'ai de l'or à t'offrir, et une âme pour t'adorer. Viens, donne-moi ta vie, ce sera m'empêcher de mourir ! »

Julia, qui hésite un moment, est sur le point de céder ; son père se montre. C'est une bonne vieille coutume du drame espagnol, de cacher les amants dans les armoires et dans les cabinets. Julia, qui craint son père, ouvre au jeune Eusèbe la porte d'une chambre où il se tapit; le père ne s'aperçoit de rien, et cause avec sa fille.

—« Il a, dit-il, les raisons les plus graves pour la condamner à la vie religieuse : la pauvreté, l'antiquité de sa famille, la nécessité de ne pas déshonorer la race par une mésalliance, celle de laisser à Lisardo son frère le peu de bien qui lui reste ; mais avant tout sa volonté, l'autorité paternelle qui le décide à prendre ce parti. » Le père en est là, sa fille Julia l'écoute en silence; il parle avec orgueil de l'avenir de sa race et de son fils qui ne manquera pas d'en relever l'éclat; il se livre à cet enthousiasme de vieillard et d'Espagnol, lorsqu'on apporte un cadavre.

C'est Lisardo mort, le jeune homme qu'Eusèbe a frappé.

— Ah! s'écrie le vieux père en se jetant sur le corps de son fils que soutiennent des paysans, laissez-moi le voir, ce cadavre déjà froid; laissez-moi contempler ces veines ouvertes qui laissent couler tout le sang de ma vie, tout le bonheur de ma pauvre vieillesse!

Et il embrasse les restes de son fils.

— Quel est celui qui l'a tué, qui a tué mes derniers jours?

On lui dit le nom d'Eusèbe.

— C'est bien, répond-il ; c'est le même homme qui m'ôte l'honneur et le bonheur. Disculpe-toi, si tu le peux, Julia! Dis que ton amour était chaste, ô malheureuse! Ne vois-tu pas que ton père et ton frère périssent du même coup et de ta main? Va, va donc écrire, avec ce sang qui coule, l'histoire de tes voluptés meurtrières. Ah! ne me réponds pas! tais-toi! que je n'entende pas ta voix! Cache cette beauté qui a été la mort de mon fils. Mon fils, ma fille, tous deux, vous n'existez plus pour moi. Il est mort pour le monde, lui, mais il vit dans mon âme; et toi, qui

vis pour le monde, tu es à jamais morte dans mon cœur !
Reste, reste avec ce cadavre : que ce soit ta leçon et ton
supplice ; je t'enferme ici, près de ton frère mort, et qu'on
ferme les portes !

En effet, les portes se ferment sur Julia ; le cadavre
sanglant est devant elle ; elle pleure, comme dit le sublime
auteur espagnol, ses voluptés « meurtrières » en face de
sa faute, elle la contemple toute entière. La moralité ressort,
inattendue et puissante, du fond de ce sujet contraire à
toute moralité.

Eusèbe est toujours dans le cabinet.

Caldéron ne quitte pas la situation déjà si belle qu'il
a inventée ; les créations des grandes intelligences ne
manquent jamais à cette loi ; elles n'étincellent pas sur un
seul point ; les beautés enfantent les beautés ; c'est une
longue traînée de poudre qui s'embrase, un grand sillon
lumineux. Lisardo mort ne serait pas pour sa sœur,
comme le dit Curcio, une leçon assez forte, si Eusèbe,
sortant du cabinet où il est enfermé, ne se montrait à son
tour. Le cadavre du frère est placé entre ces deux personnes ; c'est leur œuvre ; la jeune fille repousse obstinément Eusèbe, et résiste à ses prières.

— Non, lui dit-il, un couvent même ne te protégerait
pas contre moi.

— Prends-y garde, je saurais me défendre !

— Mais te reverrai-je ?

— Non !

— Quoi ! point d'espérance ?

— Aucune.

— Et tu me détestes déjà ?

— Je le dois.

— Et tu m'oublieras ?

— Je ne sais.

— Mais souviens-toi de cet amour si tendre.

— Mais regarde ce sang qui coule! On ouvre la porte; va, Eusèbe : à jamais!

Telle est la fin du premier acte. Depuis la première scène jusqu'à la dernière, le souffle de la passion l'enflamme ; elle va grandir jusqu'au crime; et tout ce que Dieu commande, tout ce que l'humanité respecte, sera écrasé par le symbole.

Eusèbe de la Croix, meurtrier de Lisardo, repoussé par sa maîtresse, poursuivi par la justice, a pris la fuite vers les Sierras. Il est brigand ; nous nous retrouvons avec lui dans les montagnes ; il commande une troupe de bandoleros. — Ah ! dit-il, ils m'ont traité en criminel! Mes crimes égaleront leur châtiment. Ils me punissent comme si j'avais assassiné traîtreusement Lisardo; ma patrie me persécute, je suis exilé ; ils m'ont pris tout ce que je possédais; mes amis m'abandonnent; je ne sais comment soutenir mon existence. Je mériterai leur vengeance ; quiconque traversera ces montagnes, me paiera le prix du sang ; la publique injustice sera expiée; le voyageur me donnera sa vie d'abord, puis ce qu'il possèdera.

Un voyageur se présente et tombe.

— Capitaine, dit un bandolero à Eusèbe, le plomb a traversé sa poitrine.

— Qu'on l'ensevelisse, qu'une croix soit placée au-dessus de son cadavre, et que Dieu lui pardonne.

— Allons, dit un des bandits, à nous autres voleurs la dévotion ne manque jamais!

Un prêtre traverse cette solitude dangereuse; l'arquebuse d'un des soldats d'Eusèbe l'atteint et le frappe. Mais ce prêtre a composé un *Traité des miracles de la*

*Croix*, et son manuscrit se trouve dans une des poches de son vêtement, sur le cœur ; la balle touche le manuscrit, à elle s'amortit sans blesser le prêtre. Étonnés du prodige, les bandits amènent l'ecclésiastique devant leur chef, qui ne s'étonne plus de rien lorsqu'on remet entre ses mains l'œuvre sainte.

— Je suis heureux, heureux mille fois, dit-il, que ce plomb se soit amolli comme la cire obéissante ! J'aimerais mieux brûler dans les flammes que d'avoir offensé la croix. Prêtre, je vous rends la vie ; gardez tout ce qui vous appartient ; je ne veux de vous que ce livre. Vous autres, laissez-le libre, et qu'on l'accompagne pour le protéger !

— Je demanderai à Dieu, reprend le prêtre Alberto, qu'il dessille vos paupières et vous éclaire sur l'erreur de votre vie !

— Si tu me veux du bien, reprend Eusèbe, prie Dieu qu'il ne me laisse pas mourir sans confession.

— Je te le promets. Dans quelque lieu que je sois, si tu m'appelles, je viendrai, et je quitterai mon désert pour te confesser.

— J'ai ta parole ?

— Voici ma main.

Le vieux gentilhomme dont Eusèbe a tué le fils se met à la tête des troupes qui doivent livrer le brigand à la justice ; et ces troupes cernent la montagne dont il a fait son repaire. Pendant que ce danger le menace, Eusèbe, qui n'oublie pas sa jeune maîtresse, et la promesse, ou plutôt la menace de ses adieux, reçoit des informations précises sur le couvent dans lequel son père l'a renfermée, sur les habitantes de ce couvent et les moyens d'y pénétrer.

L'essence caractéristique du drame espagnol étant lyrique, il ne prétend pas imiter d'une manière servile les événements de la vie, ni en suivre à la trace, pour ainsi dire, les accidents positifs. La vraisemblance, pour Caldéron, n'a pas besoin d'être attestée par ces détails minutieux qui donnent à l'illusion l'apparence de la réalité.

Caldéron ne matérialise jamais son drame; il ne s'amuse pas à préciser les ressorts grossiers de sa création. Il lui suffit de ne point heurter ou forcer la croyance, de ne pas faire violence à l'esprit de l'auditeur, de se maintenir dans la sphère naturelle de son œuvre. Pour les peuples modernes l'art est devenu tout autre : il s'est fait mécanisme. On procrée avec effort des inventions impossibles que l'on essaie d'expliquer par une multitude de ressorts factices et fragiles. On fabrique des machines compliquées, dont le jeu excite l'étonnement.

Continuons.

Le jeune homme veut retrouver celle qu'il aime. Il a découvert sa retraite sacrée.

Voici les murs du couvent. On y applique une échelle, et les compagnons d'Eusèbe l'exhortent à monter. Il tremble ; est-il arrêté par le sentiment moral de l'action qu'il va commettre? Non; la croix qu'il porte sur le sein le brûle ; des flammes passent devant ses yeux ; les degrés de l'échelle lui semblent enflammés; cependant il se précipite. L'enfer serait là, rien ne le retiendrait.

Au moment même où Eusèbe pénètre dans l'intérieur du monastère, les soldats que Curcio commande ont investi la montagne, et le père, qui veut venger la mort de Lisardo et l'honneur compromis de Julia, vient occuper la retraite des bandoleros et s'asseoir au pied même de la croix grossière qui occupe le centre de cette espèce de cirque sauvage. Il recule épouvanté à la vue du signe sacré; cette croix lui rappelle une terrible aventure de sa jeunesse. La voici : il était marié depuis peu ; forcé de partir et de quitter sa femme pendant plusieurs mois, il reçut d'un serviteur des renseignements qui inculpaient faussement la fidélité de sa femme. Il revient. Une grossesse s'était déclarée pendant son absence. Curcio, se croyant trompé, ne respirait que vengeance. Il contraignit l'infortunée à le suivre et la conduisit dans les anfractuosités de cette fatale et déserte montagne. Là, accablée de fatigue et de terreur, demandant en vain grâce à son mari, elle tomba au pied de la croix même.

— Au nom de Dieu, dit-elle, grâce ! grâce !

— Non ; tu portes dans ton sein l'enfant qui va te donner la mort.

— Eh bien ! que la croix me protége ! O Sauveur du monde ! sauvez une femme malheureuse !... O Jésus ! prouvez que je suis innocente !

Elle disait ces mots, il frappait à coups redoublés. Mais le glaive ne pénètre que l'air et n'atteint que le vent qui siffle. Toujours vivante et conservée par un prodige, elle met au monde, au pied de la croix protectrice, et sous le poignard impuissant de son meurtrier, deux enfants miraculeux. On accourt à ses cris, et dans la confusion, dans le trouble d'une telle scène, un des deux nouveau-nés est abandonné par le paysan qui s'était chargé de lui. L'enfant que l'on emporte et qui trouve asile dans la maison paternelle est une fille, Julia. Sa mère, dès que la santé lui est rendue, se consacre à Dieu, et embrasse la vie religieuse. Julia, fille du prodige, est aussi destinée au service des autels ; telle est la volonté de son père. Le doigt divin est sur elle ; une croix de feu et de sang, est gravée sur sa poitrine.

Telles sont les aventures que le vieux gentilhomme se rappelle avec terreur. Il a reconnu le crucifix fatal, la solitude, théâtre de ce drame extraordinaire ; il se perd longtemps dans ses pensées, et demande compte au Très-Haut d'une destinée si étrange.

Revenons à Eusèbe. La nuit vient ; la lune brille à travers les hautes croisées du monastère. Le couvent s'ouvre à ses pas et s'ouvre aussi à nos regards. Il parcourt les longues galeries où tout repose ; homme du crime, du meurtre, et homme prédestiné, il cherche sa proie dans le sanctuaire de la virginité et de la paix.

Il entr'ouvre l'une après l'autre les étroites cellules des religieuses ; il ne trouve pas encore Julia. Certes la situation est une des plus scabreuses que l'on puisse imaginer.

On devine sans peine que Julia est la sœur d'Eusèbe ; et cette invention dramatique augmentant d'intensité irait coudoyer l'horrible et l'insoutenable, si Caldéron n'était doué de ce vrai génie dont l'essence est pure. Nous allons le voir, dans une occasion si difficile, retrouver la moralité qui lui est propre, la sublime pudeur qui ne l'abandonne jamais. Ses ailes blanches et vierges trempent dans l'orage sans se flétrir, et effleurent la foudre sans se brûler.

Eusèbe soulève une portière qui cache Julia endormie et demi-nue.

— Ah ! la voilà, dit-il.

Et il s'arrête.

— C'est bien elle ! Lui parlerai-je ? Dois-je l'éveiller ? Pourquoi mon âme, si hardie, tremble-t-elle ici ? Pourquoi cette passion tremblante est-elle si audacieuse ? Cet humble vêtement qui la couvre, cette simplicité, cette grâce adorable m'arrêtent et me touchent malgré moi! Cette candeur si pure triomphe de ma frénésie. Là où est la perfection du corps, la chasteté réside aussi. Un saint respect émane de la beauté, et si cette beauté pénètre mon être, le respect le plus saint domine mes sens!

A cette sublime assimilation de la beauté de la forme et de la beauté morale succède une scène extraordinaire qui n'a pas d'analogue pour la vérité ardente et nue et l'énergie naïve.

Julia s'éveille et la séduction d'un amour mutuel éclate avec impétuosité. Mais tout-à-coup les paroles les plus passionnées d'Eusèbe sont interrompues par un mouvement d'horreur : il repousse celle pour laquelle il a violé la clôture sacrée du monastère. Il a vu l'empreinte divine de la croix symbolique, le double sillon de flamme et de sang, dont la main divine a marqué la jeune fille dès le berceau.

— Femme, laisse-moi fuir! j'ai vu Dieu, le Dieu vengeur! Chacune des larmes que tu verses me brûle; chacune de tes paroles me donne la mort; chacun de tes regards est un supplice; chacun de tes baisers est un enfer. Ah! cette croix, cette croix que j'ai vue sur ton sein, ce signe prodigieux, cet avertissement du ciel, cette horrible et sainte marque ! Reste religieuse, Julia! et laisse-moi !

Ainsi se manifeste la toute-puissance du symbole, selon Caldéron, chapelain de l'église de Tolède. Eusèbe fuit et va retrouver ses bandits. « Ah ! dit-il, la vie est bien large pour l'homme qui souffre, c'est un grand désert qui s'ouvre devant lui ! » Quant à Julia, le poète, fidèle à la nature et à ses mouvements passionnés, lui prête une résolution aussi étrange en apparence qu'elle est vraie en réalité : développement naïf et singulier du cœur de la femme. La fuite d'Eusèbe, et l'horreur qu'elle paraît lui avoir inspirée, restent gravées dans sa pensée; la chaste solitude de son couvent a été troublée, et l'amour, le dépit et la fureur la jettent hors des murs du monastère à la recherche de son amant. Il s'agit pour elle de se venger du dédain qu'elle a fait naître. « C'est du fiel et du poison, dit-elle, qui roulent dans ses veines avec son sang. » Errante longtemps à travers les montagnes où elle sait que le chef des bandoleros s'est réfugié, elle change de costume, de caractère et d'âme, devient meurtrière d'un pâtre qui la menace de violence, et trouve enfin Eusèbe qu'elle provoque en duel. Elle se bat, la tête enveloppée de son manteau ; légèrement blessée, Eusèbe la reconnaît. Bientôt les troupes qui ont cerné la montagne livrent combat aux bandits. Curcio reconnaît son fils, qui meurt en recevant l'absolution du prêtre Alberto. Quant à Julia, son père, apprenant sa fuite et ses crimes, veut la frapper.

— Que ta mort, dit-il, soit atroce comme ta vie !

Mais elle embrasse la croix, et laissant tomber un long voile noir sur ses épaules :

— Croix divine, dit-elle, sauvez-moi. Je jure de vivre et de mourir dans la pénitence.

— Grand miracle! s'écrient tous les assistants !

Et, selon la formule ordinaire des drames espagnols, Curcio paraissant sur le devant de la scène :

« Ainsi finit la comédie étonnante de la *Dévotion de la Croix*. Que son auteur soit heureux, et pardonnez-lui ses fautes. »

Les Espagnols seuls ont pu faire un tel drame, et donner une nouvelle forme à l'art. Cette tragédie fondée toute entière sur le fanatisme, non pour le corriger, comme dans le *Mahomet* de Voltaire, mais pour l'exalter, offre une œuvre unique, et qui resterait comme monument d'une société fanatique, quand même tous les souvenirs, tous les monuments, tous les livres de l'Espagne s'anéantiraient dans un commun naufrage.

De la Grèce primitive, que reste-t-il? Homère; un torse de déesse, un débris de temple, sorti du ciseau d'un sculpteur d'Athènes. Si le mot immortalité n'est pas une parole vaine, c'est aux arts qu'il appartient, et à la tête des arts se place la poésie. Les arts conservent les traces du passage des générations sur la terre mobile où nous sommes; ils redisent le passé, au milieu des dynasties perdues et de ces myriades de rois égarés qui n'ont plus de nom nulle part; ils concentrent le passé dans une œuvre.

De même que *Hamlet*, le drame du doute et de la douleur septentrionale, n'a pu éclore que dans la Grande-Bretagne après Luther; la *Dévotion de la Croix*, ce drame du symbole méridional et de la croyance effrénée, n'a pu naître, germer et mûrir qu'entre les Pyrénées et Gibraltar.

Le propre de la passion est de détruire tout équilibre, d'absorber, de se faire maîtresse, d'éteindre tout ce qui l'approche; elle veut brûler seule, quand même elle se dévorerait dans son ardeur. Si un peuple se livre à une passion, il est grand par elle; c'est par elle qu'il domine, c'est par elle aussi qu'il meurt.

L'Italie, du xv$^e$ au xvi$^e$ siècle, s'est livrée à l'amour des arts: vertus, bonheur, liberté, rien n'existait plus pour elle, mais elle avait Raphaël; ses voluptés et ses vices étaient en opprobre au monde, mais elle possédait Benvenuto Cellini (1). Elle donnait aux peuples des leçons de licence, mais elle allait avoir Palestrina. Les papes, appuyés sur leurs favoris et leurs maîtresses, scandalisaient l'Europe, appelaient le schisme, éveillaient Luther; mais ils avaient Michel-Ange. L'unité catholique s'ébranlait de toutes parts et le Vatican élevait au-dessus sa coupole splendide, symbole des arts tout-puissants.

Les peuples ont leurs passions ; et ce sont nos passions bien plus que nos pensées qui font notre destin. L'équilibre a été rompu en Italie par la passion artiste, en Espagne par l'excès de la foi; dans l'Europe moderne, par l'excès du doute. Les races et les peuples suivent leur voie.

## § VII.

Études sur Caldéron. — Suite. — Drame surnaturel et mystique.—
Le docteur Faust en Espagne. — *El Magico prodigioso.*

A l'époque de la lutte vive et singulière que le christianisme primitif soutenait contre l'ancien Olympe obscurci, un jeune homme vivait à Antioche, livré à l'étude et à la méditation. C'était une de ces intelligences qui ne sont jamais jeunes; pensées inquiètes dont l'ardeur étouffe le cri des sens. Cypriano ne fréquentait ni les assemblées, ni les jeux du cirque, ni la place publique. Riche et beau, il n'usait, pour ses jouissances personnelles, ni de sa fortune,

(1) V. nos ÉTUDES SUR LE XVIe SIÈCLE, *Benvenuto Cellini.*

ni de sa jeunesse. La grande anxiété qui régnait dans le monde romain sous l'empereur Décius, cette anxiété philosophique, cette curiosité de savoir, cet ennui des affaires réelles, ce problème non résolu de la vie des dieux et de la vie des hommes, le préoccupaient sans cesse. Cypriano n'était pas chrétien ; il méprisait le christianisme à l'instar de Tacite, de Pline le jeune et de tous ces païens qui ne pouvaient souffrir une secte juive, isolée du genre humain, ennemie des dieux et de Rome.

Cet homme se trouvait précisément dans la même situation d'esprit que les chroniques du moyen-âge prêtent à leur docteur Jean Faust; comme lui, cherchant Dieu et le bonheur, se fiant à sa force et à sa pensée, désirant à la fois toutes les voluptés de l'âme, tous les biens terrestres et toute la science des êtres. Il ne restait pas, comme le docteur allemand, enseveli dans la solitude de son cabinet, au pied d'un vieux poêle colossal, sous la lueur douteuse d'une fenêtre ogivale, ornée de vitraux colorés. Il s'égarait dans les bois de platanes et de sycomores, un manuscrit à la main, demandant le Secret Éternel à la nature animée et aux livres qui renferment la pensée toujours vivante. Il avait lu dans Pline l'ancien, cet encyclopédiste du temps de Marc-Aurèle, des paroles sur Dieu, paroles pleines de mystère et de grandeur, qui détruisaient d'un seul souffle la hiérarchie païenne, et plaçaient au-dessus des êtres créés « *l'être sans fin, sans principe, sans cause, cause de tout, principe toujours créateur.* » C'était là un de ces présages énergiques, une de ces voix lointaines, un de ces oracles d'instinct qui se multiplièrent dans le monde païen à mesure qu'on approchait de l'heure où les philosophies anciennes allaient se confondre dans la philosophie du Christ.

Cypriano (nous lui conservons le nom que lui prête la légende espagnole), méditant les paroles de Pline, touchait par le seul pouvoir de la réflexion pure, à la connaissance de Dieu ; cette enquête de la pensée humaine, s'élevant si haut par son propre essor, suscita contre lui le mauvais esprit, le démon. Le combat commença donc, combat entre la pensée philosophique maîtresse d'elle-même, puissante par elle-même, et l'esprit de ténèbres, ameutant contre cet autre Faust, la passion, les sens, le désir et l'orgueil.

Une femme, vous le pensez bien, sert de mobile à la séduction et de pivot à l'intrigue. Si le dramaturge l'eût imaginée simplement belle, attrayante et perverse, rien n'eût été plus vulgaire. Caldéron sait inventer autrement.

La femme que le diable met en jeu est aussi pure, aussi grande, aussi noble, aussi distinguée que l'est Cypriano; elle est plus éclairée que lui; chrétienne et chaste, elle ressent pour Cypriano une préférence innocente ; il les perdra l'un par l'autre.

Telle est la *légende* que Caldéron, le poète catholique par excellence, a choisie pour en faire un drame.

Un Espagnol, qui a publié récemment un bon choix des drames de Caldéron (1), prétend que le *Magico prodigioso* ne ressemble nullement au *Doctor Faust* de Goëthe. Non certes; pas plus que l'Espagne ne ressemble à l'Allemagne, une paysanne de Middlebourg à une Andalouse, un étudiant de Stuttgard à un *estudiante* de Tolède ; pas plus que le XIX$^e$ siècle ne ressemble au XV$^e$. Le génie de Caldéron date de 1450, bien qu'il fût né en 1600. Le génie de Goëthe appartient à 1850, bien qu'il ait vécu en 1780.

(1) Don Diego de Ochoa, dans son *Tesoro del Teatro espanol*.

Caldéron, c'est la théologie catholique, sans le jansénisme, sans le gallicanisme, sans le molinisme ; c'est la foi complète. Goëthe, c'est le doute définitif, mais calme et sans ironie ; c'est le panthéisme sceptique, arrivé au but et au terme de sa conquête, après avoir dépassé les doctrines protestante, rationnelle et sensualiste.

Ce qui domine et entraîne Faust, c'est le besoin de connaître, la soif de savoir, la pensée.

Le Faust espagnol est dominé par le besoin d'aimer, la volupté morale, l'amour.

Tous deux, voulant dépasser les forces humaines et sensuelles, rencontrent le vide ; là, ils sentent que l'air et la lumière leur manquent, de là ils remontent à la source de la vérité, à Dieu. Je ne pense pas que Goëthe eût connu le *Magico prodigioso* ; l'ermite de Weimar n'a point imité le théologien de l'Aranjuez. L'un est parti du doute, qui le dévorait ainsi que tout son siècle ; l'autre est parti de la foi qui soutenait encore l'Espagne, et qui, en s'immobilisant, a tué l'Espagne.

Le Faust espagnol aime une femme comme il faudrait aimer Dieu ; en définitive, il n'embrasse qu'un squelette, lorsqu'il croit embrasser le bonheur. Le Faust allemand est savant et analyste ; il n'aime Marguerite qu'à demi, il n'aime Dieu qu'à demi, et le diable qu'à demi. Il ressemble assez au monde qui nous entoure, composé de velléités sceptiques, qui finissent par le rêve ; il est peu dramatique, étant peu passionné.

Des deux côtés c'est le même thème : l'impuissance humaine ; ici, chez Goëthe, froidement sceptique et investigatrice ; là chez Caldéron, naïvement curieuse et sensuelle. Des deux côtés on voit Satan s'emparer d'une nature supérieure, l'exploiter et lui faire renier Dieu ;

le mauvais principe agir, paraître sur la scène, et la remplir, comme le Figaro de l'œuvre ; des deux côtés, une femme est le grand mobile que Satan met en usage : ici, Marguerite ; là, Justina.

Suivons un peu la marche adoptée par le génie de Caldéron ; et souvenons-nous qu'il s'agit, non d'une esquisse moderne, mais d'une légende.

Un étranger, égaré dans la forêt qui sert d'asile aux méditations philosophiques de Cypriano, se présente tout-à-coup au jeune homme, qui, enseveli dans la rêverie et méditant les paroles de Pline sur le Dieu suprême, vient d'atteindre la révélation intime de ce dogme créateur et immense : l'*unité de Dieu*. L'étranger demande sa route au contemplateur ; puis il s'assied près de Cypriano, et cause. Des livres grecs sont là, épars sur le gazon. L'étranger, qui est un savant, engage la conversation sur les matières les plus élevées et les plus abstruses. Cypriano qui s'étonne de le voir si habile dans la controverse lui soumet ses doutes et ses pensées ; combattu vivement par le diable (car c'est le diable), il finit par rester vainqueur ; la seule force de la logique, qui ne peut supposer l'existence d'une multitude d'effets se servant de cause à eux-mêmes et n'ayant point de cause primordiale, triomphe du démon.

Mécontent et vaincu, le diable se retire. Prévoyant que la volupté seule peut éloigner de la vérité cette âme païenne, prête à s'éclairer, il suscite une intrigue fort bien tissue.

Le rêveur, qui est resté seul, entend un bruit d'épées sous le feuillage ; deux gentilshommes (tout le monde est Espagnol ici, et il faut oublier Antioche, la Grèce, l'Asie-Mineure et l'empereur Décius), prétendant l'un et l'autre à la main de dona Justina, vont se battre pour mieux s'accorder. Cypriano leur prouve, par des arguments irrésistibles, que c'est un très-mauvais moyen de s'entendre, qu'ils exposent et compromettent la réputation d'une femme aimée, estimée, d'une personne dont ils avouent la pureté, et qu'ils feront beaucoup mieux de s'en remettre à la décision et au choix de celle qui leur est chère. Il se porte pour médiateur des deux amants ; s'offrant pour ambassadeur auprès de Justina, il leur promet de s'acquitter de cet emploi avec une impartialité complète, bienveillante pour l'un et pour l'autre. C'est là que le diable l'attend.

Justina, qui ne ressent de préférence pour aucun des deux, paraît beaucoup trop belle à Cypriano. « Adieu, dit-il, méditations célestes ! noble philosophie ! j'ai vu Justina ! » Une passion violente s'empare de lui. Sa vie ascétique lui devient odieuse. Il ferme ses livres. La beauté de la jeune fille chrétienne occupe toute sa pensée et le poursuit dans cette solitude qui servait naguère d'asile à ses méditations philosophiques.

— « Oh! s'écrie-t-il, pour jouir de cette femme, je donnerais mon âme !

— Je l'accepte !

Ainsi répond une voix lugubre qui sort des profondeurs de la forêt ! »

Aussitôt le ciel se couvre, la mer s'émeut et mugit, la foudre gronde, l'éclair se joue sur les flots bouleversés de l'océan voisin ; Cypriano se réfugie dans une grotte, près du rivage. L'hyperbole de la poésie castillane se répand sur toute la scène suivante avec une exubérance effrayante, que l'on ne peut qu'admirer, tant elle est d'accord avec la situation surnaturelle qu'elle reproduit. Un vaisseau se brise sur les rochers de la côte, et un naufragé se trouve jeté par les vagues aux pieds de Cypriano. Ce naufragé est un grand sorcier. Le sorcier reçoit les secours du jeune homme, accepte l'hospitalité offerte par ce dernier et lui promet de lui enseigner la magie. Cependant la passion de Cypriano s'accroît de jour en jour. « Que donneriez-vous pour posséder cette femme ? lui demande son hôte. — Mon âme ! — Signez ce contrat, je vous la donnerai. » Cypriano accepte.

Le diable précepteur de magie ne se contente pas de faire un élève ; il lui faut deux victimes. Il ruine la réputation de Justina, et se servant pour accomplir ce dessein du moyen facile que Mirabeau mettait en œuvre, il se montre enveloppé d'un grand manteau (*embozado*) sur le balcon de la femme qu'il veut perdre ; les prétendants de la jeune fille s'attribuent mutuellement une conquête qui n'appartient à aucun d'eux et croisent leurs épées ; le démon, de son côté, travaille à séduire Justina. Il attaque par toutes les amorces de la volupté le cœur et les sens de la jeune fille. Ici la poésie merveilleuse de Calderón change de ton ; il est temps de la faire connaître :

*Le démon.* — Abîme infernal, abîme de désespoir, qui désespères de toi-même, que tes esprits de volupté s'éveillent et s'élancent pour assaillir et abattre la vertu virginale de Justina ! Que sa chaste pensée conçoive mille fantômes lascifs, que son imagination pudique se remplisse d'images amoureuses ! Que dans une harmonie entraînante tout l'invite à l'amour, et les oiseaux, et les cieux, et les fleurs ! Que ses yeux ne voient rien qui ne soit douce amorce de volupté, que ses oreilles n'entendent rien qui ne soit gémissement d'amour. Esprits, faites votre œuvre, je vous attends ! »

Ainsi parlait le démon, planant sur la maison et les jardins habités par Justina. A peine l'évocation achevée, la clarté du ciel devint plus pure, les fleurs s'épanouirent sur leurs tiges, un souffle suave et brûlant parcourut les bocages, et du sein des touffes de roses et des bosquets de lauriers un lointain concert de théorbes et de flûtes se fit entendre. Le boudoir de Justina, qui donnait sur le jardin et dont la fenêtre était ouverte s'élevait à quelques pieds du sol, à peu de distance d'un petit cours d'eau qui traversait le domaine de son père et murmurait entre deux allées d'orangers en fleurs. La jeune fille, brune, le front haut, l'œil fier et rayonnant sous de longs cils noirs, le bras appuyé sur le coussin pourpre d'un divan moresque, rêvait pendant l'ardeur du jour. N'en croyez pas le poète, s'il vous dit qu'elle est fille de l'Asie-Mineure ; il se trompe ou il vous trompe ; c'est une véritable Espagnole, chrétienne et catholique, sévère et naïve, sérieuse et passionnée. Elle écoute ces bruits suaves et légers qui, au milieu des parfums, montent jusqu'à elle comme des parfums pour l'oreille. Bientôt des voix humaines se joignent aux accents des luths et des flûtes, et Justina se lève ; elle s'appuie sur son balcon, elle se penche, elle reste attentive, surprise et charmée.

*Une voix.* — Où la flamme de l'amour ne pénètre-t-elle pas ? où est la vie, si ce n'est dans l'amour ? Il circule dans le rameau, il vit dans l'oiseau et dans la fleur, il est la seule gloire et la seule vie !

*Chœur de plusieurs voix.* — Oh ! l'amour ! l'amour !

Justina, tout agitée, se retire dans son boudoir, et reste silencieuse et émue. — « Mon Dieu ! s'écrie-t-elle en se jetant sur le sofa, mon Dieu ! pourquoi ceci ? pourquoi suis-je émue ? Comme ces voix me troublent ! D'où vient ce feu qui s'accroît en moi ? Quelle est la douleur despotique que je ressens ?

*Chœur de voix.* — L'amour ! »

La périlleuse rêverie se prolonge et augmente le danger qu'elle court ; la solitude de Justina se peuple des enchantements secrets dont l'âme fait naître le prestige pour s'enivrer elle-même. Justina se demande pourquoi tous ces objets lui parlent un seul langage ; — pourquoi tous les aspects et tous les sons lui offrent le même sens ; pourquoi cette émotion universelle, qui vient jusqu'à elle, qui la frappe au cœur et qui la pénètre ? Elle demande compte de cette émotion au ruisseau qui coule sous la fenêtre, et dont les petits flots plaintifs lui apportent l'amour ; à la vigne, dont le cep est baigné par le ruisseau fugitif et qui vient enlacer au-dessus de sa fenêtre ses pampres diaphanes. La transformation du monde dans la rêverie amoureuse et craintive d'une jeune fille n'a jamais été exprimée avec plus de grâce et de chaleur. Tout est désir et émotion dans cette poésie chaude et facile qu'il n'est pas permis de traduire en prose, et dont nous copions quelques fragments : pensées d'amour et d'opéra sans doute, *lieux-communs de morale lascive.* Tout est *lieu-commun* dans cette matière, toujours vieille et toujours nouvelle ; la grâce, la vérité, l'ardeur relèvent seules un thème aussi général. Ici, comme dans la *Juliette* de Shaskspeare, la franchise pudique des aveux leur prête une originalité singulière. Justina, dont la résolution est ferme et la pensée sage, s'étonne des nouveaux désirs qu'elle ne peut chasser, et dont le symbole ardent la poursuit dans cette vigne enlacée, dans ces chants des oiseaux pâmés, dans ces harmonies lointaines et amoureuses, dans ce soleil qui pénètre et échauffe l'eau murmurante du ruisseau. Elle se plaint à toute la nature de la *contrainte empoisonnée* et de la *magie contagieuse* qu'elle subit :

« Aquel ruisenor amante
» Es quien respuesta me da,
» Enamorando constante
» A su consorte, que esta
» Un ramo mas adelante.
» Calla ruisenor, no aqui
» Imaginar me hagas ya,
» Por las quejas que te oi,
» Como hombre sentirà,
» Si siente un pajaro asi.
» Mas, no una vid fué lasciva,
» Que buscando fugitiva
» Va el tronco donde se enlace,
» Siendo el verdor con que abrace,
» El peso con que derriba.
» No asi con verdes abrazos
» Me hagas pensar en quien amas,
» Vid ; que dudare en tus lazos,
» Asi abrazan unas ramas
» Como enraman unos brazos. «

Mais le seul sentiment qui l'occupe en réalité, le seul qui fixe et qui intéresse sa pensée, c'est Cypriano. Beau, sage, éloquent, sévère, il n'a point prodigué sa jeunesse aux plaisirs qui amollissent ; il est à part et s'élève au-dessus de ce qui l'entoure. Elle se repent de l'avoir éloigné, elle le distingue; elle l'aime peut-être. Elle se représente vivement les qualités de Cypriano, sa gloire de savant, son amour, son caractère. Une longue contemplation augmente le danger de ce souvenir. « Peut-être ne reviendra-t-il jamais ! Qu'est-il devenu ? Que faire ? Comment le rappeler ? Où est-il ? Ah ! si je savais où..... » s'écrie la jeune fille en soupirant.

L'ombre commençait à couvrir le parc, les jardins et le ruisseau murmurant. La faible clarté de la bougie que venait d'allumer une servante africaine se jouait sur les tentures rouges du boudoir et sur la tapisserie qui drapait et voilait de ses replis épais la porte d'entrée. A peine le soupir de Justina eut-il accompagné ses dernières paroles, que la portière, se soulevant, laissa voir un personnage grave et vieux, au front chauve, au nez pointu, au menton effilé, costumé de noir, avec le rabat blanc et le chapeau à la main. Ce vieillard, qui avait l'air fat, fûté, attentif et patient, sentait d'une lieue son docteur en théologie. La jeune fille tressaillit en le voyant paraître et se leva. Pour lui, continuant la phrase que Justina venait de commencer :

« ..... Où est Cypriano, n'est-ce pas? Je vous le dirai, senora.

—« Oh! s'écrie Justina debout, qui êtes-vous ? comment donc êtes-vous entré ici ? que me voulez-vous ?

*Le Docteur.* — Rien. Je vous conduirai vers Cypriano, dont vous venez de prononcer le nom et que vous désirez voir.

*Justina.* — Vous m'avez donc entendue? et vous me croyez déjà vaincue et domptée? Non, docteur qui m'avez surprise! Ma pensée peut être esclave, ma volonté est libre.

*Le Docteur.* — Elle ne l'est déjà plus : vous avez fait, ma chère, en rêvant à votre passion, la moitié du chemin. Le péché est toujours péché. Vous l'avez conçu, vous le gardez, vous le garderez, comme nous tous d'ailleurs; il est trop tard pour reculer... Venez donc voir Cypriano.

*Justina.* — Ne le croyez pas; vous vous trompez. Votre intention de me séduire est vaine. Quelles que soient les émotions de ma pensée, ma liberté me reste. Je ne suis pas maîtresse de mon désir, mais de mon acte. Docteur qui voulez me conduire vers Cypriano, si je ne vous suis pas, si je ne bouge pas d'ici, ne serai-je pas plus forte que ma pensée ? Penser et agir sont deux choses, docteur !

*Le Docteur.* — Mais vous agirez comme vous venez de penser, et vous aurez bien raison.

*Justina.* — Ma liberté me sauvera..

*Le Docteur.* — Quelle liberté ?

*Justina.* — Mon libre arbitre.

*Le Docteur.* — Allons donc, on en viendra très-aisément à bout.

*Justina.* — Il ne serait plus libre, s'il se laissait vaincre.

*Le Docteur.* — Venez, ma belle, un grand plaisir vous attend.

*Justina.* — Il coûte trop cher.

*Le Docteur.* — C'est le repos du cœur.

*Justina.* — C'est la servitude.

*Le Docteur.* — C'est le bonheur !

*Justina.* — C'est la misère ! »

Justina, appuyée sur le fer du balcon, regardait avec effroi ce personnage cauteleux et violent, qui s'approcha d'elle, lui saisit le bras et l'attira vers lui avec un sourire.

*Le Docteur.* — Il faut vous faire violence, vraiment !

*Justina.* — Ma défense est en Dieu !

« Tu as vaincu, femme, s'écria le docteur ! tu as vaincu en ne te laissant pas vaincre ! »

Alors, sans que la draperie se soulevât, sans que les portes se fermassent, sans que le docteur prît congé de la jeune fille, il disparut ; la bougie s'éteignit, Justina resta dans la nuit. Plus de chants, plus de concerts, profond repos. . . . . . . . . . . . . . . .

Le diable ne se tient pas pour battu : Justina lui résiste, il se passera d'elle. Tout lui sera bon, pourvu qu'il s'empare de l'âme de Cypriano.

Ce dernier, plus amoureux que jamais, entoure Justina de ses soins. Après de longues recherches et une cour assidue, il espère vaincre enfin les scrupules de celle qu'il aime. Justina est attendrie ; elle consent un jour à suivre Cypriano dans la solitude champêtre qu'il a choisie. La longue mantille noire des femmes espagnoles la couvre et la déguise. Tous deux s'arrêtent sous l'ombre touffue des sycomores.

Justina, qui, émue et tremblante, écoute son amant, n'a ôté ni son masque de velours noir, ni son voile de dentelle. — « O la plus belle et la plus aimée! lui dit Cypriano, arrêtons-nous ici, dans ce lieu frais et ombragé, où ne pénètrent pas les rayons du soleil, où le souffle même du vent ne se fait pas sentir ! Riche conquête de mes efforts magiques, ô ma Justina, soyez à moi ; pour vous posséder, rien ne m'a retenu, rien ne m'a coûté ! Je vous paye du prix de mon âme ! Certes, il était juste de payer cher le plus grand des bonheurs ! Divinité de ma pensée, dévoilez-vous donc ! Plus de nuages sur le soleil. Venez, que je vous retrouve enfin. »

La mantille tombe ; Justina a disparu. Un squelette paraît à sa place.

Des voix lointaines planent au-dessus des feuillages, et prononcent les mots suivants : « Cypriano ! les voluptés terrestres s'en vont ainsi. »

Il reste seul, et tombe dans les bras de son valet, qu'il embrasse avec terreur.

Ce terrible enseignement du squelette, remplaçant tout-à-coup, dans un rendez-vous d'amour, une femme adorée, est indiqué par plusieurs légendes chrétiennes. On peut le considérer comme le résumé le plus complet de la théorie spiritualiste que le catholicisme professe; Caldéron l'a employé plusieurs fois dans ses drames. La scène espagnole est la seule de l'Europe qui ait souffert et applaudi un symbole aussi redoutable (1).

Le drame que j'analyse ne pouvait pas finir ainsi. Il fallait la conversion définitive du philosophe païen et voluptueux ; c'était le seul dénoûment possible et logique. Voyons un peu comment le dramaturge amène la purification de son héros.

Le démon qui n'a pu triompher de Justina, mais dont Cypriano vient d'être dupe, accourt, en créancier fidèle et mémoratif, et réclame le paiement de Cypriano, le prix du pacte conclu, c'est-à-dire son âme.

Dans une scène fort belle, Cypriano lui résiste. En prononçant le nom du Très-Haut, il force le démon à confesser la souveraineté divine et détruit ainsi les espérances de Satan, réduit à l'impuissance.

*Cypriano.* — Tu ne m'as pas livré Justina ; je ne te dois rien.

*Le Démon.* — Ne l'as-tu pas tenue entre tes bras?

*Cypriano.* — Non ! Tu m'as donné un fantôme !

*Le Démon.* — Le miracle ne vient pas de moi.

*Cypriano.* — De qui vient-il?

*Le Démon.* — De son protecteur.

---

(1) Maturin, auteur de *Bertram*, a essayé dans un de ses détestables drames funèbres l'imitation du *squelette* caldéronien; la pièce n'a pas eu dix représentations.

*Cypriano.* — Quel est-il?

*Le Démon,* tremblant. — Je ne puis le dire.

*Cypriano.* — Eh bien, je me servirai contre toi de tes propres leçons. Au nom de mon pouvoir magique, je t'ordonne de me nommer ce protecteur.

*Le Démon.* — Un dieu a pris le parti de Justina.

*Cypriano.* — Un dieu!... Quoi! un seul, parmi tant d'autres dieux!

*Le Démon.* — Seul, il a plus de pouvoir qu'eux tous.

*Cypriano.* — Lui seul est donc Dieu?

*Le Démon,* voulant s'en aller. — Je n'en sais rien! je n'en sais rien!

*Cypriano.* — C'est lui, le voilà, ce Dieu que j'ai cherché si longtemps! Dieu, toute puissance et toute grandeur!... C'est lui, c'est lui! conviens-en! avoue-le... parle!

*Le Démon.* — Je n'en sais rien.

*Cypriano.* — Son nom?

*Le Démon.* — Son nom! faut-il le dire? Avec horreur je le prononce... C'est le Dieu des chrétiens.

*Cypriano.* — Pourquoi s'est-il élevé contre moi?

*Le Démon.* — Pour défendre Justina.

*Cypriano.* — Et pourquoi?

*Le Démon.* — Justina est chrétienne.

*Cypriano.* — C'est donc ainsi qu'il sert ceux qui sont à lui?

*Le Démon,* mécontent. — Oui; mais il est trop tard pour que tu penses à lui, tu es mon esclave.

*Cypriano.* — Moi, ton esclave?

*Le Démon.* — Tu m'appartiens. Voici ta signature.

*Cypriano.* — Tu n'as pas rempli tes engagements; et

nous sommes quittes. Est-ce que tu serais mécontent?

(*Il tire son épée.*)

*Le Démon.* — Pauvre fou! tu frapperais d'estoc et de taille, que tu ne m'atteindrais pas. Apprends quel est ton maître! Je suis le *démon.*

*Cypriano.* — Toi?

*Le Démon.* — Et tu es à moi.

*Cypriano.* — Jamais! Celui qui a délivré Justina viendra sans doute à mon secours!

*Le Démon.* — N'y compte pas, homme de délices, d'orgueil et de voluptés; il ne te secourra point.

*Cypriano.* — Si son pouvoir est suprême, il me pardonnera : ce sera ma récompense.

*Le Démon.* — Il est juste; pour récompense, tu auras le châtiment.

*Cypriano.* — On ménage le prisonnier qui se rend.

*Le Démon.* — Tu ne peux être à lui, puisque tu es à moi.

*Cypriano.* — C'est ce dont je doute.

*Le Démon.* — Bientôt tu n'en douteras plus.

. . . . . . . . . . . . . . . .

Il étreint Cypriano de ses bras d'airain. — « Dieu des » chrétiens! s'écrie le jeune homme, je t'appelle! » Le démon vaincu se retire. — « Tu lui dois la vie! dit le démon.

» — J'espère davantage, répond Cypriano; car je suis à lui! »

C'est le dernier mot de cette œuvre théologique : croire, aimer, se confier, attendre tout de la foi. Le mariage du martyre, *nuptiæ purpureæ;* les noces, revêtues de pourpre par les bourreaux (comme le disait un père de l'Église), unissent Cypriano et Justina dans la dernière scène de cette œuvre.

## § VIII.

*En quoi le drame de Calderón diffère de ceux de Shakspeare, de Goëthe, de Schiller ; — et du Drame moderne. — Le Diable sur la scène.*

On voit combien ce drame ressemble peu à celui Shakspeare, de Schiller et de Goëthe.

Il y a dans Shakspeare non pas un scepticisme systématique, mais une absence de parti pris sur toutes choses, qui rend la lecture de ses drames fort attrayante pour nous, alors même que nous ne comprenons ni la poésie de ses tableaux, ni la finesse de son dessin, ni la profondeur de ses observations sur le caractère humain. Schiller offre une autre séduction ; son âme fière est pleine d'une croyance naïve dans la force individuelle de l'homme. Goëthe, qui n'est ni catholique, ni protestant, est doué d'une impartiale facilité qui charme l'indifférence universelle des âmes blasées. Il dessine et colore sur les murs de la prison qu'on appelle le monde des figures et des spectacles ravissants.

Le drame de Shakspeare est vaste, fin, ironique et observateur ; celui de Schiller, élevé, noble, héroïque et plein de la divinité de l'homme ; celui de Goëthe, large, facile, aimable, indifférent. Nous comprenons aujourd'hui ces trois drames par divers côtés ; car nous sommes sceptiques, fiers de nous-mêmes et ennuyés.

Le drame de Calderón reste étranger à toutes ces conditions ; il est catholique. Il l'est profondément, ardemment, avec abnégation de toute autre prétention, avec une exaltation sérieuse et passionnée. Calderón n'a pas inventé sa théorie ; il marche sur la tombe catholique de Jésus ; il vit sous la lumière toujours rayonnante d'une foi, qui n'est pas seulement consolatrice, mais dévorante. Sur l'autel brille la flamme qui le brûle, flamme active, clarté paisible, rayon terrible qui le frappe et le dirige.

Calderón avait été soldat, puis familier du saint-office et en même temps homme de cour. Il n'était point marié, ne croyait qu'à une chose, ne pensait qu'à elle, ne rêvait qu'à elle, ne s'occupait que d'elle : le catholicisme, mot dans lequel se confondaient pour lui l'Espagne, la patrie, la foi, la philosophie, l'art et la poésie. Cette unité multiple compose, dans ses œuvres, un tout si profondément soudé, qu'il n'y a pas moyen d'en détacher un élément, *tres imbris torti radios*. Ses drames d'amour sont remplis de l'Espagne héroïque, ses drames héroïques de fanatisme, ses drames d'aventures mêlés de philosophie théologale. Le *Magico prodigioso* (qu'il a intitulé tragédie), n'est qu'un *mystère* en vers et en trois points.

Cette œuvre, pour être à sa place, devrait être représentée dans une cathédrale, quand le mugissement et la plainte douloureuse des orgues ont expiré sous les voûtes, lorsque les cierges pleurent, ébranlés par le vent qui souffle des grandes portes. La sève qui l'anime c'est la philosophie du catholicisme. Je ne prétends pas expliquer, attaquer encore moins cette philosophie. Il n'y a pas de sens dans l'œuvre espagnole pour qui n'est pas catholique.

La légende dramatisée par Calderón révoltera même les catholiques un peu atteints des idées modernes ; il faut reculer jusqu'au xv<sup>e</sup> siècle pour trouver la clé de cette œuvre. C'est la clé qui sert à ouvrir le *Paradis* du Dante, son *Enfer* et son *Purgatoire*; elle mène aux chefs-d'œuvre de la peinture catholique, à ceux de la sculpture et de l'architecture appelées gothiques. Sans l'admission des mystères catholiques et de toute la philosophie chrétienne, je ne vois pas d'explication raisonnable ou même d'excuse pour les étrangetés grotesques d'Alighieri, les grandeurs disproportionnées des cathédrales, et les ascétiques terreurs de Zurbaran. Les hommes du xviii<sup>e</sup> siècle, sapant l'édifice du moyen-âge et de la catholicité, ont eu raison de se cramponner aux règles de Le Batteux; seule conduite logique qu'ils pussent tenir au moment où ils s'occupent à détruire la féodalité et le christianisme, intimement liés l'un à l'autre. Ils n'ont dû admettre d'autres beautés que celles du corps, celles qui se rapprochaient du paganisme, la beauté des lignes, la forme *plastique*, la régularité extérieure, la convenance des objets représentés selon le bon-sens terrestre, selon la raison de tous les jours et l'expérience matérielle acquise par la vie et inspirée par le monde physique. De là l'étonnante froideur des poésies nées au milieu des passions révolutionnaires, et le calme glacé de la tragédie de *Charles IX*, lorsque sur la place Louis XV se jouaient d'autres tragédies.

Aussi les modernes, éloignés de leur antique foi par mille causes qu'il est inutile de rappeler ici, ne comprennent-ils plus Caldéron. Les Espagnols l'acceptent à peine; les Grecs du Bas-Empire ne comprenaient plus Pindare. Nos opinions sont aussi distinctes de l'unité catholique régnant en 1250, que notre français est étranger à celui de Villehardouin, que l'espagnol parlé aujourd'hui à Madrid est éloigné de celui de Caldéron.

L'unité en tout nous paraît entrave, lâcheté et servitude. Pour nos aïeux, c'était la vie, le génie et la foi. L'infinie variété et l'analyse infinie nous paraissent les vrais caractères et les uniques preuves de l'indépendance humaine ; à nos pères il fallait l'ensemble, le concours, l'assimilation des idées et des forces, et leur idée avait assurément de la grandeur.

Nous bâtissons deux cents petites maisons qui renferment deux mille petits ménages ; ils bâtissaient une cathédrale. Nous remplissons nos musées d'un million de cadres sans signification, représentant des batailles et des amours, selon la fantaisie de chacun ; celui-ci s'attachant à Giotto, cet autre à Mieris, un troisième à Caravage, un quatrième à Murillo ; d'où il résulte que personne ne fait rien de bon, de senti, de profond, de sacré, chaque fantaisie individuelle étant privée par son isolement même de profondeur et de réalité. Même observation pour le drame moderne. Il est tout ce qu'il veut, pourvu qu'il amuse et pique la curiosité. Les grandes œuvres littéraires ne naissent point dans ces conditions. Elles arrivent ensemble et à des temps marqués, lorsque la société humaine possède encore assez de verve et d'unité pour les produire. Tels furent les siècles d'Auguste, de Louis XIV, d'Élisabeth. Il faut des pensées universelles, dominantes, admises, centrales, une foi, un amour, pour qu'une nation soit intellectuellement grande.

Chez Caldéron l'*unité* devient tyrannie. Elle se montre chez lui si parfaitement espagnole et catholique, si rudement exclusive, que, dès le XVIII<sup>e</sup> siècle, on ne la comprend plus. Sans une extrême souplesse, l'intelligence la mieux dotée s'arrête à chaque instant devant cette pensée despotique. Révoquer en doute l'un des dogmes de la foi, c'est hier la poésie même de Calderon. Il affirme les dogmes et les prouve comme des thèses; il raisonne sur la *grâce;* sa poésie est théologie.

Quant à ses charmants drames d'aventures qui ont envahi l'attention des critiques, ils ne méritent pas cet honneur; ce ne sont que les jeux d'un esprit qui se délasse. Calderon est lui-même dans ses grands drames, les uns héroïques, castillans et chrétiens, les autres exclusivement théologiques, comme le *Magico prodigioso.*

Le grand acteur, ou, comme disaient les Grecs, le *Protagoniste* du Faust allemand et du Faust espagnol, c'est le diable. Le diable espagnol, le *demonio*, ne rit pas; le diable allemand, Méphistophélès, rit toujours. Le diable espagnol tremble de peur toutes les fois que l'on prononce le nom de Jéhovah; le *Teufel* de Goëthe raille assez lestement son maître. L'un confesse en murmurant l'unité divine, la toute-puissance du monarque suprême contre laquelle il a osé se révolter; l'autre a fait des progrès; mondain, paradoxal, épigrammatique, il a lu Bayle et ne manque pas de bonnes raisons contre Dieu. Couvrez-le d'un habit pailleté, donnez-lui une tabatière d'or, ce sera le marquis d'Argens. Au souffle terrible du mauvais génie de Calderon, la tempête s'élève, les vents se déchaînent, le monde de la matière s'ébranle, tout se couvre et se peuple de fantômes. Le diable de Goëthe est plus plaisant et de meilleure composition ; en vieillissant il s'est instruit et raffiné, il s'amuse à des taquineries assez puériles, à des miracles assez pauvres, à des fantasmagories innocentes. Il fait naître sous sa baguette des prestiges sans terreur et des escamotages mesquins. Le diable espagnol ressemble au cardinal de Richelieu et le diable allemand à M. de Maurepas. Le premier est un roi de ténèbres, le second un Figaro; le premier est un despote, le second un intrigant.

L'œuvre de Caldéron contient tout ce qui peut faire violence à l'intelligence française. C'est une ode plutôt qu'un drame; un roman plutôt qu'une ode; un sermon plutôt qu'un roman, et un symbole plutôt qu'un sermon. Vous demandez ensuite si, en définitive, la pièce est bonne; question à laquelle il est impossible de répondre. Il ne faut pas y chercher une charpente ingénieuse, excitant la curiosité, la préparant, arrivant quelquefois à l'émotion de l'âme par la passion, ou à l'amusement de l'esprit par la saillie et l'observation combinées. Dans l'œuvre de Caldéron, la théologie l'emporte sur tout le reste. Prouver la *nécessité de la grâce*, l'impuissance de l'homme, le vide des passions, le néant de l'amour terrestre, c'est tout pour lui, c'est son premier, son second, son troisième point; c'est sa première, sa seconde, sa troisième « journée. » Il devrait, avec de telles données (vous le croyez du moins), être fort ennuyeux; il est sublime. Il semblerait qu'en étouffant la passion, en se privant de cet appui énorme et de ce secours ardent, un poète dramatique ne dût aboutir qu'à la plus pâle des prédications morales; Caldéron est plus passionné que tous les poètes de l'amour. Sincèrement fanatique, il est plus près du génie et de l'art par cette foi en Dieu et dans la pureté commandée à l'homme, que ceux dont l'impuissant désir de paraître voluptueux et passionnés se joint à l'énervement des passions et des désirs.

## § IX.

### Alarcon. — Biographie de don Juan Ruiz de Alarcon y Mendoza.

Le fécond Lope de Véga, le grand Caldéron ont été souvent étudiés ; leur vie est écrite partout. Voici un écrivain peu connu et qui mérite de marcher leur égal.

Avant l'année 1846, le nom de don Juan Ruiz de Alarcon ne se trouvait dans aucune biographie : c'est cependant l'un des plus grands noms de la littérature espagnole. Alarcon se place, comme auteur dramatique, au-dessus de Moratin, de Montalvan, immédiatement après Lope de Véga et Caldéron. Schlégel, Bouterwek et M. de Sismondi, qui se sont spécialement occupés du théâtre espagnol, passent sous silence cet homme remarquable, dont Corneille admirait le génie, et sur le compte duquel on n'a obtenu que récemment des renseignements biographiques assez incomplets.

Ses compatriotes même l'ont oublié ; à peine le nom d'Alarcon apparaît-il de temps à autre, de la manière la plus vague, dans leurs annales littéraires : on ne le cite jamais. Pendant sa vie, plusieurs faussaires lui dérobèrent ses titres de gloire ; après sa mort, les critiques ne parvinrent à les retrouver et à les lui rendre qu'avec difficulté ; Corneille lui-même, en lui empruntant le *Menteur*, comédie qui a ouvert la carrière de notre gloire théâtrale, attribuait à Lope de Véga cette œuvre qu'il appelle « la mer-
» veille du théâtre, et à laquelle, dit-il, il ne trouve rien de
» comparable en ce genre chez les anciens ni chez les mo-

» dernes. » Tout récemment, un critique de l'époque impériale, Victorin Fabre, attribuait à Francesco de Rojas la *Verdad Sospechosa*, œuvre prototype du *Menteur;* il a fallu toutes les recherches réunies et successives de Nicolas-Antonio, de M. Salva, de M. Ferdinand-Denis et les nôtres propres, pour déterminer à peu près comment Alarcon a vécu et où il a vécu. Parmi les problèmes historiques il en est peu de plus curieux et de plus étranges : l'explication en est simple, bien que personne ne l'ait indiquée.

Cet Alarcon avait reçu de la nature et de la société plusieurs dons singuliers et disparates, qui se détruisaient mutuellement : un génie original, un violent orgueil, une naissance noble, un berceau étranger, une grande distinction de manières et une difformité naturelle. Il était Indien, c'est-à-dire né au Mexique, et il faut voir avec quelle supériorité de dédain les Espagnols ont longtemps traité les enfants de leurs colonies; dernièrement encore, tout en se donnant à elle-même une constitution libre, l'Espagne a retenu sa dernière colonie, la Havane, dans la servitude la plus complète. Malgré cette extraction indienne, Alarcon occupait à la cour de Madrid un poste honorable et surtout lucratif, à une époque où, comme le dit le marquis de Louville, il y avait à peine assez d'argent dans les caisses pour fournir une *olla-podrida* à leurs majestés, et où commençait la rapide décadence de la monarchie espagnole. Au lieu de traîner sa vie dans cette pauvreté amère qui dévora les jours du Camoëns et de Cervantes, Alarcon se trouva de niveau avec les grands seigneurs du temps, qui devaient mépriser fort du sommet de leur ignorance et de leur fierté castillane, un poète, *homme de finances, Indien* et *bossu*.

Ce dernier malheur, dont semble douter un peu le

spirituel et récent auteur d'une *Histoire comparée des littératures espagnoles et françaises* (M. Adolphe de Puibusque), est néanmoins confirmé par les nombreuses épigrammes que les poètes, ses contemporains, dirigèrent contre sa gibbosité. L'un dit qu'Alarcon « prend sa bosse pour
» le mont Hélicon; » l'autre que « si sa bosse était grosse
» comme son orgueil, Pélion et Ossa ne l'égaleraient pas; »
il paraît peu probable que la malice contemporaine se soit égayée sur une difformité chimérique. Être bossu, Indien et homme de génie, ce sont trois malheurs dont on aurait pu, après tout, se consoler avec un peu de tact, d'esprit et de réserve. Mais, pour achever le désastre de sa gloire et de son repos, Alarcon joignait à ses autres dons le plus infernal orgueil dont une âme humaine ait jamais été pétrie.
« Canaille, dit-il au public (*al volgo*), dans une de ses
» préfaces, bête féroce, je m'adresse à toi ; je ne dis rien
» aux gentilshommes, qui me traitent mieux que je ne le
» désire ; je te livre mes pièces; fais-en ce que tu fais des
» bonnes choses ; sois injuste et stupide à ton ordinaire.
» Elles te regardent et t'affrontent ; leur mépris pour toi
» est souverain. Elles ont traversé tes grandes forêts (le
» parterre). Elles iront te chercher dans tes repaires. Si tu
» les trouves mauvaises, tant mieux, c'est qu'elles sont
» bonnes. Si elles te plaisent, tant pis, c'est qu'elles ne
» valent rien. Paie-les, je me réjouirai de t'avoir coûté
» quelque chose. »

Ce terrible bossu ameuta nécessairement contre lui toute l'armée des écrivains roturiers, sans que les gentilshommes de Castille daignassent prendre en main la défense de l'Indien. Aussi fit-il d'excellents drames que personne ne vanta, que plusieurs s'attribuèrent, dont Corneille profita sans savoir à qui il les devait, et qui ne valurent à leur orgueilleux père qu'une réputation posthume et contestée.

Né selon toutes les probabilités vers le commencement du XVIIe siècle, dans la province mexicaine de Cusco, province qui fait partie du district de Cuença, don Juan Ruiz de Alarcon appartient sans doute à cette grande famille des Alarcon qui s'est signalée dans les guerres de la conquête, dont le marquis de Trocifal a publié la généalogie, et qui a donné plusieurs gouverneurs-généraux à l'île de Cuba, où elle existe encore. Dès cette époque, le prince de Esquillache avait fondé à Mexico un collége pour les jeunes gentilshommes, collége où il est probable que le poète fit ses études. De 1621 à 1622, il passe en Europe, obtient en 1625 le titre et le grade de licencié, est nommé ensuite *rapporteur du conseil royal des Indes* (relator del real consejo de las Indias), vit à la cour, s'amuse à écrire des comédies, dont il publie huit, composant un premier volume (1628, Madrid), et ensuite douze, composant un second volume (1634, Barcelona). La première partie est dédiée au grand-chancelier du conseil des Indes, don Ramiro Felipe de Guzman, duc de Medina de las Torres, son Mécène, dit-il, auquel il s'adresse plutôt du ton courtois d'un gentilhomme qui parle à son égal que du ton obséquieux d'un poète de cour et d'un protégé. On ne sait rien de sa mort; peut-être fatigué des épigrammes dont les poètes criblaient le gentilhomme bossu, retourna-t-il en Amérique.

Déjà, en 1642, sa meilleure comédie, la *Verdad Sospechosa*, imprimée dans le second volume de son recueil, était attribuée à Rojas et à Lope. C'était un drame bien inventé et bien conduit, qui, imprimé séparément, tomba, sans nom d'auteur, entre les mains d'un jeune Français né en Normandie (1). Ce dernier s'occupait beaucoup de théâtre, et, selon le conseil d'un de ses vieux amis, étudiait, imitait et exploitait, en les soumettant à une règle plus sévère, les fertiles carrières du drame espagnol. Pierre Corneille (il s'agit de lui) fut émerveillé de la vigueur du dialogue, de la simplicité des ressorts et de la haute moralité de l'ensemble. Il imita la *Verdad Sospechosa* avec la supériorité de son génie, en fit le *Menteur*, et dota la France de la comédie de caractère. Seulement, en adoucissant quelques teintes espagnoles, et en remplaçant le vers facile et rapide d'Alarcon par l'énergique et imposante naïveté de son vers hexamètre, notre grand poète conserva malgré lui certaines nuances et certains tableaux tout castillans, qui produisent un effet singulier au milieu des mœurs françaises et provinciales de la ville de Poitiers, où il reporte son action. Le plus remarquable de ces traits espagnols est la *grande fiesta*, la fête et la sérénade données sur l'eau par un *galant* à sa maîtresse, description fort convenable aux mœurs des riverains du Guadalquivir et du Mançanarès, mais peu en harmonie avec les rustiques habitants des bords du Clain, qui baigne les murs de Poitiers.

Le caractère du talent, disons mieux, du génie d'Alarcon, n'était pas sans analogie avec celui du grand Corneille. C'est la fierté de la conception et du langage. On retrouve cette simplicité hautaine, cette héroïque grandeur dans ses comédies que nous examinerons tout-à-l'heure.

(1) V. plus bas CORNEILLE ET L'ESPAGNE.

## § X.

Études sur Alarcon. — Caractère spécial de son génie et de ses œuvres. — Fragments.

Parmi les nombreux auteurs dramatiques que l'Espagne a produits, Lope de Véga s'était fait remarquer surtout par l'invention des situations et la fécondité des ressources ; Caldéron par l'éclat lyrique et l'ardeur passionnée du langage.

Alarcon, dont le nom est beaucoup plus obscur, caractérise l'orgueil chevaleresque.

Le trait saillant de son talent, c'est l'héroïsme de la pensée, la magnanimité de la conception. L'essence du génie espagnol se trouve, pour ainsi dire, concentrée dans ses drames ; s'il a peu d'élans dithyrambiques, si ses pièces sont souvent irrégulières, il idéalise merveilleusement l'honneur, le dévoûment, le devoir, la loyauté féodale ; le sacrifice de soi-même aux autres, la force de l'âme. Tout l'intérêt de ses œuvres est là.

Citons, pour le caractériser, un fragment d'un de ses drames dont nous donnerons plus bas l'analyse.

Dona Flor est venue habiter Séville, après avoir demeuré à Cordoue. Elle est belle, jeune, ambitieuse et coquette ; celui qu'elle aimait autrefois, et qu'elle n'a pas vu depuis deux années, don Fernando de Godoi, est oublié par elle ; le marquis don Fadrique, favori du roi Pierre-le-Cruel, lui a parlé d'amour et s'est fait écouter. Ce n'est pas que le cœur de dona Flor soit ému d'une passion vive ; mais elle aime la grandeur ; elle espère, dit-elle, quitter le servage du célibat, pour devenir dame et suzeraine. Quel est son ennui, lorsque, se rendant chez dona Anna, son amie, elle rencontre don Fernando, le fiancé d'autrefois, l'ami sacrifié, qui vient, plein de confiance et d'espoir, lui demander l'exécution de ses promesses? « Je crains bien, lui dit-elle, que le marquis don Fadrique ne vous nuise auprès du roi ; je redoute aussi mon frère ; attendez. Je vous demande votre parole de gentilhomme que vous ne découvrirez à personne la liaison qui existe entre nous. » Don Fernando se laisse persuader, et promet à dona Flor de garder le silence ; toutefois il réclame un rendez-vous qu'elle lui accorde. Il doit se trouver à minuit sous une vigne derrière le jardin de dona Flor. Il ne manque pas de s'y rendre ; mais il trouve la place occupée. Le marquis, épris de dona Flor, et jaloux comme un Castillan, a prié son frère de faire la garde près du jardin. Don Sanche (c'est le frère), rencontre le jeune Fernando ; les épées sortent du fourreau ; on se bat ; don Sanche tombe mort. Les gens de police accourent au bruit, relèvent le cadavre, poursuivent le meurtrier et aperçoivent, à travers l'obscurité, le manteau blanc qui couvre ses épaules. Cependant le marquis don Fadrique vient pour retrouver son frère. Don Fernando, qu'il n'a jamais vu et qui redoute la poursuite des archers, se présente à lui, le reconnaît, et n'hésite pas à lui demander protection contre la justice ; chose commune, d'ailleurs, entre cavaliers et gens de cour. Il l'accoste sans préambule :

« — Si tu es noble, dit-il, comme je le pense, prouve-le, gentilhomme, et montre ton cœur. Protége un homme que tout accable ; échange, contre ce manteau blanc qui me trahit, le manteau que tu portes, ce sera donner la vie à un malheureux.

— N'en dites pas davantage, cavalier, reprend le marquis; calmez-vous, l'affaire est convenue.

— Vous êtes don Fadrique?

— Lui-même.

— C'est vous qui me sauvez! J'ai votre parole.

— Racontez-moi ce qui s'est passé ; on peut se fier à moi.

— J'ai tué un homme; il me suivait l'épée à la main, furieux : il voulait ma vie, je me suis défendu.

— Vous vous êtes battus corps à corps sans déloyauté?

— Nous étions seuls, l'épée nue, tous deux égaux; la mort l'a choisi, elle n'a pas voulu de moi.

— Eh bien! je vous sauverai. »

Il n'y a pas un mot de trop, pas une parole qui ne porte dans cet admirable et simple dialogue. A peine est-il terminé, Fadrique entend du bruit, dit à Fernando de se cacher derrière un arbre, et reçoit la déclaration du chef de ronde, qui lui apprend que le mort était son propre frère don Sanche, et que le combat a eu lieu près du jardin de cette dona Flor dont le marquis est si jaloux. Ainsi le marquis est privé d'un frère qu'il aimait; mille soupçons s'élèvent dans son cœur, il craint que dona Flor ne favorise don Fernando ; mais, dans cette étrange et cruelle situation, il fait taire les sentiments amers et confus, que sa parole donnée au chevalier lui ordonne d'étouffer.

« — Cavalier, s'écrie-t-il!

— Don Fadrique, je suis à vous.

— Nous sommes seuls!

— Seuls!

— Celui que tu as tué était mon frère.

— Je l'ai tué sans savoir qu'il fût votre frère ; je l'ai appris ensuite, et l'ai regretté.

— Ne vous excusez pas.

— Ce n'est pas ma crainte qui cherche des excuses, marquis ; vous savez que je suis venu vous demander protection ; je vous l'ai demandée, n'ignorant pas qui vous étiez, — le frère de don Sanche.

— Quand je vous ai dit, don Fernando, de ne pas vous excuser, ce n'était point la colère et le besoin de vengeance qui me dictaient ces paroles. Détrompez-vous ; c'était m'outrager que de douter de ma foi ; c'était m'outrager que de penser un moment que ma douleur me ferait renoncer au serment que je vous ai fait. Je vous ai dit que je vous sauverais ; vous serez sauvé par moi.

— Marquis, la terre qui vous porte est un autel que j'embrasse.

— Relevez-vous, cavalier. Que me devez-vous ? rien. C'est moi que j'oblige. En vous donnant ma parole, j'ai été votre bienfaiteur ; en remplissant ma promesse, je ne fais rien pour vous ; je paie ma dette envers moi ; je rachète ma parole donnée, je n'oblige personne.

— Vous êtes une âme grande, Fadrique, une âme digne de la place que vous occupez près du roi notre maître.

— Ces discours sont frivoles. Maintenant il est convenu que vous serez sauvé par moi. Comptez-y. Me direz-vous qui vous êtes, et quels rapports avec dona Flor vous ont porté à défendre à mon frère l'entrée de son jardin ? me le direz-vous ?

— Non, seigneur. La haine que vous devez avoir pour moi m'empêche de vous dire mon nom. On vous a appris tout-à-l'heure comment la chose s'est passée. C'est un duel entre gentilshommes. Quant à dona Flor, je n'ai rien à vous apprendre. Vous savez mieux que personne à quoi le serment oblige. Marquis, je suis à vous !

— Très-bien. Venez avec moi. — O promesse ! promesse sacrée ! ô parole d'un gentilhomme ! »

En disant ces mots, le malheureux Fadrique emmène celui qui a tué son frère, et qu'il soupçonne d'être son rival heureux ; il ne se contente pas de faciliter et de protéger sa fuite, il lui remet quelques joyaux qu'il porte sur lui et qui aideront Fernando dans sa route ; car ce dernier ne peut rentrer à Séville, et l'argent lui manquera bientôt. Don Fernando, touché de sa générosité, dit son nom au marquis, mais refuse avec obstination de lui donner aucun renseignement sur dona Flor. Le marquis s'irrite par degrés ; il le presse de questions, et finit par tirer son épée. Don Fernando, sans armes, reste en face de lui.

— Non, non, s'écrie Fadrique, c'est trop de résistance ; elle me révolte, elle me courrouce, elle fait bouillir mon sang indigné. Don Fernando, prenez garde : mon épée cherchera dans votre cœur le secret que votre bouche ne veut pas me livrer.

— Ah ! marquis, je le sais, vous êtes brave.

— Il y a bien du courage dans la douleur, et je souffre horriblement.

— Je suis aussi brave que vous ; mais je n'ai pas d'armes.

— Il y a bien du sang dans la jalousie, continue le marquis, et je suis jaloux !

— Don Fadrique, vous m'accablez ?

— Eh bien! dites, dites, répondez, connaissez-vous dona Flor? est-elle à vous?

— Je n'ai rien à répondre!

— Rien! et si je vous tue là, vous qui n'avez pas d'épée!

— Que mon secret meure avec moi ; cela doit être.

— Va, tu es noble! va, tu es grand! Je t'admire, blason d'honneur et de chevalerie. Il faut que tu vives pour que l'on sache sur la terre ce que c'est que la grandeur d'âme. Il ne faut pas qu'une vengeance aveugle éteigne cette vertu si haute. Tiens, don Fernando, je pouvais te tuer ; j'en avais envie : je le voulais : j'aimais mon frère ; je suis jaloux de toi ; la nuit est muette, et tu es fugitif. Une fureur croissante m'animait. J'aime mieux te donner la vie. Seulement, garde-toi bien que personne ne sache que tu m'as offensé ; il faudrait nous battre, entends-tu! Au lieu que maintenant, si tu le veux, si tu veux m'avoir pour ami, mon cœur te sera obligé!

— Votre ami pour toujours et dévoué! Voici ma parole, voici ma main!

— Don Fernando de Godoi, allez avec Dieu! Sachez, ami, que la mort de mon frère est pour moi une douleur profonde ; et cependant je vous estime au point de me féliciter de vous avoir connu. Je me réconcilie avec le jour. J'ai perdu mon frère, et j'ai gagné un ami. »

Je n'ai pas de commentaire à faire sur une telle scène qui éveille les plus nobles émotions du cœur, qui fait jaillir les larmes, non d'une pitié vulgaire, mais d'un sentiment d'admiration enthousiaste et profonde!

A l'époque où vivait Alarcon, l'art n'avait pas encore perverti son but et menti à sa mission divine. Il n'idéalisait pas le crime; il ne dorait pas ce qui est immonde. Il tendait à élever l'âme; il cherchait à exciter tous les sentiments généreux; il les mettait aux prises avec les passions les plus intenses, avec les douleurs les plus légitimes et les plus poignantes. La poésie ne traînait pas ses ailes dans la fange, en disant : Je me renouvelle et je me rajeunis! Son vol se dirigeait vers le ciel, non vers la terre; vers la vie de l'âme et de la pensée, non vers le sépulcre et l'abîme. La laideur n'était pas couronnée reine; l'orgie n'était pas sur le trône.

Shakspeare et les génies les plus douloureusement vrais conservaient saintement l'amour du beau; ils avaient des Juliette et des Desdémone, des couleurs ravissantes et célestes, des accents partis de l'âme, et ils prêchaient éloquemment, ces grands-prêtres de la poésie, en faveur de l'amour et de la vertu, de la pureté et de la sincérité, du dévoûment et de la force morale. Malheur aux époques de décadence, où le poète oublie cette tâche! où, comme Sénèque le tragique chez les Romains, il ne fait sortir de sa lyre d'airain et de cuivre que des sons âpres, aigres et rauques, accompagnés de malédictions et d'ironies! Malheur aux temps de dissolution et de désespoir, où la poésie, cet écho magique de notre âme, n'admire rien, n'espère rien, cesse d'aimer, se fatigue de croire; où la poésie n'est plus la parole embaumée et l'éclair qui brille ou la fleur qui éclot, l'hymne de joie, l'accent de l'amour, mais le bruit d'un squelette qui frémit dans le cercueil, le hurlement du vent nocturne dans les ruines et le râle d'une société qui s'en va!

L'inspiration d'Alarcon est celle de Corneille, l'héroïsme. Le drame héroïque a passé d'Espagne en France, de France en Angleterre, et d'Angleterre en Allemagne.

Nous allons assister à quelques transformations du même génie qui se montrera sublime dans sa région natale, bizarre chez les étrangers, puis absurde enfin, prétentieux; à force de se mêler à des mœurs et à des idées contraires à son essence, nous le verrons exciter la risée; nous verrons tous ces grands sentiments devenir des jouets pour le peuple, comme ces colosses de carton que les enfants se plaisent à insulter et à briser.

## § XI.

Du génie gothique ou septentrional reparaissant et se transformant dans la littérature et le drame espagnols.—Un Hamlet espagnol.

Il faut, pour trouver l'origine de ce génie, remonter jusqu'au berceau même de la chevalerie moderne. Le respect pour la foi jurée, le dévoûment volontaire, la sincérité dans les engagements, telles en sont les bases; Tacite a signalé ces caractères de la vieille civilisation chez les Germains sauvages. Le guerrier primitif des forêts germaniques conserve son honneur sans tache et sans souillures; il le défend jusqu'à la mort; il défend de même son chef, son roi, son ami, son compagnon de guerre; il protége la femme, parce qu'elle est faible; il écoute sa voix et son conseil, parce que Dieu a donné la sagacité à la femme. Voilà le fonds de moralité sauvage qui a servi de premier point d'appui à l'édifice de la chevalerie moderne. Tant que le développement de ces principes s'est opéré sous le ciel d'Allemagne, les résultats en ont été plus sévères qu'éclatants. On a reconnu que le Germain était fidèle à sa parole et terrible à son ennemi. Mais bientôt la consécration religieuse, la sanction chrétienne sont tombées sur cet ensemble de mœurs. Le fanatisme s'y est joint. Le dévoûment a été regardé comme une inspiration d'en haut, le point d'honneur comme un rayon tombé du ciel. On a vu dans la femme la personnification vivante de Marie, vierge sacrée. Le dernier degré de l'avilissement, de la bassesse et du crime a été de trahir sa foi, de reculer devant l'ennemi, de commettre une lâcheté; religion, esprit militaire, superstition, orgueil, tout cela s'est confondu; et le soleil d'Espagne a échauffé cette masse incandescente de sentiments et d'idées. Quand la gavité des Goths, la violence des Arabes et la vieille férocité des Celtibères se sont emparées de ces mœurs, on les a vues s'élever au dernier point d'exaltation et de fureur; on a vu se développer toute cette folie héroïque, folie contagieuse, car l'Europe l'a partagée; folie plaisante, car l'Arioste s'est moqué d'elle, et don Quichotte n'en offre que la parodie.

J'ai dit que l'Europe l'a partagée. Corneille en porte l'empreinte. Mais jamais l'Europe ne s'y est associée avec cet abandon de sympathie, avec cette ardeur de foi qui caractérisaient les fils des Arabes et des Goths. Les romances du Cid, les drames de Caldéron, n'ont pu naître qu'en

Espagne; et cette ardeur puissante, cette férocité d'héroïsme n'a pas seulement vécu dans le drame espagnol ; elle n'a pas été chose purement littéraire : elle s'est répandue dans les annales de ce pays, comme le fleuve de lave court et sillonne les flancs de l'Etna. Elle n'est pas morte aujourd'hui même. Nos soldats le savent; ils l'ont appris, lorsque, lancés par Napoléon et obéissant aux desseins gigantesques de leur maître, ils ont été heurter leur admirable valeur et leur merveilleuse discipline contre ce peuple oublié, appauvri, déchiré, divisé et depuis longtemps endormi. Dieu sait combien de sang il nous en a coûté pour avoir secoué du bout de notre baïonnette le linceul de l'Espagne! Dieu sait que de couteaux brillèrent, et combien de poignards s'aiguisèrent dans des mains de femmes, et combien de sentiers de montagnes servirent de tombeaux à nos soldats! C'est que le vieux sentiment de l'honneur se réveillait chez ce peuple ; c'est qu'il préférait sa paresse fanatique, à une civilisation brillante, mais imposée; qu'il repoussait une liberté dont une autre nation, même noble et grande, lui faisait une loi ; qu'il ne voulait pas de cette liberté semblable au carcan des galériens génois, sur lequel on lit gravé le mot *liberta*. L'Espagne, se levant terrible comme un personnage de Caldéron, obéissait au point d'honneur, lavait l'outrage dans le sang et se rendormait dans son manteau.

Dès que l'héroïsme espagnol commande, plus de réflexion ni de doute. Faut-il égorger un fils, punir une femme, frapper de mort une maîtresse, donner son sang et son âme? Le poignard se lève, le sang coule, ce n'est pas l'Espagnol qui frappe, c'est l'honneur.

Comment voulez-vous que dans un tel pays la réforme

religieuse vînt à jeter de profondes racines? la réforme, c'est-à-dire le doute.

Le Hamlet de Shakspeare se trouve placé dans une situation qu'un dramaturge espagnol eût aimé certainement à exploiter et à faire valoir. On a tué son père; l'assassin s'est emparé du trône, en séduisant la femme du roi. Le fantôme du père d'Hamlet sort des entrailles de la terre et demande vengeance à son fils. Quel parti un auteur castillan aurait tiré de cette situation! son héros n'hésiterait pas; dès que l'ombre sanglante aurait parlé, les victimes tomberaient, le sacrifice serait accompli. Dût le fils se tuer ensuite sur les deux cadavres des coupables, sa main ne tremblerait pas.

Le Hamlet de Shakspeare, nature noble et triste, passionnée et pensive, ne se contente pas d'obéir en aveugle à l'ombre qui le pousse à la vengeance. Si son âme est troublée dans ses profondeurs, son espoir n'est pas moins ébranlé. Il se révolte contre l'ordre suprême et le devoir inévitable. Il se demande : « Pourquoi le crime sera-t-il puni par le crime? Quel rôle jouai-je dans ce drame de la vie ? Qu'est-ce que cette vie où le bonheur ne dépend pas seulement de nous, mais de ce qui nous entoure? » Sa mère est coupable; et il doute de tout. La croyance au bien est déracinée dans son âme : il aimait avec passion la jeune Ophélie; il rejette et brise cet amour si pur. Tout se décolore et se flétrit. Son courage même cède à l'horreur que ce mauvais monde lui inspire. Doué de la force nécessaire pour oser de grandes actions, il n'a pas celle d'être bourreau, et d'exécuter sur sa mère et sur le roi coupable la vengeance divine. L'admirable et profonde beauté de ce rôle merveilleux tient au découragement que la première découverte du vice dans le monde inspire à une âme honnête. Il accomplira son œuvre de malédiction et de vengeance ; mais lentement, tristement, avec une ironie amère, avec une âme chancelante et un reproche permanent contre la destinée. C'est de cette sublime et triste création que datent et la misanthropie de Werther et le scepticisme ricaneur de lord Byron, et le désespoir dont tant de poètes modernes ont fait abus.

On voit quelle profonde ligne de démarcation sépare Hamlet des héros espagnols. Hamlet est une création tout intérieure ; c'est la pensée qui se dévore elle-même. Le génie de l'Espagne, au contraire, n'a que relief, saillie et action. L'un et l'autre ont leur grandeur. Il s'agit de les comprendre et non de les condamner.

## § XII.

Comment le goût espagnol se répandit en Europe. — Shakspeare ennemi personnel du génie espagnol. — Exemples : *Armado* et *Pistolet*.

La monarchie de Charles-Quint, sur laquelle le soleil ne se couchait jamais, fut, pour les peuples de notre hémisphère, un objet de stupeur et d'envie. Les Espagnols avaient découvert un monde, conquis la moitié de l'Europe et tenaient dans leur main toutes les destinées. Il était impossible que ce terrible génie espagnol n'eût pas des admirateurs et des imitateurs.

Cette imitation, comme il arrive toujours, fut nuisible avant d'être utile. On commence par l'abus.

Ce goût castillan, ce fracas de grandes actions accompagnées de grands mots, cet héroïsme exagéré pénétra en Angleterre, du temps de Shakspeare, et se montra en France, du temps de Corneille. Il tenait si profondément à la natiolité espagnole, qu'il ne put réussir ailleurs. C'est une plante rare et forte qu'il ne faut pas changer de sol. La plupart des écrivains étrangers qui, séduits par cette grandeur apparente, en ont essayé l'imitation, n'ont produit qu'une charge ridicule ; la massue d'Hercule est difficile à porter. Je ne connais que le grand Corneille qui, dans le *Cid*, *les Horaces*, *Polyeucte*, *Rodogune* et *Nicomède*, ait su s'approprier complètement ce caractère héroïque et sublime. Marlowe et Chapman, contemporains de Shakspeare avaient prodigué, selon la mode espagnole, les coups d'épée, les sentiments raffinés, les paroles sonores ; mademoiselle de Scudéry et le célèbre La Calprenède marchèrent ensuite dans la même voie ; on sait quel ridicule ineffaçable s'est attaché à leurs essais.

La cour de Louis XIV, sous l'influence de cette ferveur romanesque, partageait l'enthousiasme et la dévotion patiente avec lesquels madame de Sévigné lisait dans la solitude des Rochers les in-quarto de la Clélie, et dévorait les quatre mille pages dont se composent *l'Artamène* et *le Grand Cyrus*. Un travers de ce genre ne pouvait durer longtemps ; le goût français, toujours modéré et retenu, même dans ses caprices, devait tempérer cet engoûment.

Boileau et Molière n'eurent qu'à se montrer. Leur

bon-sens inexorable, leur étincelante raison châtièrent les précieuses, firent disparaître les héros de roman, et nous apprirent combien sont absurdes l'imitation d'une nationalité étrangère et le calque d'une civilisation éteinte. Une nation qui revêt la livrée intellectuelle d'une autre nation abjure toute liberté de pensée. Pourquoi nous asservir au calque de Shakspeare, nous hommes de 1835, que toutes les idées du XVI° siècle ont abandonnés? Pourquoi copier l'hymne érotique d'Anacréon, nous qui avons bien autre chose à faire sous le gouvernement représentatif que de dormir dans les roses comme le vieillard de Teos et de sacrifier à Bacchus? Que toutes les civilisations donnent leurs fruits; que chaque sève naturelle remplisse la grappe argentée ou rayonnante que le soleil doit mûrir! Longtemps esclaves des Grecs, lorsque Ronsard nous faisait pindariser, nous avons payé cher une imitation trop servile des anciens. Nous cherchons aujourd'hui des modèles chez les autres peuples : c'est une erreur. Etudions leur génie, et ne copions point leurs formes (1). S'il y a dans la société actuelle assez d'énergie et d'âme pour qu'une littérature surgisse de son sein, que le nouveau Moïse vienne; qu'il frappe le rocher et que la source jaillisse. Mais gardons-nous, par haine de la servilité classique, d'accepter un servage espagnol, allemand ou anglais; et si nous aimons la liberté, conservons la liberté de la pensée et celle du style.

Shakspeare l'avait bien senti ; les hommes de génie daignent avoir du bon-sens, et le génie n'est que le bon-sens sublime.

Shakspeare se moque partout de l'exagération. Ses drames sont remplis d'allusions mordantes à l'emphase des

(1) V. nos ÉTUDES SUR L'ANTIQUITÉ, DE L'ARCHAISME.

acteurs et des auteurs contemporains. Il aimait la vérité, et il a raillé amèrement tout ce qui s'éloigne du naturel, spécialement ces mœurs espagnoles qui venaient se mêler bizarrement aux mœurs anglaises. Comme Cervantes et Molière il a protesté contre la copie ridicule des mœurs exotiques. On trouve dans ses œuvres mille traces de cette ironie. *Le Rêve d'une nuit d'été* est dirigé contre l'emphase vide des tragédies à la mode. Hamlet, dans ses conseils aux comédiens, les sermonne fort longuement sur la nécessité d'être fidèles au naturel et de prononcer doucement leur rôle.

Enfin Shakspeare a créé deux ou trois personnages qui n'ont pas d'autre but que d'offrir la parodie de l'héroïsme, fanfarons du point d'honneur, emphatiques dans leurs discours, prodigues de fleurs de rhétorique, parlant toujours de leur bonne lame et se proposant eux-mêmes pour modèles au monde entier; ces messieurs méritent que l'on parle d'eux. L'un se nomme *Pistolet* et tient son rang parmi les compagnons de plaisir du jeune Henri V, qui n'est encore que prince de Galles. *Pistolet*, que ses camarades appellent *Pistolet l'antique*, est un vieux troupier, qui, à force de servir en Italie, en Espagne, en Flandre, s'est composé un jargon épique d'une étrange espèce. Il fait du classique à la manière de Ronsard; il aime les citations, accumule les mots grecs et latins, parle de l'Érèbe et du Cocyte; et après avoir fait beaucoup de bruit dans une auberge, il se laisse mettre à la porte comme un faible enfant. Voici encore M. *Parolles*, personnage de la comédie intitulée : *A mauvais commencement bonne fin*. C'est un bavard qui ne laisse pas le moindre répit aux oreilles de ceux qui l'entourent, mais que le premier signe de mécontentement met en fuite. Enfin, dans la pièce singulière intitulée : *L'Amour perd ses peines*, on voit paraître un grave chevalier, *don Adriano de Armado*, qui offre, la caricature plus évidente encore des prétentions héroïques, élégiaques, chevaleresques et sublimes, que le génie espagnol soutenait avec éclat, et dont Cervantes s'est tant amusé. Imaginez un énorme et colossal guerrier, bardé de fer, surmonté d'un panache flottant, suivi d'une épée traînante, avec baudrier de cuir, et une moustache épaisse; un don Quichotte athlétique et musculeux, Lablache sous la cuirasse. Ce noble seigneur est enfoncé et comme perdu dans la contemplation de lui-même; selon la coutume féodale, il est escorté d'un page. Ce petit page, aussi exigu que son maître est massif, porte les gants d'Armado, et se nomme *Verdelet*. Don Armado s'assied pesamment sur trois coussins.

« — Mon jeune page, dit-il après avoir rêvé, qu'est-ce que cela veut dire, et quel signe cela peut-il être, je vous le demande, quand un héros devient mélancolique?

— Monseigneur, c'est signe que le héros n'est pas gai.

— Mais, mon cher et aimable enfançon, un héros qui n'est pas gai doit ressembler beaucoup à un héros mélancolique. Que diable me dites-vous là ?

— Pardon, monseigneur, ce n'est pas du tout la même chose !

— Allons, jeune et tendre enfant de l'harmonie et de la servitude, comment peux-tu établir cette distinction qui me paraît un peu subtile ?

— Par toutes les raisons possibles, mon très-peu tendre et très-peu harmonieux et très-gros seigneur.

— Oh ! oh ! pourquoi peu tendre, pourquoi peu harmonieux? Je suis amoureux, oui, j'en jure le ciel, je le confesse, je suis amoureux. Chose honteuse et ineffable pour un guerrier de ma taille et de mon espèce! Mais mon cœur est grand et héroïque, et au-dessus du commun! Aussi me suis-je mis à aimer une fille au-dessous du commun. Que ne puis-je d'un coup de ma bonne épée tuer l'amour qui est dans mon cœur, et forcer mon désir à se rendre prisonnier! Ah! je me battrais à outrance et comme un héros que je suis contre ma passion, et quand elle serait captive, je l'échangerais contre une belle révérence à la française. Gémir, soupirer! fi donc, le soupir est ignoble! Je méprise le soupir. J'aime mieux jurer, mille tonnerres! L'amour me quittera peut-être, si je jure! Petit page, consolez-moi, mon ami. Quels grands hommes ont été amoureux, s'il vous plaît?

— Hercule d'abord, monseigneur.

— Je bénis monseigneur Hercule; c'est un prédécesseur honorable. Encore des exemples, mon cher garçonnet; donnez-moi d'autres exemples; citez-moi des personnages de belle conséquence et de bonne taille.

— Ensuite Samson, monseigneur. Il était de bonne taille, celui-là, j'espère. Il portait un palais comme un charbonnier sa hotte. Êtes-vous content?

— Cet exemple a du poids. J'aime Samson; Hercule n'est pas mal : c'étaient de bons chevaliers. Je crois, au fait, que je puis me permettre d'être amoureux. C'est arrangé comme cela. Les antécédents me plaisent en toute chose, et ma conscience héroïque est plus à l'aise. Je ferai donc écrire pour mon usage personnel la vie des chevaliers Hercule et Samson. »

Qui ne reconnaîtrait à ces paroles la caricature de l'héroïsme prétentieux, de la cérémonie gourmée, de la formalité pédante, qui ressortaient nécessairement d'un état de mœurs et de civilisation que le point d'honneur dominait exclusivement? L'espèce humaine est faite ainsi. Nos sottises sont la doublure nécessaire de nos vertus.

En Espagne, cela était grand, mais non ridicule ; le ridicule est dans le mensonge. L'Espagne se montrait franche et naïve dans le grandiose de ses mœurs. Lorsque plus tard notre sociabilité élégante s'empara de tout ce point d'honneur chevaleresque ; lorsque la Grande-Bretagne et sa société commerciale et politique nous l'empruntèrent à leur tour, ce fut un spectacle à mourir de rire.

Corneille seul avait dérobé la flamme espagnole. Elle jette à peine quelque lueur chez ceux qui l'imitèrent; elle éclate d'absurdité dans les romans de Scudéry. Lorsque l'anglais Dryden, pour plaire à la cour licencieuse de Charles II, imita Corneille à son tour ; lorsque la brutalité de la diction et la folie des situations se mêlèrent à l'emphase extravagante des sentiments, cette contre-épreuve absurde mérita la risée universelle. Dans les pièces de Dryden, qui pendant trente ans occupèrent la scène anglaise, on voit des héros qui, d'un coup de revers, pourfendent une armée; des amants incomparables qui dévorent par amour le cœur sanglant de leur maîtresse; et des Ottomans qui dissertent théologie avec plus de subtilité que le meilleur casuiste. Les tours de force auxquels Dryden condamne ses personnages, tours de force empruntés maladroitement au point d'honneur espagnol, sont d'un ridicule achevé.

Il y avait en Angleterre, du temps de Dryden, un mauvais sujet célèbre dont l'histoire n'oubliera pas le nom, et qui se nommait Buckingham : le comique de l'emphase espagnole, si follement imitée par Dryden, le fracas de cette tragédie, toute en décorations, en grandes phrases et en incidents invraisemblables le frappèrent vivement. Il se plut à en donner la parodie sous le titre de *The Rehcarsal, la Répétition.* Dryden lui-même y paraît en scène sous le nom de M. Deslauriers ; il assiste à la répétition de son œuvre et donne en spectacle son orgueil, sa vanité, ses compliments adressés à lui-même, enfin la persuasion où il est que plus un drame est absurde plus il est beau. Cette parodie est un chef-d'œuvre de gaîté.

« Ma foi, messieurs, dit un des personnages, la nouvelle manière d'écrire est bien plus facile que n'était l'ancienne. Il n'y a plus qu'une seule chose à tenter : c'est de faire peur et de tenir l'auditoire en suspens. Il faut qu'il dise : Diable ! comment cela finira-t-il ? S'ils savaient ce qui doit arriver, s'ils comprenaient le vrai sens de l'intrigue, s'ils n'étaient pas excités, irrités et tourmentés, est-ce qu'ils viendraient au spectacle ? Vraiment, non. Dans nos drames, chaque réplique est un nouveau sujet d'étonnement; on va de surprise en surprise. Puis ce sont des décorations magnifiques, des costumes, des chants, des danses ; voilà le principal, le reste est l'accessoire. »

Ces paroles ont été écrites vers le commencement du XVIIIe siècle, par Georges Villiers, duc de Buckingham. Voici par quelle burlesque parodie il raillait les élans d'amour et d'honneur que Dryden empruntait grossièrement à l'Espagne.

Les acteurs répètent leurs rôles devant l'auteur Deslauriers et ses amis : on commence.

Le prince Volscius, un des personnages de la pièce de Deslauriers est occupé tout simplement à mettre ses bottes, lorsque la belle Amaryllis entre en scène. Le prince est frappé au cœur; ce coup de foudre subit l'empêche de continuer son opération. Amaryllis s'aperçoit de l'effet qu'elle produit, et elle s'en va en riant.

« Pourquoi rit-elle? demande un monsieur qui assiste à la répétition?

« Ah! pourquoi elle rit? répond l'auteur ; voilà une belle et honnête demande, et je vous fais bien mon compliment de votre pénétration. Silence! vous allez entendre un passage raffiné, assister à un grand combat, à un combat héroïque entre l'amour et l'honneur ; c'est mon plus beau morceau, chut! silence!

*Le prince Volscius mettant une de ses bottes et déclamant.*

De mon cœur partagé mes jambes sont l'emblême.

*Deslauriers.* — Plus haut que cela! soyez plus héroïque, s'il vous plaît!

VOLSCIUS.

De mon cœur partagé mes jambes sont l'emblême.
Je ne dois pas aimer, je le sens ; eh bien ! j'aime.
Une part de mon âme est en proie à l'amour,
L'autre cède au devoir ! — O misérable jour !
Ainsi, du côté droit, cette jambe est bottée ;
La jambe gauche est veuve. — Ame trop tourmentée,
A quoi te décider? Grand Dieu, que feras-tu ?
Dois-je botter la gauche ? Implacable vertu !
Honneur ! fatal honneur ! j'entends ta voix sévère :
*Mets tes bottes et pars!* — Ce serait exemplaire ;
Mais, d'un autre côté, l'amour, ce noble roi,
Murmure à mon oreille : *Allons, débotte-toi.*
*Mets de beaux escarpins ; fais la cour à ta belle.*
*Le moyen de la vaincre est de rester près d'elle.*
Amour, devoir, honneur, vertu, triste chaos!

> Éperdu, chancelant, je nage entre deux eaux.
> Je ne sais où je suis ; et dans ce crépuscule,
> Tour-à-tour, incertain, j'avance et je recule !
> Dieu ! réglez mon amour, mes bottes et mon sort :
> Cette lutte terrible est pire que la mort ;
> Et je pars (tant, hélas ! mon âme est agitée !)
> Une jambe bottée et l'autre non bottée !

Le prince Volscius s'en va, clopin-clopant, courant après sa belle, une jambe couverte d'un bas et l'autre d'une botte ; il termine ainsi ce grand combat espagnol de l'amour et de l'honneur.

Ridicule chez Dryden, parodié par Buckingham, ce combat est noble chez Corneille et sublime dans la littérature indigène qui lui a donné naissance. Après avoir assisté à ces transformations bizarres, remontons à la source, revenons au théâtre espagnol, et voyons quelle influence il a exercée sur nous, et comment Alarcon y a contribué.

## § XIII.

Suite. — De 1620 à 1660.—France espagnole. — Les femmes et les romans. — Magnétisme social. — Terreur espagnole. — Costumes. Callot. — Poésie. — Le chocolat et le hoc. — Théâtre. — Galons et galants. — Voiture, Balzac, Saint-Amand. — Pierre Corneille.

Nous avons beau nous dire exclusivement Français : toutes les générations que Dieu a poussées et mêlées sur la route du monde ont fait chaque nation ce qu'elle est. Les Romains se reconnaissaient étrusques et hellènes. Rome nous allaita de ses mamelles puissantes et de son lait héroïque; l'Italie nous apprit à épeler : l'Espagne éveilla l'imagination passionnée de notre adolescence; l'Angleterre enseigna la vie politique à notre maturité. La mobile facilité du génie gaulois est allée se tremper tour-à-tour à ces sources diverses; ces empreintes nous sont restées; ces races sont nos créancières. Nous devons quelque chose à toutes ces civilisations.

Les pensées des peuples, soumises à la loi de la nature (1), ne se fécondent que par les alliances. Si vous adoptez une nationalité pédantesque, il faudra reprocher à Racine d'être Grec; à Bossuet d'être Hébreu; au Génevois Rousseau d'être Allemand; à Milton d'être Italien. Toutes les nations se sont élevées et agrandies de cette manière. La France Normande a imprégné de son

(1) V. nos Études sur l'Antiquité, vues générales ;—nos Études sur le Moyen-Age, Hrosvitha, etc.

génie conteur le génie observateur et analytique de l'Angleterre. Spenser et Shakspeare sont les écoliers de l'Italie. L'Espagne, plus rétive, doit beaucoup cependant aux Arabes et aux Romains.

Dans ce vaste enseignement mutuel des peuples, on voit chaque nation puissante s'élever tour-à-tour au rang d'institutrice. Les Arabes et les Provençaux succèdent aux Romains, qui eux-mêmes avaient succédé aux Grecs. Du XIV$^e$ au XV$^e$ siècle l'Italie donne la loi au monde intellectuel. Le tour de l'Espagne vint sous Louis XIII.

Ce monarque, qui, à l'exemple des rois d'Espagne, bannit les juifs de son royaume, se parait d'une gravité creuse, d'un sérieux vide et mélancolique, qui rappelait la formalité castillane. Tout, je l'ai dit, était espagnol en France (1).

L'Espagne attirait les regards du globe; nation conquérante et poète, qui avait découvert un monde et qui le gardait; qui posait un pied sur le Pérou, l'autre sur l'Allemagne et la Flandre. Dès 1590, le génie espagnol suscite la Ligue française; on le retrouve à Bruxelles, à Naples, à Rome, à Vienne, à Mexico, à Hispaniola, dans la Floride : il est partout détesté, craint, admiré; j'allais dire aimé; on aime volontiers ce qu'on redoute. Au moment même où les imprécations du monde civilisé se mêlaient aux larmes lointaines des Indiens et aux gémissements des esclaves, l'Europe se modelait sur l'Espagne. On avait autant d'admiration que de malédictions pour cette Espagne

« . . . . . . . mère de l'orgueil,
» Qui, préparant notre cercueil

(1) V. plus bas, l'ESPAGNE EN FRANCE.

»Et de la corde et de la roue,
»Arrivait avec ses vaisseaux,
»Qui portaient peints dessus la proue,
»Des potences et des bourreaux (1). »

Cette terreur espagnole règne encore à Paris lorsque Louis XIV va naître. — « Les soldats espagnols sont si près de moi, dit un écrivain parisien (1637), que quand je n'en sortirays pas par amour de vous, madame, je ne pourrais le faire par amour de moy : on rompt tous les ponts d'alentour ; on est prest à toute heure de tendre les chaînes. »

Un peuple dominateur associe tous les peuples à sa pensée et à son langage. Au commencement du XVIIe siècle, le dictionnaire espagnol nous envahit et charge du poids de ses mots sonores notre langage flexible. On ne dit plus alors la subtilité, mais la pointe de l'esprit ; *agudezza*. Le mot *manganilla* (intrigue, tour d'adresse), mot à peu près perdu en Espagne aujourd'hui, devient *manigance*, et se conserve parmi nous. Un amant, en France, n'est plus un amant, mais un *galàn*, comme en Espagne. Le jeune homme à la mode se transforme en *cavalier* (caballero). On adopte le mot *bizarro*, bizarre, qui, pour nous, devient un demi-outrage, et dont l'Espagne avait fait un éloge. « A Madrid, dit un voyageur du XVIIe siècle, les jolies femmes se piquent toutes d'avoir des inventions singulières et d'être *bizarras*. Rien de plus flatteur que de dire à une galante qu'elle est *bizarra*. »

Nous ne déroulerons pas tous les emprunts que notre dictionnaire fit à l'Espagne sous Anne d'Autriche l'Espagnole et pendant la jeunesse de son fils. La phrase castil-

(1) Théophile Viaud, V. plus bas LE ROI DES LIBERTINS.

7

lane encombre de ses pompeuses circonlocutions les Mémoires de Richelieu et ceux de M^me de Motteville. On reconnaît l'Espagne dans le caractère et le génie de Richelieu lui-même.

Il aime et il imite en les combattant ces terribles Romains du christianisme, seïdes de la monarchie religieuse qui enlaçaient d'une même chaîne les bourgeois d'Anvers et les Péruviens de Cuzco ; guerriers qui allaient, la croix à la main,

« Picorer jusqu'au bout du monde (1). »

Balzac est Espagnol. Ses sermons laïques offrent le second tome des verbeuses et solennelles amplifications de Balthazar Gracian ; les mignardises galantes de Voiture, bien qu'elles gardent encore un peu la teinte italienne, sont surtout castillanes. Depuis 1610, l'emphase s'empare du discours familier et du style épistolaire. « Il est reçu de notre temps, dit un écrivain de l'époque, qu'avoir de la *passion* pour quelqu'un, se prend ordinairement pour le simple mouvement d'une légère affection sans apparence de convoitise (2). » La *passion* est devenue bien peu de chose ; détournée de son sens par la courtoisie espagnole, refroidie par la sociabilité des mœurs françaises, elle va se perdre dans le « très-humble serviteur. »

A Paris, en 1640, on n'adresse plus aux femmes et aux grands que des compliments harmonieux et vides, une pompe élogieuse, une flatterie banale que les Espagnols ont spirituellement nommée la « musique céleste. » Tous les

(1) Saint-Amand. V. plus bas l'Espagne en France.
(2) Garasse.

salons retentissent de cette harmonie caressante et vaine.
On ne salue plus les gens ; on leur baise les pieds à l'Espagnole. *Dadmi essos piés.*

Le costume des vainqueurs séduit l'Europe; Callot, « qui brouillait l'histoire par son burin » (à ce que prétend follement Voiture), artiste plus historien que les historiens, multiplie la parodie délicieuse de ces gentilshommes qui marchent le poing sur la hanche, de ces poétiques gueux, de ces mendiants que le soleil échauffe, de ces estafiers superbes, vrais enfants de la Castille. Nous lui devons le portrait de leurs immenses chaussures, urnes de cuir précieusement travaillées, remplies de dentelles qui s'extravasent; nous lui devons encore l'image de ces pourpoints tailladés, de ces poses plus que grossières, de ces attitudes plus qu'insolentes, de ces fatuités inimitables qui nous venaient d'Espagne. Hélas! qu'en reste-t-il ? la gonille est morte, et la fraise a disparu. Quelque soir, à la lueur de deux chandelles fumeuses, vous apercevez, au centre d'un carrefour, dans la boue des grandes villes, sur la corde lâche ou tendue, au milieu des oripeaux et des paillettes, une plume sale sur un chapeau sale, un manteau court en guenilles que les taches et les trous se disputent. C'est la pourpre de Castille et le manteau du Cid ; voilà ce qui reste du costume chevaleresque.

Cependant la domination de ce costume livré maintenant aux saltimbanques a été universelle; un peuple sauvage qui n'a pas varié depuis six cents ans le conserve encore, comme insigne de souveraineté. En 1813, un colonel français visitait le Montenegro. Il rendit visite au gouverneur du pays, et vit avec surprise ce petit monarque barbare revêtir dans les jours de cérémonie l'habit complet de Pizarre. Cet habit brodé se conserve de père en fils, au milieu des forêts et des rochers inaccessibles de la Transylvanie, triste et dernier symbole d'un pouvoir qui a effrayé le monde.

Le *galàn* (amoureux), que nous avons vu émigrer d'Espagne en France, donna son nom à ces rubans d'or et de soie qu'on appelait *galans* sous Louis XIV, qui sont devenus pour nous des *galons*, et qui, réservés aujourd'hui aux laquais et aux voitures, jouèrent un beau rôle pendant le grand règne. Voici comment on s'y prenait pour envoyer des rubans ou *galons* à sa belle : « Je vous adresse (dit Voiture) douze *galants* d'Espagne. Puisque la discrétion est une des principales parties du galant, je crois, qu'en vous en envoyant douze je vous paie bien libéralement ce que je vous dois. Ne craignez pas d'en prendre un si grand nombre, vous qui, jusqu'ici, n'en avez voulu recevoir pas un ! »

Il n'y avait plus de France française ; l'Espagne débordait. On se mit à prendre du chocolat à l'espagnole, à jouer au hoc comme les Espagnols ; on donna des *fiestas* sur l'eau, à leur exemple. Mille expressions castillanes nous sont restées. « Aimer en cinq ou six lieux à la fois » est une locution espagnole qui se représente chez tous les écrivains de sonnets et sornettes que Molière a expulsés du bout de sa plume victorieuse. Les femmes prennent la mantille ; Amadis fait fureur ; le goût des aventures romanesques charme le peuple le plus raisonnable de la terre. Des paroles familières sont empruntées aux beaux romans d'Espagne. Veut-on parler des anciens temps ? c'est le siècle d'Uterpandragon. Balzac se plaint gravement que le public « court indifféremment après tous les romans espagnols. » Don Quichotte n'a pas tué les Amadis et les Palmerin : il n'a fait qu'en rehausser la saveur. Une femme que l'on trouvait jolie était belle comme l'infante

Briane; amoureuse comme Arlande; « forte et membrue » comme Gradafilée. Un vieillard s'appelait un *barbon*, (una barba) comme dans les comédies « de Figuron. » Les seuls chevaux estimés étaient *genets d'Espagne*. « J'ai des voisines, dit un épistolaire, qui travaillent leurs chevaux d'Espagne merveilleusement. » On se frisait, on se rasait et l'on filait sa moustache à l'espagnole. « Votre beau guerrier, (dit Voiture à une dame), consiste tout en la pointe de sa barbe espagnole et de ses deux moustaches de même. Pour le défaire, il ne s'agit que de trois coups de ciseau. » Cet engoûment espagnol dura jusqu'au milieu du règne de Louis XIV : l'immensité des canons et des collets à *grande marge* n'eut pas d'autre origine.

Ce reflet de l'Espagne tombe sur Versailles, sur ses mœurs solennelles, ses costumes, son admirable mélange de noblesse et d'élégance, sa littérature gravement douce, parfaitement et noblement belle. Par une singulière dispensation de la Providence, l'Espagne, qui dominait tout par son exemple, ses mœurs et son langage, allait mourir dans sa splendeur ; mourir au milieu de son triomphe. Son agonie se préparait par l'ignorance, l'orgueil et la paresse. Elle avait conquis la source de l'or et le berceau des diamants ; elle possédait de grands écrivains, de sublimes peintres, de grands caractères ; elle se vit sublime, se crut immortelle et s'endormit.

Un voyageur français, homme d'esprit qui visitait l'Espagne de 1628 à 1633, au temps d'Alarcon, décrit ainsi l'étrange apathie de ce peuple glorieux qui s'enfermait dans une tombe : « La paresse des Espagnols d'aujourd'hui est si grande, dit-il, qu'on ne peut contraindre les gens de Madrid de balayer devant leurs portes. Quand il pleut, il en coûte quatre-vingt mille écus à la ville de Madrid. Ceux qui apportent communément du pain à cette ville, ne viennent point de leurs villages quand le temps est mauvais, quoiqu'ils pussent le vendre mieux qu'à l'ordinaire. Souvent on est forcé de leur envoyer la justice. Le blé est-il cher en Andalousie? S'il y en a en Castille à bon marché, ceux de Castille ne prennent point la peine de l'envoyer, ni ceux d'Andalousie d'en venir quérir, il faut qu'on le leur porte de France et d'ailleurs. »

Triste suicide! périr ainsi, après avoir créé le premier poème épique de la nouvelle Europe, le premier roman de la nouvelle civilisation, après avoir ouvert les portes de l'Amérique aux nations modernes !

Ni l'Espagne ni l'Europe ne s'aperçoivent de cette décadence; l'Espagne s'admire, et ses voisins la copient; les œuvres créées par elle servent d'enseignement à tous. En France, ces germes sont féconds; Scarron leur emprunte les grossières trames d'une intrigue embrouillée et la facétie populaire des Picaros; d'Urfé amuse les femmes en imitant les fantaisies bergeresques; Saint-Amand trouve belle avant tout l'exagération des images; Voiture imite l'*Estilo culto;* Corneille trouve dans cette mine d'or l'élément primitif de son génie, une grandeur surhumaine et les énergiques combats de la passion et du devoir.

Son frère, intelligence qui ne manquait pas de souplesse et d'habileté, Thomas Corneille, qui rimait souvent le vers de Pierre, et qui ouvrait son vasistas pour lui passer la rime, du second au premier étage ; Thomas Corneille demande à l'Espagne ce qu'elle a de moins profond et de moins puissant ; l'intrigue habilement nouée; l'imprévu des mouvements ; le jeu des événements bizarres ; la lutte du sort contre lui-même ; l'amour et la haine, le bonheur et le malheur s'enlaçant dans un tissu fragile; un mouvement vif et rapide plutôt qu'une imitation sérieuse de la vie; déguisements et coups d'épées; rencontres extraordinaires, cachettes merveilleuses, et la facile ressource des *aposentos*, dans lesquels se tapissent les ennemis et les amants. Tout cela est amusant, futile et périssable. Vous diriez ces tissus de vapeurs, les fils de la Vierge dont la ténuité est si gracieuse, et qui font voltiger leur draperie au-dessus des feuillages verts, lorsque soufflent les vents d'été. Cette poésie enfantine des incidents et des surprises traverse les mers et les continents, brille à la surface, ne s'arrête nulle part, ne pénètre rien et se joue de la religion comme de l'amour, de la guerre comme de la gloire, du bonheur comme du malheur. Elle glisse sur toutes choses, resplendissante et légère; étincelant sur les cuirasses et sur les soutanes, admirable par sa rapidité seule. Il y a, dans Shakspeare, quelques traces de cette aventureuse et frivole poésie. *Tristan*, *Hardy* et *Mairet* nous en ont donné la parodie sans grâce, qui se perpétua jusqu'à Quinault, dont le *Timocrate* est une vraie pièce espagnole et survécut à Louis XIV : *Rhadamiste et Zénobie* a recueilli la même succession. Les *Visionnaires* de Desmarets et les lubies amusantes de notre ami *Cyrano de Bergerac* sont les fruits du même sol.

Il restait encore à exploiter la plus difficile, la plus intime, la plus noble, la plus sérieuse portion du génie espagnol; celle-ci appartenait à Corneille-le-Grand.

Puissance de passion, de pensée, de combinaison, voilà ce qu'il demande au théâtre de l'Espagne. Il pénètre dans cette eau brillante dont ses contemporains n'ont vu que la superficie et l'écume, les vagues mobiles et le reflet lumineux. *Las Mocedades del Cid* transformés, lui fournissent la plus belle tragédie moderne. Un drame pseudonyme d'Alarcon lui offre une comédie de mœurs. Il l'étudie et même il la traduit. Il ne prétend, modeste et consciencieux grand homme, qu'au mérite d'avoir trouvé ces pierres précieuses, de les avoir appréciées à leur valeur, et de les avoir serties selon le goût de la nation. On le traite comme on traite toujours le talent modeste : il n'a pas de quoi raccommoder ses bas dans sa vieillesse.

§ XIV.

La *Verdad sospechosa.* — Quelques nouveaux détails sur Alarcon.

Vers 1641, une pièce espagnole, portant le nom de Lope de Véga, tombe entre les mains de Corneille. Il la trouve si belle qu'il se met à l'œuvre et l'imite : « Je donnerais, dit-il, tous mes ouvrages pour avoir inventé ce beau sujet. » — La pièce réussit. Le premier soin de Corneille, dans sa préface, c'est d'avouer l'emprunt et de s'en glorifier. — « Je me suis laissé conduire, dit-il, au fameux Lope de Véga. Ceci n'est qu'une copie d'un excellent original qu'il a mis au jour, sous le nom de la *Sospechosa Verdad.* Que l'on fasse passer ceci pour un larcin ou pour un emprunt; je m'en suis trouvé si bien que je n'ai pas envie que ce soit le dernier que je ferai chez nos ennemis (les Espagnols). » Corneille était loin de prétendre, à la création de l'œuvre qu'il reproduisait.

Le *Menteur* est un chef-d'œuvre de bon sens, d'arrangement et d'imitation : Corneille n'a rien voulu de plus. Il a découvert la source espagnole et il en a fait jaillir la comédie de caractère.

Admirez la curieuse frivolité de la critique française ; mère pendant le XVII° et XVIII° siècle, de dix mille volumes ; babillarde, quand tout le monde n'admirait qu'elle, elle s'est obstinée à ne pas écouter Corneille, à pérorer, comme le marquis fat des anciens jours, sur le mérite et le démérite de ce que Pierre Corneille n'a pas fait, sur la bonne ou mauvaise création de ce qu'il n'a pas créé. En vain montrait-il du doigt le fleuve espagnol où son génie allait puiser à la vue de tous : personne, jusqu'à ce jour, n'a voulu savoir ce que le *Menteur* devait à Corneille, et ce que Corneille devait au *Menteur*. On dirait que la manière de parler et de juger est tout en France, et que la recherche de la vérité ne compte pour rien. La Futilité parée de rubans a donné la main au Pédantisme et la célébration de leurs noces a été fort applaudie. De là ces dissertations sans nombre, qui heureusement ne sont plus à la mode, que l'on admira longtemps, et qui sont à notre littérature ce que les sonnets sont à la littérature italienne et les gloses à la littérature de l'Espagne.

Mais quel était ce poète comique, auteur du *Menteur*, modèle de Corneille, créateur d'une œuvre à laquelle Molière a dû, comme il l'avoue, sa première inspiration? « Si je n'avais pas lu le *Menteur* (dit Molière), je crois que je n'aurais pas fait de comédies. » D'où est sortie cette conception puissante qui a guidé le grand Corneille? Nous avons nommé Alarcon.

Son talent, suspendu et balancé entre l'esprit et le

génie, est, nous l'avons dit, à peine inscrit sur les tables de la Renommée. Vous découvrez ses œuvres dans une ou deux bibliothèques d'Europe : les biographes se taisent sur sa vie. Lisez ses drames, vous êtes tenté de croire qu'un long roman et de singuliers orages l'ont agité. La bizarrerie de la fortune est son point de vue favori ; son drame est une grande escarpolette ; dans ses œuvres le haut et le bas de la vie humaine s'offrent tour-à-tour à vos yeux sous un aspect douloureux ou plaisant. Le sentiment de l'honneur soutient cette machine dramatique ; Alarcon fait surtout valoir les ressources inattendues de l'intelligence, la bravoure dans le péril et le sang-froid dans les embarras.

La facilité de l'invention distingue plus spécialement Lope. Il y a dans Calderón une vive ardeur religieuse, une puissance folle d'images qui rappelle l'Orient et une verve de situations extraordinaire. Alarcon plus étrange, met en scène les Maures et les juifs, les sorciers et les sorcières, les Péruviens et les Mexicains ; il jette à travers ses fictions mille inventions audacieuses. Il aime le hasard et porte cet amour de la lutte avec le destin jusqu'à l'exaltation poétique. Intelligence distinguée, mais non populaire, il écrit plus purement, plus nettement que la plupart de ses contemporains. Son langage est ferme, hardi, brûlant et ne se couvre pas de ces masses de métaphores et de ces feuillages d'épithètes qui surchargent Calderón. Il aime l'action, dédaigne la phrase, et témoigne souvent son mépris pour le vulgaire.

J'imagine, quand je pense à lui, quelque gentilhomme qui a couru le monde ; quitté de bonne heure le Mexique, sa patrie ; subi l'ingratitude des grands, et subi leur faveur, souvent plus dure ; un esprit élevé, plein de mépris pour les masses ignorantes, et n'estimant que son art. Cette incuriosité du succès et de la vogue, cet esprit fier, qui ne daigne pas gagner la gloire par des bassesses, se retrouvent dans ses préfaces et ses dédicaces. Quiconque a beaucoup vu, beaucoup appris, beaucoup comparé, rapporte de ce voyage à travers les folies humaines bien du mépris et de la douleur. C'est un malheur pour l'artiste, de voir de trop près le néant qui l'environne et de juger trop bien ses juges.

Nous l'avons vu traiter assez mal le public dans l'allocution qui précède ses huit premières comédies (1). L'auteur de ces rodomontades se dresse devant nous avec une des attitudes soldatesques que Callot rendait si bien. Ne croyez-vous pas voir

> Un jeune cavalier relevé de panache,
> La botte blanche en jambe et la gaule à la main,
> D'un cure-dent de Rose entretenant sa faim (2)?

Don Juan Ruiz de Alarcon y Mendoza, qui adressait de si beaux compliments à son public; suzerain, qui parlait à la canaille, se croyait au-dessus d'elle. La *canaille* a pris sa revanche : elle a bien caché le nom d'Alarcon dans *ses forêts et dans ses repaires*, et l'homme de génie est mort tout entier.

On a mal parlé de lui pendant sa vie : on a imprimé ses meilleures pièces sous des noms supposés. Un de ses drames fonde la comédie française; Corneille, en le traduisant,

(1) V. plus haut, p. 83.
(2) V. l'Espadon satirique.

se trompe sur le nom de l'auteur. Dans ses heures de loisir, Alarcon jetait ses pièces sur le théâtre de Madrid ; elles réussissaient parmi tant d'autres. Les drames espagnols, depuis le milieu du XVIe siècle, germaient comme les épis dans un sol fertile : une fois la récolte faite, personne n'y songeait plus ; c'était un plaisir plutôt qu'un art. Le génie inculte, l'invention prodigue, une verve facile fournissaient à cette grande consommation : le bourgeois, le noble et l'artisan ne distinguaient pas avec beaucoup de soin l'œuvre médiocre de l'œuvre estimable. Pourvu que de curieuses aventures, de grands coups d'épée, des travestissements et des intrigues se renouvelassent sur leurs théâtres, ils étaient satisfaits. Les drames d'Alarcon passèrent donc, réussirent et s'éclipsèrent dans la foule.

Tout doit faire présumer qu'il vécut dans une sorte de repos, à l'abri de la pauvreté poignante. Nous l'avons vu dédier ses comédies à *Ramiro Felipe de Guzman, grand chancelier des Indes;* et, si l'on en juge par la dédicace, il se trouve avec lui dans les termes d'une familiarité noble. Il l'appelle son Mécène, se plaint de l'envie contre laquelle il cherche un appui, et ne dissimule point que, bien qu'elles aient subi l'épreuve de la représentation, ses pièces ont besoin de la protection d'un seigneur.

« Pendant son vivant, dit un Espagnol, on ne crai-
»gnait pas de s'attribuer ses œuvres ; après sa mort, per-
»sonne ne se rappelle son nom, si ce n'est quelques gens
»de lettres. » Oubli prévu ou dédaigné d'Alarcon. Le poète sut prendre gaîment son parti contre les emprunts forcés : cette insouciance, qui lui fait parler au public de Madrid d'une façon si dégagée et si hautaine, se montre sans cesse en lui. Il y a plus ; par une de ces circonstances bizarres

dues au hasard de la parole, tandis qu'il croit ne s'adresser qu'à des contemporains, et qu'il emploie gaîment une des formules proverbiales familières à la langue espagnole, il prophétise ce qui doit lui arriver vingt ans plus tard. Sans savoir encore que la meilleure partie de sa célébrité lui viendra du grand Corneille, et il s'exprime ainsi :

« Quoi que tu sois, mécontent ou mal intentionné, sa-
»che que les comédies de ma première partie et les douze
»qui composent cette seconde sont toutes de moi, bien
»que quelques-unes soient devenues la proie *d'autres Cor-*
»*neilles; le Tisserand de Ségovie, la Vérité douteuse,*
»*l'Examen des maris*, sont imprimées sous le nom d'autres
»patrons; c'est la faute, à coup sûr, des imprimeurs qui
»font, en ce genre, ce que bon leur semble, et non ce
»que voudraient les auteurs auxquels ils les ont attribués...
»J'ai voulu déclarer cette vérité bien plus pour leur hon-
»neur que pour le mien, car il n'est pas juste que leur
»renommée souffre de mes fautes. »

. . . . . . . . . . . . . . . .

Essayons une liaison intime avec cet homme que Corneille imita sans le connaître et qui dut se glorifier d'un tel emprunteur. Entrons à Madrid, en 1630, et assistons à la représentation de la *comédie fameuse* d'Alarcon : *la Vérité douteuse*. Pour rendre l'énergie de ces mots, une longue phrase française serait indispensable : par exemple ce proverbe : *Le menteur qui dit vrai ne se fait jamais croire.*

Tel est le sens et le fond du drame. C'est une comédie de caractère, chose rare en Espagne. J'ai dit plus haut pourquoi les hommes que le soleil brûle, que la passion et la paresse se disputent, se livrent si rarement à l'analyse des nuances caractéristiques de l'humanité, que nous estimons, nous hommes du nord. Le *caractère* (et je prends ce mot dans le sens allemand et anglais), disparaît et fond pour ainsi dire, au sein de la passion qui l'absorbe. Il n'y a de Labruyère qu'en France ; il n'y a de Shaskspeare qu'en Angleterre. L'appréciation des nuances dont la vie intellectuelle et morale se compose ; la réflexion s'attachant à l'émotion, pour la comprendre et l'analyser ; l'homme étudié curieusement comme on étudie une horloge compliquée ; ce sont là nos mérites et nos gloires, à nous enfants des latitudes froides ou tempérées : œuvre de génie, mais de patience ; œuvre grande et douloureuse, qui fait saigner les dernières veines et trembler les dernières fibres de l'humanité (1).

L'impatience de l'imagination, la ferveur de l'âme, l'émotion irrésistible dominent l'homme méridional ; pour lui tout se couvre d'un nuage splendide, tout s'environne d'une vapeur dorée. Les traits de la femme que l'on aime ne se détaillent pas : on les idolâtre.

Le théâtre d'Espagne analyse donc rarement les caractères. Il jette sous vos yeux moins des individus que des généralités, des hommes que des pièces d'échecs dont la marche est voulue et nécessaire. Le caractère n'existant plus, la sensation domine. Les personnages d'Alarcon sont les vassaux dévoués de la passion et du destin ; ceux de Caldéron, les esclaves éloquents de l'imagination et de la foi ; ceux de Lope de Véga, les jouets du hasard. Sur ces nuances, sur ces hommes différents créés par le poète, le même soleil règne, le même orage gronde.

Alarcon lui-même, en créant une comédie de caractère, l'a jeté dans une intrigue passionnée et brillante.

(1) V. plus haut. ÉTUDE SUR CALDÉRON.

Voici ce drame :

Don Garcia, fils de famille, noble, brave et beau, avait terminé ses études à Salamanque. Accompagné du licencié, homme d'âge et de mérite, auquel son père l'avait confié, il vint retrouver l'asile paternel ; c'était un fils bien-aimé, un aîné qui attendait le majorat et sur lequel reposaient toutes les espérances de don Beltran. A peine fut-il arrivé, le père se rendit dans la chambre du précepteur et voulut savoir quel genre d'homme était son fils. Son âme répondait-elle à la haute noblesse de ses aïeux? Le vieil *estudiante*, après avoir fait un peu de pathos sur la magnanimité de la race et les vertus du fils, avoua qu'un petit défaut, un seul obscurcissait toutes ces vertus, et qu'on n'avait jamais pu l'en corriger.

— Lequel ?

— *No dezir siempre verdad.* — Ne pas toujours dire la vérité. — Mais peut-être cette habitude de mensonge se corrigera-t-elle à la cour, véritable école de l'honneur.

— Vous voilà bien tombé, s'écrie don Beltran ; c'est précisément là qu'on apprend à mentir. Mais c'est égal ; ce que vous me dites me désespère. Il dissiperait toute ma fortune en folles amours, il passerait la nuit et le jour au jeu, il aurait six duels par semaine, je lui pardonnerais tout, excepté le mensonge. J'aimerais mieux qu'il fût mort. »

Là dessus notre vieux gentilhomme entra dans un superbe courroux qui allait bien à un Castillan. Mentir ! mentir ! et les ancêtres ! et l'honneur !

Pendant que le père s'irritait ainsi, le fils ne songeait qu'à jouir de la vie nouvelle qu'il pressentait. Il avait revêtu un magnifique ceinturon, une immense collerette ou fraise à confusion, et se trouvait semblable aux héros de Callot ;

dont j'ai déjà parlé, que vous connaissez, et qui représentent l'Espagnol complet, dans sa gloire et sa galanterie. Jeune homme aux belles paroles et à l'imagination féconde, il ne rêve plus que belles aventures et nobles dames à conquérir. Pour ce faire, il compte sur l'énorme fraise de fine toile de hollande, au milieu de laquelle la tête apparaît comme un melon au milieu d'une corbeille. Nulle femme ne résistera, telle vertueuse qu'elle puisse être, à la séduction de cette fraise.

Belle époque en effet pour la galanterie. « Toutes les femmes, et des plus hupées, dit un voyageur du temps (1), vous arrêtent dans la rue si vous leur plaisez; elles vous prient de leur payer une glace, un bouquet, une limonade. Elles ne vont plus aujourd'hui *tapées* ( entapadas, voilées ) dans les rues. Leur dévotion consiste à prier Dieu de leur envoyer de bons galants; dès que vous arrivez dans une maison, on vous demande si vous faite la cour en qualité d'époux futur ou d'amant actuel (o marido, o amancebado). Si c'est comme mari, non, disent-elles, si c'est comme amant, oui. »

Heureux d'arriver dans ce pays de Cocagne amoureuse, don Garcia consulte sur ses grands desseins, son valet, le premier ministre des amours. Tristan, c'est son nom, lui offre des renseignements détaillés et rédigés dans le style astronomique et figuré de l'Espagne. Il lui dit combien d'espèces « d'étoiles féminines brillent à Madrid; grandes dames, anges étoilés et corruptibles, substances éclatantes, belles, mariées, mais conversables, et qui, en conjonction avec leur mari, exercent sur l'étranger de bizarres influences; d'autres dont les époux ont des commissions

(1) Aarsen.

délicates dans les Indes, en Italie ou en Flandre; d'autres, par milliers, qui font semblant d'être mariées pour vivre en liberté. Vous en verrez, continue le rapporteur, de jeunes et belles, qui restent à la maison, étoiles fixes, pendant que leurs mères sont errantes. Je vous nommerai si vous voulez les *tusonas* et les *busconas*, astres inférieurs, dont il faut bien s'accommoder quelquefois dans l'occasion et dans la nécessité. Vous en trouverez qui s'évaporent comme des météores rapides ; mais le point fixe de ces astres mortels, leur pôle magnétique, c'est l'argent ; si vous en avez...

— Parbleu, si j'en ai!

— Vous êtes sauvé!

— J'ai de l'or!

— Vive Dieu ! le monde féminin est à vous, vous êtes le César des Espagnes ! Vierges et mariées, rien ne vous résistera. Marchez ! »

Au moment où le valet et le maître devisaient ainsi, un coche vint à passer. L'Espagne était alors le pays des voitures ; deux femmes vêtues avec élégance s'y trouvaient; les rideaux du coche entr'ouverts les laissaient apercevoir; deux belles mules traînaient l'équipage. Les deux femmes en descendirent, et l'une d'elles, en mettant le pied hors du coche, fit un faux pas; occasion trop belle pour que don Garcia la perdît. Il se précipita et soutint la jeune femme. Bientôt s'établit entre le jeune homme et la dame un de ces assauts de galanterie et de belles paroles que les Espagnols ont enseignés à l'Europe entière et que Corneille a complaisamment traduits.

C'est bien là toute l'exposition de Corneille. Forcé de changer le lieu de la scène, notre grand homme a perdu le beau contraste qui se trouve entre la ferveur enthousiaste de l'honneur castillan et l'habitude servile du mensonge.

Nous verrons (chose digne d'observation) quelle a été l'œuvre de Corneille, à quelle laborieuse et attentive élaboration de l'œuvre espagnole ce génie puissant et patient, s'est condamné; quelle netteté française il a jetée dans certains détails; ne perdant rien des heureuses combinaisons de l'intrigue et traduisant avec modestie ce qui était excellent.

## § XV.

Étude sur Alarcon. — Suite. — Ce que Corneille a fait du *Menteur*.
— Le matériel du théâtre espagnol en 1650.

Les habitudes et les mœurs théâtrales de tous les peuples d'Europe, depuis que l'Europe a un drame, feraient le sujet d'un charmant ouvrage d'érudition sincère, de recherches curieuses et d'histoire intellectuelle. Sous quel costume et dans quel apparat les cardinaux du XVIe siècle assistèrent-ils, je vous prie, aux représentations de la *Cortigiana*, écrite par le satyre Arétin, de l'étrange *Mandragore* de Machiavel, des joyeuses et libres imaginations de l'Arioste? Quel coup-d'œil offrait, je vous prie, la cour du collége de Montaigu, lorsque Jodelle y fit jouer sa première tragédie, toutes les fenêtres servant de loges et le pavé jonché de feuillages verdoyants? Comment s'y prit pour mettre en scène les comédies latines composées par elle, cette bonne religieuse du Xe siècle, Hroswitha, qui reçut, au fond de sa cellule germanique, un rayon égaré de l'inspiration de Sophocle et de Térence? De tous les plaisirs littéraires, le plus passionné et le plus vif, le théâtre, a fait éclore tant de scènes curieuses, dans le parterre, et dans les loges, que je donnerais beaucoup pour voir écrit, par un savant naïf, par un homme d'esprit coloriste, les annales variées d'une volupté toute populaire, dont le goût et le souvenir survivront longtemps aux chefs-d'œuvre qu'elle a produits.

Les Espagnols, comme les Anglais, ont considéré le théâtre comme un plaisir quotidien et facile, non comme un art délicat et exquis. Au commencement du XVII° siècle, comédies et comédiens couvraient l'Espagne, sans qu'on y attachât d'autre importance que celle d'un délassement momentané.

« Pour la comédie ( dit un voyageur français dont nous copions le style baroque et les phrases inégales ), il y a en Espagne des troupes de comédiens quasi dans toutes les villes, et meilleurs à proportion que les nostres; il n'y en a point de gagez du roy. Ils représentent dans une cour où il y a beaucoup de maisons qui y donnent; de façon que les fenestres des logis qu'ils appellent *rexas* ( à cause qu'à la plupart il y a des grilles), ne sont point à eux, mais aux propriétaires. Ils représentent au jour et sans flambeaux; et leur théâtre n'a pas de si belles décorations que les nostres, horsmis dans *El buen Retiro*, où il y a trois ou quatre salles différentes ; mais ils ont des amphithéâtres et le parterre.

« Il y a deux lieux ou salles, qu'ils appellent *corrales*, à Madrid, qui sont toujours pleines de tous les marchands et artizans, qui, quittant leurs boutiques, s'en vont là avec la cappe, l'espée et le poignard et qui s'appellent tous *cavalleros*, jusques aux cordonniers, et ce sont ceux-là qui décident si la comédie est bonne ou non. Ce sont eux qui la sifflent, l'applaudissent; placés d'un costé et d'autre en rang, ils font des espèces de salves ; aussi les appelle-t-on *mosqueteros*, et la bonne fortune des autheurs dépend d'eux. On m'a conté d'un, qui alla trouver un de ces mosqueteros, et lui offrit cent *réalles réaux* pour estre favorable à sa pièce. Mais le mosquetero répondit fièrement :

» — L'on verra bien si la pièce sera bonne ou non !

» Et elle fut sifflée. Certains ont leur place auprès du théâtre, qu'ils gardent de père en fils comme un mayorazgo (1) qui ne se peut vendre ni engager, tant ils ont de passion pour cela. Les femmes sont toutes ensemble dans l'amphithéâtre, à un bout séparé des autres, et où les hommes ne sauraient aller. »

. . . . . . . . . . . . . . . .

Déjà, on le voit, les claqueurs avaient pris possession de leur important emploi ; plus d'un beau gentilhomme dont la verve s'exhalait en comédies, allait supplier ces *Mousquetaires* de la critique, et tenter de les séduire. Continuons à étudier dans le mauvais style d'un autre voyageur (le Hollandais Aarsen) la partie matérielle du théâtre espagnol, au commencement du XVII<sup>e</sup> siècle.

« Pour comédies ordinaires, dit-il, nous avons icy deux théâtres où l'on joue tous les jours. Les comédiens ne prennent pour eux qu'environ un sol et demi par personne ; autant en donne-t-on pour l'hôpital ; et après, pour monter aux bancs, on donne environ deux sols qui sont pour la ville à qui appartiennent les théâtres ; pour s'asseoir, il en couste sept sols de France, tellement qu'en tout la comédie couste près de quinze sols.

» Quant à la composition et aux sentiments qu'on y

---

(1) Majorat.

touche, ajoute le voyageur, je n'en sçaurais rien dire de certain, ma connaissance en leur langue n'allant pas encore si avant que j'en puisse entendre la poésie, où sont tousjours les façons de parler les plus figurées. La représentation n'en vaut presque rien; car, excepté quelques personnages qui réussissent, tout le reste n'a l'air ny le génie de vray comédien. Ils ne jouent pas aux flambeaux, mais en plein jour : ce qui empesche que leurs scènes ne paraissent avec éclat.

» Les habits des hommes ne sont ny riches ny proportionnez aux sujets. Une scène romaine et grecque se représente avec des habits espagnols. Toutes celles que j'ai vues ne sont composées que de trois actes qu'ils nomment *jornadas*. On les commence par quelques prologues en musique; mais ils chantent si mal, que leur harmonie semble des cris de petits enfants. Aux entr'actes il y a quelque peu de farce, quelque ballet ou quelque intrigue particulière; ce qui est souvent le plus divertissant de la pièce. Au reste, le peuple se frappe si fort de ce divertissement, qu'à peine y peut-on avoir place. Les plus honorables sont tousjours prises par avance; et c'est une marque que l'oisiveté est excessive en ce pays, puisque dans Paris mesme où l'on ne joue pas tous les jours, on ne voit point tant d'empressement d'aller à la comédie. »

Lecteur, vous savez maintenant ce que c'était qu'une représentation théâtrale à Madrid en 1630. Imaginez une grande cour espagnole; partout des balcons et des grilles; et derrière ces grilles, les spectateurs privilégiés; les acteurs jouant à ciel ouvert; ici l'amphithéâtre des femmes, où étincellent mille yeux noirs, plus noirs que les mantilles; des deux côtés de la cour, deux rangs de *mosqueteros* en guenilles, étalant ce luxe de misère et de santé, cette vigueur hâlée, ces fronts orgueilleux et brunis, ces épaules carrées et trapues, ces fiers et insolents visages si admirables dans un tableau. Tel est le public d'Alarcon; tel était auparavant celui de Lope de Véga; tel a été un peu plus tard celui de Caldéron.

Jamais on n'aurait fait adopter à de tels spectateurs un drame d'imitation savante, un théâtre latin, une contrefaçon même excellente d'Eschyle, un reflet pédantesque ou heureux de Térence ou de Sophocle. Ils demandaient du plaisir avant tout; la distraction qu'ils venaient chercher et qu'ils payaient quelques *maravédis* s'envolait comme la fumée de leurs cigarres ; personne ne songeait aux règles, à la pureté de la forme, aux modèles que les anciens avaient pu laisser. On s'embarrassait médiocrement des préceptes de la moralité sévère. Le drame est un éternel séducteur, qui flatte souvent les rois et toujours le public. *Matar a un hombre* est le mot qui se reproduit le plus fréquemment dans les pièces du théâtre espagnol. *La venganza* est fort honorée : *le pundonor* est divinisé. On respecte toujours Dieu et la Trinité; mais on estime surtout la Vierge et les saints; ce que l'on adore avant tout, c'est *le Symbole* : un signe de croix fait revivre les morts. L'homicide qui se réfugie sous une croix de grand chemin, échappe à la loi qui va le frapper. Les brigands sont honorés, pourvu qu'ils prient ; les jeunes femmes sont hardies et coquettes, les serviteurs sont insolents ; et le parterre ne se tient pas de joie quand un flot de proverbes burlesques, banale littérature de ceux qui n'en connaissent pas d'autre, sort de la bouche d'un valet.

Formé d'éléments semblables, un drame conserve une grande valeur historique, quelle que soit d'ailleurs sa valeur littéraire : il révèle les sentiments les plus profonds d'une nation toute entière. On apprend, en l'étudiant, comment cette nation a vécu et comment elle est morte ; quelles excuses elle trouvait pour pallier ses vices ; quelles vertus elle avait adoptées ; de quels prétextes elle parait ses mauvais penchants ; quel genre de flatterie elle exigeait ; et sous quels rapports elle s'estimait elle-même. Aristophane n'a pas fait d'autre comédie ; mais ce fils de la Grèce, supérieure intelligence, planant au-dessus des vices de sa patrie et de ses contemporains, a su les punir en les amusant ; et ce mélange de grandeur et d'ironie, de hauteur dans la pensée, de trivialité apparente dans les détails, ce profond sentiment de l'art qui lui fait trouver les plus belles formes, sans l'empêcher d'être populaire, l'isolent parmi tous les écrivains qui ont écrit pour la scène.

Alarcon est loin d'avoir atteint cette perfection. Rien n'avait développé en Espagne l'exquise sensibilité pour les délicatesses d'exécution et l'harmonie dans les productions de l'intelligence, qui ont distingué la Grèce des anciens jours. *Don Ruiz Alarcon y Mendoza* travaille en gentilhomme, comme ses contemporains, comme Cervantes et Caldéron. Il écrit rapidement ; le mètre de huit pieds, à rimes croisées, rhythme facile et fluide, lui présente une séduction à laquelle il résiste rarement. Mais d'une donnée naïve il tire un parti ingénieux. Le mouvement et le conflit d'intrigues imprévues, que la bourgeoisie et les artisans de Madrid exigeaient comme première nécessité d'une œuvre dramatique, Alarcon ne les a pas repoussées ; seulement il en fait le cadre d'une peinture de caractère aussi vive que vraie. Ce que le mensonge peut susciter d'embarras au menteur ; ce qu'il lui faut de présence d'esprit pour réparer sans cesse les brèches qu'il vient de faire à la vérité et à son honneur, voilà le spectacle varié, animé, romanesque et comique offert par Alarcon. Ici le roman est vérité, l'inattendu est naturel; le vice est plaisant, et l'exagération même à laquelle se livre une imagination amoureuse du mensonge, est féconde en traits délicieux. De toutes les inclinations vicieuses, il n'y en a pas qui révolte davantage une nation passionnée pour l'honneur; il n'y en a pas qui, par ses développements conteurs et emphatiques, doive s'offrir plus naturellement au peuple de l'Europe qui a le plus de goût pour les chimères aventureuses.

» Dans le Menteur, il y a beaucoup d'incidents, dit Voltaire : cependant c'est une pièce de caractère; et tous servent à faire paraître le caractère du Menteur. » Ce mélange de l'imbroglio et de l'observation rend le drame d'Alarcon vraiment unique. Plus le Menteur se livre à ses goûts inventifs, et plus il emmêle la trame confuse des événements qui naissent de ses mensonges. Voltaire lui a reproché son étourderie : s'il n'était pas étourdi, s'il cherchait à servir ses intérêts par le mensonge et la fourberie, nous n'aurions que haine et mépris pour le scélérat et le lâche. Mais il conte, il invente et s'amuse lui-même ; il est romancier ; il déçoit, par mille récits fabuleux, la crédule imagination de ceux qui l'écoutent; il est poète dans le mensonge; puis, embarrassé dans le réseau qu'il a tissu, il invente encore de nouveaux moyens d'échapper au piége dont il est l'auteur. L'*Étourdi* de Molière semble calqué sur ce modèle; l'Étourdi vient détruire, à chaque instant, l'œuvre de son valet : la création d'Alarcon, dédoublée, se présente sous une autre face, et acquiert un nouvel intérêt. Aussi naïf que Corneille, Molière avoue ingénument que, s'il n'avait pas connu le Menteur, il n'aurait pas fait l'Étourdi.

Que veulent donc dire ceux qui approuvent le dédain et l'oubli dans lesquels le théâtre espagnol est tombé? « Sans doute, comme l'affirme un historien littéraire, personne n'étudie ce théâtre; on ne le connaît plus; on ne le nomme qu'avec l'épithète de barbare; » mais cette application est remplie d'injustice et entachée d'ignorance. Ce ne sont pas seulement des esquisses que les hommes supérieurs ont empruntées à l'Espagne, ce sont des chefs-d'œuvre de création et d'invention. Admettons l'imperfection de la forme, la rapidité de l'exécution et gardons-nous bien de donner ces défauts pour des exemples; mais n'oublions pas que, dans toutes les œuvres humaines, la supériorité de l'intelligence les frappe du sceau divin; c'est la marque immortelle qu'on trouve empreinte, non-seulement chez Caldéron et Cervantes, mais chez Alarcon, Roxas et Tirso da Molina, autre inconnu d'un esprit admirablement vif, Beaumarchais en soutane, créateur de don Juan.

Continuons d'étudier cette pièce populaire écrite sur une donnée populaire : « *Mentez une fois, on ne vous croira plus;* » La *sospechosa verdad*. Corneille a fait de cette idée deux vers, passés en adage :

>     Je disais vérité; — quand un menteur la dit,
>     En passant par sa bouche, elle perd son crédit.

Cette moralité, accessoire chez Corneille, est le fond même de l'œuvre espagnole. Adapter cette intrigue aux mœurs françaises, élaborer savamment cette création vive et facile, n'était pas une tâche aisée ou sans péril. Corneille n'a pas toujours réussi. Il conserve la magnifique fête et le beau repas donné sur l'eau par Garcia, qui les raconte avec emphase :

> Entre las opacas sombras,
> Y soledades espesas, etc., etc.

Tout cela ne convient guère à notre climat et à nos habitudes à demi-septentrionales. Jamais en France, un père n'a dit à sa fille : « Je me promènerai avec celui que je te destine, et le tiendrai longtemps sous ta fenêtre : vous causerez ensuite. » Ce mode de présentation, conservé par Corneille, a dû paraître étrange sur notre théâtre. Dorante, au quatrième acte, se trompant de femme et prenant Lucrèce pour Clarice et Clarice pour Lucrèce, fait un quiproquo espagnol, copié par Corneille ; méprise usée sur tous les théâtres du monde, depuis que le drame castillan en a donné l'exemple. C'est le lieu-commun du drame en Espagne, le tribut payé par tous les poètes de Madrid ; sans un quiproquo, pas de drame.

Corneille, et c'est sur ce point que nous insistons principalement, n'a voulu faire qu'une étude ; il redevenait écolier, après avoir écrit Polyeucte, Pompée, le Cid et Cinna. Tels vers d'Alarcon ont été traduits jusqu'à trois fois par Corneille. A la fin du récit du Menteur, Garcia s'écrie emphatiquement :

Tanto que invidioso Apollo
Appreseró su carrera
Porque el principio del dia
Pusiese fin a la fiesta !

Dans la première édition de 1644, Corneille s'était rapproché de ces ridicules vers; dans la seconde édition, il a remplacé l'emphase de Garcia par un trait comique :

S'il (le soleil) eût pris notre avis, sa lumière importune
N'eût pas troublé si tôt ma petite fortune !

J'ai dit que les nations européennes avaient emprunté à l'Espagne, non des ébauches, mais des chefs-d'œuvre. Afin de le prouver, il faudrait suivre pied à pied chaque scène du Menteur : fastidieuse reproduction qui serait à peine supportable. Choisissons une scène admirable; que le lecteur nous pardonne les citations espagnoles, sans lesquelles nos assertions n'auraient aucun poids; il verra que Voltaire, La Harpe et les commentateurs sont loin d'avoir rendu justice à l'auteur de *la Verdad Sospechosa*, qu'ils croient être Roxas ou Lope de Véga.

Don Beltran vient gronder son fils le menteur. Voltaire loue beaucoup dans Corneille la noble et pathétique exhortation du père : elle se trouve tout entière dans l'Espagnol, et la simplicité de son élan est magnifique.

— Est-tu chevalier, Garcia ?
— Je me tiens pour votre fils.
— Tu crois que cela suffit pour être chevalier ?
— Mais, je le pense.
— Folle pensée ! se conduire en chevalier, c'est l'être.

Telle a été la source des maisons nobles. Des hommes humbles, dont les actions furent grandes, ont illustré l'avenir... Et vous, mon fils, si vos habitudes vous rendent infâme, vous n'êtes plus noble. Écussons paternels, antiques aïeux, qu'importe? vous noble! vous n'êtes rien! vous qui mentez sans cesse, vous n'êtes rien! Noble ou plébéien, qui peut donc mentir sans être la fable du peuple? C'est ce que tous disent de toi.. As-tu donc l'épée assez large et la poitrine assez dure pour faire face à tous ceux qui t'accusent? Oh! le triste vice! oh! le stérile et misérable vice! Les voluptés apportent des jouissances ; l'argent donne le pouvoir et le plaisir... mais le mensonge! le mensonge!... il n'apporte que la honte.

— Qui dit que je mens a menti.

— Tu mens encore!... Pense donc, malheureux ! que Dieu t'a fait homme, que ton visage est visage d'homme, que tu as barbe virile, que ton flanc est ceint de l'épée, que tu es né noble et que je suis ton père... »

Sois caballero, Garcia ?

DON GARCIA.

Tengome por hijo vuestro.

DON BELTRAN.

Y basta ser hijo mio .
Para ser vos caballero?

DON GARCIA.

Yo pienso, senor, que si.

### Don Beltran.

Que enganado pensamiento!
Solo consiste en obrar
Como caballero, el serle;
¿ Quien dio principio a las casas
Nobles? los ilustres hechos
De sus primeros autores;
Sin mirar sus nazimientos,
Hazanas de hombres humildes
Honraron sus heredores;
Luego en obrar mal o bien,
Esta el ser malo, o ser bueno,
¿ Es asi?

### Don Garcia.

    Que las hazanas
Den nobleza, no lo nego;
Mas no negueis, que sin ellas
Tambien la dà el nacimiento.

### Don Beltran.

¿ Pues si honor puede ganar,
Quien naciò sin èl, no es cierto
Que por el contrario puede
Quien con el naciò, perdello?

### Don Garcia.

Es verdad.

### Don Beltran.

    Luego, si vos
Obrais afrentosos hechos,

Aunque seais hijo mio
Dejais de ser caballero;
Luego si vuestras costumbres
Os infaman en el pueblo,
No importan paternas armas,
No sirven altos abuelos.
¿ Qué cosa es, que la fama
Diga a mis oidos mismos
Qué a Salamanca admiraron
Vuestras mentiras y enredos?
¿ Qué caballero, y qué nada !
Si afrenta al noble y plebeyo,
Solo el decirle que miente,
Decid, ¿ qué sera el hazerlo,
Si vivo sin honra yo,
Segun los humanos fueros,
Mientras de aquel que me dijo
Que mentia, no me vengo ?
¿ Tan larga teneis la espada,
Tan duro teneis el pecho,
Què penseis poder vengaros,
Diciendolo todo el pueblo ?
¿ Posible es que tenga un hombr
Tan humildes pensamientos,
Qué viva sujeto al vicio
Mas sin gusto y sin provecho ?
El deleite natural
Tiene a los lascivos presos;
Obliga a los codiciosos
El poder qué dà el dinero;
El gusto de los manjares
Al gloton, el passatiempo
Y el cebo de la ganancia
A los qué cursan el juego;
Su venganza al homicida,
Al robador su remedio,
La fama y la presuncion
Al que es por la espada inquieto;

Todos los vicios al fin
O dan gusto o dan provecho;
Mas ¿ de mentir, qué se aia
Sino infamia y menosprecio?

DON GARCIA

Quien dice qué miento yo,
Ha mentido.

Facile et haute éloquence à laquelle on ne peut reprocher que trop d'abondance, et dont voici la traduction, telle que l'a donnée Corneille :

GÉRONTE.

Êtes-vous gentilhomme?

DORANTE, *à part.*

Ah rencontre fâcheuse.
( *Haut.* )
Étant sorti de vous, la chose est peu douteuse.

GÉRONTE.

Croyez-vous qu'il suffit d'être sorti de moi?

DORANTE.

Avec toute la France aisément je le croi.

GÉRONTE.

Et ne savez-vous pas, avec toute la France,
D'où ce titre d'honneur a tiré sa naissance,
Et que la vertu seule a mis en ce haut rang
Ceux qui l'ont jusqu'à moi fait passer dans leur sang?

DORANTE.

J'ignorerais un point que n'ignore personne,
Que la vertu s'acquiert, comme le sang se donne.

GÉRONTE.

Où le sang a manqué, si la vertu l'acquiert,
Où le sang l'a donné le vice aussi le perd.
Ce qui naît d'un moyen périt par son contraire ;
Tout ce que l'un a fait, l'autre le peut défaire ;
Et, dans la lâcheté du vice où je te vois,
Tu n'es plus gentilhomme, étant sorti de moi.

DORANTE.

Moi ?

GÉRONTE.

Laisse-moi parler, toi, de qui l'imposture
Souille honteusement ces dons de la nature ;
Qui se dit gentilhomme, et ment comme tu fais,
Il ment quand il le dit, et ne le fut jamais.
Est-il vice plus bas ? Est-il tache plus noire,
Plus indigne d'un homme élevé pour la gloire ?
Est-il quelque faiblesse, est-il quelque action,
Dont un cœur vraiment noble ait quelque aversion,
Puisqu'un seul démenti lui porte une infamie
Qu'il ne peut effacer s'il n'expose sa vie,
Et si dans le sang même il ne lave l'affront
Qu'un si honteux outrage imprime sur son front !

Il y a là, sans aucun doute, plus de concentration, d'énergie, une argumentation plus pressante et plus scholastique

que chez l'auteur original. Le flot des paroles d'Alarcon coule dans un lit plus étroit et y précipite son cours. Le luxe des mots est corrigé ; la superfétation des épithètes est détruite ; du reste je ne suis pas certain que Corneille ait toujours l'avantage. Alarcon a un trait, naïf et très-beau, que Corneille a négligé :

¿ Tan larga teneis la espada, etc.

Continuons à suivre le mouvement de cette scène, où se montrent la connaissance du monde et la verve heureuse de l'auteur espagnol. Le père, après son sermon, annonce à Dorante qu'il a l'intention de le marier, sans doute pour le rappeler à la morale.

— Je veux te marier.

— Moi?

— Pourquoi cette tristesse ? Parle ; ne me tiens plus en suspens. Qu'as-tu?

— Je suis triste de ne pouvoir vous obéir.

— Pourquoi ?

— Parce que je suis marié.

— Marié ! Sans que je le sache ?

— J'y ai été forcé; tout est fini.

— Tu es marié ! Non, jamais père ne fut plus malheureux que moi !

— Écoutez-moi, mon père. Vous vous estimerez heureux, ainsi que moi !

— Parle, parle, ma vie est suspendue à tes lèvres !

— A moi, toutes mes ressources ! C'est le moment, ou jamais, de déployer la subtilité de mon esprit !

Ahora os he menester
Sutilezas de mi ingenio, etc.

Ce mariage est un mensonge, comme on le pense bien : tel est le fruit du sermon du père. Molière n'a pas d'invention plus comique ni d'observation plus profonde. Quant à la narration des amours de Dorante et de son mariage, elle est pleine de verve dans l'espagnol et admirablement imitée par l'auteur français. Il faut comparer Corneille à Alarcon dans cette narration charmante, pour comprendre tout ce que la perfection de la forme donne de puissance au talent. Invention, poésie, élégance, chaleur, appartiennent à l'auteur espagnol; une foule de traits délicats sont la propriété de Corneille.

..... Je la vis presque à mon arrivée.
Une âme de rocher ne s'en fût pas sauvée,
Tant elle avait d'appas, et tant son œil vainqueur
Par une douce force assujétit mon cœur !
Je cherchai donc chez elle à faire connaissance :
Et les soins obligeants de ma persévérance
Surent faire de sorte à cet objet charmant
Que j'en fus en six mois autant aimé qu'amant.
J'en reçus des faveurs secrètes mais honnêtes,
Et j'étendis si loin mes petites conquêtes,
Qu'en son quartier souvent je me coulais sans bruit,
Pour causer avec elle une part de la nuit.
Un soir que je venais de monter dans sa chambre,
(Ce fut, s'il m'en souvient, le second de septembre :
Oui, ce fut ce jour-là que je fus attrapé),
Ce soir même son père en ville avait soupé ;
Il monte à son retour ; il frappe à la porte : elle
Transit, pâlit, rougit, me cache en sa ruelle

Ouvre enfin ; et d'abord ( qu'elle eut d'esprit et d'art !)
Elle se jette au cou de ce pauvre vieillard,
Dérobe en l'embrassant son désordre à sa vue :
Il se sied : il lui dit qu'il veut la voir pourvue ;
Lui propose un parent qu'on lui venait d'offrir.
Jugez combien mon cœur avait lors à souffrir !
Par sa réponse adroite elle sut si bien faire
Que sans m'inquiéter elle plut à son père.
Ce discours ennuyeux enfin se termina.
Le bonhomme partait, quand ma montre sonna :
Et lui, se retournant vers sa fille étonnée :
« Depuis quand cette montre, et qui vous l'a donnée ? »
« Acaste, mon cousin, me la vient d'envoyer,
» Dit-elle, et veut ici la faire nettoyer,
» N'ayant pas d'horloger au lieu de sa demeure ;
» Elle a déjà sonné deux fois dans un quart-d'heure. »
« Donnez-la-moi, dit-il, j'en prendrai mieux soin. »
Alors pour me la prendre, elle vient en mon coin ;
Je la lui donne en main ; mais, voyez ma disgrâce,
Avec mon pistolet le cordon s'embarrasse,
Fait marcher le déclin ; le feu prend, le coup part :
Jugez de notre trouble à ce triste hasard.
Elle tombe par terre ; et moi je la crus morte.
Le père épouvanté gagne aussitôt la porte ;
Elle appelle au secours, il crie à l'assassin ;
Son fils et deux valets me coupent le chemin.
Furieux de ma perte, et combattant de rage,
Au milieu de tous trois je me faisais passage,
Quand un autre malheur de nouveau me perdit ;
Mon épée en ma main en trois morceaux rompit ;
Désarmé, je recule et rentre ; alors Orphise,
De sa frayeur première aucunement remise,
Sait prendre un temps si juste en son reste d'effroi,
Qu'elle pousse la porte et s'enferme avec moi.
Soudain nous entassons cent défenses nouvelles :
. . . . . . . . . . . . .
Nous nous barricadons ; et dans ce premier feu
Nous croyons gagner tout à différer un peu.

Mais comme à ce rempart l'un et l'autre travaille,
Alors, me voyant pris, il fallut composer.

GÉRONTE.

C'est-à-dire, en français, qu'il fallut l'épouser?

DORANTE.

Les siens m'avait trouvé de nuit seul avec elle,
Ils étaient les plus forts, elle me semblait belle,
Le scandale était grand, son honneur se perdait
A ne le faire pas; ma tête en répondait;
Ses grands efforts pour moi, son péril et ses larmes,
A mon cœur, au moment, étaient de nouveaux charmes.
Donc, pour sauver ma vie ainsi que son honneur,
Et me mettre avec elle au comble du bonheur,
Je changeai d'un seul mot la tempête en bonace,
Et fit ce que tout autre aurait fait à ma place.
Choisissez maintenant de me voir ou mourir,
Ou posséder un bien qu'on ne peut trop chérir.

. . . . . . . . . . . . . .

Tout cela est dans Alarcon avec moins d'élégance peut-être, mais avec autant de verve : — « Le hasard me la fit voir; la voir ce fut l'aimer. Un cœur de bronze se fût embrasé pour elle. Le jour je passais dans sa rue, le soir je veillais dans sa rue... Bref, à force d'augmenter mes galanteries, je la vis augmenter mes faveurs... J'entrais dans sa chambre à coucher, et mes prières ardentes allaient la vaincre, quand son père arriva... Troublée, mais courageuse (elle était femme), elle me cacha derrière son lit... Au moment où son père sortait, ma montre à répétition sonna (au diable l'inventeur des montres!)... D'où vient cette montre? demanda-t-il, etc., etc. »

Corneille a traduit fort littéralement, et son vers hexamètre, plus difficile à construire, plus pénible à condenser, l'a contraint à une exécution plus soignée. L'artiste qui taille un bloc de marbre ne se permet pas les incuries de celui qui travaille en cire perdue ; l'ébauche ne lui est plus permise.

Le travail de Corneille l'emporte sur la Verdad Sospechosa par le soin de l'exécution, le fini et l'exactitude de la forme. Lorsque, pour échapper au mariage que son père lui propose, Garcia ou Dorante imagine le roman interminable de son premier mariage, Alarcon se livre à toute la fécondité de son imagination et de sa parole. Le vers de huit pieds succède au vers de huit pieds. Il y en a trois cent cinquante seulement ; c'est une intarissable faconde qui amuse d'abord et qui étourdit ensuite. Jugez de la facilité de composer de petits vers comme ceux-ci :

. . . . . . . . . . . . . . .
Quisemele yo, y al darle
Quiso la suerte que toquen
A una pistola que tengo
En la mano los cordones,
Cayò il gatillo, dio frego,
Al ruido, desmayòse
Doña Sancha, etc.

Après ce piquant récit, le Garcia d'Alarcon fait une réflexion si naturelle et si plaisante que je m'étonne de ne pas la retrouver chez son traducteur :

« Allons, cela s'est bien passé ; le vieillard s'en va convaincu de la vérité de tout cela !... Ah ! ah ! le mensonge est inutile ! ah ! le mensonge ne rapporte rien ! Se voir écouter avec tant d'attention et de croyance, n'est-ce pas plaisir ? empêcher un mariage que l'on déteste, n'est-ce pas profit ?

> Dichosamente se ha hecho :
> Persuadido el viejo va ;
> Ya del mentir no dirà
> Que es sin gusto y sin provecho, etc.

En revanche, Corneille ajoute des traits excellents :

> Ce fut, il m'en souvient, le second de septembre...

Cette particularité si précise qui donne un poids comique aux bourdes du Menteur, n'est pas même indiqué dans l'original. Alarcon dit seulement :

> Fuy acrecentando finezas ,
> Y ella aumentando favores,
> Hasta ponerme en el cielo
> De cu aposento una noche.

Corneille a effacé le « paradis de la chambre à coucher, » brisé deux ou trois Phœbus, anéanti une douzaine de soleils avec leurs lunes, et achevé ainsi sa ravissante narration.

L'Espagne aimait fort ce paradis de la chambre à coucher ; de même la Grèce applaudissait aux indécences d'Aristophane ; l'Angleterre, sous Charles II, n'applaudissait pas un drame dont l'alcôve ne fût le point central. La moralité espagnole dit au frère : « Tue l'amant de ta sœur !

l'honneur de ta sœur est le tien ! « Cette morale factice de chaque nation est l'âme secrète qui régit le drame de tous les peuples. Nous français il faut nous amuser; pourvu qu'une malice, même un peu friponne, soit fine et spirituelle, comme celles de *l'Avocat Patelin* et du *Légataire*, elle trouvera grâce devant notre moralité populaire. Flexibles et complaisantes pour leurs propres vices, les nations sont sévères et inexorables aux vices d'autrui. Il faut accepter les peuples comme les littératures et les siècles, avec leurs nuances spéciales et leurs variétés contrastantes.

C'est cette diversité, composée d'éléments hostiles en apparence, mais réduite et soumise comme le monde lui-même, à un type central et universel du beau, qui offre un si agréable et si intéressant spectacle aux esprits qui s'élèvent assez haut pour l'apercevoir, la comprendre et l'embrasser.

## § XVI.

Suite. — Alarcon. — Les *Maris passés en revue*. — *L'intrigue de Mélille*.

Si l'Europe moderne doit à l'Allemagne ses progrès métaphysiques, à l'Italie les beaux-arts et la conservation des modèles helléniques, à la France la philosophie ironique, à l'Angleterre l'esprit des affaires et le génie politique, c'est l'Espagne, on n'en peut douter, qui lui a ouvert la source dramatique et romanesque. L'étude du Menteur de Corneille nous a prouvé tout-à-l'heure que cette comédie, introduction brillante de nos comédies d'intrigue et de caractère, appartient à l'obscur et remarquable écrivain dont nous nous occupons.

Il est donc juste de tenir compte à ce peuple inventeur et passionné, à ce vétéran de l'art dramatique en Europe, de ses vieux et nombreux services. Notre théâtre contient plus de deux cents drames qui viennent d'Espagne. Les ouvrages de Montfleury, de Scarron (autrefois si populaire), de Dufresny, même de Destouches, quelques-uns de Molière, ont une origine espagnole. Si vous voyez sur la scène trois rivaux, un mari mort qui revient à l'improviste, un jeu amusant d'incidents et de personnages, pariez à coup sûr qu'une cervelle espagnole inventa ce fracas d'événements et d'hommes. *Le Tambour nocturne* de Destouches nous est venu de la même source, par une voie assez détournée. Destouches l'a imité d'une pièce anglaise d'Addison, intitulée *the Drummer*. Addison avait emprunté son *Drummer* au théâtre espagnol.

Les beaux contes, où respire l'honneur de la Castille et qui tournèrent la tête à don Quichotte, remplissent les deux volumes d'Alarcon.

La première partie ou premier volume de ses drames a été imprimée à Madrid, chez Jean Gonçalez (1628, in-4°), sur l'affreux papier jaune que vous connaissez, et qui, avec ses deux colonnes mal imprimées, offre un aspect si hétéroclite. Elle contient : *Los Favores del mundo, la Industria y la Suerte, las Paredes oyen ; el Semejante a si mismo, la Cueva de Salamanca, Mudarse por mejorarse, Todo es ventura* et *el Deschichado en Fingir*.

La seconde partie, plus rare et mieux imprimée, volume que la bibliothèque du roi ne possède pas et qui se trouve dans la bibliothèque de M. Ternaux fils, a paru à Barcelone, en 1634. Elle comprend : *los Empenos de un engano*, *el Dueno de las Estrellas*, *la Amistad castigada*, *la Manganilla de Melilla*, *Ganar amigos*, *la Verdad sospechosa*, *el Antichristo*, *el Texedor de Segovia*, *los Pechos privilegiados*, *la Prueva de las promesas*, *la Crueldad por el honor*, *el Examen de Maridos*. Ces deux parties sont l'une et l'autre dédiées au grand chancelier des Indes, président de ce conseil royal, qui avait Alarcon pour rapporteur. Ce grand chancelier, qui absorbe par ses titres seuls quinze lignes in-4°, avait fait la fortune d'Alarcon. Sans doute arrivé pauvre du Mexique, ce dernier composa pour vivre, ses premières comédies qu'il appelle : « *Virtuosos efectos de la necesidad en que la dilacion de mis pretenciones me puso;* — effets de la nécessité et du délai que mes prétentions ont été obligées de subir. » Dans le second volume, le papier est meilleur, et le ton moins hargneux. Il est fier, mais non mécontent.

« Parbleu (dit-il dans la préface de ce second volume), lec-
» teur, ne t'en vas pas crier contre mes comédies. Apprends
» qu'elles ont passé par la grande épreuve ; elles ont fait
» leurs campagnes de Flandres, c'est-à-dire qu'elles ont été
» jouées sur le théâtre de Madrid. Fais attention et ne va
» pas les critiquer. Tu passerais seulement pour méchant,
» et tu ne m'ôterais pas la réputation de poète que j'ai
» acquise, et que je garderai toujours comme celle de bon
» serviteur du roi. »

Il me semble que je trouve, dans *Los Favores*, premier ouvrage qu'il ait livré à la bête féroce, c'est-à-dire au public, quelques traces de sa vie. Le héros de cette œuvre porte le nom fort peu commun d'Alarcon : il est étranger, pauvre et battu du sort. Le dramaturge a-t-il pris plaisir à se jouer lui-même et à se donner la représentation de sa vie ? Non content d'imposer au protagoniste son nom de famille, il l'a nommé Garcia Ruiz Alarcon ; l'auteur s'appelle Ruiz Alarcon. Ce serait un phénomène curieux, qu'une biographie dans un drame ; des mémoires rédigés pour la scène par un homme qui veut s'amuser à revoir son existence et qui la livre à des acteurs.

La *Cueva de Salamanca* et la *Prueva de las promesas* sont des féeries moitié comiques, supérieures par l'intérêt et la vivacité de l'action aux drames que nous venons de citer. Dans les Serments à l'épreuve (*Prueva de las promesas*), une jeune fille a hérité du sorcier son père tous les livres de magie noire ; elle sait évoquer les génies, changer le cours de la nature, créer des apparitions fantastiques. Plusieurs amants prétendent à sa main ; elle use de son pouvoir pour les environner d'incidents qui se développent comme un rêve et qui les placent dans les circonstances faites pour éprouver leur fidélité et leur honneur. Le *Doyen de Badajoz* devenu femme se change en un drame amusant, plein de mouvement, de charme et de vie, et mêlé d'excellents traits comiques.

Sans doute c'est un conte de fée ; ne nous moquons pas trop des contes de fées et des imaginations espagnoles qui nous les ont donnés. Nos nouvelles et nos contes sont partis de là ; c'est une source populaire, je ne l'ignore pas ; le peuple est le plus grand poète ; c'est le seul poète. Recueillir cette poésie et la féconder, voilà le génie.

Quelquefois Alarcon se contente de vous amuser par un récit semé de vives étincelles. Tel est el *Examen de Maridos*. On y trouve des scènes heureuses et des fragments de dialogue charmants. C'est là qu'il appelle la sympathie irrésistible des âmes la *musica de la sangre* ; là se trouvent beaucoup de jolis vers tels que ceux-ci :

> El amante que huye,
> Seguirle es ponerle espuelas.

Il faut huit jours tout au plus à un homme de beaucoup d'esprit pour composer une telle pièce; et cette improvisation n'appartient qu'à lui.

L'*Examen de Maridos* est tiré d'un vieux conte qui, du *Gesta romanorum*, a passé dans les nouvelles espagnoles. (1) Il s'agit d'une fille qui ouvre le testament de son père et y trouve l'ordre de passer en revue ses prétendants. Shakspeare a exploité, dans son *Marchand de Venise*, ce conte qu'il reproduit dans toute sa naïveté et que l'auteur espagnol a présenté sous des couleurs plus modernes. On peut remarquer chez Alarcon une scène naïve où l'examinatrice fait lire par son intendant les noms et les titres des prétendants qui briguent sa main.

*Inès* (à Bertrand, son Intendant). — Où sont les mémoires de ces messieurs ?

— Dans ce secrétaire, comme vous l'avez ordonné.

— Très-bien. Au nom de la très-sainte Trinité, nous allons commencer l'examen des prétendants. (*Ils s'asseient devant le secrétaire*).

— Commençons.

— Don Juan de Bivar.

— Celui-là n'en écrit pas long, ce me semble.

— Non, madame... « Je meurs si vous êtes cruelle. »

— C'est bien vieux; et que disent nos notes sur ce personnage ?

— Jeune, bien fait, gentilhomme, né en Galice; six

---

(1) V. nos ÉTUDES SUR L'ANTIQUITÉ, voyages d'une Fable.

mille ducats de rente, bonne tournure, mais joueur. On dit que maintenant il vit tranquille.

—Un joueur se maudit, mais ne se corrige pas. Effacez le nom de don Juan de Bivar, et continuez.

— J'obéis... Don Juan de Guzman, noble.

— N'est-ce pas celui qui porte toujours une cravate verte, signe d'espérance ?

— Lui-même.

— Espérer toujours est le sort d'un sot : lisez encore.

—« Madame, depuis le moment crépusculaire où l'illustre courrier des mondes trace autour du globe la ceinture de ses rayons, ma pensée... »

— Pas davantage...

—« Ma pensée se tourne vers vos beautés... »

— Le style annonce l'homme. Vite, vite, biffez ce nom-là.

— Vous êtes obéie.

— En note, à la marge : « n'écouter aucune réclamation de ce monsieur. Sa maladie est incurable... » Suivez.

— Don Gomez de Tolède. La croix de Calatrava brille sur sa poitrine : il va chez les ministres. La démarche composée, le pas pressé, la cape large, le grand manteau rejeté sur l'épaule. L'air profond, toujours le chapeau sur les yeux, et un placet dans la ceinture : mûr d'âge et de bon sens.

— L'âge est de trop. Passons.

— Mais, madame, permettez-moi de vous faire observer que l'on parle de maturité et non de vieillesse.

— A un autre. En fait de mariage, ce qui est mûr est trop mûr.

— Don Hurtado de Mendoza.

— Quel homme est-ce ?

— Homme de mérite.
— Il sera vain.
— Mais pauvre.
— Il sera envieux.
— Il compte sur un grand héritage.
— Compter sur la mort est chose triste et incertaine.
— Il brigue des emplois.
— Je ne veux pas d'un mari qui tende toujours la main.
— Il sera vice-roi, dit-on.
— Pourquoi pas roi ?
— Il n'a qu'un défaut, la colère.
— Je prends un mari pour l'aimer, non pour le craindre ; biffez ce nom-là : à un autre.
— Le comte don Guillen d'Aragon. Il est en procès pour un duché.
— Ah ! le malheureux. Un procès et un mariage, c'est trop de deux.
— Homme lettré...
— Comme un grand seigneur...
— Grand poète...
— Comme un gentilhomme.
— Il sait le grec.
— Je n'en ai que faire.
— L'effacerai-je ?
— Nous verrons : attendez l'issue du procès.
— Don Marcos de Herrera.
— Oh ! passez. Ces grands noms me font peur : don Marcos, don Pablos, don Tadeo ne me conviennent pas : effacez tout cela.
— Voici venir le comte don Juan.
— Je vous écoute.

9*

— Andaloux, riche, sans embarras de fortune; ses biens augmentent tous les jours : économe.

— Qualité d'usurier, non de noble. Je veux que l'on soit généreux, non prodigue, et réglé sans avarice.

— Il a eu des maîtresses.

— Sa femme sera la dernière.

— Sans exactitude.

— Il est gentilhomme.

— Mauvais payeur.

— Il est homme de cour.

— Étourdi.

— Il est Andaloux.

— Veuf.

— Veuf!... Vite, rayez ce nom. Qui a tué la première en tuera bien d'autres.

— Le comte Carlos...

— Je ne lui connais qu'un défaut...

— Lequel, senora ?

— Je ne l'aime pas.

— Faut-il l'effacer?

— Tenons-le en réserve. Plus tard, Bertrand, nous verrons !

— Il ne reste que le marquis don Fadrique.

— Ah!.... Vous êtes-vous informé s'il a les défauts qu'on lui impute ?

— Oui, madame !

— Vous en êtes sûr ?

— Je le suis.

— Cette maladie chronique de la fatuité, ces habitudes évaporées ?

— Oui, madame.

— (*Elle soupire*). Rayez donc... Mais non... Attendez : que j'essaie d'abord de l'effacer de mon cœur.

— Elle s'en va, la pauvre marquise; et dans sa précipitation elle renverse le secrétaire et tous ses papiers, et tous ses concurrents... Vos tables de la loi, ô mon honorable maîtresse, n'aboutiront pas à grand'chose ! Ah ! vous voulez un mari parfait ! Cherchez bien et trouvez-le ! »

En citant ce fragment, j'ai voulu donner une idée de la manière facile, prompte, ébauchée, mais spirituelle et ingénue de Ruiz Alarcon, dans ses comédies d'ordre inférieur ; là n'est pas sa véritable force. Tout écrivain, même né avec du génie, n'a peut-être, après tout, qu'une seule idée puissante : j'excepte Shakspeare et Molière. Chez Corneille, le type du Romain ; la lutte de la vertu et du malheur, l'antithèse du cœur et de l'esprit ; voilà le centre, la grande, l'unique idée. Alarcon, frappé des vicissitudes du sort et de l'embarras dramatique où se trouve l'homme qui doit les vaincre par adresse ou à force de courage, excelle à développer cette donnée. *Ganar amigos*, c'est la lutte héroïque, le savoir-faire brillant ; *los Favores de la fortuna*, c'est l'embarras d'un étranger, au milieu des intrigues d'un pays qu'il ne connaît pas ; *los Empenos de un ingenio* et *le Dueno de las estrellas* se restreignent dans l'acception la plus commune de la même idée : toujours un homme qui se débat dans le tourbillon orageux du sort. Dans *la Verdad*, le Menteur crée ses propres embarras par ses mensonges ; dans *le Texedor de Segovia*, c'est la fortune qui s'en charge.

*La Manganilla de Melilla, la Manigance,* ou *l'Intrigue de Mélille*, offre un emploi heureux de ce thème favori : ici le mensonge apparaît habile, vainqueur, toujours prêt, toujours prompt et réparant tout.

Ce drame, plus emphatique que les autres, est d'un mouvement et d'un intérêt vifs. On aime ces pièces africaines, suspendues curieusement entre les deux mondes. Alima est une jeune Mauresque, fille du favori du roi de Fez. Azen, alcade de Bucar, enlève Alima et l'emmène en Espagne. Il veut la séduire. La vertu de la jeune fille l'arrête et lui impose. Il la conduit à la chasse avec lui; l'agilité du cheval qu'elle monte lui permet de fuir et d'échapper à tous ceux qui la poursuivent. Rencontrée par l'espion espagnol Pimienta, vêtu en Maure, elle devient son esclave. C'est là l'entrée en scène; il y en a peu de plus animées et de plus brillantes.

— Où sommes-nous? s'écrie-t-elle, quel est ce château?

— Voici les tours de la forteresse que le soleil colore, et plus loin la ville, Mélilla.

— Ah! traître, tu m'as trompée, tu devais me conduire à Fez, et me voici sur la frontière d'Espagne. Je suis perdue; pourquoi me suis-je fiée à toi? pourquoi, lorsque nous sommes jeunes et belles, devons-nous être malheureuses? Hélas! qui m'aurait dit hier, lorsque je parcourais en liberté les plaines et les forêts, que je me trouverais aujourd'hui l'esclave d'un étranger, que mes larmes inutiles baigneraient le sol, que l'air emporterait mes stériles plaintes?

> Que oy quando con blancas urnas
> Vestiesse la Aurora bella
> A los ayres oro en rayos,
> Y a los campos platas en perlas,
> Yo tambien triste daria
> A un hombre estrano sujeta,

Lagrimas tiernas al suelo,
Y al viento .... quexas?

— Quelle grâce quand elle pleure! que de charmes dans ses plaintes! Ah! pourquoi la nuit envieuse cache-t-elle tant de trésors! Vraiment cette femme est l'honneur de la nature et du monde ; belle Mauresque, dites, pourquoi cette affliction? Que pleurez-vous?

— Ma liberté perdue, mon plus riche trésor. Tu m'as donc conduite à Mélilla! Pourquoi? sans doute pour me vendre! ô vil Maure, c'est ton propre sang que tu vas livrer.

— N'en crois rien, sèche tes larmes; ta liberté perdue est déjà recouvrée. Partout où tu seras prisonnière, tu deviendras maîtresse de ton maître. Plus de larmes, le remède à tes maux est dans tes propres mains. Je suis déjà ton esclave et non ton maître; un peu de pitié pour moi et tu termineras deux malheurs, et tu rachèteras deux libertés. Dispose de moi, cède à mes désirs, et bientôt, avant que les chrétiens t'aient aperçue, je te rendrai à ta patrie!

— O misérable! que tes lèvres perfides se taisent! et ne couronne pas la trahison par l'outrage ; va, laisse-moi!

— Un moment, écoute-moi, je t'aime.

— Je te résisterai.

— Résistance vaine!

— Les arbres et les rochers de cette solitude m'entendront.

— Tu céderas?

— Jamais!

— Ah! si tu pousses des cris, cette épée te fera taire.

— Il y a une âme dans ces plantes, il y a une divinité dans ces bois, qui t'empêcheront de consommer l'injure, et qui châtieront ton crime.

Une vive lutte a commencé entre Pimienta et la jeune fille, quand le bruit de la trompette annonce l'arrivée du général Vanegas entouré de soldats.

— C'est par ici, soldats !

— J'ai entendu une voix de femme qui poussait des cris.

— Ce sont des Maures ! qu'on les saisisse !

— Ah ! ciel, dit Pimienta, être surpris par mon général, et dans un tel moment !

— C'est le sergent Pimienta.

Le sergent commence un conte singulier et prétend qu'après avoir fait prisonnière l'esclave qu'il a entre les mains, il a voulu l'empêcher de se tuer. Alima, qui n'ignore pas que le sergent peut encore lui nuire, dédaigne de contredire son récit, et montre, comme dans le reste de la pièce, une spirituelle vivacité, une finesse qui n'est pas fourberie et qui lutte victorieusement contre les artifices de Pimienta. Vanegas paie à ce dernier le prix de l'esclave et la garde.

Bientôt la captive mauresque s'éprend du général Vanegas dont elle est devenue prisonnière. Elle s'avise d'un bizarre moyen pour s'assurer des sentiments qu'il a pour elle et lui faire comprendre ceux qu'elle éprouve. À l'heure où il a coutume de la visiter dans sa tente, il la voit endormie ; un billet plié se trouve devant elle. Vanegas le ramasse, le déplie, c'est une lettre d'amour adressée à la jeune Mauresque. Vanegas, qui l'aime en secret et qui ne veut point se laisser dominer par sa passion pour une femme mahométane, laisse échapper une exclamation de douleur.

« — Quelqu'un, s'écrie-t-il, a donc mérité d'être aimé d'elle ! »

Les lèvres d'Alima s'entr'ouvrent, et sans soulever sa paupière, feignant toujours de dormir :

— Oui, répond-elle.

Vanegas s'approche, la regarde, est ému de sa beauté ; il connaît apparemment ce fait singulier, première source du somnambulisme, l'art d'interroger le sommeil, de le faire parler et de lui arracher les secrets cachés au fond du cœur. Saisissant la main de la jeune fille :

— Vous aimez? lui dit-il.

— Oui.

— Et vous êtes aimée ?

— Je ne sais.

— Quel est l'homme à qui vous donnez votre cœur sans être certaine du retour ?

— Vous.

— Et qui suis-je ?

— Mon maître.

— Mais quel est celui qui a tracé ce billet ?

— Mon amour l'a dicté !

Alima, sans doute embarrassée de la tournure que prend l'interrogatoire, se réveille, feint l'étonnement en reconnaissant Vanegas, et lui répond que c'était un songe qu'elle ne peut rendre compte des caprices d'un rêve.

— Je veux savoir quel est ce rêve ?

— Folies !

— Peu importe, parlez toujours.

— Quel intérêt avez-vous à connaître ces chimères ?

— Je suis curieux de savoir si vos paroles s'accordaient avec votre rêve.

— Vous le désirez, j'obéis. Eh bien ! je rêvais que vous m'aimiez, et que vous me le disiez. Voyez quelle folie !

— C'était donc là ce que vous rêviez ?

— Je ne suis pas digne de votre amour, senor, et si votre esclave vous l'avait inspiré, vous ne daigneriez pas le lui apprendre.

— Vous dites vrai ; mais la volonté succombe quand la passion nous entraîne !

Cette manière hasardée et ingénue ne manque ni de grâce, ni d'habileté. Le meilleur personnage de la pièce, c'est Pimienta, menteur heureux, homme qui se tire d'affaire par le roman improvisé ; un Figaro soldat, charmant et effronté ; après avoir fait mille tours, il devient capitaine. Je ne parle pas d'un magicien mahométan, Ahmet, qui à la fin se trouve être un ange sous costume arabe. C'est une des pièces les plus amusantes et les plus extraordinaires du théâtre. Quand la toile tombe, tous les Maures demandent le baptême.

Trois ouvrages d'Alarcon s'élèvent bien au-dessus de ceux que j'ai nommés ; d'abord le *Menteur;* — puis le *Tisserand de Ségovie*, que M. Ferdinand-Denis a traduit avec beaucoup d'élégance et de fermeté ; mais surtout une création extraordinaire dont j'ai déjà cité des fragments et dont je vais compléter l'analyse : *Comment on se fait des amis.*

Dona Flor, jeune fille noble, habitait Cordoue, *Flor*, la la fleur ; il y a un pays en Europe où les femmes s'appellent *Fleur* et *Soleil*. La *Fleur* de Cordoue est une charmante et terrible femme. Autour d'elle planent sans cesse l'amour et la mort ; si elle aime ou se laisse aimer, un cadavre tombe.

Fernand, jeune gentilhomme qu'elle a connu à Séville, lui a plu un moment. Puissant et riche alors, elle écoutait ses tendres discours et accueillait son hommage. Un soir elle l'introduisit dans sa chambre; le frère entra, les épées brillèrent, le frère fut frappé à mort. Tuer un homme en duel était un crime impardonnable sous le règne de Pierre-le-Cruel, dit le Justicier. Fernand s'enfuit; sa fortune est confisquée; plusieurs années se passent. Il revient pauvre à Cordoue; il se cache alors. « L'estime du monde, il le sait bien, se fabrique d'or et d'argent; » mais il veut retrouver dona Flor.

L'a-t-elle oublié? Un amant qui a pris la fuite et que la fortune abandonne est-il encore digne d'elle? Un nouveau meurtre va-t-il souiller de sang la trace de cette femme dangereuse?

Fernand écrit à Flor qu'il est à Cordoue.

Pendant son absence, un homme de cour, le célèbre marquis don Fadrique, favori de Pierre, a vu dona Flor et l'a aimée. L'espoir d'un beau mariage a charmé le cœur de l'orgueilleuse. Chaque soir le marquis, tantôt accompagné de son frère Sanche, tantôt seul, vient rendre hommage à la jeune fille. Tout semble promettre à cette dernière l'union qu'elle désire; le marquis s'éprend du plus vif amour.

Tout-à-coup elle reçoit un billet qui lui apprend l'arrivée de l'homme qu'elle a aimé jadis, qui a tué son frère, dont elle a causé la ruine, l'exil et la pauvreté. Cet embarras ne l'étonne point; Flor ne manque jamais de ressources contre le destin. Une entrevue secrète est accordée par elle à son amant; elle l'accueille avec bonté; et usant de cette ardente et facile éloquence des femmes qui sont animées par un intérêt vif, elle lui demande s'il est capable d'acheter encore par une discrétion à toute épreuve les faveurs qu'elle lui réserve.

— Fernand, lui dit-elle, tout gentilhomme garde sévèrement la réputation de celle qu'il aime.

— Pourquoi me parles-tu ainsi, dona Flor, toi qui me connais?

— Tu t'es conduit noblement, ne défais pas ce que tu as fait.

— Que veux-tu dire?

— N'éveille pas de nouveaux malheurs. O mon bien-aimé! je te demande une seule chose!

— Senora, que ce ne soit pas de cesser de t'aimer; du reste, parle, et demande l'impossible! je le ferai.

— Le frère qui me reste est bien vu du roi; notre crédit augmente; ma réputation d'honneur ne doit pas être flétrie par le bruit d'une intrigue. Je demande, et je ne demanderai pas en vain à un homme tel que toi, Fernand, un silence et un secret éternels. Ne donne lieu à aucun murmure défavorable; promets-moi de ne jamais dire que je t'aime et que tu m'aimes. Jalousie, fureur, chagrin, colère, que rien ne t'arrache une parole imprudente. Tu le promets?

— Je le promets.

— Bien!

— Es-tu contente?

— Oui.

— Tu crois donc à ma parole?

— Tu es du sang des Godoy.

— Mais, senora, comment nous verrons-nous, au milieu de ces obstacles?

— Les occasions ne manquent pas aux gens qui s'entendent. Cherche-les; je te seconderai.

Fernand quitte sa maîtresse. Son âme espagnole se plaît à cacher le sentiment profond du bonheur qu'il espère.

Dès le soir du même jour, enveloppé du manteau historique, vieux symbole des amants et des passions de l'Espagne, il approche du balcon de dona Flor. Une lumière brille aux croisées; sous le balcon, un homme se promène.

— Gentilhomme, lui dit celui-ci, cédez-moi la place!

— A une telle injonction, un bon Castillan ne répond qu'en tirant l'épée.

Les lames se croisent; l'inconnu pousse un cri et tombe mort. Des femmes paraissent au balcon, le peuple s'assemble et la justice accourt, tandis que Fernand prend la fuite vers une des portes de la ville. Un gentilhomme se trouve sur son chemin; il l'aborde :

— Êtes-vous gentilhomme? si vous l'êtes, montrez-le. Noble, soyez favorable à un homme que l'on poursuit. Mes ennemis sont sur mes pas. En échangeant votre manteau contre le mien, vous me sauverez.

— Peu importe mon nom. Calmez-vous.

— Mais n'êtes-vous pas le marquis don Fadrique?

— Lui-même.

— J'espère tout de vous.

— Que s'est-il passé? fiez-vous à moi.

— J'ai tué un homme. La ville entière est éveillée, et l'on me poursuit.

— En combat singulier, comme gens d'honneur?

— Nous nous sommes battus seuls, corps à corps, à l'épée. Mon adversaire a succombé.

— Je vous sauverai.

— Dieu vous bénisse!

Les alguazils qui poursuivent le meurtrier ont suivi sa trace, et demandent au marquis don Fadrique si on ne l'a pas vu passer.

— Non, répond-il, je crois qu'il a pris cette route, à gauche.

— Alors nous ne l'atteindrons pas; c'est dommage. Il a tué votre frère. Le cadavre de ce dernier est encore gisant sous le balcon de dona Flor, où ces deux gentilshommes se sont battus.

— Mon frère est mort!

— Oui, votre frère... Mais quel est cet inconnu qui se cache dans l'ombre, derrière une colonne? savez-vous quel est cet homme? il ressemble au meurtrier!

— Laissez-le, répond le marquis; je le connais, c'est un homme à moi!

Et il force les hommes de justice à se retirer. Resté seul avec Fernand, il s'approche de lui, croisant les bras :

— Eh bien! lui dit-il, vous avez tué mon frère!

— J'ai tué un homme, ne sachant pas qui il était; je viens de l'apprendre.

— Et que dois-je faire?

— Vous le savez. Je vous connaissais pour le marquis don Fadrique quand je vous ai demandé secours. Vous me l'avez promis.

— Cela est vrai; la question que je vous ai adressée n'indiquait point l'intention de rétracter ma parole. Vous l'avez reçue, je la tiendrai.

— Désormais la terre que vos pieds foulent sera sacrée pour moi.

— Relevez-vous, gentilhomme; point de remercîments; quand je vous ai donné ma promesse de vous servir, c'était vous seul que j'obligeais. Aujourd'hui en étant fidèle à mon serment, je paie ma dette, non envers vous, mais envers moi. Vous ne me devez rien maintenant, je n'admets pas vos excuses.

— Nul mieux que vous ne mérite le rang que vous occupez auprès du roi notre maître.

— Laissons les paroles vaines. Puisque j'ai promis de vous sauver, et que je le dois, dites-moi qui vous êtes ; dites-moi aussi pour quel motif vous vous trouviez sous le balcon de doña Flor, quand vous avez donné la mort à mon frère ?

— Qui je suis ?, et des renseignements sur doña Flor? Non, seigneur. Dans la situation où nous sommes, à la fois votre débiteur et votre offenseur, je ne puis rien vous répondre ; mes obligations antérieures s'y opposent.

— Vous devez me répondre.

— Je vous supplie, gentilhomme, de ne pas différer davantage et de tenir la parole que vous m'avez donnée.

— Bien, songez que je ne vous ai imposé aucune loi ; je vous ai prié, voilà tout. Vous me dites que ce qu'il m'importe de savoir, il vous importe de le taire. A la bonne heure ; suivez-moi donc. Fiez-vous à moi.

— Je vous suis.

— Mon Dieu ! (s'écria le marquis en reconduisant Fernand, son rival et son protégé, vers l'une des portes de la ville), je meurs de douleur et de jalousie. Sainteté de la parole, voilà ce que tu peux sur le cœur d'un gentilhomme !

En effet, ils marchèrent longtemps ensemble, sortirent des portes de Cordoue, et s'acheminèrent vers un endroit désert, à deux lieues de la ville ; c'était le soir. Les deux gentilhommes s'arrêtèrent ensemble au sommet d'une montagne inculte et de roches jaunâtres. Ils avaient gardé le silence pendant la route ; Fadrique le rompit le premier :

— Vous trouverez, dit-il à son adversaire, des chevaux de poste au village de Tablada et des bateaux sur le Guadalquivir. Choisissez entre ces deux moyens de salut ; vous êtes libre. Ce n'est pas tout, dans une fuite si prompte, vous devez manquer d'argent et de ressources; voici deux chaînes d'or que je vous prie d'accepter, et qui faciliteront votre voyage.

— Quand même ma situation ne l'exigerait pas, seigneur, je ne pourrais vous refuser, sans faire injure à une générosité si extraordinaire.

— J'ai tenu ce que j'ai promis.

— Et vous l'avez dépassé.

— C'est maintenant, seigneur, que je puis avoir le droit de vous demander et qui vous êtes, et ce qui s'est passé entre vous, mon frère et dona Flor? Puisqu'elle est cause de tout ce qui est arrivé, que je sache si je dois l'oublier ou la défendre; innocente, la disculper dans mon cœur; coupable, lui pardonner.

Longtemps Fernand résista aux instances du marquis; mais enfin, vaincu par sa générosité, il finit par lui avouer qu'il se nommait don Fernand de Godoy. Ce fut là tout ce que les prières réitérées du marquis purent obtenir. Il refusa obstinément de donner aucun détail et sur sa liaison avec dona Flor et sur les événements de la soirée.

— Mais (lui disait le marquis) en continuant de vous taire, vous augmentez mes soupçons.

— Je ne puis répondre de vos soupçons, disait Fernand; vous êtes noble et soupçonneux; vous êtes jaloux de votre honneur; vous devez l'être; mais je dois me taire.

— Vous y êtes décidé?

— Oui.

— Nous nous battrons.

— Je le regrette.

— En garde donc!

— Vous le voulez?

— Tenez-vous bien ; la douleur et le désespoir sont au bout de mon épée.

En effet, après quelques secondes de combat, Fernand, violemment pressé par son adversaire, tombe, et son épée se brise ; il se voit perdu ; la lame du marquis est sur sa poitrine.

— Je suis mort ! s'écrie Fernand.

— Dites maintenant ce qui s'est passé entre vous et doña Flor ?

— Je vous ai dit que je me tairais !

— Vous parlerez !

— Je me tairai !

— Mais la mort est là.

— Moi et mon secret, nous mourrons ensemble.

— Levez-vous ! exemple rare de bravoure et de délicatesse, chevalier noble, miroir d'honneur ! vivez, une vengeance aveugle ne doit pas priver le monde d'un cœur fait pour servir de modèle. Vous avez tué mon frère, et je vous ai vaincu en combat singulier ; vous donner la vie, ça été me vaincre moi-même. Ne craignez rien de moi. L'obscurité et la solitude de ce lieu désert ont caché notre rencontre à tous les hommes. Gardez-vous d'apprendre à qui que ce soit que vous avez tué mon frère, pour que mon honneur n'ait pas à tirer de vous une nouvelle vengeance. Non-seulement j'oublie tout, mais je reste votre obligé, si vous voulez être mon ami.

— Voici ma main, en gage d'amitié ferme et éternelle.

— Don Fernand de Godoy, allez avec Dieu ; pensez bien que si le sort a voulu m'enlever un frère que j'aimais, c'est vous qui êtes chargé de le remplacer. J'échange aujourd'hui l'ami que je gagne contre le frère que j'ai perdu.

Voilà un héroïque et singulier roman. Ce marquis Fadrique est un caractère admirablement soutenu, et l'Espagne seule a de ces histoires. Écoutons la suite de ce conte, suite digne du commencement.

Alors régnait le terrible magistrat de ses passions et de ses vengeances, don Pedro, que toute l'Europe a nommé le Cruel, et que l'Espagne s'obstine à nommer le Justicier. » Son épée, dit Alarcon, était toujours rouge du sang de » ses sujets, depuis la poignée jusqu'à la pointe. » Mais les hautes actions lui inspiraient une admiration vive, et il savait comprendre la générosité de l'âme.

La conduite de Fadrique fut connue de lui et le toucha; il le fit venir, lui demanda des détails sur cette affaire, ne put obtenir de lui le nom du meurtrier de don Sanche; et élevant don Fadrique à un plus haut degré de faveur, le nomma gouverneur de Cordoue. Il le chargea de plusieurs services particuliers et secrets, d'une grande importance. Don Pedre-le-Justicier avait, comme Louis XI, ses bourreaux domestiques, fort enviés à la cour, tueurs du roi, fiers de cet office, habitués à égorger les hommes condamnés par la justice sommaire du monarque et à ensevelir cette mort dans le silence. Toute la vie de Pedro est remplie de traits pareils; ses courtisans, un jour, en venant lui rendre hommage, trouvèrent sa cour remplie de soldats qui les massacrèrent. On compta des cadavres sur tous les escaliers de l'Alcazar, et jusque sous le lit des princesses; c'est ce que rapporte Ayala.

Dans l'affaire dont le marquis était chargé, il s'agissait d'un jeune noble nommé don Pedro de Luna; lequel, amoureux d'une dame d'honneur de la cour, avait brisé une porte et une serrure de la demeure royale, pour s'introduire chez elle; crime que le roi ne pardonnait pas. « J'ai résolu, dit-il au marquis, de châtier cet homme; il mourra secrètement. C'est à vous que je confie ce soin. Prenez votre temps, choisissez votre lieu, soyez exact et prompt. »

L'office de bourreau pesait à Fadrique. Il espéra que des délais parviendraient, ou à l'en débarrasser ou à calmer le roi, ou à sauver don Pedro de Luna. Il ignorait que ce dernier gentilhomme, jaloux du crédit obtenu par Fadrique à la cour, épuisait son esprit en inventions pour le perdre, le calomnier et le supplanter. Fadrique ignorait aussi que don Pedro de Luna fût son rival en amour. Dédaignant et rejetant cette orgueilleuse dona Flor, à laquelle tant de malheur s'attachait, Fadrique avait offert ses hommages à une jeune personne nommée dona Inès. C'était la maîtresse de Pedro de Luna, et le marquis ne le savait pas; mais les démarches de ce dernier n'ayant rien de secret, don Pedro en fut jaloux, et sa haine contre Fadrique augmenta.

Fadrique, aussi attentif à suivre les chances qui pourraient lui permettre de rendre un jour un bon serviteur à son maître, que Luna était soigneux de n'en laisser échapper aucune pour compromettre son ennemi, apprend la mort de l'un des généraux du roi; il croit l'occasion excellente pour sauver la vie à son protégé, auquel il confère le titre et le rang du général que l'armée a perdu. Luna, qui ne sait point le motif de cet acte, n'y voit qu'un piége pour se débarrasser de sa présence et protéger une intrigue commencée avec dona Inès, qu'il croit infidèle et séduite par les titres et l'amour de don Fadrique. Pedro résiste en vain; Fadrique le force à partir.

10

Immédiatement après ce départ, un nouvel incident brouilla encore les fils de ce roman, dont l'intérêt est aussi vif que la trame en est complexe. Une jeune fille, dont le père était absent, et qui restait confiée à la garde d'un frère jeune encore, fut victime d'un outrage auquel ses domestiques prêtèrent la main. On s'était introduit chez elle pendant la nuit. Tous les serviteurs avaient reçu des présents, et les cris de la jeune fille avaient en vain retenti. Entre les mains de l'un des valets se trouvait encore une chaîne d'or d'un riche travail, qui portait les armes de Fadrique et que personne n'ignorait lui avoir appartenu. Au moment même où ce dernier, qui jouissait de toute la faveur royale, se trouvait près du souverain, une femme éplorée se précipita dans la chambre, malgré les efforts des gardes qui voulaient la retenir. « Justice, seigneur, justice ! criait-elle. Vous portez le nom de Pierre-le-Justicier ! que ce ne soit pas un titre vain. Le marquis don Fadrique est entré chez moi cette nuit ; il a séduit mes domestiques ; il a employé la violence contre une femme faible. J'apporte, pour preuve, cette chaîne marquée des armes de sa famille, don de corruption qu'il a laissé entre les mains de l'un de mes valets. »

A cette apparition, on fit silence ; tout semblait confirmer la vérité de l'accusation qui cependant était fausse. Don Diego, jeune gentilhomme épris des charmes d'Anna, et dédaigné par elle, était devenu possesseur de la chaîne d'or que le marquis don Fadrique avait donnée à Fernand, comme on se le rappelle sans doute. Aidé dans son entreprise par un ancien domestique de Fernand lui-même, il avait consommé cet acte de violence et s'était échappé en laissant tous les serviteurs persuadés qu'il était Fadrique. Les preuves contre le marquis semblaient accablantes ; en vain protestait-il de son innocence. « On vous accuse, lui dit don Pedre-l'Inexorable, vous vous défendrez. » Le favori royal fut conduit en prison ; une proclamation publiée dans la ville offrit récompense à qui découvrirait la retraite du domestique Encinas, complice de la violence : on avait perdu sa trace. Encinas, homme d'esprit, devinant le sort qui l'attendait s'il était reconnu, s'était caché sous l'habit sacré des moines franciscains ; valet d'un caractère bizarre, fait pour les entreprises hardies, loyal à sa manière, et vraiment Espagnol. Un jour après l'emprisonnement de Fadrique, don Diego qui, malgré le succès de son dessein coupable, n'était pas sans crainte, rencontra dans la rue Encinas déguisé. Le prétendu moine l'arrêta.

— Ah ! vous voilà ! lui dit-il.

— Chut ! Encinas, nous pouvons nous perdre l'un l'autre. Un mot de moi te coûterait la vie, et j'avoue que la mienne est dans tes mains.

— Je suis né à Séville, senor, de parents nobles, et je me suis tiré avec honneur de plus d'un mauvais pas. Ce saint déguisement me protège ; mais si le malheur veut que l'on me prenne, je donnerai au bourreau, voyez-vous, mille âmes plutôt qu'un oui.

— Tu sais qu'il y va de ta vie comme de la mienne.

— Oui ; c'est votre faute ! Que diable avez-vous fait là ?

— Je me suis trompé. J'ai cru le marquis plus avancé qu'il ne l'était. Que veux-tu ? l'amour, la folie, les sens, la nuit, la jeunesse, l'entraînement ont fait le reste.

..... Vime en sus brazos,
Toque marfiles brunidos,

Guste labios defendidos
Y gozè esquivos abraços.


— Parbleu, c'était morceau de roi ; mais vous le payez cher. Au surplus, la pomme de notre père Adam lui a coûté davantage; et elle ne valait pas autant. Nous verrons ce qui arrivera... Patience, répétait Encinas.

Patience !... le grand mot des Espagnols, quand le malheur arrive, quand la mort menace, quand l'espoir se retire.

— Patience donc ! reprenait Encinas.

— Toi, ma sœur et moi, nous sommes les seuls qui sachions que tu m'as servi de domestique et que tu es moine aujourd'hui.

— Le pauvre marquis portera donc la peine de votre sottise ?

— Je le regrette.

— Il a pour lui son innocence et la vérité.

— La belle avance !... Nous avons pour nous l'adresse, la prudence et le secret.

— Adieu, dit le moine de Saint-François; recevez ma bénédiction, senor.

Puis il s'en allait, lorsqu'un crieur public, que suivait la foule, fit retentir des sons de sa voix glapissante les échos de la rue voisine :

« Le roi notre seigneur promet deux mille ducats en
» or, à qui livrera à la justice Juan Encinas. Lui-même
» recevra la même somme et son pardon définitif s'il vient
» se remettre aux mains des officiers du roi. »

Encinas se rapprocha de Diego.

— Eh bien ! lui dit-il, que vous semble de cette proclamation ?

— Va-t-en vite ! ne te laisse pas prendre.

— Diable ! fit Encinas en souriant, deux mille ducats ! et mon pardon !

— Que dis-tu donc là ?

— Voyez-vous, me cacher et fuir, c'est chose ennuyeuse; avec deux mille bons ducats, je vivrai tranquille, et ma foi ! je vais vous rendre l'habit et l'argent.

Il semblait prêt à rejeter loin de lui le froc qu'il avait emprunté, lorsque don Diego le saisit par le bras.

— Es-tu fou ?

— Pas le moins du monde, pas le moins du monde ! J'ai deux ennemis ici bas : la Justice et la Pauvreté. Je leur échappe à tous deux.

— Et tu te disais homme d'honneur ?

— Senor, charité bien ordonnée commence par soi-même.

— Voyons, parle; faut-il acheter ta discrétion ? Quelle somme veux-tu ? je te la donnerai.

— Et mon pardon, me le donnerez-vous ?

— Tu y crois ?

— C'est notre roi qui parle.

— Ah ! la parole d'un roi !

— Tant pis pour eux ! Qui s'engage au peuple s'engage deux fois. Tenez, ma résolution est bien prise; je vous rends cet habit définitivement, et je vais gagner mes deux mille ducats.

— Hélas ! je le vois, je suis perdu ! s'écria douloureusement Diego.

— Là, là !... s'écria Encinas en riant aux éclats, comme vous vous y laissez prendre !

— Que veux-tu dire ?

— La belle confiance que vous avez en moi ! Et comme je vous ai bien éprouvé.

— Jusqu'au moment où tu m'as parlé de ces deux mille ducats, je l'avais cru.

— Seigneur, reprit le valet en se redressant, les pauvres gens passent toujours pour avoir l'âme intéressée, rampante et basse. Vous nous ravalez bien, nous autres ! Ne sommes-nous pas faits comme vous ? Marchons-nous sur la tête ? N'avons-nous pas des âmes faites comme les vôtres ? N'a-t-on pas vu (dites-moi) des serviteurs aussi nobles que leurs maîtres ? Etre grands ou petits, servir ou être servis, cela ne dépend-il pas du plus ou moins de richesse ? La nature n'y fait rien ; mais seulement la fortune. Sur mon âme ! cela me pèse de voir dans toutes les comédies les pauvres valets sacrifiés, toujours fuir et toujours craindre ! Le bel emploi ! Encinas, qui vous parle, a vu plus de quatre fois en sa vie le serviteur être lion et le maître poule mouillée !

— Tu as raison. Va-t-en ; le péril presse.

— Adieu ! si vous mourez, nous mourrons ensemble. Il faut que je rétablisse l'honneur de ma caste. Je veux restaurer notre monarchie ; je serai le roi Pélage des laquais.

......... Andamos
De cabeça los sirvientes?
Tienen almas diferentes
En especie nuestros amos?
Muchos criados non han sido
Tan nobles como sus duenos?
El ser grandes, o pequenos;
El servir, o ser servido;

En mas o menos riqueza
Consiste sin duda alguna;
Y es distancia de fortuna,
Que no de naturaleza.
Por esto me cansa el ver
En la comedia afrentados
Siempre a los pobres criados,
Siempre buyr, siempre temer;
Y por Dios que ha visto Encinas
En mas de quatro ocasiones
Muchos criados leones,
Y muchos amos gallinas.

Vous diriez que le destin a juré d'accumuler dans cette histoire tous les héroïsmes possibles. Il s'en trouve même auprès du vice, même auprès du crime. Cependant notre pauvre marquis est en prison ; autrefois favori du roi, maintenant déchu, il trouve peu de défenseurs et peu d'amis ; le peuple l'accuse ; le bruit se répand qu'il a fait tuer son propre frère; toutes les cruautés commises par Pierre-le-Justicier lui sont imputées. On prétend qu'il a voulu perdre don Pedro de Luna, son rival, et qu'en le plaçant à la tête d'une armée affaiblie et déjà en déroute, il a préparé la ruine de ce dernier. Luna, après une victoire brillante, gagne la confiance du roi, achève de perdre le marquis, et occupe la place de premier ministre et de favori. Voilà dans quelle situation sont les choses, lorsque Fernand, sauvé par le marquis, revient à Cordoue. Le malheur de l'homme auquel il doit son salut, l'émeut profondément. Il se hâte d'aller trouver dona Flor. Ce n'est plus à une maîtresse qu'il parle : il est guéri de son amour pour une si périlleuse maîtresse.

— Je sais, dit-il, belle senora, que vous aimez le marquis; je ne viens pas me plaindre de votre changement; vous m'avez désespéré; sans doute le désespoir aura tué l'amour dans mon cœur.

— Jamais, senor, lui répond en riant dona Flor, vous n'aurez fait preuve de plus de sagesse : je reconnais en vous don Fernand.

— La mort menace le marquis Fadrique; il est mon ami, il est votre amant. Je ne puis le sauver si vous ne me rendez la parole que je vous ai donnée. Je vous ai promis de ne jamais découvrir les liens qui nous ont unis; tenir cette promesse c'est le perdre; la briser, c'est le sauver.

— Eh bien! parlez, respectez mon honneur et sauvez-le!

Don Fernand fait des recherches et ne tarde pas à se trouver sur la trace de l'intrigue qui a perdu Fadrique. Il rencontre Encinas, qui était à son propre service au moment du fatal duel; il le reconnaît, et, par la comparaison des dates, il juge que jamais Encinas n'a pu être, comme on le prétend, au service de don Fadrique. Il sait aussi que la chaîne d'or, restée entre les mains des valets d'Anna (preuve accablante contre le marquis et timbrée de ses armes), ne lui appartenait plus au moment où l'acte de violence qu'on lui impute a été commis. Armé de ces documents et de la permission qu'il a obtenue de dona Flor, il se rend chez le roi, court à la prison, prouve l'innocence de Fadrique, débrouille toute cette intrigue et rend la liberté et la vie à l'homme qui lui avait donné l'une et l'autre.

Ainsi finit la vive et ardente comédie intitulée : *Comment on se fait des amis* (*Ganar amigos*); tissu d'une combinaison admirable; pièce très-intriguée, cependant claire, facile à comprendre; mêlée d'incidents sans nombre; d'un style rapide et éloquent, tout exempt qu'il soit en général, de concetti et de figures orientales. Pour la clarté et la liberté du récit, nous avons supprimé une dernière intrigue, qui se noue et se dénoue dans la prison de Fadrique, et qui fournit plusieurs scènes admirables. Dans aucun drame, l'héroïsme ne se présente sous des couleurs plus vives, sous des faces plus différentes; c'est un drame tout viril. Si l'unité de l'action manque, si cette dona Flor, si intéressante d'abord, est ensuite écrasée par la vivacité du mouvement scénique, l'unité de la pensée est indiquée par le titre même : *Ganar amigos.* C'est encore un proverbe populaire mis en action par l'auteur.

Corneille eût fait une belle tragédie de *Ganar amigos*, chef-d'œuvre héroïque d'Alarcon dont le Menteur est le chef-d'œuvre comique. Non-seulement la pièce est bien créée et intéressante, mais elle est simplement et puissamment écrite. Tout le premier acte, dont j'ai traduit le dialogue presque entier, est admirable par un ton de noblesse et de grandeur que je ne retrouve que chez Corneille. Là est tracé, avec autant de vigueur que de facilité, la figure de dona Flor, autour de laquelle l'amour et la mort forment une ronde éternelle. Belle, ambitieuse, ardente, elle semble née pour semer la discorde. Son frère a été tué par son amant; ce dernier tue encore le frère d'un amant nouveau.

Quelles que soient les incorrections de ce drame espagnol, on y trouve beaucoup d'éclat, sinon de profondeur; simplicité, majesté dans le jet; exubérance et vivacité de développement. Il rappelle ces immenses feuilles des arbres des Tropiques qui serviraient de lit à un enfant. On ne peut qu'admirer l'ardeur d'une éloquence qui tombe tantôt par flocons qui se jouent, tantôt par grappes pressées. Ajoutons l'invention qui caractérise le Midi et l'improvisation qu'il prodigue.

## § XVII.

Alarcon — Suite. — Le *Tisserand de Ségovie*.

> ..... Texer
> Hasta ver el hilo de la venganga.

*Don Bertrand Ramirez* est un de ces nobles alcades que l'Espagne a vénérés au-dessus de ses rois : bourgeois grandioses, représentants des libertés municipales, modèles de loyauté monarchique et d'attachement aux intérêts populaires, fidèles à leur souverain comme Caton l'était à Rome.

Ces hommes simples, dévoués à la patrie, esclaves du serment; de tous les caractères que les poètes espagnols ont jetés dans leurs drames le plus beau type et le plus original ; ces Brutus de la bourgeoisie apparaissent avec une admirable grandeur dans les comédies de Lope et de Caldéron. Au milieu des *galanes* et des *barbas*, qui n'ont guère d'autres mérites que d'être *galans* et *barbus*, la naïveté du langage distingue ces sublimes bourgeois : leurs mœurs modestes, leur humble et altière vénération pour la hiérarchie, leur culte du foyer domestique, leur sévérité inexorable en face du crime et du devoir, font d'eux de grands symboles des vertus héroïques dans les classes moyennes. L'*Alcade de Zamalea* brave l'autorité des monarques pour défendre les peuples, et la vengeance des peuples pour défendre les rois !

Au xiv° siècle, don Bertrand Ramirez, alcade de Madrid et aimé du roi, élevait sous ses yeux un fils et une fille, qui donnaient de grandes espérances. L'un se rangeait déjà parmi les guerriers célèbres, l'autre, dona Anna, était une de ces filles héroïques et tendres dont la poésie espagnole a conservé le portrait idéal, et dont la race s'est perpétuée à travers la terrible éducation de trois siècles, donnée à l'Espagne par l'ignorance, l'inquisition et l'enivrement de la fortune. Nous avons retrouvé, pendant les guerres de la Péninsule, ces mêmes femmes de Castille que lord Byron admirait, et qui, le mousquet à la main, montées sur des cadavres, vengeaient la mort d'un amant ou d'un mari. Les campagnes de Zumalacarregui les ont fait reparaître. Alarcon aime ces amazones, et elles sont belles dans ses œuvres.

Le jeune Fernand, son frère, chargé par le roi d'une expédition militaire, avait été guerroyer contre les Maures, maîtres encore d'une partie de l'Espagne : Tolède et Cordoue étaient à eux; cette grande guerre africaine, qui a longtemps nourri et soutenu l'énergie espagnole, n'était pas éteinte. Repoussés vers le midi de l'Espagne par les armes victorieuses des Castillans, les Arabes semaient la dissension parmi les chrétiens, profitaient des intrigues des cours, armaient les seigneurs contre leurs maîtres, et même, s'il faut en croire les chroniques, usaient de l'assassinat comme d'une dernière ressource. Souvent, les chevaliers, dont l'ambition était trompée ou mécontente, se joignaient aux ennemis de la foi, conspiraient avec eux et leur livraient les villes chrétiennes.

A la cour de don Alphonse vivaient deux de ces ambitieux mécontents le comte Julien et son père le marquis Suero Pelaez. La faveur dont jouissait l'alcade de Madrid leur faisait ombrage. Le fils, un de ces jeune nobles sans mœurs que la fortune gâte de bonne heure, et qui ne cherchent dans le succès de l'ambition qu'un instrument de voluptés, s'attachait aveuglement à la politique de son père, vieilli dans le manège des palais et auquel il ne restait plus qu'une passion, l'intrigue. Tous deux entrèrent dans le complot tramé contre la vie d'Alphonse par le roi arabe de Tolède. Il fut convenu que le roi périrait par un assassinat, que Madrid serait livrée aux Maures, et que la vice-royauté resterait déléguée au marquis Suero Pelaez, assisté de son fils. Deux hommes du peuple, habillés comme des chrétiens, partent pour Madrid. Ils apportent les instructions secrètes d'Abderraman, contenues dans les lettres adressées au comte Julien et au marquis son père. Des domestiques gagnés introduisent les meurtriers dans l'Alcazar.

Un soir, don Alphonse voit briller deux poignards sur sa poitrine; il appelle : ses monteros accourent, les assassins fuient, le peuple les poursuit; ils tombent frappés de plusieurs blessures. L'alcade don Bertrand Ramirez de Vargas ne trouve à juger que deux cadavres. On les fouille; les deux lettres, adressées à Suero Pelaez et au comte Julien, tombent dans les mains de l'alcade. Il reconnaît avec effroi le nom du marquis, auquel une vieille amitié l'unissait.

« Ah! s'écrie-t-il, la loyauté castillane enfante aujourd'hui des trahisons! Mon bras! pourquoi la vieillesse te rend-elle débile ? Si j'étais jeune, je me chargerais seul de la vengeance du roi ! »

Que fera-t-il cependant ? Accuser le marquis c'est le tuer. Il découvrira le complot, mais non ses auteurs : il sauvera l'honneur de cette famille ; il avertira le monarque, tout en protégeant un homme qui lui est attaché par d'anciens et d'intimes liens. Cette généreuse résolution le perd. Il remet entre les mains du marquis l'enveloppe des deux lettres.

« Prenez ces enveloppes et lisez les noms, lui dit-il; vous verrez ce dont il s'agit; vous vous répondrez à vous-même, et vous saurez ce que vous aurez à faire. Je garde les lettres, gardez les enveloppes ; je vous sauve la vie. »

C'est une imprudence; Suero Pelaez se rend aussitôt chez le roi, accuse l'alcade de conspirer avec les ennemis de l'État et offre pour preuve du crime la correspondance secrète qui doit encore se trouver sur ce dernier et dont les deux meurtriers étaient porteurs. On arrête l'alcade, on le fouille ; les lettres qui sont en effet dans sa poche semblent un témoignage sans réplique. En vain essaie-t-il de rejeter sur le vrai coupable le crime dont ce dernier le charge; point de preuves en faveur de l'alcade; tout l'accuse. La prison d'État s'ouvre pour le noble bourgeois de Madrid, pendant que le comte Julien, chargé des ordres royaux, va saisir les papiers de don Ramirez, investir sa maison et interroger ses domestiques.

Là demeure la jeune fille dont j'ai parlé, seule gardienne de la maison de l'alcade, qui, souvent forcé par ses devoirs d'habiter le palais, confie à dona Anna Ramirez de Vergas la surveillance du logis. Elle attend son frère Fernand, qui doit bientôt arriver de l'armée. C'est le matin; ses jalousies sont encore abaissées, et sa femme de chambre achève de la parer. Un bruit de pas et un fracas de voix se font entendre dans la maison.

— Voilà bien du bruit, dit-elle. Voyez ce que c'est.

— Ah! madame, je n'ose vous le dire. La maison est cernée; on a placé des soldats à toutes les portes; ils commencencent à remplir la cour!

— Des soldats! dans la maison de mon père! des armes ici! On entre dans la cour! Cette injure à don Bertrand Ramirez!

Elle s'élance, descend, et aperçoit le comte, dont les soldats brisent toutes les portes et ouvrent les armoires. La jeune fille furieuse s'empare d'un couteau de chasse suspendu à la muraille, et, se plaçant en face de la porte du cabinet de son père :

— Ne passez pas ce seuil! dit-elle. Qui êtes-vous?

C'était un singulier spectacle que celui de la jeune fille armée, et l'œil étincelant. Le comte recula, s'étonnant de cette beauté et de cette audace.

— Mais vous-même, s'écria-t-il, qui êtes-vous? Vous, belle comme Junon courroucée, comme Pallas guerrière, comme Diane armée!

— Je ne suis ni Junon, ni Diane; je suis Anna Ramirez de Vergas. J'ai du cœur et je vaux toutes celles dont vous parlez.

No soy. . . . . . . . . . . . .
. . . . . . . . . . . . . . . .
Mas soy dona Ana Ramirez
De Vergas, en quien se encierra,
Por acciones generosas,
Y por virtudes immensas,
De todas ellas la gloria,
Y el valor de todas ellas.

Faites retirer vos gens, ou je leur apprendrai à connaître le respect dû à cette maison. Vous ici! en armes! vous avec des soldats! Placer des sentinelles dans ma cour! briser ces portes! Savez-vous où vous êtes? Savez-vous que c'est ici la maison d'un homme riche de vertus, de l'alcade de Madrid? Savez-vous que son nom est adoré? Savez-vous que ces marbres, ces pierres, ces voûtes paternelles représentent l'honneur antique et la vertu vénérée de la famille? Retirez-vous donc, retirez-vous. Ne poussez pas une femme à des actions d'homme.

— Ah! continuez; vous êtes plus belle que jamais. Un déluge de roses couvre votre blanc visage et plus je vous écoute, plus je vous admire!

> Conde.—Proseguid, que en el furor.
> Mas vestra bueldad se aumenta
> Que por diluvios de rosas,
> Que la colera desflueca
> En provincias de cristales,
> Y en monarquia de estrellas.
> . . . . . . . . . . . . .

— Seigneur comte, ces plaisanteries ne sont pas à leur place. Faites retirer tous ceux qui sont venus avec vous, ou, vive Dieu! vous me forcerez à mal agir. J'aime mieux mourir que de vous laisser ici!

— Il le faut, madame, le roi le veut. Il me charge de visiter la maison d'un traître!

— D'un traître! La maison de mon père est le centre de la loyauté et le sanctuaire de l'honneur. Nous sommes Vergas!

— Les Vergas sont morts. Leur arrogance les a tués;

leur perfidie les a perdus. Votre père est traître, vous dis-je : il est prisonnier.

— Mon père!

— Traître et prisonnier.

— Ah! tais-toi, langue menteuse! Ne tache pas le soleil! Dans un Vergas une souillure! chez un Vergas une tache! un Vergas perfide! Tout Madrid te dira que tu mens! »

Lorsque le comte exhiba les ordres du roi, la jeune fille se tut et pleura. Le comte, qui l'avait trouvée belle, la fit garder à vue dans la maison de son père, proie réservée à ses plaisirs. Cependant Madrid retentissait de cris de joie ; le frère d'Anna don Fernand revenait triomphant de Grenade. Ignorant et les doubles trahisons de Sucro Pelaez et les infortunes de sa famille, il espère tout de la faveur du monarque. Il traverse Madrid, à la tête de ses troupes victorieuses et des Maures qu'il a faits prisonniers, va droit au palais, se présente au roi, et lui fait hommage de sa victoire.

« C'est bien, dit froidement Alphonse ; assez. »

Le roi veut se retirer.

« Sans m'écouter ! s'écrie Fernand.

— Je sais ce que vous avez à me dire.

— Ah ! permettez que je vous retienne un moment et que je vous parle de mes victoires, qui sont les vôtres. J'ai pris Truxillo, Cacerès, Corin, Calisteo, Alcantara! Ces places sont à vous.

— Vous savez bien faire, mais vous parlez bien hautement de ce que vous faites.

Rey. — Si bien obrais, mas bien sabeis decillo.

— Je fais ce que je dis.

— Et moi je vous dis de regarder, continue le roi. »

Un rideau intérieur, s'ouvrant à ses ordres, laisse apercevoir, sur un lit, le cadavre de l'alcade don Bertrand Ramirez, et sa tête tranchée. Le fils éperdu se jette sur le cadavre de son père. On veut le saisir; il se relève; il se bat en désespéré : son ami, son lieutenant Garceran l'aide de son épée; enfin, accompagné de Bermudo son valet et de ce fidèle Garceran, il se sauve de rue en rue et se réfugie sanglant dans la vieille église de Saint-Martin, qui jouit du droit d'asile, et où il se barricade.

Ce sont là de ces actes, dont toutes les annales espagnoles sont remplies. Ici le dévoûment au monarque et la royauté divinisée; là, l'indépendance humaine reprenant son empire, et s'élevant à une sauvage liberté. Il s'agit de prendre vivants le jeune Fernand et ses amis. On cerne l'église où le fils de l'alcade s'est retranché avec Bermudo et Garceran. Le peuple se hâte d'accourir; tous les balcons de Madrid se couvrent de spectateurs. Fernand monte au clocher et contemple d'un œil calme le comte Julien, le marquis Suero, les soldats et les ouvriers dont l'église est entourée. On s'injurie, on parlemente.

« Vous ne voulez pas descendre ?

— Non.

— Eh bien ! qu'on détruise le clocher ; faites-le tomber!

— Je sais, lui crie Fernand, que tu rêves ma chute. Il y a longtemps ! Mais nous verrons.

— Oui nous verrons !

— Abattez le clocher ?

— Je suis sous la protection de saint Martin. Vos efforts seront inutiles. Dailleurs, ces pierres de taille vous résisteront.

— Ici; des pioches !

— Bah! dit Bermudo, elles ne mordront pas sur la pierre dure; ce clocher est bien bâti. A vous (en leur jetant des pierres), à vous les reliques de saint Martin.

— Donnez-moi des briques!

— Ne les ménageons pas!

— A vous, chiens! cria Bermudo.

— A vous cette brique!

— A vous cette pierre! »

Et les assiégés se défendaient comme beaux diables.

Il faut avoir vécu en Espagne ou avoir entendu nos soldats raconter leurs campagnes, pour savoir combien ces détails sont caractéristiques. La guerre, ou plutôt les mille petites guerres de l'Espagne actuelle, ont vu cent siéges de clochers, mêlés de ces injures homériques et de ces résistances forcenées. Cent fois les troupes de don Carlos et celles de la reine Christine ont livré ou soutenu de telles attaques, presque toujours couronnées par l'incendie de la sainte église. Le populaire contemplait depuis trois jours cet inutile blocus qui intéressait la ville de Madrid et dont la prolongation l'étonnait.

« Cet homme est-il de bronze? demanda le marquis. Rien ne l'abat, pas même la faim.

— Bermudo! criait le jeune homme, encore des briques! Je vise à ce marquis infâme.

— Nous mettrons le feu à la tour! disaient les assiégeants.

— Vive saint Martin! Comme vous voudrez.

— Non. Qu'il meure de faim et de rage.

— Bah! Nous vivons d'air, nous autres; nourriture saine, cria Bermudo.

Le Marquis prit la parole :

— Traîtres et fous que vous êtes, vous voyez bien qu'il

n'y a pas d'espoir pour vous!... (au peuple). Retournez dans vos maisons, et que la ville s'apaise. Que les sentinelles restent seules à leur poste.

— Il faut qu'ils se rendent!

— J'avalerai la mort, plutôt que de me rendre!

— Crois-tu donc que la mort soit si douce?

— J'aime mieux mourir ici que de vivre traître comme toi.

— Mais tu es déshonoré.

— Mon honneur renaîtra.

— Je vous le répète, dit le marquis à ceux qui l'entouraient; sous peine de la vie, que nul ne leur donne à boire ou à manger. »

Le peuple se retirait, non sans admirer le courage et la résolution du fils de son alcade. C'était un miracle, qu'on attribuait volontiers à la protection spéciale du bienheureux Martin. Des bourgeois avaient vu trois anges traversant les airs apporter au héros de ces trois journées des corbeilles d'or chargées de pain blanc et des vases de cristal pleins d'un vin généreux.

> . . . . . Por el viento
> En cestas de oro y vasos cristallinos
> Con pan dava Martin su vino puro (1).

On ne parlait que de cela dans Madrid, et la bravoure héroïque déployée par le jeune homme était le sujet de l'enthousiasme des bourgeois, surtout des femmes.

Pendant que du haut de sa citadelle improvisée, Fer-

(1)   Jornada segunda. Primera parte.

nand répondait par une volée de briques, « reliques de saint Martin, » aux injures qu'on lui adressait et aux sommations qui lui étaient faites, il y avait sur le balcon d'une rue assez voisine deux personnes qui le contemplaient curieusement. C'étaient dona Maria de Luxan et sa femme de chambre. Le cœur de Maria s'émut à ce singulier spectacle ; son héroïsme espagnol parla en faveur de don Fernand. Elle savait que les caveaux de sa maison (chose commune à Madrid) correspondaient avec les caveaux de l'église Saint-Martin. Ne pourrait-elle sauver le jeune homme ? Elle fait placer dans une corbeille du vin, des fruits, du pain, des fleurs, charge un vieux domestique de la famille de se procurer une pioche, et descend dans le caveau. La partie qui communique avec l'église est murée. Le serviteur abat cette partie. Téodora la suivante porte la corbeille, le repas, une torche ; la petite armée s'engage bravement dans le souterrain.

Pendant que la jeune fille continue son voyage de découverte, les assiégés vont mourir. Fernand, vaincu par la faim, descend du clocher et se trouve dans l'église solitaire et sombre, dont ses ennemis ont fait murer les fenêtres. Il tombe sur le marbre d'un sépulcre. Sa douleur n'a rien de pusillanime ; c'est un soldat qui périt à son poste. Garceran son ami fidèle se tait et souffre avec lui. Il font ensemble une brève prière au pied de cette croix, sur laquelle brille un rayon égaré de la lune. Bermudo valet robuste se traîne à peine en s'appuyant sur les grilles des chapelles. La nuit est venue. Quelques lueurs pâles tombent des vitraux colorés. Les grandes figures des saints qui entourent le chœur se dessinent comme des vapeurs blanches et paraissent prendre en pitié ces trois misérables prêts à périr.

« — Fernand ! je vais mourir ! s'écria Garceran.

— Meurs dans mes bras, ami ! le ciel nous réclame ! partons ensemble.

— Cher compagnon !

— Malheureux cavalier...

— Mais toi, Bermudo, où est-tu ? »

Bermudo était un mauvais plaisant que la mort n'arrachait pas à ses habitudes goguenardes; un loustic de la race de Sancho; cet immortel ami de Don Quichote n'est qu'un gracioso espagnol, arrangé par le génie.

« Où je suis ? dit le pauvre homme. Apprenez-le-moi ? Je ne vois plus, je n'entends plus; je ne peux plus parler; j'ai faim, et je dévore ma faim; j'ai soif, et je n'ose pas remuer ces pauvres lèvres, auxquelles un peu d'eau ferait tant de bien ! D'ailleurs, si je parlais, je commettrais quelque sacrilége ; je ne pourrais que maudire ce grand saint Antoine avec son porc; et ce bon saint Nicolas avec sa perdrix. O bon saint Antoine ! ô cher saint Nicolas, cachez-moi votre perdrix ! ne me montrez plus votre cochon, je vous en prie ! Et vous, bienheureux saint Martin, au lieu de partager ce manteau avec un pauvre, donnez-moi une bouchée de pain, par charité. »

Cependant un bruit léger se fit entendre, et Bermudo, qui venait de prononcer ces paroles hardies, crut que tous les saints du paradis allaient se lever en masse pour le punir !

« Mon Dieu ! s'écria-t-il, quelque chose a remué dans ces tombeaux. Saint Gilles, saint Côme, saint Braulio, saint Pantaléon, saint Cosme, saint Agapit, saint Fabio ! ah ! grands saints, ne me frappez pas !... Dieu ! comme la peur rassasie un homme !

— Qu'as-tu donc ?

— Sentez-vous cette odeur ?

— Tu dis que...

— Que je viens d'entendre et de voir un million, au moins, d'âmes de purgatoire.

— La faim te rend fou !

— Pas du tout... j'ai bien entendu ! A moins que ce ne soient des rats ecclésiastiques qui dansent là-bas (1). »

Assurément ces hommes assiégés et mourants, cette église sombre, cette situation désespérée, ces superstitions populaires, ce mélange de fantastique naturel, d'héroïsme impétueux et de tragédie bourgeoise, composaient une scène curieuse ; elle se compliqua davantage lorsque je ne sais quelle ombre voilée de blanc apparut dans la demi-obscurité du lieu saint.

Fernand tira son épée d'une main qui la soutenait avec peine.

« Qui va là ? dit-il, qui es-tu ? et que cherches-tu ?

— C'est une âme que tu as mise en peine.

Maria. — Alma soy, que estoy penando
En tu pecho.

— En peine ? que veux-tu dire ?

— Elle attend de toi bonheur et repos.

— Corps ou âme, vive Dieu ! n'avance pas, ou je te tue.

— Je ne bouge plus.

— Voyons ! qui es-tu ?

— Tu vas le savoir, dit Maria de Luxan, qui s'était

(1) Eclesiasticos ratones.

avancée la première, et dont les deux acolytes se montrèrent bientôt. »

Pedro Alonzo, qui était resté derrière les deux ombres avec sa torche, éclaira la scène ; Fernand aperçut la corbeille, les fleurs, le repas, la suivante et, sous un voile blanc, une des plus jolies personnes de Madrid.

« Jeune et brave gentilhomme, lui dit-elle, si votre courage m'a fait faire ce que je fais, ne vous en étonnez point ! Je veux vous délivrer. Mangez d'abord : voici du pain, de la volaille, des fruits ; je sais que depuis trois jours vous n'avez pas fait un repas... Nous nous reverrons ; je dois me hâter de vous quitter. J'ai une famille à craindre, un frère qui me surveille, mon honneur à garder et des ennemis domestiques, c'est-à-dire, des valets. »

. . . . . . . . . . . . .
Y al fin, enemigos, que es
Decir, que tengo criados.

Si la démarche de la jeune fille était hasardeuse, si elle était *bizarra*, comme on dit en Espagne, il n'appartenait pas à Fernand de lui reprocher une témérité héroïque. Elle se retire suivie des bénédictions des captifs et leur montrant le chemin de la liberté. Cependant la nappe est mise sur un autel, et Bermudo s'adresse avec enthousiasme aux consolations solides que Téodora vient d'apporter. On allume une bougie ; de bruyantes santés sont portées par Garceran et Bermudo. Les morts de l'église sont salués tour-à-tour, et les toasts des saints ne sont pas oubliés ; festin singulier, joyeuse orgie au milieu des sépulcres, près des vases sacrés et des autels.

Ce repas rend au jeune homme toute sa force ; il renaît, pense, se souvient. Avec le sentiment de la vie renaissent en lui la colère et le désespoir. Son père vient de périr ignominieusement ; sa sœur, doña Anna, se trouve entre les mains du comte, comme le lui apprend Bermudo. Va-t-il fuir sans vengeance ? Va-t-il consentir à ce que sa sœur, livrée au seigneur le plus libertin de la cour, soit à son tour déshonorée ? Va-t-il profiter lâchement du secours opportun que vient de lui apporter la jeune Luxan ? Non ; il demande à son père pardon de n'avoir pu le venger encore. Mais il se vengera ; il ne profitera de la liberté que pour rentrer, la nuit, dans la maison paternelle, où dona Anna est gardée à vue ; il saura bien par quelque ruse tromper les satellites du comte ; il l'arrachera à la captivité et aux embrassements de don Julien : il la tuera puisqu'elle est déshonorée ; car c'est sa résolution, et il la confie à Garceran, son ami, confident et compagnon de tous ses malheurs.

« C'est une action féroce, lui dit Garceran ; c'est agir en païen !

— Eh bien ! je serai romain cette nuit-là ! ma sœur ne sera pas le jouet des passions d'un ennemi ! Elle mourra !

— Pourquoi ?

— Parce qu'elle est ma sœur.

— Ah ! don Fernand ! quelle barbarie ! vous ne l'oserez pas.

— Vive Dieu ! je mets en lambeaux quiconque voudrait me l'arracher. Êtes-vous mon ami ?... Et vous ?... et vous ?...

— Certes ; mais je vous désapprouve.

— Si vous m'aimez, aidez-moi ! »

Garceran lui propose un moyen moins violent pour se

défaire de donna Anna : c'est le poison. Garceran le préparera lui-même; le frère se chargera du reste s'il le veut.

Tout est donc convenu, et cette action terrible va s'accomplir; on sort par le souterrain. Garceran procure le poison, et don Fernand, enveloppé de son manteau, suivi de Bermudo, heurte à minuit le seuil de la maison de son père.

— Qui êtes-vous ? demanda la sentinelle.

— Qui nous sommes ? répond Bermudo, quoi ! imbéciles ! vous ne reconnaissez pas le comte don Julien ?

— Ah ! que sa seigneurie nous pardonne !

— Vous êtes pardonnés, dit Fernand, qui entre et passe devant les soldats.

— Eh bien ! dit tout bas l'une des sentinelles, c'est cette nuit apparemment; le comte est bien amoureux !

— Pauvre jeune fille !

— Pauvre honneur (1) !

— Taisons-nous ! l'affaire est grave.

Le jeune homme s'avance dans les corridors, où tout est silencieux et triste. Il parcourt ces galeries qui ne lui offrent que des pensées de mort et de deuil. Voici enfin l'alcôve où repose dona Anna ; il n'ose pas arrêter ses yeux sur elle.

— Bermudo, dit-il, fermez ces rideaux ! Je n'aurais pas le courage qu'il me faut; cette beauté est trop divine. Le corps est un vase de cristal dans lequel brille une lumière qu'on appelle l'âme; et quand cette lumière est pure, c'est la beauté !

. . . . . . . . . . . . . .
>Los cuerpos son unos vasos
>De cristal, y esta diciendo

(1) Pobre honor.

La pureza de las almas
La hermosura de los cuerpos.

Depuis la mort de l'alcade, sa maison, naguère si honorée et si paisible, est devenue le théâtre d'un autre drame pathétique et ignoré. Dona Anna s'y trouve prisonnière. Le comte, épris de cette jeune fille qui lui a si bravement résisté, lui donne mille preuves d'amour et la traite avec courtoisie. Ses mœurs sont corrompues et ses manières agréables; beau, jeune, aimable, il a touché le cœur de la jeune fille; la vanité d'Anna est flattée : elle a vaincu son ennemi. Un nouveau sentiment dont elle s'effraie pénètre dans le cœur de la fille de l'alcade; elle s'interroge avec crainte. Aimera-t-elle donc le persécuteur de sa famille ? Ce commencement de passion, première étincelle qui annonce l'orage, lui inspire un remords précoce. Elle écrit à son frère ; elle espère qu'il vit encore, qu'elle pourra lui faire parvenir sa lettre, et qu'il saura, par audace ou par adresse, l'arracher au péril qu'elle est impuissante à écarter. La lettre est écrite, et elle s'est endormie.

« Ah! seigneur, dit Bermudo à son maître, lorsqu'ils entrèrent, elle écrivait, voyez! Des plumes, du papier, une lettre ; je crois que cette lettre vous est adressée. »

Fernand prit la lettre, et y trouva ce qui suit :

— « Mon frère, nous sommes tous désunis et misérables. Le mauvais destin qui a frappé notre glorieux père vous bannit de notre maison; aujourd'hui votre sœur court d'autres dangers. Venez ! car mon honneur est en péril. Je le défends; mais je suis femme..... c'est vous dire assez. »

Il achevait la lecture de ce billet, lorsque la jeune fille s'éveilla.

« Ah! mon Dieu, s'écria-t-elle, qui vient ici? qui êtes-vous? comment pénétrez-vous dans ma retraite?

— Nous sommes vos amis.

— Mon frère! Fernand, protecteur de mon âme, sauveur de mon honneur, seul conseiller d'une orpheline misérable, seul ami qui me reste au monde, vous voilà donc! c'est vous! Couvrez-moi de votre poitrine, défendez-moi de vos bras! Est-ce bien vous? est-ce bien vous?

— C'est bien moi, ma sœur.

— Venez m'embrasser, frère! Non! vous ne l'êtes plus; vous êtes le père que le ciel me donnne. Ah! comment donc avez-vous osé venir jusqu'ici? Vous êtes pris, vous êtes perdu. Le comte laisse toujours ici cent hommes au moins.

— Je suis venu, déterminé à mourir et à tuer (1). Que m'importe?

— Ah! mon frère, dois-je vous perdre ainsi?

— Vous perdrez votre frère avec la vie?

— Moi, la vie? et qui me l'ôtera?

— Le vengeur de votre honneur.

— Par quelles mains?

— Par les miennes.

— Vous venez donc me tuer?

— Oui, vous d'abord. Ensuite ils me tueront. »

Elle est debout sur son lit, et elle écoute son frère. Elle voit d'un coup-d'œil le déshonneur de la famille, la ruine de toutes les espérances des Vergas et surtout sa honte assurée, si elle cède au sentiment que lui inspire déjà le comte don Julien. Elle boit le poison; et son frère, qui le lui a présenté d'une main ferme, pousse de longs gémis-

(1) Resuelto
Vengo a morir y a matar.

sements sur le corps de sa sœur empoisonnée. On accourt.

« Je vous ai trompés, dit-il aux soldats, je suis don Fernand.

Garceran, qui est resté dans la rue et qui connaît les risques courus par son ami, vient le défendre. On se bat. Don Fernand, blessé, se réfugie encore dans l'église qui l'a déjà protégé. Mais que deviendra-t-il? où aller? En Aragon? Le roi de cette province est cousin du roi de Castille. Chez les Maures? Ce serait une tache infâme. Dans le tombeau? mais son offense n'est pas lavée.

« Eh bien! mon cœur, se demande-t-il, où irons-nous? Don Fernand, à la vengeance! Où la trouver? comment? par quelles voies? Je ne sais, mais peu importe; l'espoir me soutiendra, et le ciel me donnera des ressources. A la vengeance, don Fernand, à la vengeance! »

Au pied d'un autel de l'église, il rêve aux moyens de cette vengeance, lorsque Maria de Luxan vient le trouver. Leur premier entretien d'amour a lieu dans la cathédrale obscure, à l'ombre de ces tombes de marbre et de ces images des saints.

« J'ai beaucoup de choses à vous confier, dit Fernand.

— Je vous écoute, répond Maria, avec vénération et en silence.

— Mes secrets ne sont pas des secrets d'amour, mais des secrets de vengeance. Il faut que vous sachiez quelle est l'âme que je vous donne. L'honneur de mon père a été souillé; il était plus pur que le rayon de lumière qui brille là-haut. Ma sœur innocente a péri. Ces douleurs et ces offenses demandent à être punies; sans cela je demeure livré à une éternelle infamie. J'ai résolu, senora, de me rendre à Ségovie. La cour s'y trouve; ma vengeance ne peut se trouver que là. Je passerai les monts de Guadarrama ; je franchirai les têtes de leurs géants de glace. Je resterai déguisé dans la ville ; j'attendrai le moment, l'occasion et le hasard. Ils en ont servi bien d'autres : ils me serviront aussi. Je sais que je vais à la mort; je sais que je vais au couteau (1). Mais je serai fidèle; on parlera de moi. L'entreprise est difficile ; donnez-moi conseil.

— Soyez mon époux, je vous promets le succès.

— J'y consens. Prenez ma main, recevez ma foi. Notre union sera bénie.

— Ah! je suis donc à vous!

— Que les saints de marbre qui nous entourent, senora, soient témoins du mariage que je contracte et le bénissent. Ils ont vu ce que je vous dois; ils voient combien profondément mon cœur ressent vos bienfaits. De plus, en ajoutant à l'honneur des Vergas l'honneur du sang des Luxan, je m'oblige à la loyauté et je la rends plus sainte. »

Je ne vous eusse pas raconté toute cette histoire, et j'aurais laissé les grands coups d'épée dont elle est semée aux mélodrames anciens que nos boulevards ont empruntés à l'Espagne, si la passion, la poésie, le drame, l'éloquence dans leur plus énergique beauté n'y éclataient à tout moment, comme vous venez de le voir. Ce jeune homme n'est pas sauvé : il lui faut sortir de Madrid, se marier, s'établir à Ségovie, tromper une foule d'ennemis et effacer les traces d'une vie condamnée et d'une tête mise à prix. Maria de Luxan se charge de parer à tous les hasards et de prévoir les chances.

Voici l'intrigue assez habile, inventée par elle pour servir les projets de Fernand. L'un de ces vieux domestiques de famille pour lesquels on a du respect en Espagne était dans sa jeunesse tisserand à Ségovie; ce sera lui qui,

---

(1) Al cuchillo !

confident des époux, ira louer, dans le quartier des tisserands de cette ville, une petite maison qu'il habitera avec sa bru. Cette dernière sera Maria de Luxan, femme de Fernand, et passera pour une ouvrière. On dira que le mari de la jeune femme est à l'armée. Il arrivera enfin sous les vêtements d'un simple soldat, et viendra demeurer chez son prétendu père. De là, il observera ce qui se passe dans Ségovie et cherchera l'occasion qu'il veut saisir. Personne ne sera instruit de son déguisement. « Ce secret restera écrit dans nos âmes, dit Maria; il y demeurera écrit jusqu'au jour où nous serons vengés.

— Mais comment m'appellerai-je? lui demande Fernand.

— Pedro Alonzo.

— Que ferai-je à Ségovie?

— Vous *tisserez* le chanvre en attendant que vous tissiez la vengeance.

. . . Que hè de hacer en Segovia ?
— Texer, hasta ver el hilo de la venganza !

Maria et le vieux domestique partent les premiers à cheval et vont préparer le logis du tisserand. Quant à Fernand, qui doit sortir de Madrid sans être aperçu, il a recours à un expédient hardi. On sait que les cathédrales espagnoles ont longtemps conservé leurs priviléges du moyen-âge, et qu'elles possèdent dans leurs caveaux, dans leurs souterrains, même au sein de leurs murailles, toute une population de morts. Fernand ouvre un sépulcre où l'on vient d'enterrer un gentilhomme encore jeune : sans craindre, ce qu'il appelle, dans son langage oriental, les parfums de la mort (1), il extrait le cadavre, développe le linceul qui le couvre et échange ses vêtements contre le drap mortuaire dont il s'empare. Au défunt appartiennent désormais les habits, la dague, la bourse, les diamans, les joyaux de don Fernand, fils de l'alcade. Enfin il complète le travestissement en frappant le visage du mort, qu'il défigure à coups de dague.

« Bien ! s'écrie-t-il, les vivants me persécutent ? Que les morts me défendent. Le don Fernand de Madrid a disparu, je suis tisserand de Ségovie. Je ne suis plus gentilhomme. Je n'ai plus qu'une navette, mais elle tisse des espérances (2), et elles sont immenses.

Il part à peu près nu, et va frapper, en se lamentant, à la première maison qu'il rencontre : « des voleurs l'ont dépouillé ! dit-il. » Un bon curé lui donne quelques vêtements en haillons. Il sort paisiblement des portes de la ville et salue de loin la cîme des monts neigeux dont il va traverser les défilés.

« Solitudes stériles et roches affreuses, leur dit-il, me voici pauvre, nu et sans espoir ; je vais vous demander asile et passage ; protégez-moi, afin que je puisse me venger ! ou si la vengeance ne m'est pas permise, anéantissez-moi sous les neiges de vos fronts. »

Ce fut une grande fête dans le quartier des tisserands à Ségovie, lorsque le jeune époux de Téodora, revint de l'armée. On l'attendait avec impatience ; personne ne le connaissait encore ; mais son père, ou du moins celui qui se donnait pour son père, Pedro Alonzo, était du pays ; et Téodora la bru du vieillard s'était fait aimer de tous.

(1) Los perfumes de la muerte.
(2) Texiendo esperanzas largas.

Les tables furent dressées, les danses commencèrent; chaque ouvrier quitta un moment sa navette et fêta l'arrivée du jeune homme. Fernand, pour ne pas attirer le soupçon des voisins, adopta leur genre de vie, travailla comme eux, habita la modeste maison de son père adoptif et devint, après deux mois de séjour, l'un des notables de cette petite république du *Sitio de los Texedores*.

Je n'ai voulu jeter l'ombre d'aucune réflexion dans ce roman espagnol, dont la complication est à la fois intéressante et lumineuse, et dont le style clair et fort, l'invention féconde, l'intrigue rapide sont les moindres mérites. On a cherché le drame romantique : le voilà tout accompli et relevé par la naïveté du dialogue, la facilité de l'exécution, l'énergie dans la simplicité, et ces traits de passion si âpres et si vrais, qui jaillissent par étincelles, à mesure qu'une situation s'anime et devient brûlante.

Ici s'arrête la première partie du Texedor. La seconde le montrera « tissant le fil de sa vengeance. »

Le fils de l'alcade exerce dans la ville de Ségovie son humble et nouveau métier. Comment, sous le nom et le costume de Pedro Alonzo, pourrait-on reconnaître don Fernand Ramirez de Vergas ? N'a-t-on pas vu le cadavre de ce dernier, percé de coups et tout sanglant, tomber dans la fosse sépulcrale ? On oublie jusqu'au souvenir du jeune homme, de son héroïsme et de ses malheurs, pendant que la lune de miel éclaire le bonheur modeste de son mariage.

Suero Pelaez et son fils don Julien triomphent. Qu'est devenue la sœur de Fernand, que son frère a empoisonnée par point d'honneur ? Anna existe encore. Garceran, auteur de la proposition à laquelle don Fernand a cédé, n'a pas cru devoir exécuter à la lettre l'œuvre conseillée par lui. Après avoir bu courageusement la mort,

Anna se réveille entre les bras du comte. Le breuvage préparé des mains de Garceran devait entraîner une léthargie de quelques heures. Ce sommeil se dissipe; et bientôt, émue des tendres soins dont le comte Julien l'environne, heureuse de retrouver la vie, elle se livre à lui, se fie à ses promesses ; elle l'aime.

Don Julien la conduit d'abord dans un château de plaisance voisin de Ségovie et ne tarde pas à la reléguer dans un hameau des environs, où elle porte les vêtements et le nom d'une villageoise. Les visites du comte sont chaque jour moins fréquentes ; il cherche ailleurs des aventures nouvelles et des triomphes plus difficiles. Pendant que son père le marquis Suero Pelaez ourdit des trames avec l'ennemi, le fils se contente de varier ses voluptés. La femme d'un artisan lui semble belle ; il la possèdera.

Un soir, il se dirige, accompagné d'un valet, vers l'humble maison qu'elle habite. Le valet frappe, la porte s'ouvre, et déjà la jeune femme s'apprête à recevoir le cavalier, lorsque le mari revient.

« Cavalier, que voulez-vous? que demandez-vous à cette heure-ci? Cette maison a un maître.

— Ce que nous voulons ? répond le valet. Rester seul avec une jolie femme !

— Pardieu ! mes gentilshommes, vous vous trompez d'adresse. Si vous êtes hommes d'honneur, réfléchissez à ce que vous allez faire. Ne fussé-je qu'un passant, je vous en empêcherais ; la loi du monde me l'ordonne. J'ai de la barbe au visage et une épée au côté. Mais si cette femme est ma femme, si elle est à moi, croyez-vous donc que je vous l'abandonnerai, moi vivant ?

— Ah çà ! interrompit le valet, quand une entreprise est commencée, ne faut-il pas l'achever ?

— Avant tout, il faut agir en hommes, et en hommes de bon sens : se vaincre. C'est une belle action. »

Ce dialogue ennuyait le comte, il prit la parole :

« Vous êtes bien sot d'argumenter avec ce tisserand ! Je ne veux plus entendre vos syllogismes. Partez, continua-t-il en s'adressant au tisserand, point de réplique ; laissez-moi seul ici. »

Et comme le tisserand ne bougeait point :

— « Pedro Alonzo, cela sera !...

— Cela ne sera pas, dit le tisserand.

— Vous êtes tisserand, vous !... Vous parlez en seigneur.

— Et vous, gentilhomme, vous agissez en infâme. »

Le grand manteau noir qui cachait la tête du comte Julien s'ouvrit et laissa voir le fier visage du courtisan.

« Vilain ! s'écria ce dernier, il faut donc agir en maître. Pedro Alonzo, je vous dis que c'est moi.

— Le comte Julien !

— Je suis le comte.

— Ce que vous faites est digne de ce que vous êtes.

— Insolent ! quittez cette porte.

— Regardez-moi bien, reprit Pedro Alonzo ; je suis tisserand... mais je suis homme !

> Mirad,
> Que soy, aunque texedor,
> Tan hombre. — Cond. que atrevimiento !
> Eso me decir, a mi ?

— Me parler avec cette impertinence... vous, manant ! »

Il se jeta sur le tisserand dont il frappa le visage, et qui tira son épée.

« J'ai eu de la patience, s'écria Pedro, mais ce que vaut ma patience tu vas le voir ! »

Le fer de Pedro Alonzo frappe le marquis au bras gauche ; on emporte ce dernier blessé peu dangereusement. Le meurtrier poursuivi est jeté en prison. Le fils de l'alcade se trouve confondu avec des bandits Camacho, Xaramillo, Cornejo, une foule d'autres. Il a frappé un grand seigneur, il est traité plus durement qu'eux tous ; bientôt cependant sa supériorité, sa présence d'esprit, son audace, ses ressources lui constituent une sorte d'autorité dans la prison. Cette aristocratie fondée par Dieu se conserve intacte sur le pont des navires, dans la bataille et dans les cachots ; homme né pour commander commande.

« Il n'y a qu'un homme, dit Cornejo à ses camarades, qui puisse nous tirer d'ici ; c'est Pedro Alonzo, le tisserand. Voilà un homme, celui-là ! Il en vaut trente comme nous !

— Parlons-lui, reprit Xaramillo, il nous sauvera des griffes de ces ministres de l'enfer, tant geôliers que juges.

Et ils allèrent vers le tisserand.

« C'est nous, dirent-il, Xaramillo, Camacho, Cornejo, qui venons vous annoncer que nous nous gouvernerons d'après vos desseins et vos bons avis. Il faut sortir d'ici ; nous sommes plus de vingt camarades disposés à vous obéir.

— Vrai ! répondit le tisserand, chargé de chaînes et relégué dans un coin, vous avez raison, camarades. Pas de succès sans audace ! pas de bonheur sans liberté ! Il y a danger à tenter de fuir, mais le danger où nous sommes est plus grand encore. Que diable, il ne faut pas laisser notre vie misérablement suspendue au bout de la plume d'un mauvais greffier !

— C'est ce que nous disons tous.

— Eh bien ! cette nuit nous partirons ; il ne s'agit que de trouver moyen ! Nous nous réunirons d'abord dans l'infirmerie, et de là je saurai vous ouvrir un passage,

— Pour les vieux prisonniers c'est assez facile, interrompit Camacho ; ceux-là sont amis de l'infirmerie. Quant aux autres, il faut qu'ils demandent la permission de veiller près du lit d'Alonzo Pinto, qui est agonisant.

— Mais moi? dit Fernand. Je suis un grand coquin, comme vous savez ; et les ordres sont sévères pour ce qui me regarde. Je ne serai probablement pas de votre bande ; ils me laisseront ici avec ces menottes et ces fers aux pieds ! Il faut cependant que je parte avec vous... Qui a un couteau?

— Moi!... tenez !

— Xaramillo, tu vas me donner un coup de couteau là, dans la tête, sans me tuer, mais un coup solide. La blessure saignera ; vous crierez que je suis tombé de cet escalier ; on me conduira à l'infirmerie. Qu'en dites vous ?

> Pues en la cabeza, amigo,
> Dadme una cuchillada,
> Y fingiendo que he caido
> De esa escalera, mi entento
> Con este medio consiguo,
> Pues luego en la enfermeria
> Me han de poner.

— Le moyen est barbare.
— Il est humain ; puisqu'il m'arrache au bourreau. Allons, frappe ; je t'attends.

> Acabad, que el golpe espero.

— Eh bien! puisque vous le voulez ! »
Ce qui fut dit fut fait. La tête de Fernand offrit une

blessure assez large et saignante. Il cria ; les geôliers accoururent. « Ce pauvre homme est tombé d'un étage ; il s'est fendu la tête. Voyez! n'est-ce pas cruauté de lui charger ainsi les pieds et les mains. Franchement, ne vaudrait-il pas mieux le tuer ? »

<blockquote>
Cornejo.—Pedro Alonzo es, que ha caido<br>
De esta escalera : mal hagan<br>
Tantas esposas y grillos!<br>
No es mejor matar a un hombre?<br>
La cabeza se ha rompido.
</blockquote>

On emporta Fernand à l'infirmerie ; les prisonniers se disaient que le tisserand n'était pas un homme mais un démon.

La nuit arrive, l'infirmerie se remplit. Tous les prisonniers y sont rassemblés. Nouvel embarras ; Pedro Alonzo, bien que couché, porte encore ses chaînes.

« Cornejo, Camacho, pouvez-vous les briser ?

— Impossible, quand même nos mains seraient des tenailles !

— Malade et blessé, ils ne m'ont pas enlevé ces fers.

— Vous seriez mort qu'ils auraient encore peur de vous !

— On ne briserait jamais ces menottes ! autant vaudrait bâtir un mur d'acier avec des balles de laine.

— A coups de marteau, à la bonne heure. Mais les geôliers nous entendraient.

— Misère ! s'écria Fernand, misère !.... Eh bien ! j'ai des dents, et leur secours va me suffire : deux doigts de ma main droite paieront pour mon corps tout entier. »

Pese a mi ! si tengo dientes,
Porque busco otro remedio ?
Dos dedos han de estorbar
Que se escape todo el cuerpo !

Les compagnons de Fernand le virent avec horreur trancher avec ses dents le pouce et le premier doigt de sa main droite, faire tomber la menotte qui la retenait et envelopper son poignet sanglant d'un mouchoir.

« Les fers de mes pieds, s'écria-t-il, ne m'embarrassent pas. Pourvu que j'aie les mains libres, je suis tranquille. Un couteau !

— En voici un.

— Camarades, obéissance ! Je tue le premier qui résiste.

— Nous vous obéissons.

— Faisons sortir de leurs lits les malades ; plaçons les lits l'un sur l'autre. Nous atteindrons le toit ; nous y pratiquerons aisément une ouverture. Voici des échelles de corde ; bientôt nous jouirons du ciel libre.

— Allons, commençons.

— On parlera longtemps de ce que nous allons faire, dit Fernand. Il n'y a plus de malades parmi nous, n'est-ce pas ? Morts ou vivants, nous sortons tous d'ici.

— Morts ou vivants !

— Nuit obscure, s'écria le nouveau chef, couvre-nous bien, cache nos efforts, protège-nous ! »

La nuit les protégea. Le tisserand, le bras en écharpe et suivi de ses camarades, retrouva son logis, où sa femme était loin de l'attendre. Il y fit entrer les vingt hommes qui l'avaient choisi pour chef.

« Mes amis, leur dit-il, le ciel nous a donné le succès ;

la précieuse liberté nous est conservée ; comment la garderons-nous ? Nous aurions beau demander asile à une église ou à la maison d'un ambassadeur : la justice plie devant les hommes puissants. Le favori du roi me poursuit avec acharnement. Il ne respectera rien. A quoi me servirait-il d'ailleurs d'avoir quitté une prison pour une autre. Mon avis est que nous sortions tous ensemble de Ségovie. Nous voici plus de vingt hommes de cœur. Pardieu ! nous pourrons faire parler de nous dans les histoires (1) ! Notre bande grossira chaque jour ; tous ceux qui ont peur de la justice viendront nous rejoindre. Occupons les défilés et les bois des montagnes voisines ; ce seront nos palais, nos lieux de sûreté, nos murs inexpugnables, nos créneaux de défense. Dans ces rochers, qui osera nous attaquer ? personne : les voyageurs nous paieront tribut. Nous ne manquerons ni d'argent, ni de vêtements, ni de bijoux ; nous serons rois. Tous nous avons des griefs contre la société ; nous les vengerons : le courage nous donnera la victoire ; le hasard nous donnera les occasions. »

Ces hommes n'avaient rien de mieux à faire que de suivre les conseils de Fernand, et Camacho prit le premier la parole :

« Excellente idée !

— Tous sont prêts à vous suivre.

— Je me fie à vous, dit Fernand, et je suis à vous. Mais une mesure nous reste à prendre : il faut un capitaine reconnu de tous. Sans chef, point de discipline ; sans discipline, point de succès ; sans une autorité unique et forte, tout tombe en ruine : *lisez l'histoire.*

— Vous seul êtes notre capitaine, dit Camacho.

— Qui oserait lui disputer ce titre ?

(1) Las historias.

— Tous nous vous nommons capitaine, tous !

— Approchez. Voici une croix : placez là votre main droite; jurez de m'obéir loyalement, sous peine de mort et d'infamie.

— Nous le jurons.

— Qu'on se munisse d'armes!... tout ce que l'on trouvera ! Plus tard notre arsenal sera mieux monté. »

Téodora avait assisté à cette scène, qui se passait la nuit chez le tisserand.

« Et toi, Téodora, lui dit-il, que penses-tu de ceci?

— Que je te suivrai dans les solitudes les plus désertes, heureuse à ton côté, amazone digne de toi.

— Tu me paies ce que tu me coûtes (1); et tant que ton beau visage sera près de moi, je triompherai du monde. Amis, il faut que l'aurore éclaire pour nous les cimes de Guadarrama.

— Marchons ! marchons !

Ils sortirent

« Comte Julien ! (s'écria le tisserand qui jetait un dernier regard sur sa maison et que suivaient sa femme et les prisonniers devenus ses soldats), tu ne tarderas pas à savoir ce que vaut le *Tisserand de Ségovie* ! »

Les voilà campés au milieu des rochers de Guadarrama. Ils font noblement ce métier de *salteadores* ou de libres voleurs, que l'Espagne et l'Angleterre, comme l'Italie moderne, ont estimés à très-haut prix. Dès que l'organisation de la société est incomplète, la liberté devient sauvage et s'organise elle-même pour le brigandage et le massacre. Déjà la réputation du tisserand chef de bandits se répandait en Castille et le peuple chantait les héros de Guadarrama. On entendait le muletier répéter, en conduisant ses mules,

(1) Lo que me cuestas me pagas.

la ballade du grand *Salteador* Pedro Alonzo et de ses trois amis.

« Ya se salen de Segovia
Quatro de la vida ayrada (1);
El uno era Pedro Alonzo,
Camacho el otro se llama,
El tercero es Xaramillo,
Y Cornejo es el que falta !

Todos quatro matasietes,
Valentones de la hampa,
Rompiendo los embarazos
Y quitando las trabas,
A pesar de los guardianes
Escaparon de la jaula.

Pidieron embaxador,
Y dandose buena mana,
Fueron a ser gavilanes
Del cerro de Guadarrama.
Triste de aquel que agarren
Los pescadores de cana,
Que al son de una cuerda sola
Hara en el ayre mudanzas. »

Traduise qui pourra cette ballade populaire : la comprendre est bien assez. Ce qu'il y a d'intime et de national, dans les *Gavilanes del cerro*, les *matasietes* et les *valentones de la hampa*, expressions que la populace de Madrid

(1) « Les hommes de la vie courroucée, — en guerre avec la société.

vous expliquera quand vous voudrez; — n'est pas plus traduisible que le sens réel du *gamin* de Paris, du *cockney*, du *swell* et du *buck* de Londres.

Nos brigands firent assez bien leurs affaires ; mais tout n'est pas roses dans ce métier. Un traître se rencontre, qui livre à la justice Téodora et son mari le tisserand de Ségovie. On les conduit à Madrid ; les gardes s'arrêtent dans une auberge. Les mains de Fernand sont garrottées. Il voit tous les assistants occupés à boire, s'approche d'une lumière qui se trouve sur la ta table, brûle à la fois ses liens et ses deux poignets, subit cette torture avec l'héroïsme auquel vous êtes sans doute accoutumés (1), reste libre, se jette sur une épée, et fuit en se défendant.

(1) Son monologue, pendant qu'il brûle ses liens, est fort beau.

' Dadme favor, santos cielos,
Que mientras hablan, dispongo
Que el fuego de este candil
Me de remedio piadoso,
Aunque me abrase las manos ;
Que si las desaprisiono,
Hechos ceniza los lazos,
Han de hacer del fuego propio,
En que ellos se abrasen, rayos,
En que mis contrarios todos
Fulminen mi ardiente furia !
— Elemento poderoso,
Esfuerza la accion voraz,
Tu, que los humedos troncos,
Los aceros, los diamantes,
Sueles convertir en polvo.
' Ah ! pese a tu actividad :
. . . . . . . . .
Los lazos ; fuego enemigo,
Dante pasto mas sabroso

Son épée est brisée ; il est couvert de sang. Il se réfugie dans la maison de campagne la plus voisine. C'est celle du comte don Julien son ennemi mortel. Bientôt les soldats amènent dans le château du comte la femme du bandit, Téodora, qui a essayé de défendre son mari. Le comte, heureux d'avoir en sa puissance la femme qu'il désire, lui promet, si elle veut l'aimer et le suivre, la grâce de Pedro Alonzo.

— Comte, lui répond-elle, je ne vous ai pas découvert mon amour ; mais ne vous trompez pas sur mon silence ! Votre rang m'imposait. J'ai honte en vérité, de vous avoir préféré un pauvre tisserand ; depuis bien des jours, mon cœur avait besoin de vous parler ; ma bouche ne l'osait pas !

— Ah ! que me dites-vous, Téodora (s'écria le comte surpris et ravi) ? Je suis heureux de vous entendre, heureux si je puis vous croire ; votre résistance même est un charme de plus... Tu seras donc à moi, toi que j'adore.

— N'en doute pas ; je t'appartiens ! »

Dans la salle basse de cette maison de campagne, salle

> Mis manos, que estas estopas,
> Que te suelen ser tan propio
> Alimento ? — Ya estoy libre ;
> Ahora si quantos mostruos
> De Egypto beben las aguas,
> Pacen de Hircania los sotos,
> Se oponen a mi furor,
> Los hare pedazos todos.

Il y a là sans doute des traces assez nombreuses d'emphase et d'exagération orientale. Mais le mouvement est admirable, la passion sincère, l'éloquence réelle.

qui donne sur le parc, se trouvent à la fois Téodora, le comte Julien et Fernand désarmé, mais libre.

— Je l'ai entendu! s'écrie ce dernier. Femme vile! où est ton honneur?

— Pedro, dit le comte; ne l'outragez pas, respectez-la, si vous aimez la vie!

Le tisserand furieux accablait Téodora de reproches.

— Quel gré te saurai-je, dis-moi, de m'avoir délivré? Quelle victoire as-tu remportée si tu effaces ta noble action par cette bassesse, et ta miséricorde par ton crime?

— Je ne t'écoute plus!

— Cette femme se place sous ma protection : dit le comte, respectez-la, encore une fois !

— Oui, comte, je suis à vous, et pour toujours !

— Téodora, est-il possible! s'ecria Fernand desespéré.

— Allons donc, dit-elle à Fernand en s'approchant de lui, c'est à vous une extrême arrogance, messire, à vous héros de grand chemin, de penser que je vous préférerais constamment à un gentilhomme tel que le comte; ce serait pousser l'amour jusqu'à un aveuglement trop bizarre. Vous l'avez espéré, vous! je vous ai suivi par force, et mon mauvais destin m'y a contrainte. La justice vous poursuit, le bourreau vous attend; tous vous regardent comme infâme. Voici l'homme que je préfère ; c'est lui qui soutient, à lui seul, le poids de la couronne de Castille. Ne me regardez pas avec tant de fureur; cette fureur serait votre perte. Vive le ciel! j'ai vécu en femme guerrière, et si vous dites un mot contre mon honneur, je saurai me venger, je me défendrai même contre vous (1) ! Pas d'injures, ou je couvre la terre de votre sang infâme!

(1)     Necio, di, que confianza
        Te ha dado a entender jamas,

—Ai-je pu vivre, s'écria Fernand, pour entendre ces paroles de sa bouche !

—Il faut se résigner, dit le comte ; Pedro Alonzo ! sauvez-vous ; les portes sont ouvertes ; j'ai répondu de vous. Allez, on vous donne la vie.

—La vie ! cette femme me la fait haïr. Frappe, frappe, cœur misérable et vil ; femme sans honte et sans foi ; je veux t'outrager assez pour que tu te venges. Tue-moi, tue-moi, ce sera mieux !

Le comte avait laissé son épée sur une table. Téodora se jeta sur cette épée et s'élança vers Fernand.

—Infâme, infâme, répétait Fernand !

> Que yo no quisiese mas
> Cumplir la justa esperanza
> Al conde, que ser constante
> A la fe de un salteador ?
> Tan ciega estoy de tu amor,
> Que a un senor, que es el Atlante,
> En que estriba justamente
> El peso de la corona,
> Prefiera la vil persona
> De un bandido delinquente ?
> Conocete, presumido,
> Confiado, vuelve en ti,
> Que el seguirte yo hasta aqui,
> No amor, sino fuerza ha sido,
> Y asi, el furor que te anima,
> Solo fabrica tu dano :
> Goza pues del desengano,
> Y como a prenda me estima
> Del conde ya, oidme el cielo,
> Si me vuelves a injuriar,
> Que yo misma he de manchar
> De tu infame sangre el suelo.

Téodora, au lieu de frapper le tisserand son mari, lui donna l'épée.

— Prends vite, lui dit-elle ; moi, je fuis : empêche le comte de me suivre, défends la porte ; la nuit nous protége ; je t'attends là-bas.

Elle se trouvait près de la porte. Elle disparaît; une lutte inégale s'engage entre Fernand et le comte.

— Ah! la perfide! s'écria le comte.

— Honneur des femmes! répondait Fernand.

— Voulez-vous me tuer, moi sans armes?

— Oui, si vous criez, je vous tue!

Il le bâillonna, ferma la porte de la chambre, emporta la clé, prit la fuite, et alla retrouver ses amis.

Les exploits du *salteador* recommencent leur cours. Sa troupe bat tous les environs, et découvre enfin la retraite de dona Anna. Le comte habitait avec un petit nombre de domestiques cette même quinta, située au pied du Guadarrama, où nous venons de le voir tout-à-l'heure. Fernand prend ses mesures, entre de nuit avec ses hommes dans la quinta, fait bâillonner les domestiques, et masqué, tenant sa sœur par la main, il se présente dans la chambre du comte.

— Hommes, que voulez-vous ? que cherchez-vous ? leur dit-il. Vous entrez ainsi armés et en tumulte chez un grand d'Espagne?

Fernand s'approcha.

— C'est une audace assez singulière en effet, seigneur ; ne vous en étonnez pas ; vous ne voyez en moi que l'instrument humain de la justice de Dieu. Nous ne sommes pas égaux aux yeux du monde, vous et moi ; mais le plus grand seigneur, comte, c'est l'homme qui ne craint rien dans une cause juste. Connaissez-vous cette femme?

— Oui, dit le comte, je la connais.

>Cond. — Buen la conozco. — Fern. — Sabeis,
>Que aquesta muger que veis,
>En trage humilde, es dona Ana
>Ramirez, cuyo linage
>Es igual, si no mejor
>Que el vuestro, y que vuestro amor,
>La disfraza en este trage
>Dando a sus prendas perdidas
>Por ser en van empleadas
>Esperanzas inganadas,
>Y promesas mal cumplidas?

— Vous savez donc que sous son vêtement de paysanne elle est noble comme vous, sinon plus noble. Vous savez aussi quelles promesses mal remplies, quels serments trompeurs l'ont forcée à prendre ce déguisement. Dona Anna s'est fiée à vos paroles et demande justice.

— Moi? qu'ai-je promis?

— Je n'attends pas de vous une confession entière. Tout est jugé, tout est connu, tout est dit, mon épée est prête; le prêtre attend, donnez-lui la main, ou, vive Dieu! la chambre où vous êtes se va remplir d'un appareil de mort.

Don Julien cède à la force. Le mariage a lieu. Fernand revient trouver le comte.

— Qu'on nous laisse seuls maintenant, dit Fernand; j'ai à parler au comte.

Pedro Alonzo alla fermer les portes et les fenêtres. Le comte, sans armes, le contemplait d'un œil effrayé.

— Que va-t-il faire? s'écriait-il. Mon Dieu! qui me livrez à un bourreau de cette ignoble espèce, je vous ai donc bien irrité?

Pedro Alonzo se plaça en face du comte.
— Me reconnaissez-vous, lui dit-il?

Fern. — Conoces me, Conde? — Cond. — Si.
Y en vuestro valor osado,
Antes de haberos quitado
La mascara, os conoci.
Fern. — Qui en soy? — Cond. — Sois el texedor
Pedro Alonzo, no me olvido.
Fern. — Aun no me habeis conocido,
Miradme, Conde, mejor!
Cond. — Por lo que decis pensara
Si pudiera ser mirando
El retrato de Fernando
Ramirez, en vuestra cara,
Que erades el. — Fern. — Yo soy, Conde.
Cond. — Valgame Dios! si ofendido
De me el cielo ha permitido
Que del sepulcro, que escondo
Vuestro cadaver helado,
Que yo mismo vi enterrar,
Os levanteis a vengar
Vuestra hermana! ya he pagado
La deuda, y cobro su honor
Con la mano que la di.
Que mas pretendeis de mi?
Fern. — No quiero que mi valor
Deslumbreis, atribuyendo
A milagro soberano
Las hazanas de esta mano:
Ya que justamente entiendo,
Que es el cielo quien ordona
Que yo os castigue, no estoy
Muerto, Conde, vivo estoy,
Y de vuestra justa pena
Es mi brazo el instrumento.

Cond. — Como es posible? Yo mismo
Os vi entregar al abismo
De un obscuro monumento.

— Alors même que vous portiez un masque, je vous ai reconnu à votre audace.

— Qui suis-je?

— Vous êtes le tisserand de Ségovie, je ne l'ai pas oublié.

— Vous ne me reconnaissez pas; regardez-moi mieux.

— Je vous regarde, et si don Fernand Ramirez n'était pas mort, je croirais que c'est lui.

— Comte, je suis Fernand Ramirez.

— Que Dieu me sauve! Dieu permet donc que votre cadavre sorte du sépulcre pour venger votre sœur offensée. Je vous ai vu enterrer de mes propres yeux! Que voulez-vous, que voulez-vous de moi? J'ai épousé votre sœur, j'ai payé ma dette; son honneur est sauvé : que faut-il de plus?

— Comte, je ne suis pas mort, je suis vivant : il n'y a pas de miracle ici; le ciel veut que je vous punisse, et vous serez puni.

— Mais j'ai vu s'ouvrir votre fosse; j'y ai vu tomber votre cadavre percé de coups!

— Vous vous êtes trompé; j'ai échappé à vos poursuites, j'ai pris le nom et fait le métier d'un tisserand. Après avoir défendu contre vous ma sœur, j'ai défendu contre vous ma femme; et me voici, le corps plein de vie et l'âme pleine de vengeance!

— Fernand, si vous êtes le frère de ma femme, est-il nécessaire de nous tuer?

— En vous épousant, elle a retrouvé son honneur; en vous tuant, je retrouve le mien.

> Cond. — Si sois, Fernando, de mi esposa hermano,
> El matarnos los dos es desvario.
> Fern. — Ella cobra su honor con vuestra mano,
> Y yo con vuestra muerte cobro el mio.

— Je n'ai pas offensé Fernand Ramirez, mais un homme qui s'appelait Pedro Alonzo et qui était tisserand.

— Voici ma joue ; c'est bien la même que vous avez frappée ; la même sur laquelle votre main a gravé l'offense. Est-ce au tisserand que vous l'avez faite ? Le tisserand vous tue. Est-ce la femme du tisserand que vous avez voulu séduire? Le tisserand vous tue.

—Elle m'a résisté, vous le savez: je ne l'ai point séduite.

— Mais vous l'avez voulu, l'outrage est le même (1). Voici deux épées; battez-vous.

Et il tira de son manteau deux épées. Le fils de l'alcade et le comte Julien se battirent, et le comte fut frappé à la poitrine.

— C'est fait de moi, s'écria-t-il... Je vais mourir; écoute. J'ai porté contre ton père un faux témoignage... Mon père l'a voulu... Pardonne-moi, car tu es chrétien et noble.

— Tu meurs pardonné (2).

Ainsi marche à la vengeance, d'un pas ferme et que rien n'arrête, le fils de l'alcade devenu cadavre, puis tisserand, puis salteador. Maria de Luxan ne l'a pas quitté. Sa troupe puissante et nombreuse, maîtresse des défilés de Guadarrama,

(1) Al marido se ofende pretendiendo.
(2) Perdonado mueres.

se grossit de tous les mécontents dont abonde le pays livré à la guerre civile et mal gouverné. Le marquis Suero Pelaez, ennemi secret de don Alphonse, roi de Castille, a survécu à son fils et n'a pas renoncé au projet d'ouvrir aux Maures de Cordoue les portes de Madrid et de leur livrer le trône de Castille. Depuis la mort de l'alcade don Bertrand Ramirez, c'est Suero qui gouverne. Les citadelles restent dégarnies; le commandement des troupes appartient au marquis Suero, qui oppose des forces insuffisantes à l'invasion des ennemis de la foi. Parvenus jusqu'à un village voisin des défilés de Guadarrama, ils vont remporter une victoire facile que la défection du marquis a préparée, et déjà une partie des troupes d'Alphonse plient devant les Maures, lorsque la petite armée des bandits de Fernand, sortant de ses repaires, vient prendre part au combat et rend l'avantage aux chrétiens. Tout cède à ce renfort inattendu; les Arabes, surpris et cernés, sont mis en pièces; au milieu de la mêlée sanglante, Fernand pousse son cheval vers le marquis :

« Défends-toi, marquis!

— Qui es-tu? Pourquoi tourner contre les chrétiens l'épée qui a vaincu les Maures?

— Je la tourne contre toi seul. Je suis Fernand Ramirez de Vergas. Dieu m'a laissé la vie, pour que le monde puisse lire la loyauté de mon cœur, le châtiment que tu mérites et l'horrible crime que tu as commis envers mon père.

— Ah! ah! cria le soldat Bermudo, qui chevauchait derrière le marquis; solde ta dette, marquis : paie le tisserand.

— Paie de ta vie la vie que tu as ôtée à mon père!

Il le frappa au cœur.

— Je suis mort! et je confesse la vérité de ce qu'il a dit. »

Si l'on examine cette création compliquée et fougueuse, il sera impossible de ne pas admirer la fécondité de l'invention qui a su lier tous ces événements, les enlacer d'une chaîne étroite, et soumettre l'ensemble à une seule idée, à un but, à un mot : *vengeance*. A travers le bouillonnement et les détours de ces incidents romanesques et non invraisemblables, toujours une raison logique et austère apparaît, déterminant l'action par le caractère et modifiant le caractère par les chances. Le héros se défend dans une église dont il fait sa citadelle. En prison, il règne. Il devient voleur et commande à des voleurs ; les crises de sa vie le trouvent toujours au niveau des nécessités du sort. On chercherait vainement des scènes plus puissantes d'effet et plus ardentes d'éloquence que celle où Téodora le délivre par un mensonge, et celle où Fernand, après avoir forcé le comte d'épouser Anna, le contraint de se battre et le tue.

## § XVIII.

Suite des Études sur Alarcon. — En quoi le théâtre diffère du drame. — Pourquoi le règne du drame est passager. — Le drame de passion et d'action appartient aux nations du midi ; — le drame d'obervation aux nations du Nord. — Rôle de l'Espagne. — Conclusion.

Comme étude historique, cet ouvrage est un des drames qui font ressortir de la manière la plus vive, l'idéal ancien du type ibérique. Nous voyons cette inutile énergie se débattre même au sein de la décadence. Les défauts nationaux sont ceux du soleil et du sol. Accusez l'Afrique voisine et ces grandes haies d'aloès et de cactus dont Grenade est environnée : accusez le génie qui a semé les temples mosarabes d'ornements extraordinaires et d'accessoires exagérés ou défectueux.

Nous avons essayé d'étudier le développement d'un art dramatique naïf, versant à pleines mains les passions et les incidents ; fleurs vigoureuses, qui empruntent toute la sève d'un sol vierge et la font jaillir pure et colorée ; fleurs que le soleil, l'air et l'onde fraîche font vivre. Nous les avons admirées ; mais nous ne conseillons pas l'imitation de ces produits ; une semblable manifestation de l'art dramatique ne reparaîtra jamais sous la même forme.

Il semble que l'art dramatique n'ait qu'un moment de vie réelle chez les peuples. La chanson héroïque berce leur enfance ; le chant épique signale leur adolescence ; et dans la brillante époque d'une jeunesse qui s'avance vers la maturité, le drame éclot et se développe naturellement : il redit la passion dans sa force et dans sa nouveauté. Où est le drame espagnol après les Philippe, le drame français après Louis XIV ; le drame anglais après Jacques I$^{er}$ ? Les événements peuvent hâter ou retarder de quelques années le développement du génie dramatique ; mais une ère vient toujours où la société arrête ses idées sur les relations des hommes entre eux, sur l'emploi et le jeu des passions, sur les limites du droit et du devoir, sur le genre de moralité qu'elle adopte. De là le drame ; expression animée et palpable de la vie humaine, telle qu'elle est conçue et comprise, en tel temps et sous telles conditions. Oreste tue sa mère et obéit au destin. Les héros espagnols frappent une sœur innocente et obéissent au point d'honneur. Le bon sens pratique de la société française est résumé par Molière. Bientôt on agite dans toutes les directions, on combine de mille façons, mais toujours sous la loi du type national, le petit nombre de passions motrices que Dieu a données à l'homme. Les grands traits s'épuisent ; on essaie les nuances; on tente de renouveler par la réflexion le drame qui est action. C'est l'époque des Euripide (1) et des Voltaire. Enfin, aux derniers moments, quelquefois de courageux et inutiles efforts tentent la régénération de cet art merveilleux et passager. A force de science, d'artifice et de déclamation éloquente, on galvanise le cadavre. Le drame ouvre sa prunelle rougissante, étend ses faibles bras, et cette convulsion simule la vie. Il a poussé des cris violents, et l'on a cru qu'il allait parler ; il retombe enfin dans son linceul, abandonné par ses médecins les plus habiles, et livré aux seuls spéculateurs qui ont toujours aimé les résurrections et les miracles.

Il y avait bien plus d'art dramatique en Europe lorsque de misérables bouts de chandelles éclairaient la scène de Shakspeare ou de Caldéron, ou lorsque les marquis encombraient la scène de Molière, qu'à l'époque où tous les prestiges du décorateur sont venus troubler en prétendant les embellir les voluptés intellectuelles de la scène ; alors on a oublié le véritable but des œuvres dramatiques.

Le théâtre n'est pas le Drame. Le théâtre sans le drame, c'est un mouvement matériel, une multitude de comparses, une armée de chevaux et d'hommes, un jeu bruyant et dispendieux. Comme le théâtre matériel peut se passer du

---

(1) V. Nos Études sur l'Antiquité ; Euripide et Racine.

drame intelligent, le drame peut exister sans le théâtre ; cette différence n'a été ni assez remarquée ni assez sentie.

Les deux grandes nations septentrionales modernes, l'Allemagne et l'Angleterre, ont créé des drames (je parle de chefs-d'œuvre) bien mieux apropriés au philosophe qu'au spectateur, et faits pour être médités plutôt que pour être représentés. La noble poésie du *Faust* de Goëthe s'évanouit sur le théâtre. Jamais le *Songe de la mi-août* (Midsummer's night's dream) n'a pu être compris à la scène : tandis que le *Festin de Pierre*, ou plutôt le « Convive-statue » de Tirso de Molina (Juan Tellez) a triomphé sur tous les théâtres européens. L'*Oreste* des anciens est une pièce infiniment meilleure à jouer que le *Hamlet* de Shakspeare. Le nord cherche la pensée et non l'action ; il voit dans la pensée la cause de la pensée, et de cette cause il étudie les nuances. Non qu'il méprise la passion, mais il est toujours prêt à la glacer par l'analyse. Quand il souffre et quand il saigne, il se regarde et s'entend souffrir. C'est là ce qui rend les drames de Shakspeare, (drames qui ne sont pas des drames et où l'action n'est qu'un prétexte), si éternellement féconds pour les intelligences méditatives et les âmes rêveuses.

Je ne prétends pas que Shakspeare manque d'action ou de passion ; j'affirme qu'elles ne sont pour lui que le moyen, non le but ; ce grand homme a souvent négligé l'effet théâtral pour le sacrifier à la méditation, à l'observation, aux nuances, à l'analyse, à l'étude infinie du caractère et des événements humains. Jamais le public assemblé ne le comprendra tout entier. Il n'est pas en dehors du théâtre ; il est au-dessus.

Chez les espagnols, la conception, toute de passion et d'action, se prête merveilleusement aux exigences de la scène. Ils peignent à fresque, ils frappent les sens; Shakspeare abonde en traits d'une délicatesse infinie qui répugne à la représentation matérielle. Les neuf dixièmes du rôle d'Hamlet se composent de recherches métaphysiques, qui descendent, comme l'a observé Lamb (1), dans les derniers replis de cette âme solitaire; Hamlet se dit à lui-même, en face du public, ce que l'on n'ose dire qu'à Dieu.

Faites apparaître Hamlet dans le silence du cabinet; qu'il s'y élève comme un fantôme, représentant le mystère ineffable de la vie et des peines humaines; écoutez chacune de ses paroles; prêtez l'oreille à l'écho de ses douleurs; que chacun de ses vers fasse rêver; qu'après l'avoir lu cent fois, on le rouvre cent fois à toutes les pages et au hasard. Mais dans le tumulte actif de la scène, que saura-t-on de Hamlet? que sa mère a épousé beaucoup trop tôt, selon lui, le meurtrier de son père, et qu'il en est affligé jusqu'à la folie; c'est là le canevas grossier du drame. Quant aux nuances, elles s'effacent; Hamlet et Oreste se confondent. Au théâtre deux choses règnent, la passion — et les faits: on s'intéresse à la passion parce qu'elle est de l'homme; on suit l'enchaînement des faits par curiosité. Philosophie et poésie, méditation et rêverie; tout ce qu'il faudrait étudier pendant des heures et des jours, échappe à cette masse haletante qui partage les émotions des acteurs et se laisse entraîner par leurs ardentes paroles. L'homme pour méditer s'isole; dès qu'il s'assemble, il est peuple; peuple, la sensation l'emporte et la réflexion le fuit.

(1) V. notre ÉTUDE SUR LAMB, les Excentriques anglais.

Il faut donc avouer que le Drame, isolé de la méditation et de l'étude, dans son acception véritable, le drame pur et complet, le drame pour la scène, non pour le penseur, appartient au Midi ; et parmi les nations modernes, c'est incontestablement à l'Espagne qu'il faut attribuer la puissance d'invention la plus énergiquement créatrice.

Le canevas espagnol se retrouve, je l'ai dit, sur tous les théâtres du monde. A Venise, à Rome, à Paris, à Londres, à Saint-Pétersbourg, à Vienne, à New-York, *Don Juan* ou *le Cid, le Menteur* ou *le Mariage secret*, anciens caprices de quelques poètes de Madrid se maintiennent obstinément, tant il y a de vie dramatique dans ces inventions. Molière a beaucoup emprunté aux Italiens, aux Espagnols et aux Romains. Shakspeare a mis à profit tous les contes de l'Europe. L'Espagne seule a puisé dans son propre fonds ; au lieu de procéder par assimilation ou par absorption des idées étrangères, elle a développé un génie spécial d'autant plus curieux à observer, qu'il n'appartient pas à quelques hommes de génie, mais à tout un peuple ; c'est l'accent naïf et hardi d'une nationalité isolée.

Au premier coup d'œil, Caldéron, Alarcon, Roxas, et Tirso ne font qu'un ; les mille drames espagnols qui du XVI$^e$ au XVII$^e$ siècle ont coulé de cette source se ressemblent et sont jumeaux. Pour reconnaître l'empreinte des variétés de talent qui les ont dictés, il faut y regarder de fort près ; l'originalité de ces œuvres est celle d'un peuple, non celle d'un homme ; le talent spécial du poète s'est comme sacrifié et perdu dans le génie dominant de la masse. Une telle tendance a de la grandeur, et peu de variété ; favorable à l'énergie, non à la profondeur de la création elle nuit surtout à la gloire des poètes, qu'elle ne laisse guère parler en leur propre nom, mais au nom de l'esprit populaire, et qui, dépouillés de leur caractère spécial et isolé, marchent comme un armée de Bardes dramatiques où personne n'est capitaine, où personne n'est soldat : Montalvan, Guillen de Castro (1), don Juan Tellez, Diamante, ont jeté à flots l'invention, l'éloquence et la verve ; leur talent est tout d'instinct, jamais de réflexion.

Si l'accord exista jamais entre la pensée et la passion, si cette harmonie s'est jamais fondue dans un art sublime, un seul peuple, les Grecs, ont trouvé le secret de cette harmonie.

Il y a donc supériorité et perfection relatives du côté de l'art et de la société helléniques. De là ce culte ou plutôt cette idolâtrie de l'art grec, idolâtrie bien méritée, et que la France a professée longtemps. Nos chefs-d'œuvre conçus dans le même système, sinon placés au même niveau, ne seront jamais oubliés. Toutefois il y a dans le génie de la Gaule, un penchant septentrional assez prononcé pour que nous comprenions aussi l'observation et la philosophie du nord. Malgré notre longue éducation grecque, nous avons accueilli récemment avec faveur ces méditations sur la passion, et ces profonds retours de l'âme sur elle-même, qui selon nous sont essentiellement contraires à la nature du drame. Aujourd'hui on nous voit graviter tour-à-tour vers le nord et vers le midi, vers l'antiquité dominée par la Grèce et le sentiment du beau — et vers le moyen-âge ; — situation confuse, mêlée d'éclairs et de ténè-

---

(1) V. plus bas CORNEILLE et l'ESPAGNE.

bres; où l'on ne sait ni où l'on va, ni ce que l'on voit, où il y a plus d'éblouissement que de clartés, plus de cris aigus que de voix sonores, plus de guides prétendus que d'élèves, plus de médecins que d'esprits qui veulent être guidés.

.Dans ce chaos d'une critique suspendue entre deux zônes, et se balançant de l'une à l'autre, nous avons tenté de revenir à une étude exacte de ce qui était resté vague, inconnu ou inexploré dans le théâtre espagnol.

Ce drame, au XVII° siècle, joua le rôle que joue la presse périodique moderne. Il courut l'Europe et le monde, avivant la pensée et la passion, de Mexico à Berlin, et de Londres à Lima.

Qui décrira tous les voyages de la pensée ? Qui dira les bizarreries de cette action et de cette réaction éternelles ? Elle s'opère sous nos yeux d'une manière extraordinaire. Aujourd'hui un prince kalmouck traduit les poésies de Parny en langage baskir ; et nos romans modernes obtiennent les honneurs d'une annonce sur les bords du lac Michigan en Amérique, dans ce journal qu'on imprime sur un mouchoir, *the Chillicote Banner :* « La bannière de Chillicote. » Qui sait si la contagion de la pensée ne crée pas de jeunes Richardson au milieu des sauvages Chippaways, et des Parny cosaques dans les steppes de la Tartarie !

Au XVII° siècle, le théâtre était plus puissant que la Presse ; on ne prévoyait pas qu'un jour la presse à vapeur serait plus forte et plus puissante que Sésostris et Charlemagne. Dans l'atelier sombre de quelque faubourg, ce petit garçon rachitique, assis sur son escabeau, sous sa lampe fumeuse, jetant des milliers de feuilles blanches sous le rouleau de la presse mécanique est maintenant plus puissant qu'un empereur ; les milliers de feuilles sorties en un jour de sa petite main débile ont plus d'action que toutes les assemblées délibérantes des deux hémisphères.

Au XVII<sup>e</sup> siècle, le drame jouait le rôle de notre presse. En Angleterre et en Espagne le drame recueillait par milliers les inspirations des poètes ; amusement populaire, instrument d'opposition, le drame s'imprégnait de tous les préjugés victorieux. De là l'innombrable bibliothèque de drames espagnols et anglais depuis 1550 jusqu'en 1650. Tous les événements, tous les souvenirs, toutes les idées, toutes les folies, toutes les espérances, créaient quelque drame nouveau.

Lope et Caldéron agirent sur leur époque comme de brillants journalistes ; hardiment, vivement, avec pompe et légèreté ! Vous pouvez vous faire une idée du théâtre espagnol, en vous rappelant Figaro, quant à la partie comique ; le Cid, quant à la partie passionnée ; Rodogune ou Héraclius, quant à l'intérêt des situations. Le résumé du théâtre espagnol se trouve dans ces trois pièces françaises. Il faut le mouvement de la scène, l'accent des acteurs, la réalité des entrées et des sorties pour bien faire comprendre cette poésie si active et turbulente.

Devez-vous la négliger ou l'oublier ? Un peuple doit-il se renfermer dans les formes de drame et de poésie adoptées par ses ancêtres et nées de leurs vieilles mœurs ? L'étude des formes étrangères porte-t-elle atteinte à l'esprit national ? La multitude des idoles entraîne-t-elle le mépris et la chute du culte primitif ? L'investigation des œuvres et du génie qui se sont développés chez les nations de l'Europe moderne, est-elle un danger ?

Non certes ; le philosophe doit porter son regard sur tous les types de la beauté littéraire et les rapporter à un type commun ; il doit distinguer des nuances passagères appartenant aux époques et aux races les mérites réels qui appartiennent à tous les temps, et s'élever ainsi jusqu'à des lois souveraines.

# L'ESPAGNE EN FRANCE

ET EN ITALIE.

# DOCUMENTS RELATIFS A ANTONIO PEREZ ET A PHILIPPE II.

Consulter — Antonio Perez. Cartas y Memoriales.
Antonio Perez, par M. Mignet.
La Vida y los hechos de Antonio Perez.
Zuniga, etc.

*N. B.* En 1835 je trouvai à la bibliothèque Mazarine plusieurs manuscrits et différentes éditions des lettres et des mémoires de Perez. Ces documents oubliés me parurent d'un intérêt extrême, tant pour l'histoire de nos mœurs que pour celle des mœurs de l'Espagne au xvi<sup>e</sup> siècle; je les lus avec curiosité et je les étudiai avec soin. Étonné des accusations contradictoires et du double plaidoyer d'un premier ministre contre son roi accusé de guet-à-pens — et d'un monarque contre son favori accusé de trahison; — j'essayai de restituer la vérité des faits et de rétablir par des conjectures le tissu de ce tragique drame.

Plusieurs documents nouveaux découverts trois ans après la publication de mon *Essai sur Antonio Perez*, documents exposés par M. Mignet dans une monographie avec cette sagacité de déduction philosophique qu'on lui connaît, prouvèrent que les choses avaient eu lieu comme je l'avais indiqué; — qu'une femme, la princesse d'Eboli était le centre et le pivot réel de cette sanglante intrigue; — et que mes conjectures, calculées d'après la marche des événements et la pente naturelle des caractères, avaient été conformes à l'histoire.

# ANTONIO PEREZ, ESCOVEDO

ET

## LA PRINCESSE D'EBOLI.

### § I<sup>er</sup>.

Pourquoi les Espagnols n'ont pas écrit de mémoires. — Ce que c'était qu'Antonio Perez. — Philippe II.

---

Les espagnols ont écrit peu de mémoires ; la grandeur et l'éclat de l'histoire nationale ont absorbé les prétentions individuelles. Gonzalve et Cortès, Pizarre et Charles-Quint, Philippe II et le duc d'Albe, ne se sont ni justifiés ni vantés. Une fierté silencieuse enveloppe leur vie et leur mort. En Espagne, les gens de lettres eux-mêmes et les artistes, assez enclins à la vanité chez tous les peuples, se sont contentés de l'orgueil ; point de Benvenuto Cellini qui s'amuse à sculpter ses vices dans une phrase d'or ou de bronze, ni de Bassompierre qui nous apprenne que tel jour, sur le Pont-au-Change, telle femme d'orfèvre lui fit un signe d'amour, ni de Jean-Jacques Rousseau invitant le monde à écouter sa confession personnelle. *Obras y no palabras* ! « Des actions, dit Corneille, et non pas des paroles ! »

Il y a un homme en Espagne qui enivre sa vie entière du plus héroïque roman, se battant contre les

Turcs, courant la mer, conspirant contre les Algériens; il ne songe point à écrire les mémoires de tant d'actions nobles et extraordinaires. Les jours de la maturité venus, ce héros, qui n'a pas un maravédis pour nourrir sa famille, fait un livre de railleries contre l'héroïsme; ce livre, qui lui donne du pain et de la gloire, porte le nom de *Miguel Cervantes y Saavedra*. L'idée ne lui vient pas de trafiquer de ses aventures, de vendre son passé et de débiter en détail ses exploits. C'est la faute de cet orgueil muet, si les faits nous manquent absolument sur la vie du grand Caldéron, de Gabriel Tellez le satirique et même de ce fécond Lope de Véga, objet de trop d'admirations modernes. Je pense que les grandeurs altières et exclusives de ce pays ont contribué à sa décadence; de même certains individus doués de qualités dangereuses, maladroites, odieuses au vulgaire, appellent sur leurs têtes le malheur ou l'obscurité.

Au milieu de cette littérature épique, exempte de vanité, pleine d'orgueil, à demi-ensevelie dans sa fierté, aujourd'hui l'une des moins étudiées parmi toutes celles de l'Europe moderne, et l'une des plus dignes d'étude, on découvre cependant un livre consacré à des *mémoires particuliers*. Ce ne sont pas les mémoires de Lopez Ayala, dans lesquels il est à peine question de l'auteur. Le livre dont je parle fut écrit à la fin du XVIe siècle, par un ministre de Philippe II son secrétaire d'état.

Des circonstances étranges, un crime, une intrigue d'amour, l'exil, la persécution et la torture lui arrachèrent sa confession. Antonio Perez, forcé de prendre la plume, raconta sa vie, non dans un récit agréable et bien lié, mais sous forme de plaidoyer et sans suite. Ce fut en France seulement qu'il publia ses mémoires, non pour satisfaire son amour-propre, mais pour se justifier d'un assassinat et pour se venger. Chose plus notable encore, cette publication, précieuse pour l'histoire politique, tient de près à l'une des grandes phases de notre histoire littéraire, comme je le prouverai bientôt.

C'est un très-beau livre sous ces deux rapports. Les *Mémoires* ou *Relations* d'Antonio Perez jettent une vive clarté sur la cour de Philippe II et sur le mouvement des intelligences françaises vers le commencement du XVIIe siècle.

Cette clarté est si évidente et tellement singulière, que l'on s'étonne de l'oubli profond dans lequel le livre et l'auteur sont tombés. C'est merveille que cette obscurité aux yeux des gens qui croient encore que les choses de ce monde sont naïves et justes et que le hasard ne s'amuse point à mêler, comme il plaît à sa folie, le grand écheveau des choses humaines. Perez tua un homme pour obéir à Philippe; Perez enleva au roi sa maîtresse ; Perez souleva une province contre Philippe II; il lutta cinq années contre ce roi terrible. Six éditions de son livre parurent à Genève, Paris et Londres ; on en fit des extraits séparés ; on le traduisit en français ; on en publia les *sentences* détachées et *aphorismes* tirés de la narration de Perez, d'abord en espagnol, puis en français et en espagnol, puis en latin, avec glose, sans glose, in-8° et in-4°.

Ce fut le premier livre, *traduit de l'espagnol*, qui devint populaire parmi nous. Tout le monde lisait Perez. Cet incontestable succès de curiosité et d'admiration occupa les premières années du XVIIe siècle. L'éloquent exilé avait donné l'impulsion castillane à cet esprit français, que le moindre souffle fait vibrer, et qui se laisse entraîner avec tant de facilité et de force vers les régions inconnues. Alors l'Espagnole Anne d'Autriche épouse Louis XIII ; tout devient espagnol en France (1). Perez, à qui Henri IV a fait une pension, meurt à Paris. On ne pense plus à cet homme, qui vient de citer Philippe II à la barre des nations et des rois et d'ouvrir une nouvelle voie au mouvement rapide des esprits français.

Si l'on ne considère son livre, (auquel il faut joindre ses *Lettres latines et espagnoles* réimprimées quatre fois et adressées la plupart au comte d'Essex, son ami), que comme document historique, on ne peut en nier l'importance. L'absence de Mémoires particuliers rend très-obscures dans leurs détails toutes les annales espagnoles. Vous ne commencez à bien comprendre le fond et les idées de la cour d'Espagne qu'après l'accession de la maison de Bourbon, lorsque des plumes étrangères se plaisent à en tracer le portrait bizarre.

Vers la fin du règne de Philippe II, Antonio Perez fait exception. Voici dans son livre le xvi<sup>e</sup> siècle en Espagne ; Philippe II tout entier, ses amis, ses maîtresses, son confesseur, le peuple, les grands, l'héroïsme des femmes, les mœurs secrètes de la cour, les sentiments publics, les mouvements des masses. Perez exilé ne craint rien. Point d'inquisition, point d'alcades. La cour de France le protége, et il se venge. Cette éloquente série de plaidoyers, qui malheureusement s'interrompent, divaguent, se brisent, reprennent leur cours, s'interrompent encore et ne forment pas une chaîne assez ferme, une narration assez complète pour mériter un rang parmi les livres d'histoire ; ce récit, aussi vrai, aussi profond dans son genre que les inexorables Mémoires du duc de Saint-Simon, le Tacite de la France causeuse ;

(1) V. plus haut nos Études sur le drame espagnol, Alarcon.

nous présentent Philippe II sous les couleurs les plus ingénues et les plus lumineuses. Vous écoutez ce roi, vous le voyez, vous le suivez; vous avez lu ses lettres, ses billets confidentiels, voici ses paroles et jusqu'à ses gestes.

L'étude est belle ; c'est le sublime de la peur. On pénètre avec Perez au fond de cette caverne, l'âme d'un lâche. Philippe II tremble toujours, soupçonne sans cesse, fait tuer ceux qu'il craint, livre aux tribunaux ses séïdes, et se place, dans les Mémoires de Perez, comme un caractère si complet et si sanglant, qu'on regrette, avec le ministre espagnol, le Tacite qui a manqué à ce Tibère (1). Il joue, dans le drame que nous allons développer, un rôle plus significatif que dans le *Don Carlos* de Schiller. Sa lâcheté inexorable y frappe maîtresse, rival, ennemi, bourreau, et en même temps les libertés d'une province, tout cela d'un coup.

La victime principale de Philippe dans cette affaire, c'est Perez. Il n'a pas voulu écrire l'histoire, et n'a été attentif qu'à se justifier. Ses plaidoyers vengeurs, imprimés hors d'Espagne, en France, réimprimés à Genève, traduits par un mauvais écrivain, Dalibray, ont exercé une influence rapide et surtout littéraire. On détacha de l'œuvre d'Antonio Perez, suivant la pédantesque coutume de ce temps, les sentences et les aphorismes que le conseiller d'État y avait semés. Publiés en espagnol à Paris, traduits, commentés et abrégés, ils émurent singulièrement les âmes intéressées par la destinée d'Antonio et frappées de l'éner-

(1) Un écrivain espagnol récent, qui s'est occupé de Perez après nous, nous a reproché sérieusement et a blâmé comme trop sévère ce jugement sur Philippe II. Il nous est impossible de revenir sur l'opinion que nous avons exprimée et de ne pas regarder Philippe II comme le Tibère de la Monarchie Espagnole.

gie castillane, de la gravité sentencieuse, du laconisme pompeux qui se révélaient pour la première fois chez nous. C'était chose inconnue et de saveur nouvelle.

Une certaine gravité orientale y respirait. Elle charma la facilité de nos esprits et ce don particulier d'imitation intelligente, qui est le bon côté de la mobilité nationale. Courtisans et gens de robe admirèrent à l'envi ces *Maximes d'État*, sentencieuses leçons données par un homme que de longs malheurs et l'expérience des grandes affaires avaient éprouvé. Si vous joignez aux *Relaciones*, *cartas y Aforismos* d'Antonio Perez, les préceptes solennels de Balthazar Gracian, que Balzac imita de si près, les *Proverbes castillans* traduits deux ans plus tard par Maxime Oudin, et les *Contes et Nouvelles* de Marie de Zayas, vous verrez poindre ainsi chez nous, de 1602 à 1630, le premier rayon du génie cornélien ; vous saisirez à la source le premier flot de cette inondation espagnole, dont le réfugié Perez fut évidemment l'initiateur, dont Corneille fut le Dieu, que la régence espagnole d'Anne d'Autriche fit dominer jusqu'en 1650, et qui alla se perdre, non sans laisser des traces énergiques de son passage, sous le trône de Louis XIV, et parmi la grande forêt de talents achevés qui abritaient et couronnaient ce trône.

Avant d'expliquer la valeur littéraire de l'œuvre et son influence, racontons l'histoire d'Antonio Perez.

## § II.

*Généalogie et vie d'Antonio Perez. — La princesse d'Eboli. — Le meurtre.*

Antonio Perez, appartenant à une grande famille de Montréal de Aréza, petit-fils d'un secrétaire de l'Inquisition, fils de Gonzalo Perez, secrétaire d'État de Charles-Quint, fut présenté à Philippe II, roi d'Espagne, par Ruy-Gomez de Sylva, mari de la belle et célèbre princesse d'Eboli. Philippe II, *el Prudente*, ainsi que les théologiens du temps le qualifiaient, conciliait l'usage et l'abus de toutes les voluptés, la pratique des affaires les plus compliquées, les desseins les plus cachés et les plus ambitieux, l'emploi de tous les crimes utiles et la dévotion la plus superstitieuse. A peine Antonio eut-il mis le pied à la cour, les faveurs du roi l'accablèrent. Secrétaire d'État à 25 ans, protonotaire de Sicile, recevant en outre de la caisse royale une pension de 12,000 et une autre de 4,000 ducats, il n'explique point dans ses Mémoires la cause de cette rapide et extraordinaire élévation ; il est facile de suppléer à son silence.

La princesse d'Eboli avait inspiré au roi une passion vive, et Ruy-Gomez son mari était trop habile pour n'être pas aveugle. Protectrice d'Antonio Perez, dont la jeunesse, le talent et l'amour avaient touché son cœur, elle dominait à la fois Philippe II par son ascendant personnel, par son mari complaisant et par le secrétaire du monarque, dévoué à ses intérêts et épris de sa beauté. Elle était ainsi l'épouse nominale de Ruy-Gomez, la maîtresse aimée d'Antonio et la favorite intéressée de Philippe. Au milieu de ses desseins tragiques et de ses intrigues gigantesques, ce roi terrible était triplement dupe. D'une part, une femme belle et qu'il aimait; d'une autre, cet époux courtisan qui fermait les yeux sur l'adultère; enfin, Antonio Perez, confident de l'amour du roi et amant heureux de la princesse, formaient autour de Philippe II, trois fois trompé, le voile le plus épais et le plus dramatiquement tissu que l'on puisse imaginer.

Philippe II ne se doutait pas qu'on le jouait; il portait ses soupçons ailleurs. Don Juan d'Autriche, son frère bâtard, l'effrayait beaucoup. Il suivait d'un œil ombrageux l'ambition guerrière de ce jeune homme, qui n'avait voulu subir ni l'obscurité d'un cloître, ni la vie efféminée de la cour. Chacune des victoires de don Juan ajoutait à son épouvante, et il augmentait sans cesse le nombre des espions autour de don Juan. Ces derniers, dont plusieurs dépêches sont conservées dans les Mémoires de Perez, s'adressaient directement au jeune secrétaire d'État, qui se contentait de tromper son maître dans une intrigue amoureuse, et compensait, par une fidélité et un zèle à toute épreuve, sa trahison domestique; leurs lettres chiffrées, qu'un ecclésiastique transcrivait en caractères ordinaires, étaient commentées par Antonio et le roi; cet ecclésiastique se nommait *Escobar*. Il est curieux de voir l'Escobar de Pascal engagé dans toutes ces affaires tortueuses, et chargé par Philippe II de déchiffrer les dépêches de ses espions. Groupez ces cinq figures : Escobar, Philippe II, la princesse, Ruy-Gomez, le secrétaire amoureux, vous composerez un tableau sans pareil.

Tandis que don Juan remportait au loin des victoires, les hommes placés près de lui par Philippe II, à titre de conseillers intimes, étaient pour le monarque (on le pense bien) l'objet d'un choix spécial et d'une attention inquiète. La moindre préférence de leur part, apparente ou réelle, en faveur de don Juan, déterminait leur rappel. Ainsi don Juan de Soto fut remplacé par Escovedo, son ennemi. Celui-ci, homme délié, ayant de grands appuis à la cour, avait dénoncé Soto comme trop fidèle au héros de Lépante. Sous cette apparence de dévoûment envers Philippe II, Escovedo espérait faire marcher rapidement sa fortune, tromper les ombrages éternels du frère couronné et servir activement les intérêts du frère bâtard. Il présuma trop. Pendant qu'il jouait auprès de Philippe le rôle d'espion de son frère, et auprès de don Juan celui de conseiller loyal, Philippe, aidé du révérend Escobar et de Perez, lisait, dans le cabinet de l'Aranjuez, les messages secrets qu'Escovedo envoyait à la cour de Rome et au duc de Guise, sollicités l'un et l'autre en faveur de don Juan contre Philippe.

On n'éclata point en reproches; on ne prévint pas Escovedo. Seulement on le fit venir à Madrid, où on le retint sous divers prétextes et où le roi l'accueillit bien, sans lui permettre de retourner près de don Juan. Escovedo s'étonna d'abord; puis il comprit le sort qui lui était réservé; se mettant à observer de très-près la cour et les hommes qui l'environnaient, il découvrit sans peine l'intimité du secrétaire-d'État et de la favorite. Cette découverte le rassura. Il y vit une chance de salut et une arme puissante : il espéra enchaîner à lui par la terreur le secrétaire particuculier, l'homme le plus influent du royaume.

Mais dans ce même instant Antonio Perez recevait deux

confidences contraires et se trouvait chargé de deux affaires singulièrement opposées.

Escovedo lui disait d'une part : « Vous trompez le roi, je le sais. La princesse vous aime et vous l'aimez ; j'en ai en main les preuves. Ainsi je vous tiens à ma merci. Ménagez-moi et je vous épargnerai. Défendez-moi contre mes ennemis, je serai votre ami. » D'autre part, Philippe II, décidé à se défaire d'Escovedo sans bruit et sans éclat, *sin juycio y sin preceder prision*, disait à Perez : « Vous ferez tuer cet homme, par qui et quand vous voudrez, pourvu que ce soit en secret, — Je l'ordonne. »

En effet, au détour d'une rue, le soir, Escovedo fut frappé de coups de poignard, et périt. Les assassins, gagés par Perez, soldés par Philippe, l'avaient frappé à mort.

Cette action atroce, « dont le code absolu de l'obéissance envers le roi me faisait un devoir, dit Perez, mais que Dieu vengea, » — Antonio la paya des calamités de toute sa vie ! Celui-ci, dans ses Mémoires imprimés, convenant qu'il a fait le meurtre, et l'avouant sans repentir et sans scrupules, l'impute tout entier à son maître, qui seul y avait intérêt. » Cela n'est pas exact. Escovedo tué débarrassait Perez d'un observateur trop clairvoyant et d'un ennemi trop dangereux ; l'instrument prétendu aveugle des vengeances royales était aussi l'artisan de sa propre sécurité. Pour juger avec une équité entière cette obéissance sanglante de Perez, il faut envisager la situation qu'il s'était créée ; les menaces d'Escovedo, son habileté et son audace, la connaissance que le jeune secrétaire avait acquise du caractère de Philippe, les bruits qui s'étaient déjà répandus sur la liaison de la favorite et du secrétaire d'État, enfin toutes les terreurs et tout le danger du moment, l'autorité de l'ordre royal auquel nul ne résistait, et la ruine menaçante et prochaine de la princesse et d'Antonio.

Le meurtre d'Escovedo, qui semblait mettre Perez à l'abri de tout danger, précipita cette ruine. La famille du mort s'émut, et la curiosité publique chercha quels étaient ceux à qui la mort de l'homme assassiné pouvait être de quelque avantage. On se rappela les railleries dont Escovedo ne s'était pas fait faute sur les amours du secrétaire et de la favorite. L'opinion accusa ces deux personnes. Les espions du roi lui rapportèrent ces bruits. Alors la situation de Perez changea tout-à-coup. Les soupçons de Philippe s'allumant au témoignage des espions et du bruit public, il reconnut la triple fraude dont sa maîtresse, son confident et son courtisan l'avaient investi. Ces trois personnes qu'il fallait perdre possédaient tant de secrets royaux, qu'on ne pouvait les perdre à la fois et tout-à-coup. Philippe attendit; et, de tous ces personnages, si passionnés, si fourbes, si ardents, si redoutables, il n'était pas le moins embarrassé.

Le fils et la veuve du mort lui demandaient vengeance; Perez lui demandait protection contre ses accusateurs; la princesse calomniée exigeait satisfaction. Les Escovedo voulaient qu'on leur permît de traîner le meurtrier en justice; Antonio Perez accusé rappelait à Philippe que le meurtrier c'était le roi; et la favorite ne comprenait point la froideur et la haine qui succédaient à tant d'amour. Aux lettres suppliantes de Perez, Philippe répondait par des billets équivoques, qui témoignaient de son embarras. « J'espère que cela n'ira pas plus loin... J'espère que tout finira bien... *En attendant, prenez garde à vous.* » Toutes ces lettres originales de Philippe le caractérisent profondément, et l'on doit les ranger parmi les plus curieux monuments de l'histoire moderne. Il faut voir avec quelle patience infinie le roi prépare sa vengeance, n'opposant rien à la princesse que de la froideur, ni à Antonio Perez que des paroles énigmatiques et de l'embarras, engageant l'un et l'autre à se taire, paraissant vouloir les réconcilier avec leurs ennemis, se tirant, à force de ruses, du pas difficile dans lequel il était engagé ; employant, pour la conduite de toute cette intrigue, son confesseur Fray Diego de Chaves, celui-là même qui mena don Carlos à la mort ; et finissant par jeter l'altière favorite qui l'avait trompé dans une forteresse, et Antonio Perez en prison. La prison de Perez ne fut point cruelle ; Philippe avait trop de prudence pour irriter ce maître d'un secret redoutable. Le roi semblait céder aux obsessions des Escovedo.

Tout laissait croire au secrétaire-d'État que le roi satisfaisant aux nécessités d'une situation malheureuse voulait détourner, en la servant à demi, la colère de la famille offensée. La charge d'Antonio lui était conservée ; ses amis lui rendaient visite ; on le gardait seulement à vue dans sa maison. Pendant huit mois les choses se passèrent ainsi.

## § III.

Procès d'Antonio Perez. — Sa fuite.

Au milieu de cette mansuétude apparente, on instruisait sans bruit un procès contre Perez, procès tout-à-fait étranger à l'accusation de meurtre, et relatif à d'autres faits de nature fort légère, détournés de leur vrai sens, transformés en crimes d'État, et frappés de condamnations pécuniaires et corporelles, sans aucun rapport avec le peu de gravité des charges. Philippe II tuait son adversaire avec la plus grande douceur ; il le saignait à blanc, sans paraître seulement le toucher, en lui ouvrant la plus petite veine du monde. Antonio s'en aperçut ; il éleva la voix ; on resserra sa prison ; il s'enfuit, prit asile dans une église : on l'en arracha. Sa femme, alors enceinte, fut jetée dans un cachot. Pour achever de le vaincre, on lui fit subir la torture. Dans ce même instant, le roi, par un petit billet, lui *mandait encore d'avoir courage, qu'on ne l'abandonnerait pas, que tout irait mieux, et que surtout il se gardât bien d'avouer qu'Escovedo avait été tué par son ordre.* Mais le plus aveugle eût ouvert les yeux sur les intentions de Philippe. Antonio déclara aux gens qui le torturaient, qu'il avait commandé le meurtre, mais cela par ordre exprès du roi, qu'il en possédait encore les preuves ; que plus de cent lettres du roi à lui et de lui au roi, toutes apostillées et commentées par ce dernier, étaient demeurées en sa possession ; que le vénérable Escobar qui avait déchiffré les lettres d'Escovedo le savait aussi, et qu'il invoquait en faveur de sa véracité, en faveur d'une confession involontaire enfin arrachée par tant de douleurs le jugement de Dieu et des hommes.

Il eût été absurde d'attendre plus longtemps les résultats de l'indulgence royale. Dona Juana Coëllo, sa femme, qui montra pendant toutes les persécutions de son mari une constance héroïque, le fait évader de la prison. Un ami, Gil de Mesa, lui fraie la route.

A neuf heures du soir, il rencontre les alguazils dans la rue, cause avec eux et n'est pas reconnu. Enfin, il atteint les frontières de l'Aragon, pays libre encore sous l'autorité monarchique, et dont le premier privilége soumet le roi lui-même à l'autorité des lois locales. Pendant que les portes de Saragosse s'ouvraient à lui et lui offraient un asile, on précipitait dans un cachot sa fille, ses enfants en bas-âge et sa femme grosse de huit mois. Malgré sa dissimulation habituelle, Philippe II laissait voir une inquiétude farouche. Il n'avait pu tuer ni Perez, ni son procès, ni le secret, ni le maître du secret. Son *fou* en titre d'office, s'écria comme il se mettait à table ;

« Pourquoi êtes-vous si triste, père ? Antonio Perez s'est sauvé ; tout le monde s'en réjouit, réjouissez-vous donc ! »

Le roi essaya tour-à-tour de l'indulgence et de la cruauté ; il fit relâcher, pendant quelques jours, dona Juana et dona Gregoria, femme et fille de Perez. Il faut lire, dans l'éloquente narration de Perez, les scènes héroïques, d'une profondeur et d'une énergie plus que tragiques, qui se passèrent entre ces femmes et les persécuteurs d'Antonio.

Dona Maria avait quelques parentes religieuses dans le couvent des dominicaines à Madrid ; elle savait que le confesseur du roi, l'un des principaux instigateurs de la persécution, Fray Diego de Chaves, devait s'y rendre un certain jour, et elle l'y attendait. Comme il passait devant le maître-autel de l'église, elle l'arrêta, lui rappela la parole qu'il lui avait souvent donnée de sauver Perez, lui demanda justice à grands cris et lui représenta l'atrocité et l'injustice dont son mari était victime. « Mais il était sourd, dit Antonio, car son âme était sourde. » — Alors, voyant le saint-sacrement sur l'autel, et se tournant vers lui : « Dieu, dit-elle, qui entends tout et qui vois tout, je te demande justice de cet homme, justice de cette iniquité, justice et témoignage en ma faveur ! » Le prêtre resta pâle, muet, comme frappé de la foudre ; et, après quelques moments de stupeur, il s'écria : « Qu'on fasse venir la mère prieure et les principales personnes du couvent, qu'elles viennent toutes, et qu'on les appelle. » Quand elles furent venues, on s'approcha de la grille du chœur, et le prêtre protesta devant elles des efforts qu'il avait tentés auprès du roi, de ses bons sentiments pour Perez, et de l'impuissance où il était de contraindre la volonté royale. — Mais (c'est Antonio qui parle) il n'y a tels maitres au monde que la douleur et la fidélité. Juana répondit au confesseur : « Ce que vous pouvez, je vais vous le dire : refuser l'absolution au roi et rentrer dans votre cellule jusqu'à ce qu'il fasse justice. Vous serez là plus grand que vous n'êtes ici. Vous êtes confesseur, le roi coupable, moi offensée ; je vous dis, bien qu'il ait la couronne sur la tête, que vous êtes plus puissant que lui ! »

Le confesseur se tut.

Telles sont les paroles même d'Antonio Perez, dont toute la narration est empreinte de cette énergique grandeur.

## § IV.

L'insurrection de Saragosse est fomentée par Antonio Perez.

Perez avait bien deviné que le peuple aragonais, jaloux de sa liberté, mécontent de Philippe, défendrait au prix de son sang la vie de l'homme qui venait lui demander protection. Philippe et ses ministres ourdirent plusieurs intrigues nouvelles pour détacher de Perez ses nouveaux protecteurs, et ce fut en vain ; témoins subornés, argent répandu, diplomates mis en campagne, ne firent qu'aigrir les esprits ; bientôt Antonio Perez devient le véritable chef de la population soulevée. L'inquisition voulut servir les intérêts du roi, et s'emparer de Perez. On transfère le captif dans le vieux palais des rois maures, l'Aljufera, devenu son palais; les insurgés entassent des monceaux de laine autour de l'Aljufera, que le peuple menace de brûler si on ne lui rend Antonio Perez.

Il fut ramené en triomphe dans sa maison, et tous les citoyens s'armèrent en faveur de la justice et de l'exilé. On avait confisqué ses domaines et ses revenus; il fut nourri par le peuple; « une fruitière dont la robe, dit-il, avait plus de reprises que de trame, et qui avait plus d'enfants que sa robe de reprises, vendait ses pommes et ses oranges à deux pas de ma maison ; elle m'apportait tous les jours un panier de fruits, et je fus très-étonné de trouver un beau matin, sous les fruits, dix réaux, les seuls sans doute qu'elle possédât. »

Les alcades mis en fuite ou tués, le vice-roi forcé de subir la loi populaire, les portes et les remparts gardés par les jeunes gens ne laissaient plus au roi d'autre moyen d'étouffer la révolte, que de faire marcher une armée; Perez monta à cheval avec son fidèle ami Gil de Mesa, et se retira, comme disent les Espagnols, « sur la montagne. » Il reparut ensuite à Saragosse ; mais bientôt, l'armée de Philippe s'approchant, il fallut qu'une seconde fois Perez et son ami allassent vivre à l'abri dans les rochers voisins.

De là, il passa en France, séjourna quelque temps

à Pau, où Catherine de Bourbon l'accueillit fort bien, et alla trouver Henri IV, qui goûta sa conversation, son esprit et son expérience et lui assura une pension. Il voyagea ensuite en Angleterre, obtint la protection d'Élisabeth et l'amitié du comte d'Essex, et passa le reste de sa vie à Paris, occupé à rédiger et à publier les mémoires, curieux à plus d'un titre, qui obtinrent le succès populaire dont nous avons parlé. Il se vengeait ainsi du monarque espagnol, qui voulut trois fois le faire assassiner, et qui n'y réussit pas; la première de ses tentatives est fort singulière dans ses détails :

« Une Béarnaise, dit Perez, belle, galante, hardie, reçut du roi d'Espagne dix mille écus et six chevaux magnifiques pour qu'elle attirât chez elle le fugitif et le remît entre les mains des envoyés de Philippe ; elle promit tout ; mais son bon naturel l'emportant sur les offres du roi, et l'amour *qui est à l'intérêt ce que l'or est au cuivre* lui donnant un conseil favorable à l'exilé, elle découvrit à Perez lui-même le complot dont on lui avait confié l'éxécution. »

Deux assassins, convaincus pour le même fait, furent pendus à Londres; et un ancien ennemi de Perez, un gentilhomme nommé De Mur y Pinilla, se chargea plus tard de cet office atroce pour satisfaire sa vengeance. Il fut roué à Paris, comme le rapporte l'Estoile dans son journal. « Le vendredi 19 janvier 1566, fut roué un Hespagnol en la place de Grève de Paris, atteint et convaincu d'avoir voulu tuer don Antonio Perez, secrétaire du roi d'Espagne, qui dès-longtemps suivait la cour, estant bien venu de sa Majesté pour lui avoir découvert plusieurs conseils et menées du roi d'Hespagne contre sa personne et son estat. — Lorsqu'on lui donna la géhenne, on lui trouva six doublons dans un coin de ses chausses, dont il y eut procès entre M. Rappin et le bourreau, à qui les aurait, soutenant l'un et l'autre que le dit argent leur appartenait. »

## § V.

#### Influence littéraire exercée par les mémoires d'Antonio Perez.

Telle fut l'étrange et aventureuse vie, qui, racontée avec une verve pleine de force et une éloquence peu réglée, mais naturelle et ardente, produisit en France une sensation aujourd'hui effacée. Elle fut très-réelle, comme le prouvent les nombreuses éditions, les extraits et les traductions dont nous avons parlé. Perez a mal coordonné ses Mémoires ; la finesse, le sens politique, la connaissance du monde et du cœur y abondent néanmoins. Balzac, qui ne cite jamais les auteurs dont il dérobe les pensées, lui a emprunté plus d'un axiôme. Quelques-unes de ses maximes retentissent dans l'airain puissant de Corneille. La publication des ses *Relaciones* et la traduction détestable de Dalibray précédèrent et annoncèrent la fusion des deux génies espagnol et français, qui s'opéra au commencement du XVIIᵉ siècle.

On n'avait pas encore songé, en 1580, à imiter l'Espagne intellectuelle. Au XVIᵉ siècle, elle dominait l'Europe épouvantée ; Charles-Quint recevait des mains de la fortune deux empires dans le Nouveau-Monde, terminait soixante-dix guerres à son avantage, remportait quarante victoires glorieuses, étouffait les révoltes d'Allemagne chassait les trois cent mille Turcs qui assiégeaient Vienne, et les deux cent seize mille hommes de Barberousse, pour aller finir par fabriquer des cages et des horloges dans une cellule. L'imitation étrangère ne s'attache à un peuple dominateur qu'après son triomphe politique ; nous eûmes des Balzac et des Corneille au moment où l'Espagne, malgré les efforts de Philippe II, s'affaissa sur elle-même. Ce fut alors que le banni, le meurtrier, le secrétaire-d'État Perez, écrivit sa défense et fit pénétrer chez nous le premier jet de l'influence espagnole.

Le commencement des influences, le premier mouvement de leur apparition et de leur pouvoir est chose difficile à observer. Elles s'insinuent par des fissures minimes et inaperçues. Les grandes causes éclatent au loin par des événements qui remuent ce monde, par les révolutions des empires et les chocs de la civilisation; mais des circonstances délicates et facilement oubliées amènent ce résultat définitif et décident ce l'on peut nommer l'inoculation intellectuelle des peuples. Au moment où l'Europe admire Louis XIV et tremble devant lui, elle n'imite encore ni Boileau, ni Racine ; cependant une belle duchesse qui a aimé Louis XIV tient, dans un petit coin de Londres, une ruelle française que Saint-Évremont dirige ; c'est là le foyer français de l'Angleterre nouvelle, c'est la source première qui alimentera un jour toute la littérature britannique, laquelle deviendra plus qu'à demi-française sous les règnes de Charles II, de Guillaume et d'Anne. Le génie de Shakspeare replie alors ses ailes et refoule ses rayons ; l'esprit délicat de Saint-Évremont et le sévère esprit de Boileau planent sur la littérature anglaise du XVIII° siècle;

elle aura pour expression Pope et Addison, intelligences qui sympathisent avec celles de Gassendi, de Fontenelle et de Molière.

Notre littérature, nous l'avons dit souvent (1), sans jamais perdre son caractère propre, a subi la loi inévitable, la loi féconde des assimilations, des influences, des alliances et des imitations.

Sa sève caustique et raisonneuse s'est enrichie par ce procédé de greffe savante qui rajeunit et propage les civilisations. Elle a été italienne, grecque, espagnole et latine. Les événements auxquels se rattachent ces révolutions littéraires sont curieux à étudier; cette étude offre autant de difficultés que d'attrait. Il en est de graves et d'apparents, sur lesquels personne ne se trompe, et qui frappent tous les yeux. Ainsi, l'influence italienne qui date de 1450 et se propage en France à travers le XVI° siècle tout entier émane évidemment des guerres de Charles VII et de Louis XII en Italie. L'histoire de cette influence n'a pas été écrite, et ses matériaux les plus curieux se trouvent enfouis dans le petit pamphlet de Henri Estienne, sur le *langage français italianisé*, dans les poésies de Marot, dans les lettres et documents en prose dus à quelques membres de la célèbre pléiade.

L'introduction de la sève espagnole, inoculation peu conforme à notre génie; ce mélange de pompe sonore, de circonlocutions hasardées, d'ornements prétentieux, de sentences gourmées, d'inventions fortes et de pensées énergiques, que l'on voit surgir dès le règne de Henri IV et qui se développe magnifiquement avec Pierre Corneille, pour traverser les rodomontades de Cyrano et les facéties de

---

(1) V. nos Études sur l'Antiquité. (Vues générales.)

Scarron, n'a pas une généalogie aussi facile à déduire et à analyser. Malherbe et Desportes ne sont pas encore imprégnés de cette saveur castillane ; chez Montaigne, on n'en trouve pas la moindre trace. Sous Anne d'Autriche et sa régence, on voit le cardinal de Richelieu, M^{me} de Motteville, Saint-Amand et Cyrano écrire *espagnolesquement*. A peine Louis XIV règne-t-il, la Grèce domine et corrige les grâces prétentieuses et mignardes de l'Italie et le luxe altier des castillans. Ce dernier disparaît tout-à-coup, sans que l'on sache par quelle voie il s'est introduit ni comment il s'est éclipsé.

J'ai dit que Perez, dont l'éloquence est précisément celle de Corneille, avait eu grande part à ce mouvement. L'influence espagnole n'a certes pas été créée par Antonio Perez, mais elle a été importée en France par lui, par ce meurtre si dramatique, par ce tissu de fourberies et de violences que Perez racontait à nos ancêtres et que nous avons redit tout-à-l'heure d'après lui. Le bannissement d'Antonio a donc été l'*accident nécessaire* qui devait greffer le génie de l'Espagne sur celui de la France.

## § VI.

#### Quels rapports unissent l'histoire littéraire à l'histoire politique.

Ceux-ci penseront que je fais l'histoire littéraire beaucoup trop romanesque, ceux-là jugeront que je fais le roman trop littéraire. Je convoquerai les uns et les autres, et je ne pourrai m'empêcher de leur dire :

« La synthèse littéraire vous déplaît ; je pense que vous

avez grand tort. Vous y voyez la confusion qui brouille tout ; j'y vois l'ordre qui compare tout. Je ne puis adopter l'idée généralement régnante au XIXe siècle et née du scepticisme du XVIIIe, que tout est faux et que tout est vrai, selon le titre de la comédie espagnole : *todo es verdad y todo mentira.* Une autre idée fausse et qui a été grandissant depuis cent-cinquante années, est celle-ci ; — que, pour arriver à la connaissance approfondie des objets, il s'agit seulement de les isoler ; que l'étude se concentre dans l'analyse : qu'il s'agit de séparer et non de comparer ; enfin, que les seuls instruments au moyen desquels on découvre la vérité, s'il y en a une, sont la loupe et le scalpel. Cette souveraine erreur est maîtresse et mère de quelques milliers d'erreurs.

« Je pense tout au rebours, qu'il y a une vérité, unique et grande, en littérature comme en morale, et que l'essence de cette vérité réside dans les rapports des objets entre eux, non dans les objets isolés. Vous avez fait, ô modernes analystes, des histoires des mathématiques, en dehors de l'histoire des arts et du commerce. Vous avez écrit sur la musique isolée de la poésie et de la religion. Vous avez écrit des pages sans fin sur les annales littéraires en dehors de la politique et du mouvement des nations. Pour analyser une fleur, arrachée du sol, privée du soleil, découpée dans ses dernières fibres.

Vous êtes descendus jusque dans les extrêmes résultats de la décomposition qui ne vous a pas appris grand'chose, et de l'isolement qui n'a pu vous révéler que les secrets de la mort. Alors les esprits justes qui sont les grands esprits, ont reconnu qu'ils tombaient dans des profondeurs sans issue et sans lumière, qu'ils se plongeaient vivants dans un puits où la vérité n'est pas ; qu'ils couraient risque de ne rien connaître en ne comparant rien, et que la science des rapports, la grande harmonie universelle, clé magique de tout ce qui est vie, amour, force et avenir, manquait à la science contemporaine. Les études exactes ramenèrent à cette vérité les vastes et sévères intelligences de Laplace et de Cuvier. La même vérité éclaira Schlégel, Goëthe, Coleridge. »

En France, d'excellents et rares esprits, au lieu de gravir péniblement et résolument ces Alpes délicieuses et charmantes qui mènent à la vérité littéraire, ont fait le coup de fusil dans les halliers comme des *bandoleros* et des *guerillas*. Ce résultat d'une lutte universelle, déplorable copie de la lutte politique nuit à la vérité comme à l'art. Il est beau de discuter et de combattre ; il est encore plus beau de créer. L'escrime est chose fort estimable et qui met en relief l'adresse et la vigueur ; mais se diriger vers un but et l'atteindre est un plus digne objet de l'énergie humaine. Créez donc et comparez, les unes aux autres les créations antiques pour en saisir le sens, ce qui est encore une création. Étudiez les rapports et les influences qui ont croisé, dans tous les siècles, le tissu de la civilisation.

C'est mieux que l'histoire littéraire ; c'est l'histoire de l'esprit humain. Il y a dans le cours éternel de l'intelligence, quelque chose de vivant et de lumineux qui manque à beaucoup de savants ouvrages. Chaque œuvre est un flot, et chacune des vagues concourt à la majestueuse unité qui s'avance sous l'œil de Dieu, réflétant le ciel et les rivages.

# LE MARINO,

SA VIE ET SON INFLUENCE.

DOCUMENTS RELATIFS AU CAVALIER MARINO.

Consulter. — Lettres du Poussin.
—————— de Malherbe.
Vita del Marino del Baïacca.
Corniani. Litteratura, etc.
Ferrari, etc.

# LE MARINO EN FRANCE

ET

# ET EN ITALIE.

(INFLUENCE ESPAGNOLE-ITALIENNE).

> *E del poeta il fin la mariviglia* (Le poète n'a pas d'autre but que d'étonner).
> GIAMBATISTA MARINO.

## § I<sup>er</sup>.

Scène napolitaine. — Triomphe du Marino.

Le 12 juin 1624, un cavalier fort maigre entrait dans la ville de Naples. Autour de lui bondissaient des lazzaroni noirs et haletants qui semaient les roses de Pœstum sous les pas de son coursier. Accompagné par des gentilshommes à pied qui, le chapeau à la main, le front nu sous l'ardent soleil, encourageaient l'ivresse populaire, il s'arrêtait fréquemment sous les balcons, d'où tombaient sur sa face ridée une pluie de fleurs, mille bénédictions confuses et mille éclairs enthousiastes lancés par des regards espagnols et napolitains. Quel triomphateur fut jamais ridicule? Celui-ci avait près de six pieds de haut, la mine longue et hâve, le cheveu rare et ébouriffé, l'œil distrait et égaré, le menton pointu, le nez petit, le teint plombé, la taille excessivement déliée, et les jambes d'une forme et d'une dimension très-menues. Ce long cavalier vêtu d'habits magnifiques assez mal ajustés, et qui portait une grande chaîne d'or pendue à son cou, saluait à droite et à gauche, d'un air content et distrait, pendant que les baise-mains lui arrivaient de toutes parts, du fond des carrosses, du porche des églises et du sommet des terrasses.

Le cheval du triomphateur était précédé par un jeune homme qui déployait en l'agitant un étendard de pourpre sur lequel brillaient sous le soleil ces mots brodés en or :

AL NOME
DEL CAVALIER GIO BAPTISTA MARINO (1)
MARE
D'INCOMPARABLE DOTTRINA,
DI FECONDA ERUDIZIONE.
ANIMA DELLA POESIA, SPIRITO
DELLE LETTERE,
NORMA DE' POETI, SCOPO DELLE
PENNE,
MATERIA DEGLI INCHIOSTRI,
FACONDISSIMO, FECONDISSIMO
TESORO DI PREZIOSI CONCETTI,
MINIERA DI PEREGRINE INVENZIONI,
FELICE FENICE DE LETTERATI,
MIRACOLO DEGL' INGEGNI,
STUPORE DELLE MUSE,
DECORO DEL LAURO, GLORIA DI NAPOLI,
DEGLI OZIOSI CIGNI PRENCIPE MERITISSIMO,
DELL' ITALICHE MUSE APOLLO NON FAVOLOSO,

(1) Et non Marini. Cette transformation du nom propre de *Marino* est répétée par tous les biographes et les critiques modernes qui se sont occupés de lui. *Marino*, en se donnant la finale *i*, confondait ainsi sa famille roturière avec les familles nobles, qui avaient le droit de prendre cette terminaison collective.

DALLA CUI GLORIOSA PENNA
IL POEMA RICEVE I PROPRII FREGI,
L'ORAZIONE I NATURALI COLORI,
IL VERSO LA VERA ARMONIA,
LA PROSA IL PERFETTO ARTIFIZIO,
AMMIRATO DA' DOTTI, HONORATO DA' REGI,
ACCLAMATO DAL MONDO
CELEBRATO DALL' ISTESSA INVIDIA
QUESTI POCHI INCHIOSTRI,
PICCIOLO TRIBUTO DI POVERO RIVOLI
DONATO FACIUTI
DEBITAMENTE DONA E MERITAMENTE
CONSECRA (1).

Le seigneur *Faciuti* (le petit ruisseau) secouait lui-même ce glorieux étendard, et toute la population napolitaine, ivre d'enthousiasme, criait : *Evviva!*

L'Italie et l'Europe, partageaient cet avis. On croyait, à Paris comme à Madrid, que le poète triomphateur effacerait à jamais Dante, le Tasse et l'Arioste, ses prédécesseurs, peut-être Homère et Virgile, ses maîtres.

(1) « Au nom du cavalier Jean-Baptiste *Marino*, mer d'incomparable doctrine, de *féconde* éloquence, de *faconde* érudite, âme de la poésie, esprit des lyres, règle des poètes, but des plumes, matière des écritoires ; très-*facond*, très-fécond, trésor des précieuses conceptions, mine d'étrangères inventions, heureux phénix des gens de lettres, miracle des génies, stupeur des muses, honneur du laurier ; gloire de Naples, prince des Cygnes Oisifs, Apollon non fabuleux des muses italiennes ; dont la plume glorieuse donne au poème la vraie valeur, au discours ses couleurs naturelles, au vers son harmonie véritable, à la prose son artifice parfait ; admiré des docteurs, honoré des rois, objet des acclamations du monde, célébré par l'envie elle-même ; ce peu de lignes, tribut d'un petit ruisseau, est dédié et consacré, etc. »

Le Marino n'était qu'un versificateur médiocre.

D'autres écriront, s'ils veulent, une biographie que nous avons lue dix fois écrite, et que les curieux peuvent aller retrouver chez Corniani, Salfi, Tiraboschi et une douzaine d'autres. Un problème plus curieux s'offre à nous : comment une médiocre intelligence parvint à conquérir, au milieu du XVII<sup>e</sup> siècle, le trône de la poésie en Europe, et pourquoi cette médiocrité a droit aujourd'hui à l'examen attentif de l'historien. Continuons le récit de ce triomphe.

Une foule de carrosses s'était avancée à seize milles de Naples au-devant du prétendu génie, et s'était arrêtée à Capoue. On voyait, à la tête de cette noble cohue d'admirateurs, le marquis de Manso, ancien ami et protecteur du Tasse, homme aimable, généreux, instruit, mais qui, hélas ! n'avait pas rendu au grand homme la moitié des honneurs qu'il prodiguait à l'homme habile. Sur la Chiaja, une voiture à six chevaux, appartenant au marquis, attendait le poète qui, fatigué de sa longue chevauchée, monta dans l'équipage, se déroba modestement à ses admirateurs, et alla se renfermer dans le couvent des pères théatins.

Ce trait d'humilité correspondait on ne peut mieux avec le reste de son adroite conduite. Marino eût éveillé quelque peu de jalousie, s'il se fût immédiatement dirigé vers le palais qu'il s'était fait construire sur le Pausilippe, en face du tombeau de Virgile. Là, une galerie de marbre renfermait mille tableaux de grands peintres, et il faut entendre le contemporain qui la décrit dans son style affecté. « C'était sur le Pausilippe, promontoire des délices, paradis de l'Italie que s'élevait cette habitation de Marino, belle et commode, toute remplie des dessins, des peintures et des tableaux dus aux plus célèbres maîtres de tous les temps, car ces nobles caprices faisaient la joie et la volupté du poète, et il n'y avait pas un seul artiste de talent qui ne voulût acheter au prix d'un de ses chefs-d'œuvre l'amitié du grand homme (1). »

Au sein de cette demeure enchantée, le Marino expira peu de temps après, étouffé sous les roses de l'admiration et de l'amour publics, sollicité par la cour de Rome et celle de France qui le regrettaient et le redemandaient à grands cris, admis dans l'intimité du vice-roi espagnol, petit-fils du terrible duc d'Albe; enfin le plus heureux, le plus célèbre, le plus chéri, le plus honoré des mortels. Les deux académies napolitaines s'étaient disputé le bonheur de l'avoir pour président, et celle qu'il avait daigné choisir renouvelait pour lui toutes les fois qu'il se présentait la scène de son triomphe. On accourait de toutes parts; dès qu'il ouvrait la bouche, un tumulte d'applaudissements (2) le contraignait à se taire (*un bisbiglio tale seguiva, che bene spezzo di fermar il raggionamento era costretto.*) Enfin il mourut, et ses funérailles furent célébrées non seulement à Naples, mais à Rome, avec une pompe que je ne décrirai pas; ce ne furent que panégyriques, homélies, dissertations, éloges, pluie de fleurs lugubres. On lui donna une statue non loin de celle de Virgile. Tout cela se passait en 1625. Il ne fallut pas vingt-cinq ans pour détruire ce trône poétique et briser cette statue glorieuse.

(1) Ferrari.
(2) Baïacca.

## § II.

#### Ce que c'était que le Marino. — Le poëte et le chef de parti.

Le cavalier Marin (comme on l'appelait en France sous Louis XIII), ou plutôt *Jean-Baptiste Marino*, fils d'un avocat de Naples, n'était ni cavalier ni gentilhomme. Chef de parti poétique, commandant à une tribu de jeunes et impatients esprits, on lui accorda tout ce qu'il voulut usurper.

Il entraîna sur ses pas les ambitieux, soumettant les intelligences à sa séduction, bouleversant un moment le domaine de la pensée, et méritant un double examen, comme révolutionnaire et comme écrivain. Il y a toujours dans de telles existences deux sortes de travaux : la vocation et le métier. Ces hommes appliquent au succès littéraire la finesse, l'habileté, l'audace, la ruse, le mensonge, la souplesse des politiques et des diplomates. Ouvriers de leur gloire en même temps que créateurs de leur faction, ils groupent les esprits, enrégimentent les intelligences, flattent, épouvantent, attirent, blessent, se vengent, établissent et consolident leur pouvoir, s'appuyant ici sur les puissants, là, sur les peuples, songeant toujours à eux-mêmes et comptant sur un petit bataillon d'écoliers dévoués qu'ils se réservent le droit de récompenser ou de mettre au rebut. Dépravant ainsi le pur exercice de la pensée, ils échangent l'estime des siècles contre la vogue de la fortune. Un orgueil intéressé les domine, et pour peu que le talent se mêle à leur intrigue, cette conspiration permanente de leur intérêt en faveur de leur renommée ne manque guère de réussir. Ils n'ont pas de tombe glorieuse, ils ont une vie bruyante.

Ce n'est point ainsi que Virgile rêvait, que Tasse s'enivrait de sa propre magie, et que Dante promenant son désespoir sur les débris du Colysée, remontait du fond des gouffres infernaux jusqu'à l'éternelle splendeur. La sublime incurie des intérêts terrestres, l'absence de la personnalité, marquent comme un sceau divin tous les fronts des poètes. M$^{me}$ de Staël observe avec profondeur que le succès dans le monde émane d'un égoïsme attentif, et que les triomphes intellectuels, cherchant la vérité, non le succès, exigent le sacrifice absolu de l'égoïsme. Comparez la vie de Tasse à celle de Marino. L'un aspire à l'idéal, l'autre à la fortune ; l'un chante le dévoûment, le second la volupté ; Tasse flatte ceux qu'il aime, l'autre adule ceux qui peuvent lui donner ; l'un a quelques tristes amis et mène une vie inquiète, l'autre se fait suivre d'un bataillon composé des courtisans de sa vogue, rançonne la France et l'Italie, et se fait construire un palais à Naples ; l'un est le type de l'homme de génie, l'autre n'est qu'un homme d'affaires, spéculant en poésie.

Sous des nuances et des ombres diverses, voilà le rôle que jouèrent Stace parmi les Romains, Gongora chez les Espagnols modernes, Lilly en Angleterre, Gottsched en Allemagne. Revendiquons les droits de la pensée pure, de la méditation, de l'art, de la poésie, contre cet autre mode d'action intellectuelle qui consiste à être poète comme on est banquier, écrivain comme on est *bandolero*, critique comme on est factieux, artiste comme on est chef d'insurgés. Dans cette dernière et trop fréquente hypothèse, l'inspiration demeure esclave de l'intérêt. On fait émeute dans la littérature. On chauffe ses boulets rouges de métaphores, on pointe ses batteries d'épigrammes, pour renverser la citadelle ennemie ; on s'impose au public ; on chante le *Te Deum* de sa propre gloire, au milieu d'une foule idiote et stupéfaite. On applique à la poésie et à la philosophie les maximes du *Prince* de Machiavel et l'*Art militaire* de Végère ; confondant le but de l'art avec celui de la politique, et oubliant que si la dernière vise au succès, l'autre cherche le vrai et le beau.

Cette confusion, qui serait dangereuse si le temps n'en faisait bientôt justice, a lieu surtout après les époques de troubles civils, lorsque tous les esprits conservent encore l'impression orageuse laissée par les révoltes et les changements de dynasties. Pourquoi la gloire littéraire, se demande-t-on, ne serait-elle pas le prix d'une insurrection ? Qui nous empêche d'être révolutionnaires de la pensée ? Ainsi parlèrent Ronsard et Lilly, Gongora et Marino.

Les uns, après le XV<sup>e</sup> siècle, imitent la révolte des Guises ; les autres, après le XVIII<sup>e</sup> siècle, imitent l'outrecuidance de Bonaparte. Entre les années 1590 et 1615, le ton de la poésie et de la prose, en Espagne, est l'écho ridicule du ton belliqueux et insultant des Gonzalve et des Cortez. La plupart des écrivains de ce pays et de cette époque, par exemple Montemayor (1), Montalvan (2), Alarcon (3), jettent au public les plus ridicules défis. L'insolence politique et guerrière déteint sur les mœurs littéraires. Voici la préface d'un de ces poètes rodomonts : « Lecteur, cent à

---

(1) Auteur de la célèbre pastorale intitulée : *Diane*.
(2) Auteur dramatique et romancier.
(3) V. plus haut nos ÉTUDES sur Alarcon.

parier contre un que tu es un sot. Dans ce cas, lis-moi et apprends. Si, par hasard, tu étais homme d'esprit, lis-moi et admire (1). » Cette mode singulière d'insulter ses juges et de narguer ses lecteurs, passa en France sous Louis XIII avec toutes les modes espagnoles, et fut admirablement cultivée par La Calprenède, Scudéry et l'auteur du *Voyage dans la Lune*. Ce travers n'a point élevé les véritables talents; il n'a pas grandi les médiocrités. Les hommes distingués, qui ont d'abord suivi le torrent, ont toujours fini par se dépouiller, en montant, de ces scories de leur époque, et il nous serait facile de citer les plus grands, tels que Racine, Corneille, Shakspeare, dont le génie s'est réfugié dans son vrai sanctuaire, dans cette contemplation pure et mâle, dans cette recherche solitaire de l'idéal et du beau que le tourbillon poudreux des passions contemporaines avait d'abord voilé à leurs regards.

Marino n'était point un homme de génie; c'était un homme d'esprit, charlatan de génie. Il trouva ses contemporains préparés à se laisser séduire par les chants lascifs et les images étincelantes. Il versa le nectar italien dans la coupe d'or de l'Espagne; son siècle s'enivra de ce prestige. Des vices des deux nations il fit sa séduction particulière; la sensualité mêlée à l'afféterie, l'emphase dans la recherche, composèrent ce breuvage d'Armide, que le grand Corneille éloigna de ses propres lèvres.

A cette dextérité corruptrice, Marino joignit toutes les adresses et toutes les audaces des chefs de parti; il eut des querelles, des amis, des ennemis, des duels, des haines, des flatteries, des princes pour séïdes, d'autres princes pour adversaires. Il fut un peu Tartufe, un peu Tuffière, un peu

(1) V. plus haut nos Études sur Alarcon, p. 180.

Lovelace, un peu Figaro. L'affectation du costume, la gravité de la tenue, l'ironie secrète, l'inépuisable fécondité des œuvres devinrent ses moyens accessoires; et, ceignant une couronne de papier doré, il fut le dieu poétique de l'Europe frivole et abusée.

## § III.

Comment Marino s'empara du crédit littéraire. — Marino appelé à Paris par Concini. — Vraie naissance des *précieuses*. — L'origine de ces dernières est italienne-espagnole.

Il y a, nous en convenons, une puissance chez celui qui s'empare de son époque, fût-ce pour la séduire et la corrompre. Ce n'est pas chose si facile qu'on le pense, de profiter des vices d'un temps, et de le dominer par la sympathie de ses propres vices. Marino, que ses biographes nomment *Marini*, et que la France vénéra, de 1610 à 1650, sous le nom du *cavalier Marin*, sut profiter de diverses circonstances favorables qui, ménagées par son habileté, le conduisirent au point de splendeur littéraire dont nous avons vu tout-à-l'heure le dernier terme.

L'Italie avait dirigé, depuis deux siècles, la civilisation intellectuelle. Après avoir produit Dante, Boccace, Pétrarque, Arioste, Tasse, Bembo, Machiavel, et presque tous les maîtres de l'esprit humain au XIVe et au XVe siècle; après avoir présidé à l'éducation de Shakspeare et de

Spenser en Angleterre, de Montaigne et de nos savants en France, l'Italie s'affaissa sur ses trophées. Nous avons vu le tour de l'Espagne arriver.

Le génie espagnol doué d'une sève moins sympathique, plus altière, d'un plus dangereux exemple, immolait volontiers la beauté à la grandeur et la pureté à l'éclat; fécond en traits sublimes, riche de couleurs ardentes, inépuisable en inventions héroïques. La lumière plus modeste et plus sereine, dont la muse italique s'était couronnée, pâlit alors et sembla s'éteindre, absorbée par ces ardents rayons. Parmi les auteurs italiens, ceux-là même qui s'élevaient avec amertume contre la domination politique de l'Espagne, tel que le satirique Boccalini, Paruta et plusieurs autres, furent les premiers à livrer la littérature de leur pays à l'invasion d'un génie étranger; ils créèrent une prose hispanique-italienne, mêlée de finesse et d'emphase, d'éclat et de facilité. Cette transformation singulière, et en définitive malheureuse, fut opérée par Marino dans le domaine de la poésie avec le succès extraordinaire que nous venons de rapporter et que nous allons expliquer; les résultats de son triomphe s'étendirent beaucoup plus loin qu'il ne l'espérait. L'Europe intellectuelle, un peu lasse déjà d'imiter l'Italie, penchait légèrement vers l'imitation de l'Espagne; elle se soumit tout entière à ce Napolitain, qui offrait un double titre à sa sympathie, un reflet espagnol dans un modèle italien.

Le hasard et l'adresse concouraient donc à sa gloire; c'était un esprit frivole, lumineux et varié; jamais le côté sérieux de la vie humaine ne l'avait inquiété. Il avait passé sa jeunesse à Naples, au milieu des intrigues amoureuses; et comme il avait aidé un de ses amis à enlever la maîtresse d'un seigneur espagnol, on l'avait jeté en prison pour quelques semaines. De Naples et de ses délices, il avait été à Turin, où la même vie de plaisirs faciles s'était mêlée de combats littéraires couronnés d'un coup de pistolet, que son adversaire tira sur lui. Bon exploitateur des circonstances, habile à se mettre en scène et à se parer d'une lumière favorable, il avait donné à ce coup de pistolet tout le relief possible; la grâce de l'assassin demandée par l'assassiné, avait jeté sur sa tête bouffonne et voluptueuse un reflet héroïque. De frivolités en frivolités, rimant sur toutes choses, brodant tous les sujets, déclarant la guerre aux Anciens, abordant les peintures les plus graveleuses, attachant à ses poèmes l'enseigne du jeu de mots et du calembour, semant les poèmes de toute sorte sur sa route aventureuse; il avait, en 1606, absorbé toutes les renommées, et rejeté Dante et le Tasse dans l'obscurité.

Cette portion solide et fondamentale du talent, le bon sens, qui ne manquait pas à l'Arioste, encore moins à Cervantes, lui était étrangère. La couleur, la transparence, la verve, la facilité, la fluidité, l'harmonie, l'invention, la vivacité, la grâce, la saillie de l'esprit... que de qualités ! quelle perte de qualités ! elles ne servirent qu'à énerver encore l'épuisement italien.

Au talent dépravé de Marino, appartint la mission singulière que nous venons d'indiquer, que personne n'a observée et décrite; ce fut lui qui continua la propagande d'Antonio Perez (1), et qui imposa à la France et à l'Europe, le nouveau génie *italo-hispanique*, génie hétéroclite et sans unité, qui s'était emparé de l'Italie nouvelle, et dont le foyer se trouvait à Naples sa patrie. Instrument de transmission aussi active que contagieuse, Marino imprégna de

---

(1) V. plus haut notre ÉTUDE sur A. Perez.

cette sève ingénieusement fatale, une portion notable de la société française, tout l'hôtel de Rambouillet, les Cotin, les Perrault, les Boursault, les Godeau, les Voiture et les Saint-Amant. Déjà il avait produit en 1606 dix volumes de riens sonores, de rimes amoureuses, bocagères, morales, lyriques, héroïques, satiriques, comiques, bulles d'air merveilleusement cadencées, chefs-d'œuvre d'habileté puérile. Plusieurs fragments de son poème épique, consacré aux amours d'Adonis, s'étaient répandus en Europe, et la renommée le proclamait maître des maîtres, supérieur au Tasse, chantre des voluptés les plus délicates, arbitre du goût, roi de l'harmonie et de l'art des vers, lorsqu'un de ses compatriotes le fit venir en France. Cet Italien n'était autre que Concino Concini, maréchal d'Ancre, favori de la reine, bientôt mis en lambeaux par les Parisiens fatigués de son luxe et de son arrogance, peut-être aussi de son élégante supériorité.

Marino avait quarante ans, l'expérience du monde, la connaissance des cours; il profita de cette invitation, et fit sa fortune.

Le séjour du *cavalier Marin* à Paris est une date importante dans notre littérature.

Rue Saint-Thomas-du-Louvre, non loin du Palais-Cardinal, s'élevait, en 1615, du sein des toitures aiguës qui caractérisaient les vieilles constructions de la bourgeoisie parisienne, un hôtel remarquable par le goût italien de l'architecture. C'est cet hôtel *Pisani*, ou Rambouillet, que que les *précieuses* choisirent pour quartier-général, et que distinguaient la splendeur recherchée des ornements, le style magnifique et coquet de ses vastes jardins, et surtout l'élégance des gens qui le fréquentaient. La maîtresse du logis, plus distinguée que jolie, plus gracieuse que tendre, femme italienne, Pisani par son père, Savelli par sa mère, avait épousé M. de Rambouillet, grand-maître de la garderobe sous Louis XIII. Autour d'elle se réunissaient les débris de la cour italienne de Catherine de Médicis et les gens qui, en France, visaient au bel esprit. Vraie fille du XVI<sup>e</sup> siècle italien (1), elle aimait les raffinements et les délicatesses : elle donna le ton à cette coterie. Dès les premières années du XVII<sup>e</sup> siècle, on vit se préparer, sous son influence, le berceau des Cotin, des Boursault, surtout de Voiture, l'idole du lieu. Chapelain alors jeune préludait à son autorité dans la maison, et s'arrogeait déjà cette puissance de critique littéraire qui dispense souvent un homme de bon goût et de génie. La frivolité s'alliait ainsi au pédantisme; on avait grande horreur du langage bourgeois, du parler vulgaire, de tout ce qui sentait la place publique, le cabaret et la boutique. Un petit monde exclusif faisait cercle dans le boudoir d'*Arténice ;* pour se distinguer du commun peuple, on avait changé de nom. Chacun empruntait un nouveau baptême d'élégance, qui à Bembo, qui à Sadolet, qui aux romans de chevalerie, mais surtout à l'Arioste et au Tasse ; un parfum venu d'Italie embaumait de sa quintessence cette maison livrée aux raffinements exotiques et aux délicatesses inconnues.

Ce sont là ces *précieuses* et ces *précieux* contre lesquels Boileau, Racine et Molière s'armèrent, trente ans plus tard, de la colère du bon-sens ; on les chassa aisément, ils n'étaient pas Français d'origine. Tout gentilhomme, admis à pénétrer dans la « chambre du génie » (c'était le nom donné à l'appartement destiné aux lectures), devenait par là même *précieux* au monde. Chacune des paroles qui tom-

(1) Voyez Tallemant des Réaux.

baient de ses lèvres était recueillie comme perle *précieuse*. Les gens de cour briguaient la faveur d'une présentation chez Arténice ; les évêques rimaient des madrigaux pour la suzeraine ; l'évêque Godeau se parait du titre de « nain de Julie, » et tous les hommes à la mode prenaient part à cette « *illustre galanterie* de la guirlande, » comme disaient les contemporains. L'hôtel Pisani menait aux honneurs et au crédit ; Chapelain le savait bien, ce pédant si prudent, qui ne négligeait aucune occasion de bénéfice. Le coadjuteur était ami de la maison ; tout le monde s'y montrait galant, amoureux des lettres, un peu frondeur, médiocrement dévot, et complètement voué aux élégants plaisirs.

Rire des *précieuses* après Molière est bientôt fait ; on devrait reconnaître que le règne passager de l'hôtel Pisani a marqué une nouvelle phase dans l'histoire de la société française.

La chambre d'Arténice est le théâtre de cette transition qui s'est opérée, des troubles de la ligue au règne de Louis XIV. Au commencement du XVIIe siècle, l'hôtel Pisani continue et régularise en France l'influence du génie italien, déjà déformé, infidèle à ses origines, soumis par un enchaînement de circonstances que nous avons indiquées à l'usurpation du génie espagnol.

Les premiers membres de la coterie italienne *des précieuses* ne méritent pas un mépris absolu. Notre nation, vive, sociable, facile, imitatrice, exclusivement guerrière jusqu'alors, n'avait au XVIe siècle ni points de réunion ni habitudes de conversation élégante. Les *Pisani* et leurs amis, tous Italiens devaient, comme cela était arrivé au Tasse et à Machiavel, comparer avec dédain notre demi-civilisation un peu grossière à cette autre civilisation fleurie et énervée, pleine de recherches somptueuses et de grâces en décadence, qui comptait par de-là les Alpes trois siècles et demi de luxe et d'éclat. Ils faisaient donc mille efforts pour se distinguer du vulgaire parisien, pour effacer la rouille gauloise et s'élever à une sphère de civilisation plus ornée et plus délicate. Depuis cent années, le rayonnement de l'Italie lettrée avait ébloui la France, comme ce bon Henri Estienne s'en plaignait amèrement (1) ; alors l'inoculation des vices et de la débauche, s'opérant avec une violence effrénée, avait arrêté l'assimilation des études et des esprits chez les deux peuples. Vers la fin du XVIe siècle seulement, Desportes et Bertaud essayèrent de transplanter dans la littérature française quelques-unes des grâces italiennes. Madame de Rambouillet s'empara de ce dernier mouvement, elle en fut le véritable chef, et le perpétua au sein du siècle même de Louis XIV.

Elle parvint donc à fonder, au sein de l'hôtel Pisani, une véritable cour de petit prince d'Italie, une académie dorée, dansante, pimpante et versifiante, qui se pressait en babillant autour de la reine Arténice. On y inventait mille gentillesses, on y faisait mille jolis tours ; on rivalisait de fadaises agréables. C'étaient des portraits et des épigraphes, des apparitions et des mascarades, des espiègleries, et des surprises, le tout assaisonné de belle littérature et de souvenirs mythologiques, pour ne pas se confondre avec les bourgeois. On ouvrait tout-à-coup une porte à deux battants, et la belle Arténice apparaissait en costume de Diane ou d'amazone, à la lueur de mille bougies. Un jour que l'on recevait un évêque on disposait, autour d'un rocher orné d'une estrade, vingt nymphes vivantes et belles,

(1) Du langage français italianisé.

assez légèrement vêtues, groupées comme dans un tableau du Guide, armées de leurs lyres et de leurs guirlandes, et qui produisaient sur l'âme du vénérable Druide une sensation extraordinaire; ces heureux enfants trouvaient une joie infinie dans une telle mise en scène italienne. Le génie qui planait sur les jardins enchantés et l'agréable palais de la rue Saint-Thomas-du-Louvre, n'avait assurément ni sévérité ni grandeur, mais il se distinguait par la grâce et l'élégance, qualités dont on avait besoin alors : il adoucissait, par une certaine galanterie délicate, la sensualité vive et tant soit peu cavalière, que notre race gauloise a toujours laissée paraître en affaires d'amour.

Tout le mouvement intérieur de cet hôtel de Rambouillet, plaisanteries, surprises, ballets épigrammatiques, représentations mythologiques, enfantillages charmants, conduisait doucement la société française à son beau développement du siècle de Louis XIV.

Alors parut le Marino; alors Anne d'Autriche et le cardinal de Richelieu firent dominer l'influence espagnole; Mazarin et les Pisani continuèrent à soutenir un débris de l'influence italienne déjà modifiée. Une certaine liberté d'opinions politiques donnait plus de vivacité aux plaisirs puérils de la coterie *des précieuses;* Richelieu n'aimait guère l'hôtel de Rambouillet; Mazarin comptait ses plus vifs ennemis parmi les habitués de ce palais. L'esprit français y conservait sa vivacité frondeuse, qui se raffinait et se subtilisait chaque jour. La manière de tapisser les appartements, de tenir une grande maison était enseignée aux gentilshommes de France, par l'exemple de Julie d'Angennes; et quand Marie de Médicis voulut construire son palais du Luxembourg, elle exigea que les fenêtres en fussent dessinées sur le modèle des fenêtres italiennes de l'hôtel Pisani.

## § IV.

#### Influence du Marino. — Sa lettre sur les mœurs parisiennes.

Ce fut donc une grande joie parmi les adeptes de ce cercle italien qui venait d'éclore en 1606, quand on apprit que le plus grand poëte de l'Italie, le Marino, invité par le maréchal d'Ancre à visiter la France, allait se rendre à Paris.

Il n'y apporta point ce que l'on espérait; on attendait de lui les fruits de la civilisation italienne pure, la vieille poésie du Tasse et de l'Arioste. Mais lui, représentant d'une société nouvelle dénuée de toute énergie, d'âme politique, de nationalité et de courage ; lui, mélange hétérodoxe des languissantes voluptés de Venise et des inventions arabes de l'Espagne ;—joignant le cliquetis de mots à la sonorité des phrases, et l'exagération des images à la subtilité des *concetti*; — rachetant tous ces vices par une limpidité de diction (1) extraordinaire et une fécondité d'imagination étrange, il communiqua aux esprits français un double ébranlement. Les uns, comme Cyrano, Balzac, Scarron et Rotrou, inclinaient vers l'imitation espagnole ; les autres, comme Voiture et Durfé, préféraient les modèles italiens ;

(1) *Lævis præter fidem sermo.* Pallavicini.

tous acceptèrent l'autorité d'un poète à la fois italien et espagnol.

Dieu sait quelle fête lui fut faite. Il avait, je l'ai dit, l'expérience de la vie et la connaissance des hommes; il se montra peu, afin de ne pas user l'idole. Il amassa beaucoup d'argent, se doutant apparemment que c'était là le plus clair résultat de sa gloire; il ne se communiqua guère que par ses œuvres, que l'on admira sur parole. Plus intéressé que vaniteux, plus habile à capter autrui que facile à séduire, il se moqua de tout le monde, et commença par jouer Concini. Après la première audience accordée à Marino, celui-ci lui dit en français qu'il pouvait se faire remettre cinq cents écus d'or au soleil par son trésorier; c'était déjà une somme assez ronde; mais notre napolitain qui, disait-il, ne comprenait pas bien le français, en demanda *mille* qu'il toucha (1). « — Diable! (s'écria en italien le maréchal la première fois qu'il rencontra Marino) vous êtes bien napolitain, mon cher cavalier! On vous donne cinq cents écus, et vous vous en faites payer mille! — Excellence, répliqua-t-il, Votre Altesse est heureuse que je n'ai pas entendu trois *mille*. Je ne comprends pas le français. »—Enfermé dans une mauvaise auberge de la rue de la Huchette, n'affichant aucun luxe, se refusant aux avances et aux politesses des beaux esprits, envoyant à Naples pour la construction de son palais et le paiement de ses tableaux l'argent qui lui venait de toutes parts, il se parait d'une hypocrisie de distraction poétique et d'abstraction savante qui le faisait passer pour un génie. On racontait avec adoration, à l'hôtel Pisani, que le cavalier, assis devant le foyer de son auberge, absorbé par la méditation et la composition d'une

(1) Ferrari.

stance, avait laissé brûler sa jambe, sur laquelle un tison embrasé avait roulé sans qu'il s'en aperçût. D'ailleurs il avait fort à faire ; jour et nuit il travaillait ses dithyrambes en l'honneur du pouvoir ; c'était assez pour lui de couvrir de stances hyperboliques la nation, le roi défunt, la reine régente, le maréchal d'Ancre et le petit Louis XIII. Marie de Médicis, dont il a loué la bouche, les mains, le pied, les cheveux et la taille en plus de six cents vers, les premiers qu'il ait faits à Paris, pensait, à juste titre, que c'était le plus grand des poètes du monde, et lui assurait une pension de deux mille écus d'or. Toutes les fois que *la grande carrosse dorée* de Marie de Médicis rencontrait près du Louvre, le cavalier Marin sur sa petite mule, la femme de Henri IV faisait arrêter sa voiture et causait longtemps avec ce merveilleux poète, qui devait transmettre à une postérité reculée les beautés corporelles de la reine : *le bellezze corporali de la reina.* Le boudoir d'Arténice était en extase devant le maigre cavalier.

On attendait avec impatience la publication complète de l'*Adonis*, ce grand poème dont il avait déjà publié quelques parties, et qui devait plonger l'Iliade et l'Odyssée dans le néant. Dès que les vingt chants de ce poème furent enfin imprimés, Chapelain, l'oracle du goût, prouva savamment, dans une lettre à M. Fauveau, laquelle sert de préface au chef-d'œuvre, que l'*Adonis* ne pouvait être autrement conçu, autrement écrit, selon les règles d'Aristote. Il fallut que le marquis de Manso, qui se trouvait alors à Paris, arrachât le Marino à son auberge de la rue de la Huchette, et le logeât chez lui. *(Splendidamente l'allogiò, regiamente l'accompagnò e magnificamente cavalli, ed altri nobili arredi donar li volle).* Le Marino riait dans sa barbe de cet enthousiasme, et ne ménageait guère dans sa correspondance particulière la nation qui faisait sa fortune.

Il avait raison ; non-seulement cet engouement excessif prêtait à la raillerie, mais les mœurs et les costumes de cette confuse époque, dont Callot est l'interprète le plus lumineux, étaient pour lui un sujet d'ironie continuelle. Il écrivait à son ami, don Lorenzo Scoto Espagnol, une lettre digne de Quevedo (1), imprimée à la fin de cette détestable édition de l'*Adonis*, publiée à Paris, en 1680, sous le nom d'Amsterdam, lettre qui, sauf quelques obscénités impossibles à reproduire, mérite d'être lue. La médiocrité bouffonne de cet esprit, qui ne voyait en France, sous Henri IV ou Louis XIII, autre chose que des fraises empesées et des bottines enrubannées, la vivacité frivole du Napolitain, la spirituelle pantalonade de ce roi littéraire qui trôna pendant vingt ans y éclatent d'une manière charmante.

« Apprenez que je suis à Paris (écrit le Marino), m'adon-
» nant sans réserve à la langue française, dont je ne sais
» encore que deux mots : *oui* et *non*. C'est un assez beau
» progrès : tout ce que l'on peut exprimer au monde se ré-
» sout en négation et en affirmation. Que vous dirais-je du
» pays ? C'est un monde pour la grandeur, la variété, la po-
» pulation ; un monde aussi d'extravagances. Notre globe
» n'est beau que par l'extravagance ; il ne vit que de con-
» trastes, dont l'union se soutient. La France est le lieu du
» monde où il y a le plus de contrastes et de ces choses
» disproportionnées dont l'harmonie discordante soutient
» un pays. Costumes bizarres, folies terribles, mutations

---

(1) Auteur espagnol célèbre par l'originalité souvent bouffonne de ses conceptions.

» continuelles, guerres civiles perpétuelles, désordres sans
» règle, excès démesurés, combats, querelles, violences,
» embrouillaminis, ce qui devrait la détruire la fait subsis-
» ter. Je vous dis que c'est un monde, un *mondasse* plus
» extravagant que le monde même. Tout y va sans dessus
» dessous. Les femmes y sont hommes, les hommes fem-
» mes. Les femmes sont reines à la maison et gouvernent
» tout. Les hommes usurpent la coquetterie, la pompe et
» l'élégance des femmes. Celles-ci s'étudient à sembler pâ-
» les, et vous diriez qu'elles ont toutes la fièvre quarte.
» Pour paraître plus belles, elles se mettent des mouches et
» des emplâtres sur la figure. Elles sèment leur chevelure
» d'une certaine farine qui blanchit leur tête, si bien qu'au
» premier aspect je les crus toutes vieilles. Quant au cos-
» tume, elles s'environnent de certains cercles de tonneaux,
» qui s'appellent vertugadins, et qui leur donnent l'air so-
» lennel, elles occupent plus d'espace. Voilà pour les fem-
» mes. Les hommes, dans le grand froid, se promènent en
» chemise. Il est vrai que la plupart ont soin de placer un
» habit sous la chemise. Ils ont la poitrine ouverte de
» manière à ce que cette chemise flotte au vent. Les
» manchettes sont plus longues que les manches, on les
» renverse sur le poignet, de manière à ce que de tous côtés
» la chemise empiète par dessus l'habit. Les hommes sont
» toujours bottés et éperonnés, et c'est une de leurs plus
» notables extravagances. J'en ai vu qui n'avaient pas un
» seul cheval dans leur écurie, qui peut-être n'avaient pas
» monté à cheval de leur vie, et qui ne se montraient jamais
» sans être bottés et éperonnés à la cavalière. Ils ont vrai-
» ment raison de prendre pour symbole le coq gaulois, qui
» a toujours ses éperons aux pattes. Coqs par les éperons,
» ils sont cardinaux par le reste de leur costume, la plu-

» part du temps rouge, quant à la cape et au pourpoint.
» Le reste de leurs habits est mêlé de tant de couleurs,
» qu'on dirait une palette de peintre. Ils portent des pa-
» naches plus longs que des queues de renard, et sur la tête
» une seconde tête postiche qu'on appelle une perruque.

« Voilà les habits qu'il faut que je porte pour être à la
» mode ici. O mon Dieu, si vous me voyiez engoncé dans
» ce vêtement de mameluck, vous ririez de toute votre âme.
» Mes braguettes laissant passer la chemise, sont à peine
» retenues sur mes hanches. Quant à leur profondeur, je
» doute que le grand Euclide pût le déterminer..... Tout
» cela est fortifié d'aiguillettes d'argent qui rendent ma
» situation fort difficile en certaines circonstances. Il a fallu
» deux aunes entières de dentelles pour me couvrir les jam-
» bes jusqu'à la moitié du mollet ; elles me battent perpé-
» tuellement la jambe. L'architecture de ce bel ornement,
» dont l'inventeur était certes un homme très-ingénieux,
» est dorique ; il a son contre-fort et son ravelin, bien jus-
» tes, bien plissés, bien arrondis, bien exacts. N'oublions
» pas qu'il faut placer sa tête au milieu d'un bassin de
» mousseline empesée dans lequel elle reste raide, comme
» si elle était de stuc. Quant à la chaussure, elle tient lieu
» à la fois de bottes, d'escarpins et de bas, et ne ressemble
» pas mal aux bottines de certaines vieilles gravures repré-
» sentant le seigneur Énéas. Pour les faire entrer, il ne faut
» pas se fatiguer beaucoup à battre du pied la terre, l'ou-
» verture en est si large, que l'on marche presque toujours
» à demi-chaussé. Sur le coude-pied s'étalent de belles ro-
» settes, ou plutôt des têtes de choux formées de rubans
» qui me donnent beaucoup d'analogie avec les pigeons
» pattus. Le talon est soutenu par un supplément de deux
» ou trois pouces qui me procure des airs d'altesse. Mon

» grand chapeau de Lyon, en feutre brun, porterait om-
» brage au roi de Maroc, il est plus aigu qu'un clocher de
» village. Ici, d'ailleurs, tout est pointu, chapeau, pour-
» point, bottes, coiffures, cerveaux, et jusqu'au toit des
» maisons. Les gentilshommes passent la nuit et le jour à se
» promener, et, pour une mouche qui bourdonne, ils se
» défient au combat. Duels de voler; épée au vent. Ce qu'il
» y a de pis, c'est qu'un cavalier qui a cette fantaisie en
» tête choisit ordinairement pour second le premier venu,
» même quand il ne le connaît pas, et, si ce dernier re-
» fuse, il est déshonoré; en voilà une, d'extravagance!
» Quelqu'un de ces jours, vous apprendrez que j'ai paré
» la tierce et la quarte en faveur d'un inconnu, et que je
» me suis laissé tuer par politesse. Entre amis on use de
» tant de cérémonies et de compliments, que, pour arri-
» ver à faire une bonne révérence, il faut aller à l'école
» chez un maître à danser, une conversation entre deux
» personnes commençant toujours par un ballet.

» Les dames ne font pas scrupule de recevoir des bai-
» sers en public, et on les traite avec tant de liberté, que
» le berger peut dire son fait à sa nymphe tout haut et
» très-commodément. Au reste, on ne voit que jeux, bal-
» lets, festins, conversations, mascarades et bonne chère.
» On tue plus de bestiaux en un jour que la nature n'en
» produit en un an. Ce ne sont que chapons embrochés,
» gigots et côtelettes qui tournoient jour et nuit devant un
» feu d'enfer et qui prouvent ainsi le mouvement perpé-
» tuel. On vend l'eau ainsi que les capres, le fromage et
» les châtaignes. Quant à des fruits, il n'en est pas ques-
» tion. Il vous faudrait donner des sacs d'or pour un limon
» et une orange. Le vin coule à torrents, et vous voyez
» perpétuellement la bouteille passer de main en main....

» Tout cela n'est rien auprès de l'extravagance du climat
» qui, se conformant à l'humeur des habitants, n'a ni
» stabilité ni constance. Les quatre saisons ont coutume de
» se montrer quatre fois par jour. Aussi faut-il se munir
» de quatre manteaux au moins, pour en changer à toute
» heure : le premier, pour la pluie ; le second, pour la
» grêle ; le troisième, pour le vent, et le quatrième pour
» le soleil. Au surplus, le soleil fait ici comme les femmes,
» ne se montrant jamais qu'en masque. La pluie est très-
» favorable à la bonne ville de Paris ; elle lave les rues
» qui, autrement, sont couvertes d'une diable de boue
» plus tenace que la poix. Ils ont sur leur Pont-Neuf, au-
» dessous de l'horloge qui sonne les heures, une statue de
» la Samaritaine, apparemment pour que les femmes de
» ce pays suivent son exemple et se pourvoient chacune de
» cinq maris. Leur langage est rempli d'extravagance ; ce
» que nous appelons *or*, ils l'appellent *argent* ; la *collation*
» est un *déjeûner* ; une *cité*, une *villa*. Ils ont emprunté
» à Godefroi de Bouillon une partie de son nom pour nom-
» mer ainsi le jus de la viande. Porter une botte ne veut
» pas dire donner un coup d'épée, mais être chaussé.
» Quand je reviendrai à Turin, préparez-moi un beau
» balcon où je me mettrai, avec mes habits français, comme
» un perroquet magnifique pour servir d'amusement aux
» petits enfants le jour du mardi-gras. »

Je n'aurais point cité cette bouffonnerie, si elle ne résumait en quelques pages la valeur intellectuelle de ce Marino, qui fut dictateur littéraire et usurpa en Europe la brillante place que Goëthe et Voltaire devaient occuper plus tard. Corneille vivait, et son talent allait être fort discuté. Montaigne venait de mourir ; la seule Mlle de Gournay protégeait sa mémoire. En 1609 Cervantes languissait dans l'indigence; Shakspeare oublié plantait ses choux à Strafford-sur-Avon, Marino les éclipsa tous. C'était le grand homme! Voyez un peu ce que c'est qu'un grand homme!

Il avait sa pension de 2,000 écus; l'*Adone* était imprimé, sa gloire était affermie, sa galerie de marbre était construite, l'hôtel Pisani et la cour se prosternaient devant lui. Rome l'attendait, Naples l'appelait. Il n'était pas de trempe à exposer sa vie et sa renommée pour son protecteur Concini. A peine le maréchal d'Ancre et sa femme eurent-ils été sacrifiés à la fureur du peuple et à la froide colère du jeune Louis XIII, notre cavalier eut peur et s'en retourna à Rome, puis à Naples, où nous l'avons vu faire son entrée triomphale.

## § V.

Analyse littéraire des œuvres de Marino. — Son système — Les Français l'imitent.

C'est ici le lieu d'examiner en détail les œuvres qu'il a laissées et auxquelles les peuples civilisés décernaient des récompenses si magnifiques. Le caractère et le stigmate de ce poète, c'est la frivolité; c'est un babil poétique, sans trêve et sans borne, sans passion et sans élan, sans sérieux et sans grandeur.

Quand les empires meurent, les avocats dominent; quand les littératures tombent, les parleurs triomphent. Les avocats conduisent la pompe funèbre des civilisations et les rhéteurs se chargent d'ensevelir les littératures. Si l'on veut consulter l'histoire, on verra l'art prétendu oratoire, c'est-à-dire le verbiage usurpateur, envelopper de sa prose l'empire romain mourant ; si l'on jette les yeux sur les annales littéraires, on verra la littérature grecque et italienne expirer sous le même verbiage poétique, sous ces draperies brodées d'une parole qui ne recouvre plus d'idées.

Marino, l'éternel bavard poétique de cette époque, le véritable promoteur de la décadence italienne, débuta par une chanson *des Baisers* (*i Baci*), qui courut toute l'Italie. Elle réunit les deux principaux mérites de tous ses ouvrages, le sentiment de la volupté et celui de l'harmonie.

Il avait à peine vingt ans quand il l'écrivit ; tous ses défauts s'y trouvent déjà. Mais ce n'étaient pas des défauts faibles, communs, vulgaires ; c'était le charlatanisme de l'expression, le contraste, l'effet, la violence, la singularité, l'imprévu, poussés au dernier terme. Ces pauvres *baisers* devenaient tour à tour une *médecine* (1), une *trompette* (2), un *combat* (3), une *offense* (4). La bouche était une *douce guerrière* (5), une *prison agréable* (6), un *corail mordant* (7), une *mort vivante ;* toutes ces inven-

---

(1)        Baci aventurosi.
              Ristoro de' miei mali, etc...
(2) Baci le trombe son.
(3) ..... Baci l'offese.
(4) Baci son le contese.
(5) Bocca, dolce guerriera...
(6) L'esser prigion s'appressa...
(7) Quel corallo mordace.

tions inouïes, qui devaient étinceler dans les milliers de vers que la plume de Marino allait donner au monde, se jouaient au milieu d'une description presque pathologique dans la curieuse recherche de ses détails, et dont les boudoirs italiens furent amoureux. L'éclatant succès des Baisers avertit le Marino de la gloire particulière qui lui était réservée. On vit couler de sa plume, comme un flot qui ne tarit plus qu'à sa mort, les *Rimes* « bocagères, champêtres, lugubres, amoureuses, capricieuses, héroïques, maritimes; » le *Chalumeau*, recueil d'idylles ; le *Massacre des Innocents*, le *Temple*, les *Panégyriques*, et enfin l'*Adonis*, que Marino termina en France. Tragique ou comique, descriptif ou passionné, le Marino ne sortit jamais du sillon tracé par son premier ouvrage. Il trouvait à ce genre de triomphe une facilité qui le charmait : il ne s'agissait plus de penser, de rêver, de combiner un plan, de chercher la pureté exquise de la forme.

A quoi bon l'idéal de Virgile et du Tasse ? N'est-ce pas assez d'étonner l'esprit et de réveiller les imaginations libertines ? Les *étoiles*, chez le Marino, deviennent les *torches du convoi du jour* :

> Tremoli famule belle,
> Dell' esequie del di chiare facelle;

elles se transforment ensuite en *danseuses perlées*, puis en *fleurs vivantes*, et ainsi de suite, pendant vingt strophes. Ce brodeur de poésie avait des ressources éternelles et toutes prêtes ; la fécondité des images ingénieuses et colorées le sauvait. Ne parlant jamais à l'âme, jamais à la rêverie, il faisait de chacun de ses vers un sujet d'étonnement nouveau pour le lecteur. C'était là ce qu'il appelait

ne pas imiter les anciens, et rejeter les vieilles modes.
« Au diable, s'écrie-t-il quelque part, les toques à la Pétrarque et les pourpoints tailladés comme en portaient nos pères ! »

Cette originalité prétendue, devenue calcul, réduisait la poésie à un certain emploi de recettes et de formules, mécanisme méprisable. La poésie qui doit naître de l'émotion et tendre à la beauté suprême, perdait ainsi sa chaleur intime et sa grâce extérieure. Elle se détachait de tous les sentiments honnêtes et sérieux de l'homme; elle flattait tous les vains caprices de l'esprit et toutes les sensations vulgaires du corps. Prodiguant les madrigaux et les stances, elle courait, comme une flamme inféconde et sans ardeur, sur la gaze des boudoirs et sur les stériles fleurs dont une beauté vénale est parée; elle était immorale parce qu'elle était frivole, vicieuse parce qu'elle était sans amour.

Nous ne parlerions point de cette poésie avec détail, nous ne lui consacrerions pas une attentive analyse, si elle n'avait trouvé en France un accueil trop tendre et trop hospitalier. Elle laissa dans notre littérature une trace qui, jusqu'à la fin du XVIII° siècle, ne s'est point effacée. Secondant de son exemple et appuyant de l'autorité de son nom les efforts de l'hôtel Rambouillet, Marino fut le véritable père *des galanteries sur une comète* par l'abbé Cotin, sur un petit chien, sur un baiser, sur un bouquet, sur un ruban. Marino a donné naissance à la poésie enrubannée de Voiture et au style pompadour de M. de Bernis. Vous n'avez qu'à lire un volume de ses vers pour y retrouver toute la menue poésie de notre XVIII° siècle et les petites grâces qui parsemaient le boudoir d'Arténice. Le hasard de sa naissance rendit son influence double. Italien, il servit néanmoins l'invasion espagnole ; car il était plus Napolitain qu'Italien, plus Espagnol que Napolitain.

Son arrivée en France, en 1615, coïncide avec la publication des mémoires espagnols d'Antonio Perez, dont il parle dans ses lettres (1) ; de ce Perez, aujourd'hui fort oublié, important alors, ami d'Essex et favori d'Henri IV (2). Il faut voir comment Walter Raleigh et le philosophe Campanella (3) s'expriment sur le compte de ce même Perez, secrétaire de Philippe II. A Perez, premier introducteur de l'imitation espagnole en France succéda Marino.

Marino n'était donc plus un Italien véritable, un peintre exquis de la beauté, un adorateur de la forme pure et de la grâce vivante ; il voulait trouver un coloris plus chaud que celui du Tasse et de l'Arioste ; il essayait des alliances d'idées nouvelles, il voulait étonner avant tout, et regardait la surprise comme le grand but de la poésie.

> E del poeta il fin la maruviglia ;
> Parlo dell' eccellente e non del goffo.
> Chi non fa stupir vada à la striglia.

Il envoie à l'*étrille* quiconque ne cause pas la *stupeur*.

(1) *Lettere del Caval. Marino. Venezia. Sarsina.* 1628, p. 200, l. 21.

(2) V. plus haut, ANTONIO PEREZ.

(3) Campanella cite à plusieurs reprise Antonio Perez comme l'un des hommes de l'époque qui émurent le plus vivement l'attention publique... *An hodierno regi non plurimom obfuit Antonius Perezius?* « (*De monarchiâ hispanicâ pag.* 75. ) — Perfidus ille Antonius Perez... » (Ibid. p. 368) — « Rex noster Aragonenses insimulavit conspirationis cum Antonio Perez initæ, etc. » (Ibid. p. 202. — Voir Walter Raleigh, *passim*.

Il a son système, qu'il développe fort longuement dans ses lettres et dédicaces, et spécialement dans celles qu'il adresse au poète Achillini, son élève, pire que le maître, comme cela arrive toujours. On remarque surtout en lui un mépris hautain de la critique et des critiques ; mépris qu'il accommode de toutes façons et qu'il assaisonne de métaphores et d'épigrammes.

« A quoi bon ces juges ridicules, ces arbitres prétendus,
» ces eunuques littéraires? Que viennent faire parmi nous
» ces gardiens impuissants du sérail ? Quelle autorité peu-
» vent prétendre ces misérables douaniers de la pensée, ces
» argouzins de l'art, ces commis de l'octroi poétique, les-
» quels s'en vont fouillant notre bagage, au risque de le
» flétrir et de le gâter. Mais leur pouvoir est peu de chose ;
» ils croassent comme les grenouilles, ne pouvant ni chan-
» ter ni mordre. Dieu bienfaisant n'a donné ni dents aux
» habitants des marais, ni génie aux critiques, et c'est une
» véritable bénédiction. Si les uns avaient des dents et les
» autres du génie, tout voyageur serait forcé de marcher
» avec une cuirasse et des cuissards, et aucun poète ne pour-
» rait faire des chefs-d'œuvre. »

C'est ainsi que notre homme d'esprit défendait son mauvais goût et sa réputation. Les contemporains adoptaient comme excellentes et ses raisons et ses poésies. Prédisposés à l'administration du goût mixte qu'il introduisait, à moitié vaincus par la contagion espagnole, séduits par ce nouveau coloris comme par un enchantement, ils proclamèrent roi des poètes le versificateur hybride, qui de deux génies admirables dans leur sève distincte et leur développement naturel composait un mélange faux. La France calqua les défauts de Marino, qui n'était plus, à vrai dire, ni Espagnol ni Italien, et crut imiter l'Italie ; il fallut trente années de luttes et d'efforts pour que le bon sens et la sagacité de la nation se dépouillassent de cet encombrement ridicule. La langue française s'était cependant enrichie, et parmi beaucoup de folies et de vaines affectations, on avait réalisé des conquêtes ou du moins des acquisitions précieuses.

Alors Boileau, entouré de génies plus féconds et non moins sages, de Molière, Racine et Pascal, vint la massue en main détruire les admirations dangereuses du demi-siècle qui le précédait. Marino fut traîné aux gémonies avec Théophile et Saint-Amant, ses fils naturels.

Quiconque révoquerait en doute l'influence exercée par ce versificateur fécond, nierait l'autorité de tous les mémoires contemporains, Conrart, Pélisson, Chapelain, Tallemant des Réaux. Il recuserait Marino lui-même, qui, dans sa préface adressée à l'Achillini, cite comme ses imitateurs Desportes, Vaugelas, Durfé et plusieurs autres. Faute d'étudier d'assez près le cours parallèle des littératures étrangères, on n'a pas dit de quelle puissance s'est longtemps armée cette école italo-hispanique dont Marino admiré au commencement du XVIIIe siècle s'est fait le représentant et le Dieu. Les défauts de Voiture, de Cotin, de Viaud, de Saint-Amant, n'ont pas d'autre source que ce mauvais modèle. La célèbre apostrophe de Théophile Viaud, s'adressant au poignard de Pyrame :

Il en rougit le traître,

est du Marino tout pur,

O bella *incantatrice!*
Quel tuo si dolce *canto*
Dolce *canto* non e, ma dolce incanto !

C'est absolument, sous une forme variée, le fameux distique ridiculisé par Molière :

> Ne dis pas qu'il est amarante,
> Mais disons-nous qu'il est de *ma rente?*

Lorsque Saint-Amant se livre à son minutieux amour des détails infinis, mettant les poissons aux fenêtres, et montrant

> Le petit enfant, qui va, saute, revient,
> Et joyeux, à sa mère, offre un caillou qu'il tient.

il copie littéralement l'*Adone*. Le *Moïse* sauvé, (1) qui développe en arabesques une histoire biblique, est composé sur le modèle de ce vaste poème, et vous croyez lire le cavalier Marin, quand vous trouvez chez Saint-Amant

> Ces nageurs écaillés, ces sagettes vivantes
> Que nature empenna d'ailes sous l'eau mouvantes.
> Montrant avec plaisir en ce clair appareil
> L'*argent* de leur échine à l'*or* du beau soleil.

Sismondi avoue qu'il n'a pas lu l'*Adone*, et il en parle avec un dédain rapide. Mais ce poème en dix mille vers a régi pendant vingt années le monde poétique; le Guide s'est inspiré de ces inventions. Toutes les épîtres à Chloris dont la monarchie française s'est vue inondée, n'ont pas d'autre source. Pour imitateurs, Marino a trouvé d'abord les victimes de Boileau, puis pour imitateurs involontaires Dorat, Bernis, le marquis de Pezay et leur suite. En vain

(1) V. plus bas, SAINT-AMANT.

le sage et sévère législateur lança la foudre contre l'idole ; en vain fut-il injuste envers le Tasse, à force de bon goût. L'autel tomba, les adorateurs survécurent; depuis Fontenelle jusqu'à Dorat, les *madrigaux sur une jouissance* et les *stances* sur « un petit chien que la marquise tenait dans ses bras » composent l'héritage direct du Marino. Plus puissant sur l'avenir que le Tasse, qui résumait le platonisme et le christianisme, c'est-à-dire le passé, Marino chantre des voluptés galantes a précédé Boufflers, Parny, Dorat, Bertin, moins richement doués que lui par la nature, quelques-uns plus purs et plus sévères dans l'emploi des mêmes artifices poétiques.

On n'a pas plus de facilité, de variété, de flexibilité, d'esprit, enfin de talent que ce poète. Chez lui, comme à la surface d'un lac sans profondeur, se reflète une civilisation que la volupté affaisse. Comme elle, il s'amuse de tout ; il ne tend à rien de grand, n'imagine rien d'utile, n'invente rien de fort. Dans le chant quinzième de son poème, il consacre cent dix strophes à une partie d'échecs jouée par Vénus et Mercure. Il est impossible de déployer une versification plus souple, une plus étonnante dextérité d'artiste, une plus grande fécondité de ressources. Les règles du jeu sont exposées nettement. Vous suivez la partie entière et vous la jouerez quand vous voudrez. Mercure triche, Vénus s'en aperçoit ; une suivante a secondé Mercure dans sa ruse, Vénus lui jette le damier à la tête, elle meurt sur le coup, et reste métamorphosée en tortue ; tout cela remplit cinq cents vers merveilleusement tournés.

Le poète, adoptant le premier sujet venu, attendait du hasard son inspiration. La source poétique ne jaillissait chez lui ni des profondeurs de l'émotion, comme chez le Tasse, ni de la perception des féeries de la nature, comme chez l'Arioste; Marino eût rimé une séance d'assemblée politique.

Ainsi le néant de l'âme se reproduit dans le néant des œuvres. Quoique l'on dise, le talent ne suffit pas ; il est dominé par une inspiration plus élevée, et c'est une étude d'un profond intérêt, que celle des littératures qui avortent; le talent même ne peut plus les féconder, quand l'énergie morale a péri.

Voyez un peu à quels dangers la France eût été exposée, si le génie de son peuple n'eût porté en lui-même le contre-poison d'un bon sens ironique et d'un jugement exquis. La souplesse naturelle et la mobilité invincible de notre race nous entraînaient vers l'imitation. Notre éducation première nous était venue de Rome dégénérée ; notre bégaiement s'était modelé sur les accents mesquins ou prétentieux d'Ausone et de Sidoine Apollinaire. Nous avions ensuite traversé les écoles du pédantisme scolastique pendant le moyen-âge et de l'allégorie froide au xve siècle. Notre idiome n'était après tout qu'un jargon romain, plus rauque vers le nord, plus suave vers le midi. Rien chez nous ne ressemblait à cette énergie originale que la nationalité teutonique devait à sa position isolée du monde romain. Nous n'avions pas reçu non plus, comme les italiens, la tradition directe et l'héritage immédiat de la langue et du génie antiques. Enfin, après avoir recueilli le misérable legs de la décrépitude romaine, nous subissions l'influence de la moderne décadence italienne et de la littérature espagnole dégénérée. Cet amas de mauvaises leçons et de mauvais exemples tombait sur la nature Gauloise, la plus souple de toutes, la plus active, la plus apte à l'imitation, la plus amoureuse de changements. Un facile et naïf attrait nous emportait tour-à-tour vers ces vices nouveaux, séduisants pour nous, qui n'avions rien de l'emphase ibérique ou de la langueur italienne. Mais si la France se laissa séduire, elle ne se laissa jamais absorber ; la broderie de ces nuances étrangères vint colorer le ferme tissu de l'intelligence française, et le fond de la trame résista toujours ; il se présenta chez nous, de siècle en siècle, des réparateurs actifs qui s'opposèrent à l'excès funeste des envahissements extérieurs et firent reparaître dans sa verte saveur la sagacité de notre esprit national.

Tels furent Calvin, Montaigne, Pascal, Bossuet dans la prose, Marot, Malherbe, Corneille, Racine, Boileau, Lafontaine dans la poésie. Non qu'il faille regarder tous ces grands écrivains comme hostiles à l'influence étrangère; ils l'adoptaient en la réglant; ils opéraient une fusion habile, au sein de laquelle l'esprit français dominait toujours. Marot et Rabelais sont en quelques parties Italiens; Corneille s'est assimilé ce que l'Espagne avait de plus grand ; chez Racine lui-même, une douce lueur de Guarini et de la *Diane* de Montemayor se joue avec une grâce et une réserve divines. Les écrivains que la faiblesse ou l'exagération de leur intelligence livrent à une imitation esclave, Balzac avec ses phrases espagnoles, Voiture avec ses concetti hispano-italiens, Cyrano, cousin-germain de Quevedo, Saint-Amant, héritier direct du Marino, n'ayant pas assez de bon sens pour avoir du génie, doués d'assez de talent et d'esprit pour suivre le progrès général de notre idiome, brillèrent un instant, puis disparurent, laissant des noms équivoques.

## § VII.

### L'Adone.

Il serait fort difficile d'associer ou d'intéresser le lecteur à une analyse de l'*Adone*. C'est à la fois un compromis entre la mythologie grecque et la féerie chevaleresque, entre la tragédie et l'imbroglio, entre l'hymne érotique et la description épique, entre les couleurs chrétiennes et arabes de l'Espagne et les souvenirs païens de l'Italie voluptueuse. C'est quelque chose de faux et d'incomplet, comme si deux nuances analogues et pourtant ennemies, deux lumières inconciliables cherchaient à se pénétrer sans y parvenir; à peine osons-nous rejeter dans une note l'échantillon de ce style (1),

(1)
    Come prodigiosa acuta stella,
    Armata il volto di scintille e lampi
    Fende del' aria, horibil si, ma bella,
    Passeggiera lucente, i larghi campi;
    Mira il nocchier, da questa riva e quella
    Con qual purpureo piè la nebbia stampi,
    E con qual penna d'or scriva e disegni
    Le morti à i regi e le cadute à i regni.
    . . . . . . . . . . . .
    Gran traccia di splendor dietro se lassa
    D'un solco ardente e d'auree fiamme acceso
    Riga intorno le nubi, ovunque passa
    Et trahe per lunga linea in ogni loco
    Stricca di luce, impression di foco.

que tous les beaux esprits admirèrent; style facile et étourdissant, fluide et coloré, italien et espagnol : sans arrêt, sans goût, sans pureté, scintillant d'une lueur phosphorescente et d'une verve qui fatigue le lecteur.

Si le style et la composition de l'Adone trahissent une intelligence médiocre et incomplète, la voluptueuse recherche des détails témoigne des incurables misères dans lesquelles l'Italie sociale était tombée. Le Marino n'est jamais licencieux dans le sens vulgaire du mot; ses expressions ne sont point grossières; *il cueille la fleur de l'âme sur des lèvres fraîches :* les plus voluptueux de ses tableaux, revêtus d'une certaine chasteté apprêtée, ne blessent d'abord ni l'oreille par des expressions déshonnêtes, ni l'imagination par des groupes lascifs ; mais à peine la stance de Marino s'est-elle déployée, toute cette gaze déliée et vaporeuse vous laisse

> Sul mar si cala e si com' ira il punge,
> Se istessa awampa impetuoso à piombo ;
> Circonda i lidi quasi mergo, e lunge
> Fa de l'ali stridenti udire il rombo.

« Il parcourt de ses ailes brûlantes, et plus léger que l'air, le che-
» min des vents. Telle l'étoile prodigieuse, éclatante passagère, ef-
» frayante et belle, fend les vastes espaces, le front armé d'éclairs; le
» nocher admire de l'une et l'autre rive de quel pied de pourpre elle
» frappe les nuages, de quelle plume d'or elle écrit et annonce la
» mort des rois, la chute des empires. Tel vole le dieu, laissant derrière
» lui une grande trace de splendeur; un sillon ardent, des flammes
» d'or inondent les nuages partout où il passe. Partout le suivent une
» longue traînée de lumière, une impression de feu.

» Il s'abaisse vers la mer, et ému d'une poignante colère, il se laisse
» tomber d'aplomb, rasant comme l'oiseau de mer les contours des
» rivages, et faisant entendre au loin le bruissement de ses stridentes
» ailes. »

apercevoir un raffinement extraordinaire de voluptés étudiées et de recherches plus que savantes. Ses réticences naïves sont plus obscènes que le cynisme et il use toujours d'une expression décente comme d'une amorce. *Les Baisers* de Jean Second sont des œuvres modestes, si vous les comparez aux rimes amoureuses de Marino; Parny et Bertin n'approchent point de ce chant de l'*Adone* intitulé *I Trastulli*.

Ce n'est pas que Marino se montre violent ou emporté; il se complaît dans une politesse de lasciveté élégante et pour ainsi dire systématique.

Professeur de sensualité, maître ès-arts dans sa doctrine, il nous présente gravement, comme une sorte de philosophie mystique, avec une méthode honnête et complaisante, les derniers raffinements d'un sybaritisme étudié. Il est plein de ménagements pour notre pudeur, et ces ménagements sont plus lascifs que la volupté. Semblable aux danseuses irritantes auxquelles l'hypocrisie du voile sert d'excuse et de séduction, on voit bien qu'il s'adresse à des gens habiles aux voluptés, blasés sur l'usage et l'abus des jouissances, désireux de raffinements, et qui distillent lentement le plaisir. Dix strophes suffisent à peine à Marino pour un baiser donné dans les règles; sa volupté n'a ni fureur ni pudeur. Sa muse n'est ni une bacchante ni une amante; c'est une courtisane trop énervée, trop souple et trop habile.

## § VI.

#### Un poème ridicule et une bonne action de Marino.

Nous avons vu le Marino transmettre à la France ce goût espagnol-italien qui modifia toute la littérature sous Louis XIII. Nous avons vu par quel concours de circonstances ce poète dénué de bon sens devint le maître du champ-clos littéraire. Il faut avouer aussi, pour expliquer son action et ses triomphes, que c'était un homme adroit en fait d'intrigues. Les dédicaces ne lui faisaient pas faute, et dès qu'il voyait une cassette prête à s'ouvrir, sa veine inondait le papier. Il écrivait par exemple pour la maréchale d'Ancre, son *Tempio*, dédié *all'illustrissima et eccellentissima madama la maresciala d'Ancra*. Ce *Temple*, éloge d'Henri IV, de Marie de Médicis, de la France, et de tout ce qui peut payer Marino, a cent quatre-vingt-dix-sept strophes qui murmurent comme un ruisseau de parfums nauséabonds. Il connaît les femmes, et sait que les reines sont femmes; aussi couronne-t-il ce temple, par *cent soixante-deux* vers, qui contiennent tous les détails dont j'ai parlé sur les *bellezze corporali della reina*. L'introduction ou portique du même poème est une lettre à la maréchale d'*Ancre, soleil de vertu, pôle de sagesse*, et une multitude de choses semblables. Quant aux beautés de la reine, il n'en oublie pas une :

> Della chioma sottil la massa biondina ;

Non plus que la *Margelle divine* de son front, qui complète une strophe, ainsi que les *épicycles des yeux*, qui sont noirs et qui brillent en douze vers, et une multitude d'autres objets et de menus détails, dont la description hardie trouva grâce apparemment près de Sa Majesté; *sentiers de lait, vallées de lys, sillons de neige :*

> Sentieri di latte onde van l'alme al cielo :
> Valli di gigli, ove passegia Aprile;
> Canal d'argento, che distilla odori,
> Solco di neve che favilla ardori.

C'est surtout par le nez de Marie de Médicis que le poète se trouve saisi d'un enthousiasme dithyrambique; ce nez est *un édifice blanc, qui élève son petit mur entre deux prairies de neige* pourpre et *de pourpre* blanche :

> Sorge nel mezzo un edificio bianco
> Eletto a terminar con muro breve
> Posto colà fra'l destro prato e'l manco
> Il candid' ostro e la purpurea neve.

J'aimerais assez à raconter toutes les merveilles de ce nez ; je pourrais vous dire aussi combien la petite moustache de Marie de Medicis, *forêt très-légère*, avait de charme pour le poète, et comment on lisait, *écrit en brun*, dans la pupille de ses yeux, ces mots : *Ici est le soleil !*

Voilà pour quelles sublimes inventions cet homme puisait à pleines mains la renommée dans le trésor de la sottise publique, et les écus d'or au soleil dans la cassette royale. Voilà pourquoi il causait avec la reine au milieu de la rue, commandait des tableaux au Guide, faisait bâtir dans son pays un palais de marbre, et voyait sa statue s'élever sous les doigts artistes de ses contemporains. Il n'y avait pas de statue pour Bacon, le précurseur de trois siècles, pour Cervantes ni pour Montaigne. Gloire contemporaine ! débiles mortels ! sotte crédulité !

Ce n'est point un nom sans importance que celui de Marino. Dans la liste des novateurs littéraires, il occupe une place spéciale, et le rayon que projette son astre poétique s'étend fort loin, puisqu'il vient mourir au pied du trône de Louis XIV. Historique par la longue généalogie des vices brillants et frivoles qui se rapportent à lui comme à un ancêtre, il l'est encore par sa situation unique de séducteur ingénieux, empruntant des vices à l'Espagne pour les communiquer à la France; tour-à-tour corrupteur et corrompu.

Notre juste sévérité envers le talent de cet homme, chef de parti plutôt que penseur ou poète, ne doit pas nous rendre aveugle pour ses bonnes qualités et ses bonnes actions. Il a eu quelquefois du cœur et de la générosité. On peut railler le poète à la mode, espèce d'Ovide manqué; mais le protecteur unique de notre Poussin qui né pauvre, sans amis, sans appuis, sans autre ressource que le courage d'un génie austère luttait contre une époque frivole et désordonnée, a droit à nos hommages reconnaissants.

Marino avait du mérite à protéger Poussin; personne ne faisait attention à ce dernier. Notre Italien était bien en cour; on payait au poids de l'or les vers nombreux dont le flot intarissable coulait de sa veine facile; la France l'aimait; il servait de modèle à toute cette génération que nous allons étudier tout-à-l'heure, que Boileau a flagellée et à laquelle il apprenait l'art de décrire, de détailler, de n'en finir jamais; — comblé de faveurs et de succès, il tendit la main au génie ignoré. Pendant que Poussin se morfondait dans la solitude, Marino prouvait systématiquement que la poésie est une peinture qui doit frapper les sens par des couleurs vives et des groupes animés; il avait sa théorie, empruntée aux défauts d'Ovide, à ceux de l'Italie déjà vieillissante et de l'Espagne gâtée; — tout le monde approuvait cette théorie ; quant à Poussin, sa sévérité déplaisait. Le porte-queue de ce grand Marino qui se prélassait fort commodément à travers la longue galerie de ses poèmes, — c'était Chapelain ; ce dernier écrivait une préface pour prouver la perfection de l'*Adonis*. Un certain gentilhomme, qui faisait péniblement de bons vers et se connaissait en prose, résistait à l'engoûment universel; c'était Malherbe. Comme il toussait beaucoup, Marino l'écrasa d'un bon mot : « Jamais je n'ai vu de gentilhomme plus humide ni de » poète plus sec. »

Les poèmes et les saillies du Marino, sont oubliés; n'oublions pas la protection magnanime accordée par lui à notre Poussin, qu'il soutint dans ses heures de détresse, heures douloureuses, qui durèrent longtemps; Marino l'encouragea, le présenta, lui fit faire les dessins de son Adonis, le recommanda aux cardinaux et au Pape. Marino logea Poussin dans sa maison, l'admit à son intimité, prit la peine de traduire, afin de l'initier à l'antiquité païenne, les plus beaux morceaux des poètes latins et grecs ; il fit plus encore ; il l'aima.

On est touché de ce bon sentiment, et on lui pardonne ses péchés poétiques.

N'est-il pas touchant et comique de voir à côté du talent faux qui triomphe si vite et si brillamment, cette lutte du vrai talent et du courage contre les mauvaises chances de la vie; histoire héroïque et toujours obscure? On la retrouve dans les premières années de Napoléon et d'Arkwright, de Burke et de Shakspeare, dans toute l'existence du Tasse et de Milton, de Cervantes et de Dante. Cette force de persévérance morale qui ne s'est jamais montrée plus modeste ou plus sobre de plaintes que chez Nicolas Poussin, eut pour soutien Marino, son ami.

En faveur de cette amitié généreuse, on est tenté de plaindre Marino, d'avoir en pitié sa chute après tant de crédit, les ténèbres d'une tombe si obscure après une vie si radieuse, tant de mépris succédant à cette apothéose.

C'est une sévère et utile leçon pour toutes les vanités et tous les orgueils. Ne plaçons pas de nos mains la couronne sur nos fronts, ne faisons point la part de notre gloire, et cherchons la vérité plus que le succès.

# ÉTUDES

SUR

QUELQUES VICTIMES DE BOILEAU.

# DE QUELQUES SOURCES RELATIVES A L'ÉPOQUE LITTÉRAIRE DE LOUIS XIII.

---

Consulter. — Le Grand Dictionnaire des Précieuses, par Somaize.
— L'Astrée de D'Urfé.
— Bazin, Hist. de Louis XIII.
— Mémoires de Dartigny.
— Courval-Sonnet, Poésies et Épitres.
— L'Espadon satyrique.
— Lettres de Guy-Patin.
      de Malherbe.
— Œuvres de Cyrano de Bergerac.

# ÉTUDES

SUR

## QUELQUES VICTIMES DE BOILEAU.

### § Ier.

Règne du genre burlesque sous Louis XIII.

---

Le règne de Louis XIII n'a rien de sérieux que le grand cardinal.

Parodie un peu burlesque, intermède comique, passage inquiet de la féodalité morte à un nouveau régime qui va naître, ce temps, chrysalide de la monarchie pure, tombeau des suzerainetés indépendantes, mélange d'habitudes anciennes et de goûts nouveaux, recevant de droite et de gauche l'équivoque rayonnement de l'Espagne et de l'Italie, riche en caprices faits pour amuser, est pauvre de résultats logiques. Le grand ouvrier de cette époque est celui qui la détruit, Richelieu. Il pousse d'une main rude et violente ces petits hommes et ces petits événements, comme autant de flots imperceptibles, vers l'Océan de la monarchie à laquelle Louis XIV donnera son nom. Richelieu anéantit d'avance tout ce qu'il domine et comprime. L'histoire le montre, debout comme un roc vivant, parmi ces fous, ces fats, ces estafiers, ces spadassins, ces amazones, enfants charmants et dramatiques, se battant, mangeant, chantant, conspirant, farcis de galons, ombragés de panaches, mettant des dentelles dans leurs bottes, reluisant de cent couleurs; folâtres avec rabat comme sans rabat, cachant une armure sous une aumusse. Le Catilina et le Salluste de ce domaine des brouillons, c'est le coadjuteur : il résume l'époque, il la termine et il la peint. Après lui éclot la grande monarchie, qui fut si belle et dura si peu.

Le même caractère d'instabilité, de mobilité, d'enfantillage éclate dans tout ce qui se rattache à cette phase historique. Elle est délicieuse, tant elle est folle; on s'arrête étonné devant elle comme en face d'un excellent dessin de Callot : je l'ai nommé plus haut, ce charmant artiste, je voudrais dire combien il a possédé l'instinct de son temps. Ses compositions ressemblent au siècle. Les personnages y sont petits et nets; les individualités nombreuses, vives et taquines. Tant d'originalités pressées agacent le regard, qui s'amuse d'une perspective peuplée d'accidents sans fin. Le roman surabonde par petits groupes pleins de caricatures déliées et de charges ravissantes; époque toute de détail, de contradictions et de petitesses. Landsknæchts du duc de Mansfeldt, magiciens venus de Florence, danseurs italiens qui suivent Concini, arquebusiers à rouet; Bassompierre, Cinq-Mars, Théophile, du Laurens; dissipateurs de fortune et de talent, qui jettent au hasard une verve prodigieuse. Cette époque irrationnelle est d'une déraison pittoresque; la logique lui manque, elle vit de coloris; ses plus graves caractères tombent dans la farce. Richelieu danse la sarabande. Les Raphaël et les Léonard de Vinci du temps, ce sont Callot, Rubens et Salvator-Rosa.

Ces peintres qui se mêlent à tous les mouvements du

siècle sont guerriers, poètes, ambassadeurs, conspirateurs, gens de parti et gens de cour. Ils ont de l'éloquence, du savoir-faire, de l'audace, et représentent fièrement, dans une société pétrie de caprices, la souveraineté des arts qui aiment le caprice. Rubens s'acquitte de missions diplomatiques importantes; Callot défend sa ville natale; Salvator conspire avec Mazaniel. Il y a excès chez tous les trois et vie trop pétulante. Leur idéal n'est pas aussi élevé que celui des maîtres italiens du XVIe siècle. Ne cherchant ni les grâces pures de l'amour divin, ni la beauté de la forme, ni les exquises délicatesses; abondants, fougueux et variés; païens autant que chrétiens; ils sont comme les Saint-Amant et les Viaud emportés par l'imagination et la boutade.

Le caprice inspirateur des arts tient une place secondaire dans le style. Le talent d'écrire est plus sévère que celui de peindre; le style émane de la pensée et se lie à la science politique, à la philosophie et aux sciences exactes. Malherbe, Corneille et le cardinal de Retz, c'est-à-dire les deux intelligences les plus austères du siècle, et l'historien grave d'agitations folles, sont trois gens sérieux la plume à la main : l'un, Malherbe, plein de scrupules, puritain littéraire, tyran de la grammaire; l'autre, Corneille, naïf, ardent, dur à lui-même; le troisième, Retz, qui croyait en racontant la Fronde, dire les troubles grandioses de la république romaine; voilà parmi les écrivains de ce temps ceux que l'avenir adopte. Les autres trop fantasques ont péri. On ne les lit plus, quoique l'on retrouve chez plusieurs l'ardeur de vie sensuelle qui éclate chez Rubens, la verve burlesque de Callot, et ces rochers rougeâtres que Salvator peuple de brigands cuirassés endormis au soleil.

Le plus grand malheur de ces poètes fantasques, c'est

de n'être pas français; d'imiter l'étranger sans se l'approprier et de perdre leur nationalité au lieu de l'enrichir. Le style de Berni et les facéties espagnoles déteignent sur Saint-Amant, qui ne sait pas les accommoder au goût français; Saint-Amant fut grand homme de 1621 à 1650. En face du Tibre il s'arrête comme un *Gracioso* des Saynetes ou comme le *Brighella* Bergamasque, pour dire au fleuve mille injures de carnaval :

> Il vous sied bien, monsieur le Tibre,
> De faire ainsi tant de façon ;
> Vous en qui le moindre poisson
> A peine a le mouvement libre !
> Il vous sied bien de vous vanter
> D'avoir de quoi le disputer
> A tous les fleuves de la terre ;
> Vous, qui comblé de trois moulins,
> N'oseriez défier en guerre
> La rivière des Gobelins !

Les infamies qu'il dégoise ensuite à ce pauvre fleuve, n'ont d'égales que dans le catéchisme du Pulcinella. Il dit au fleuve qu'il n'est qu'un gueux, un voleur, un plat-pied ; qu'on ne peut pas raisonnablement le regarder comme un corps de fleuve, mais comme un *bras*.

> C'est bien à vous d'avoir un pont,
> A vous qu'avecque ma bedaine
> A cloche-pied je sauterais ;
> A vous que d'un trait je boirais
> Si je prenais la vie en haine !
> A vous qui, sur notre élément,
> Représentez tant seulement
> Un ver liquide en une pomme !

Rome n'est pas non plus épargnée ; et les ruines ! comme il les drape !

> Ah ! Dieu vous gard', la belle ville !
> Enfin vous voici sur les rangs !
> Il faut vous chatouiller les flancs
> D'une main adroite et subtile,
> Et vous en tâterez ! . . . . . .

Il commence par en *faire tâter* aux colonnes, aux obélisques et autres magnificences vantées des voyageurs. Voici comment les traite le poète de la folle Christine, le gastronome Espagnol-Italien — Saint-Amant :

> Colonnes en vain magnifiques,
> Sots prodiges des anciens,
> Fastes pointus des Égyptiens
> Tout griffonnés d'hiérogliphes ;
> Amusoirs de fous curieux,
> Travaux qu'on croit victorieux
> D'un si puissant nombre de lustres,
> Faut-il que nous voyions partout
> Trébucher tant d'hommes illustres,
> Et que vous demeuriez debout ?

C'est du Gongora ou du Quevedo ; il grossit encore la voix pour maudire ces débris des grandeurs passées. Tout-à-coup son imagination fantasque s'empare d'un souvenir plus grave ; sa fureur grotesque prend une force qui veut être sublime :

> Piètre et barbare Colysée;
> Exécrable reste des Gots !
> Nids de lézards et d'escargots,
> Dignes d'une amère risée,
> Pourquoi ne vous rase-t-on pas?
> Peut-on trouver quelques appas
> Dans vos ruines criminelles ?
> Et veut-on à l'éternité
> Laisser des marques solennelles
> D'horreur et d'inhumanité !

Certaines inventions de Salvator, ces escarpements couronnés de ruines habitées par des bandits, où les hiboux et les mendiants ont cherché asile, ressemblent à ce dithyrambe, animé de la double inspiration de la caricature et de la tragédie.

On peut donc être un homme très-distingué, ne manquer ni de poésie, ni de verve, ni d'esprit, et obtenir des résultats incomplets ; il suffit de manquer de nationalité sévère et de fermeté dans le goût.

Saint-Amant et quelques hommes que nous allons étudier tout-à-l'heure de plus près, naquirent dans une époque toute enthousiasmée des facéties de Berni, des petites grâces du Guarini, des éclatantes beautés de Caldéron, de la facilité de Lope, et surtout de la dépravation séduisante du Marino ; époque qui se cherchait encore; pleine de velléités, féconde en avortements, essayant tout, n'arrivant à rien, turbulente, indisciplinée, prenant la faiblesse de la volonté pour la vigueur des passions. Au milieu de ces mutineries, de ces prétentions, de cet amphigouri, de ces caricatures; dans ce grand crépuscule du sérieux et du plaisant, du présent et du passé ; bien peu surent choisir le parti de la raison grave et forte, du bon sens sévère,

Malherbe, assez stérile personnage, céda dans sa jeunesse à cette influence Italo-Espagnole; le Tasillo dont il traduisit les vers ridicules était Sicilien. Mais bientôt, retrouvant ce bon sens court et inflexible dont Dieu l'avait doué, il en fit un sceptre de fer. Boileau qui s'élevait dans le coin d'un greffe; Molière naissant sous les piliers des Halles, achevèrent son œuvre — le dernier, en homme de génie; — le premier en exécuteur inflexible des hautes œuvres intelletuelles.

Nous allons examiner de près quelques-uns de ceux qui n'ont pas su corriger ou adoucir la contagion étrangère; — enfants difformes d'un temps irrégulier, génies sans harmonie et sans tenue, imaginations sans raison, vivacités sans styles, orateurs sans pensées, poètes sans foi poétique, élèves du vain caprice, — écrivains qui n'avaient rien de profond, armée fougueuse à la fois et esclave. En parodiant l'étranger, ils renonçaient au sérieux de leur pensée. Sous leur gravité espagnole ou leur grâce italienne, on aperçoit un fonds de coquetterie esclave et un grand défaut de bon sens.

Rome que Saint-Amant a si drôlement jugée inspire au philosophe Balzac des observations plus bouffonnes encore; il ne cherche ni la situation politique de la papauté, ni les secrets des mœurs; il décrit, en phrases élégantes, les longues siestes de Rome caressées par *la douce tempête des éventails;* l'air de sa chambre renouvelé par des parfums différents; ses rêveries molles, sous des bosquets d'orangers, *au murmure de douze fontaines;* surtout ses repas délicats, faits *d'oiseaux engraissés avec du sucre.* Voilà ce que le philosophe a vu dans la capitale de la chrétienté.

Balzac, traducteur des Espagnols, est le pendant du

*Gracioso* poétique qui disait à la ville de Rome : *Attendez, je vais vous donner un coup de peigne :*

> Vous en tâterez, je le veux !
> Mais aussi que nul ne se plaigne.
> Si vous donnant un tour de peigne
> Je vous arrache des cheveux !

Saint-Amant comme Balzac, disait toutes les folies qui se présentaient à sa cervelle fêlée, il les disait en rimes très-riches, il faisait des tableaux burlesques qu'il ne donnait pas pour des vérités. Souvent dans ses stances baroques il rencontrait des détails caractéristiques, oubliés par le pompeux Balzac : il peignait, par exemple, les vastes chapeaux des Baziles de Rome :

> Le bord flottant et rabattu
> Du feutre mince et sans vertu
> Qui couvre leur vaine cervelle,
> Pour être, ainsi qu'eux, lâche et mol,
> Ondoye, fuit et bat de l'aile,
> Comme un choucas qui prend son vol.

Cette verve m'amuse ; et je la préfère au frivole et sérieux égoïsme du philosophe. « S'il possède un éventail, » qui *lasserait les mains de quatre valets*, et qui ferait » des *naufrages en pleine mer......* s'il *noircit* de la » neige dans du vin de Naples ; » que nous importe ? La postérité aime autant rencontrer dans les vers de Saint-Amant le cortége des cardinaux romains :

> C'est la pourpre éminentissime.
> O quel régiment d'estafiers !
> Que ces chevaux sont gais et fiers
> D'avoir des houppes cramoisies !
> Rome étincelle sous leurs pas ;
> Et devant eux les jalousies
> Font éclater tous leurs appas.

Ce sont deux frères littéraires ; les prédicateurs du temps, Garasse, par exemple, ne le sont pas moins ; et, comme le dit Courval-Sonnet, l'époque entière semble « faite pour être chantée sur l'air de *Lanturelu*. »

Ces bouffons espagnols, ces peintres ambassadeurs et histrions, ces ecclésiastiques chefs d'émeutes, ces femmes qui signaient, *Gradafilée*, et qui écrivaient la *Carte de Tendre*; ces poètes qui « à l'instar de Balzac » s'intitulaient « grands maîtres *dicendi et cœnandi*, » ces seigneurs qui ne s'occupaient « que d'huile de jasmin, de rubans de Séville et de *gants de frangipane* » jouaient leur rôle dans des intrigues fort dangereuses qui ébranlaient le trône et remuaient l'Europe.

## § II.

#### Suite. — Saint-Amant roi des Goinfres.

> Bâille-moi donc de ce nectar vermeil !
> Car c'est mon feu, mon sang et mon soleil !
> Oh ! qu'il est doux ! j'en ai l'âme ravie !
> . . . . . . . . . . . . .
> Verse, garçon ! verse jusques aux bords !
> — A la santé des vivants et des morts !
>
> (Saint-Amant.)

Ce fut un poète, hélas ! et un poète perdu pour l'avenir. Il avait l'esprit ardent et fin et rimait d'une manière merveilleuse.

La langue poétique se pliait sous sa plume comme la matière fusible se tord et s'arrondit au souffle du verrier ; il savait beaucoup sur les hommes et les choses. Faire la guerre et l'amour, mener la plus fringante vie d'aventure, amuser la romanesque princesse de Gonzague, plaire à la grande Christine, copier l'italien et l'espagnol, être un peu Falstaff et un peu don Quichotte ; paraître à la cour, hanter le cabaret, vivre dans un grenier, visiter les quatre parties du monde, et finir par expirer sans feu et sans lumière, sur le grabat de son taudis, rue de Seine, ne laissant après lui que son feutre, son épée, sa bouteille vide et deux volumes mal imprimés, voilà Saint-Amant.

C'est une des bonnes figures de ce temps dont Callot est le véritable interprète.

Les Christine, les Marie de Gonzague, les mademoiselle de Montpensier conviennent à Saint-Amant. Il les flatte, les loue et vit pour elles. Il dédie à Christine son principal ouvrage, une idylle héroïque. Toute la société du coadjuteur et de la fronde roule autour de lui. Pour amis il a ces mauvais garçons du XVIIe siècle, qui ne peuvent ployer leur indiscipline à la règle nouvelle ; sensuels, bachiques, aventureux, amusants, facilement amusés ; pour lesquels madame de Sévigné n'est pas sans faiblesse, et qui se détachent en arabesques sur le fonds sévère de la société naissante à la voix de Louis XIV. Malherbe inquisiteur de la grammaire les avait fort gênés. Boileau, le grand-prévôt littéraire, aiguisait sa hache et mesurait ses forces pour les tuer. Malherbe et Boileau, esprits secs et rigoureux, viendront demander compte de leur liberté aux Théophile Viaud, aux Sigogne, aux Saint-Amant, aux Voiture, aux Faret, aux Boisrobert, et leur diront : « Où sont vos chefs-d'œuvre ? Avec votre mignardise italienne, votre rodomontade espagnole, vos saillies bizarres, vos boutades éperdues, votre facilité folle, qu'avez-vous produit ? » — Ceux-là, doués de verve, de force, d'élan, bon rimeurs, spirituels et plaisants, quelques-uns poètes, n'auront rien à répondre. Le cardinal de Retz interrogé par l'histoire ne peut lui apporter comme trophée un seul résultat politique. Il ne lui reste que son nom et ses Mémoires ; il a tout brouillé sans rien conquérir. Sa fertilité d'expédients l'a conduit à la banqueroute.

On aimerait à réhabiliter complètement les vaincus de l'histoire, Retz, Saint-Amant, Concini, Théophile. Attendre le succès pour formuler son jugement, c'est bassesse d'esprit. Barbouillées de ridicule par la lie de deux siècles, on a pitié des victimes que a Boileau a punies ; qui oserait outrager de nouveau les pauvres cadavres de tant de gloire délabrée? Mais cette pitié une fois accordée, le bon sens s'arrête et se tait. Le mauvais emploi des facultés offre une leçon grave qui mérite attention.

J'ai relevé ces cadavres, et consulté les annales des vaincus ; je choisirai parmi eux les deux noms les plus importants, je chercherai les motifs de leur défaite, le *pourquoi* de leur obscurité, le mode de leur suicide.

J'essaierai l'autopsie et dirai comment cette vigueur s'est consumée, comment a péri cette génération ardente ; j'examinerai ce qu'elle garde encore, sous la tombe, d'étincelles et de lueurs ; ce que Dieu avait fait pour elle, et combien de génie ou d'esprit elle a jeté au caprice du vent.

Sans l'étude des groupes littéraires qui ont précédé l'époque de Louis XIV, l'histoire de cette dernière resterait incomplète. Évoquons donc ces personnages, plus étrangers que Français. Suivons leur procession folle : bergers et Amadis, amazones et poètes crottés ; petits pages et vieilles femmes-philosophes, matelots poètes et beaux-esprits de ruelles, athées et fous de cour, grimauds en guenilles et spadassins espagnols, buveurs et goinfres intrépides ; tout cela était littérateur comme vous et moi, n'écrivait pas de journaux, faisait des triolets, amusait les dames et avait du génie ; écrivains sans jugement, qui préparaient le triomphe des intelligences sérieuses. La vieille sève gauloise éclata dans toute sa violence de réaction ; les sages furent excessivement sages, afin de compenser la furieuse extravagance qu'ils détrônaient. L'histoire des sages et des vainqueurs est écrite partout, et très-bien écrite ; l'histoire des fous et des vaincus ne l'a pas été.

Cette vive émeute contre l'esprit français, entre l'époque de Henri IV et celle de Louis XIV, est remarquable par sa verve diffuse et sa fantaisie originale, par l'attitude puérile et degingandée de son talent et de son néant.

J'aime à retrouver cette ancienne lutte littéraire. Mon but est de poser des principes raisonnables et de faire valoir des considérations élevées; il résultera de ce travail une vérité éternelle dans l'art : la nécessité de l'harmonie, et l'avortement qui suit l'effort isolé d'une seule faculté. On verra que Boileau eut raison contre le passé littéraire, comme Louis XIV eut raison contre la fronde et la ligue. Peut-être Louis XIV et Boileau eurent-ils trop raison.

## § III.

La société tapageuse de 1610. — Viveurs et libertins. — Les princesses.

Le bataillon des poètes fantasques et exotiques, guidé par quelques grands seigneurs, escorté d'une ou deux aventurières, n'a pas de plus charmant personnage que le fumeur, priseur, buveur, paillard, vagabond, brave et rodomont personnage, *le bon gros Saint-Amant;* car il avait la panse de Falstaff, comme il en avait l'esprit. Payen, Mégrin, Butte, Gilot, Desgranges, Dufour, Châsteaupers, illustres pour avoir trinqué avec ce gros homme, viennent après lui, et tiennent place dans ses hymnes. Les viveurs de bonne compagnie, le comte d'Harcourt, Retz-le-Bonhomme, de Gêvres, de Tilly, du Maurier, de Nervèze, Puylaurens, forment le gros de l'armée ; puis les princesses, astres errants dont la lueur éclaire cette troupe de voluptueux, Christine de Suède et Marie de Gonzague. Elle emporte à sa suite l'abbé de Marolles et le chansonnier Faret ; — frères de débauche, chefs ou soldats de la société tapageuse, qui, de 1630 à 1650, effraya Louis XIV.

Ils sont les *goinfres*, c'est leur mot; leur étendard bachique se déploie dans la fumée de la poudre et le bruit de l'orgie. Ne les confondez pas avec les *libertins*, autre groupe, à la tête duquel marche le grand Viaud. Les *libertins* professent l'athéisme ; au culte des jouissances ils joignent un système philosophique dont ils vous entretiendront si vous voulez, et qui coûtera la prison à quelques-uns d'entre eux, à d'autres la patrie ou la vie. Mais les gastronomes, ceux qui se sont baptisés *les goinfres*, s'occupent peu de ces hautes matières; le fracas politique leur fait peur ; ils aiment mieux le bruit des mousquetades et le choc des verres ; ils se sont dit, comme certains viveurs qui déployèrent la nappe et ouvrirent leur caveau joyeux après la révolution française : « La guerre civile est une orgie de sang ; qu'une orgie de vin nous console. Nous ne reconnaissons pour idole que le ventre, et nous narguons la folie qui gronde autour de nous. Si la pauvreté arrive, nous avons notre épée; le monde est grand; nous courrons le monde, chantant et nous battant après boire. Il y aura toujours place pour nous à la table et au feu des bons vivants que nos vers réjouissent; vieux, nous trinquerons encore; les femmes ne dédaigneront même pas ces amusants débris du plaisir d'autrefois, nos cheveux blancs sur des visages enluminés, nos panses rebondies armées du baudrier de guerre, et nos hexamètres bien tournés qui se dévoueront à leurs charmes. »

Ainsi parla et vécut Marc-Antoine de Gérard, né près de Saint-Amant, dans les environs de Rouen. Il s'était trompé dans ses calculs; lorsque, dans son réduit de la rue de Seine, méprisé du jeune Louis XIV, oublié des grands, sifflé par une génération plus sévère, « ramenant, dit-il, sur ses jambes nues sa couverture insuffisante » il rêvait à sa vie passée et au sort des *goinfres* ses amis, il soupirait; et se reprochant cette folle dépense du temps et du talent, des accents lugubres et grotesques s'échappaient de son sein :

>Coucher trois dans un drap, sans feu et sans chandelle,
>Au profond de l'hiver, dans la salle aux fagots,
>Où les chats ruminant le langage des Gots
>Nous éclairent sans cesse en roulant la prunelle;
>
>Hausser notre chevet avec une escabelle,
>Estre deux ans à jeun comme les escargots,
>Rêver en grimassant ainsi que les magots,
>Qui, bâillants au soleil, se grattent sous l'aisselle;
>
>Mettre, au lieu de bonnet, la coiffe d'un chapeau;
>Prendre pour se couvrir, la frise d'un manteau,
>Dont le dessus servit à nous doubler la panse;
>
>Puis souffrir cent brocards d'un vieux hoste irrité,
>Qui peut fournir à peine à la moindre dépense;
>C'est ce qu'engendre enfin la prodigalité.

C'est à peu près la moitié de sa vie. Ce triste et joyeux sonnet, qu'il intitule *les Goinfres*, date d'une époque de contrition tardive; il fut écrit peu de temps avant sa mort, dans son taudis. Revenons aux premiers temps du prodigue.

## § IV.

#### Jeunesse de Gérard de Saint-Amant. — Cadet-la-Perle.

En 1615, lorsque Saint-Amant avait dix-huit ans (1), vivait un cadet de la maison de Lorraine, d'une bravoure extrême, d'une audace qui méprisait le danger, et d'un esprit borné qui ne le voyait pas; il se nommait le comte d'Harcourt. Ses amis, les hôteliers, les baigneurs et les courtisanes, l'appelaient *Cadet-la-Perle*, parce qu'il portait une grosse perle à l'oreille, à l'instar du voluptueux Henri III. La nature l'avait fait petit, gros et niais; le sort l'avait fait pauvre. Il se mit à jouer, à faire des dettes et à boire, tellement que les hommes graves l'eurent en mépris et les gens du monde le délaissèrent. Un nom comme le

(1) Les Mémoires de Tallemant des Réaux, qui contiennent la plupart des détails suivants, se trouvent si complètement d'accord avec la poésie de Saint-Amant et avec les renseignements épars dans les œuvres de Faret, Boisrobert, Conrart, mademoiselle de Scudéry, Colletet, d'Urfé, Vaugelas, Coeffeteau, que, tout en avouant l'esprit de médisance qui anime Tallemant, il nous est impossible de contester la plupart des anecdotes racontées par le chroniqueur.

sien valait de l'or ; il l'exploita pour ses plaisirs, puis il en doubla le prix en provoquant le fameux duelliste Bouteville, qu'il battit. Ce duel racheta tout et fit sa fortune. Alors il augmenta ses dettes, et réunit autour de lui les joyeux compères, roturiers ou nobles, poètes ou valets, qu'il rencontra sur son passage. Richelieu commençait à marcher sur les têtes de la noblesse et trouvait bon qu'elle se déshonorât un peu. Avec Henri d'Harcourt buvaient souvent un poète crotté du nom de Faret, qui avait le malheur de rimer à *cabaret*, et le bouffon du cardinal, ce Boisrobert si célèbre pour avoir été l'amuseur du ministre. Lorsque le comte, à bout de voie, ne trouva plus d'argent dans aucune bourse, Faret lui proposa un expédient ; se donner au cardinal corps et âme, et épouser une de ses parentes, la première venue.

Boisrobert approuve, saisit le moment et fait cette ouverture à Richelieu. Le cardinal s'étonne, fait des difficultés, et dans un accès de bonne humeur, il improvise ce distique, qui déboute Boisrobert de sa requête :

« Le comte d'Harcourt,
Lebois (1), a l'esprit un peu court ! »

Quelques jours après, Faret presse son ami Boisrobert de revenir à la charge ; le ministre l'écoute enfin et lui dit :
« Est-ce tout de bon ? Parlez-vous sérieusement ?
— Oui, monseigneur, il sera entièrement à vous : c'est

(1) Sobriquet familier que le cardinal donnait à Boisrobert dans ses moments de gaîté.

un homme de grand cœur. Il a battu Bouteville, et vous pouvez vous fier à sa parole. »

Le cardinal y avait pensé. La bravoure de d'Harcourt éprouvée en Allemagne ne faisait pas de doute. Humilier l'orgueil des princes lorrains en élevant leur cadet était d'une bonne politique. Richelieu fait venir le comte, et s'amusant à ses dépens :

« Monsieur le comte, le roi veut que vous sortiez du royaume !

— Je suis prêt à obéir, répond l'autre, qui pense qu'on va le punir de ses débauches et de ses dettes.

— Et ce sera pour commander l'armée navale ! »

Ce mauvais sujet de comte devenu marin et bon marin, traîne après lui sa petite troupe de buveurs, se distingue devant La Rochelle, reprend les îles de Saint-Honorat et de Sainte-Marguerite, et fait trembler l'Espagnol. Il a trouvé sa veine; cette valeur fougueuse, excellente pour le coup de main, aimée du soldat, frayant avec lui, bachique et rieuse, se moquant du sort et de l'avenir, distribue les coups d'estramaçon avec autant de plaisir que les rasades. Richelieu vient de faire un héros, le comte l'est devenu; deviner un personnage est le mérite des hommes politiques et on appelle cela leur bonheur.

Le comte d'Harcourt se met en route; il va se battre. La colonie des *goinfres* part avec lui. Notre jeune gentilhomme de Normandie, huguenot sans fortune, bon enfant, fils d'un officier de marine qui avait servi sous la reine Élisabeth, ne demandait pas mieux que de courir les chances de cette vie gaillarde et guerrière. C'était Saint-Amant, ou plutôt Marc-Antoine de Gérard, qui venait de prendre le nom de son lieu natal. Son père, aventurier comme lui, s'était battu contre l'Armada, et les Turcs l'avaient enfermé deux ans dans la tour Noire de Constantinople. Marc-Antoine, ne possédant rien que de la verve, de la jeunesse et toutes les soifs de volupté possibles plut beaucoup à Henri d'Harcourt et-à Faret ses compagnons de table.

L'association entre ces trois personnages, partis de points différents, devint intime; ils se débaptisèrent : Faret s'appelait le *Vieux*, Saint-Amant le *Gros*, et d'Harcourt le *Rond*. Ils voyagèrent de compagnie, Faret composant de mauvaises chansons, d'Harcourt commandant ses troupes, Saint-Amant essayant les deux métiers de poète et d'homme de guerre. Sa première œuvre poétique n'annonce pas beaucoup de génie ; c'est une chanson à boire en l'honneur du comte d'Harcourt et de ses goinfres.

> Payen, Maigrin, Butte, Gilot,
> Desgrange, Chasteau-Pers, et Dufour le bon falot,
>     Qu'un chacun élise son parrain
>     Pour trinquer à ce prince Lorrain !
>
>     Il nous permet qu'en liberté,
> Sans aucun compliment, on lui porte une santé.
>     Buvons donc, il nous fera raison,
>     Car il est l'honneur de la maison.
>
>     Estant parmi les Allemans,
> Où son bras a plus fait que n'ont dit tous les romans,
>     Il apprit à suivre les hasards
>     De Bacchus aussi bien que de Mars.
>
>     Pour moi, disant ce qu'il m'en plaist,
> C'est de le voir seigneur de Brionne comme il est ;
>     Ce lieu vaut l'estat des plus grands roys,
>     Puisqu'un pot y tient autant que trois.

> Aussi je veux faire un serment
> De vivre désormais pour le servir seulement,
> Et verser, pour ce prince divin,
> Plus de sang que je n'ai bu de vin.
>
> Ainsi chantait au cabaret
> Le bon gros Saint-Amant et le vieux père Faret,
> Célébrant l'un et l'autre à son tour
> La santé du comte d'Harcourt !
> Vivat !

Voilà une assez pauvre poésie ; Saint-Amant n'avait encore rien vu et ne savait rien. Sous les drapeaux du comte sa muse devenait soldatesque, triviale et étourdie.

Les lettres étaient alors en république. Ronsard ne charmait que médiocrement les âmes, Régnier, Sigogne et Du Lorens flattaient plus vivement les goûts régnants, l'amour du hasard, de la satire et de la sensualité. On estimait surtout les Espagnols et les Italiens ; on laissait Malherbe peser dans un coin ses syllabes et éplucher ses diphthongues, et l'on avait pour lui beaucoup plus d'estime que de penchant. Il recommandait un travail difficile, terreur des esprits capricieux et volontaires que l'époque nourrissait en foule. Tout le monde faisait des vers et se battait. Chacun avait son duel, son complot, son sonnet et son ode. On ne s'embarrassait guère de l'art et de l'avenir ; on suivait, comme dans les temps d'aventure et de trouble, l'inspiration du jour.

La flotte du comte emportant les deux poètes et le héros s'élance voiles déployées. Il s'agit d'aller chasser les Espagnols des îles Sainte-Marguerite. A peine le jeune Gérard est-il sur le pont du vaisseau, sa soif et sa verve s'allument. Il entonne le dithyrambe :

> Matelots! taillons de l'avant!
> Notre navire est bon de voile!
> Çà! du vin! Pour boire à l'étoile
> Qui va nous conduire au levant!
> A toi, la belle et petite Ourse!
> A toi, lampe de notre course,
> Quand le grand fallot est *gisté!*
> Il n'est point d'humeur *si rebourse*
> *Qui ne se crève à ta santé!*

Ce n'est déjà plus si mal ; malgré la trivialité, l'élan est rapide, le rhythme vigoureux. Il a la tradition de Ronsard, qui, le premier, enseigna la bonne forme lyrique ; il mêle à cette forme savante une facilité plus naïve. Saint-Amant sera poète ; il en a l'étoffe, si le soldatesque ne le domine et ne l'entraîne pas. Il saisit l'aspect poétique des objets et peint de couleurs animées le vaisseau amiral et ses banderolles flottantes :

> Au gré de *maint doux* tourbillon
> Je vois cent flammes secouées ;
> Cent banderolles enjouées
> Y font la cour au pavillon ;
> Ici, l'or brillant sur la soye
> En une grande enseigne ondoye,
> Superbe de couleur et d'art ;
> Et là, richement se déploye
> Le grave et royal estendard.

Le chapeau du cardinal-roi brille sur la bannière, et « le feu de sa pourpre éclatante, » astre qui guide l'armée, réjouit le cœur du poète. La flotte s'engage dans le détroit de Gibraltar. Voici d'Harcourt *le Rond*, qui paraît sur la poupe, un verre à la main, trinquant à l'équipage :

> Déjà sur le haut de la poupe,
> Pour me pléger (1), Il prend sa coupe;
> Où pétille et rit le nectar,
> Et s'écriant : *Masso !* à la troupe,
> Sa voix étonne Gibraltar.

Même richesse de rime, même chaleur d'exécution. Ce vers, bien trouvé, a été souvent répété :

> « La coupe,
> » Où pétille et rit le nectar. »

Il y en a mille semblables chez Saint-Amant. L'expression hardie et poétique jaillit sans peine de sa verve. Facilité, audace, il a tout, excepté le goût qui dispose, modère et harmonise. Ce goût régulateur, il l'obtiendrait peut-être, s'il laissait se développer en lui la sensibilité, la méditation et la passion. Mais quoi ! il n'a de passion que celle du vin, la plus commode et la plus brutale ; il vivra toujours en soldat parasite.

Surtout il veut rire et faire rire. Devant les crêtes nuageuses de Gibraltar, sa mythologie lui revient en mémoire. Il parle ainsi au vieil Atlas : — « Relève-toi, vieux » crocheteur ! nous ne t'en voulons pas ; nous te laissons » ton titre de portefaix ! Quant à vous, divinités marines, » prenez garde, s'il vous plaît. Un boulet de nos sabords » pourrait tomber sur la table de votre festin, briser vos » salières, renverser vos sauces, et s'il heurte par ha- » sard

---

(1) *Pléger*, « *to pledge*, » mot conservé par les Anglais ; provoquer à boire. *Masse !* était le signal de boire ensemble.

« Une baleine au court-bouillon ;
»Neptune en aura sur les chausses,
»Et Vénus sur le cotillon. »

Cette poésie sans dignité, sans élévation, sans enseignement, vouée à l'ivresse des sens ou à l'amusement d'une troupe d'ivrognes, rappelle Sancho-Pansa et ne mérite pas l'examen. Les tritons dansent aux yeux de Gérard ; les néréides se pressent autour du navire. « Elles font caresse » et honneur à la flotte ; les unes s'exhaussent en souriant, » d'autres ne laissent paraître que leurs tresses noires au- » dessus de l'onde bleue. On entrevoit mille formes nues, » qui se dévoilent pour s'évanouir. » C'est Rubens, un tableau sensuel, la séduction de l'homme physique, l'attrait commun de la forme et de la couleur. Chaleur inutile, verve perdue, esprit stérile, coloris sans valeur ! Les arts de la peinture et du dessin peuvent se contenter de ces mérites ; la beauté de l'exécution les relève. Callot, la vigueur de son trait, la précision de ses contours, la vérité fine, folle et naïve de ses portraits offrent l'idéal grotesque que Saint-Amant et ses contemporains ont vainement essayé d'importer dans le domaine littéraire. Bannir de l'œuvre poétique le type du beau, le choix, l'exquis, l'harmonie, la chasteté, c'est blesser l'éternelle religion de l'art, qui a ses règles spéciales. Ils ont anéanti leur gloire ; ils ont frappé de stérilité leurs mérites naturels, ce mouvement de l'esprit, cette verve prompte, qui brillaient chez plusieurs d'entre eux.

Hommes de caprice, qui sentaient encore la ligue, la Ménippée et le meurtre de Concini, pouvaient-ils faire mieux ? J'en doute. Ils vont bientôt se précipiter dans la fronde, pour se désennuyer tout simplement. Leur poésie n'est pas une poésie de gens sérieux. Sous Ronsard du moins l'effort du pédantisme, voulant régénérer la littérature, avait la gravité de la science. Mais lorsque Viau, Faret, Théophile, Sigogne, Saint-Amant, profitant des tentatives rhythmiques de leurs pères, n'exprimèrent en définitive que la débauche et la fantaisie, ils préparèrent la réaction de 1660, le triomphe d'une raison trop timide sur une audace trop libertine, la répulsion et le dégoût qui devaient suivre l'excès du caprice et placer la couronne sur le front sévère de Boileau.

Un mépris sans mélange serait injuste ; ces libertins et ces gastronomes poétiques ont contribué au progrès intellectuel de la France. Par eux, la poésie s'est mêlée enfin au mouvement des choses humaines ; leur muse a vu la guerre ailleurs que chez Virgile ; elle a fait l'amour pour son compte. Pascal, Molière et Racine s'en souviendront. Épouvantés d'un exemple si frappant et d'une décadence si complète, les écrivains de Louis XIV ne hasarderont rien ; mais ils puiseront aussi dans l'observation et la passion ces pensées vivantes que Ronsard et Baïf avaient oubliées, voués qu'il étaient au calque des formes grecques et à l'étude obstinée d'une littérature sublime et morte (1). Au lieu d'imiter la fougue espagnole et la grâce italienne, ils se renfermeront dans une convenance sévère et dans une dignité grave. La liberté perdra quelque chose, étouffée par la rigoureuse majesté de la monarchie. Quelques-uns cueilleront les palmes suprêmes de l'art ; la spontanéité dans la pureté, l'indépendance et l'audace tempérées d'harmonie, l'intime sympathie avec tous les intérêts de l'humanité se joindront au sentiment de l'ordre qui est la beauté divine. Néanmoins

---

(1) V. Nos Études sur l'Antiquité ; — de l'Archaïsme.

cet accord sera très-rare ; il est dans les destinées intellectuelles de la France comme dans ses destinées politiques, de quitter souvent l'anarchie pour se résigner à la servitude.

## § IV.

**Suite. — Développement du talent poétique de Saint-Amant. — Sa vie guerrière.**

Je reviens à ce bon gros Saint-Amant, qui « l'épée d'une main et le rebec de l'autre » se met à courir la terre et les mers, entre le *rond* et le *vieux*, entre un pilier de cabaret et un héros. Cazal est secouru. Saint-Amant se trouve là, se bat bien, comme son maître; puis il chante encore, et essaie une forme plus grave et plus parée; c'est le sonnet, perle lyrique dont nos aïeux étaient épris; perle rare qui perd sa valeur dès qu'elle n'étincelle pas transparente et pure :

> Jusqu'aux cieux, ô Cazal, pousse des cris de joye ;
> Te voilà garanti d'un éternel affront.
> Le brave et grand Harcourt, *aux combats fier et prompt*,
> Contre tes oppresseurs sa vaillance déploye.
>
> Tel qu'un aigle irrité qui fond dessus sa proye,
> Il fond sur l'Espagnol, il le heurte, il le rompt,
> Et d'un bras glorieux, se couronnant le front,
> Du superbe ennemi les lauriers il foudroye.

> Les isles du Levant avaient connu son cœur,
> Quand il s'en vint chercher, sous un astre vainqueur,
> En un plus ample champ une plus noble guerre;
>
> Mais à voir les exploits qu'il a faits aujourd'huy,
> Je pense avec raison qu'enfin toute la terre
> Sera, comme la mer, trop étroite pour luy.

Saint-Amant se repose un moment sur ses lauriers, passe l'hiver auprès des Alpes, et se met à lire quelques poëmes italiens. Vous avez vu qu'il se rattachait originairement à Ronsard et à Dubartas; il va subir l'influence italienne-espagnole qui prêtait alors à l'Europe ses concetti, ses pointes, ses couleurs crues et vives plutôt que chaudes. L'*Hiver des Alpes*, sonnet plein de belles images, offre la première trace de cette nouvelle manière : Saint-Amant se développe dans la direction de sa force spéciale; il ajoute des défauts à ses défauts :

> Ces atomes de feu, qui sur la neige brillent,
> Ces étincelles d'or, d'azur et de cristal,
> Dont l'hyver, au soleil, d'un lustre oriental,
> Pare ses cheveux blancs que les vents esparpillent.
>
> *Ce beau coton* du ciel de qui les monts s'habillent,
> Ce pavé transparent, fait *du second métal* (1),
> Et cet air net et sain, propre à l'esprit vital,
> Sont si doux à mes yeux, que d'aise ils en pétillent.

---

(1) Il n'est peut-être pas inutile de dire ici que le *coton du ciel* est *la neige*, et que le *second métal* est *l'argent*. Voilà de belles inventions.

> Cette saison me plaist, j'en aime la froideur ;
> Sa robe d'innocence et de pure splendeur
> Couvre en quelque façon les crimes de la terre.

S'il s'en était tenu là, on trouverait beaucoup à louer et peu de chose à blâmer dans ce sonnet, si ce n'est le « coton du ciel. » Les trois derniers vers que je viens de citer sont beaux ; en voici la conclusion, d'un goût abominable et digne du Marino :

> Au prix du dernier chaud, ce temps m'est gracieux,
> Et si la mort m'attrappe en ce chemin de verre,
> Je ne sçaurais avoir qu'un tombeau précieux !

Plus tard il lui vint des scrupules sur la légitimité de cette dernière pointe, qu'il remplaça par trois vers ridiculement communs.

Suivons-le dans son Odyssée. Il court toujours sur les pas de son ami et de son maître, buvant et riant, des côtes de Sardaigne à l'île Saint-Honorat, de Saint-Honorat à Lerins, de Lerins à Cazal, de Cazal à Turin, de Turin à Ivrée, et d'Ivrée au fond de la Picardie ; que n'a-t-il recueilli les particularités des ses voyages ?

Le monde était alors en feu. Il se passait sur tous les théâtres politiques des comédies sanglantes et burlesques ; rien ne se trouvait à sa place. Ces gens étaient bien fous et comme ils s'amusaient ! Le talent du soudard se formait peu à peu. Fidèle à sa tradition de rime franche et puissante, l'imagination tenue en éveil par la nouveauté des aspects et la variété des spectacles, il rimait en vers de dix pieds, souvent d'une excellente facture, presque tout ce qui lui passait sous les yeux. Le genre de l'épître familière convenait à son esprit goguenard; ses œuvres en contiennent plusieurs, non exemptes de fautes, mais supérieures à tout ce qu'a fait Jean-Baptiste Rousseau dans ce genre; les beautés y sont plus nombreuses que les taches. C'est Saint-Amant qui, parmi les écrivains de son époque, a décrit de la manière la plus exactement pittoresque les modes françaises sous la régence d'Anne d'Autriche :

> L'œil peut-il voir rien de plus ridicule
> Qu'un de nos preux à la taille d'Hercule,
> Avec sa teste, autrefois non à luy,
> Teste qu'on oste et serre en un estuy,
> Teste de poil, qui de poudre couverte
> Assez souvent cache une teste verte,
> Teste qui couvre et laine, et soye et lin,
> De plus de fleur (1) qu'il n'en entre au moulin ?
> . . . . . . . . . . . .

Après avoir fait poser ce gentilhomme semi-Espagnol, que déjà Marino nous a montré et qui était encore plus ridicule en France qu'ailleurs, parce que les imitateurs dépassent toujours le modèle, Saint-Amant le met en scène, son petit miroir à la main, peignant ses longs cheveux, et arpentant le terrain de ses vastes bottes évasées :

> Est-il aussi quelque objet plus étrange
> Que de le voir mendier la louauge

(1) Fleur de farine.

> De la beauté, des grâces, des appas ?
> Que de le voir, mesme dans le repas,
> Pour contempler et ses lys, et ses roses,
> Faire partout miroir de toutes choses :
> Et sans respect ni des roys, ni des dieux,
> Insolemment se peigner en tous lieux ?
> Que de le voir, dis-je, mettre en usage
> La mousche feinte, en son fade visage ?
> Que de le voir traisner ses beaux canons,
> Ses point-coupez à cent sortes de noms,
> Qui, sous l'amas de six rangs d'esguillettes
> Dont les fers d'or brillent comme paillettes,
> A cent replis bouffent en s'élevant
> Sur le beau cuir apporté du Levant ;
> Et pour marcher, font qu'à jambe qui fauche,
> Il meut en cercle et la droite et la gauche ?

Un versificateur mérite de n'être pas tout-à-fait oublié quand il a su dessiner aussi nettement et peindre de couleurs aussi vives les costumes de son temps.

Plus tard, ajoute Saint-Amant, nul ne voudra croire que nous ayons porté

> Ces manteaux courts; ces bottes aux pieds lons,
> Aux bouts lunez, aux grotesques talons;
> Nos fins castors, qui du divers Protée
> Semblent avoir l'inconstance empruntée ;
> Tantost pointus, tantost hauts, tantost bas ;
> Le souple tour de nos souples rabas ;
> Nostre façon d'estaler sur les hanches
> L'exquise toile, ainsi qu'au bout des manches ;
> D'ouvrir en foux par devant en hyver,
> L'habit qui vient du mouton et du ver,
> Pour faire voir, ô molle bagatelle !
> Le vain éclat d'une large dentelle

> *Riche à merveille*, et *dressée à ravir*
> ( Ce sont les mots dont il faut se servir );
> Nos sots pourpoints, nos brimbalantes chausses,
> Nos beaux rubans que salissent nos sausses.

Il y a bien des chevilles ; et le goût manque, ainsi que la justesse de l'expression ; la vivacité du tour y est ; Saint-Amant retrace avec talent ce qui frappe ses regards et fait de la poésie pour les yeux : ajoutons que le genre descriptif n'est pas le plus difficile, tant s'en faut.

Toutefois Saint-Amant y réussit. Il vous fait assister aux mouvements des galères de Barcelone,

> Ce gouffre où la misère abonde,
> Où dans l'horreur d'un devoir inhumain
> On voit agir et la corde et la main ;
> Où le plus faible abat le plus robuste ;
> Où la justice enfin devient injuste
> Et par l'excès d'un sévère tourment,
> En crime affreux tourne le châtiment.

La rime est riche, la pensée énergique, l'allure vive ; ce sont des mérites. Qu'est-ce qu'une galère ?

> Un enfer de vivants :
> Une prison qui flotte au gré des vents,
> Qui marche et vole et rampe et nage et glisse ;
> Qui sous maint bois, des bras l'aspre supplice,
> Déhache, rompt, fend *le dos* de la mer,
> Le pousse au loin, blanchit l'azur amer ;
> Le fait frémir à l'entour de la proue.
> L'onde en murmure et le timon qui joue

> Voit cent bouillons tournoyer après soy,
> Comme enragez qu'il donne aux flots la loy.
>    A l'arriver, les antennes aislées,
> Par mille mains sont aussitôt calées :
> L'ancre s'abisme, et le salut naval
> Tonne et s'enfuit au creux d'un sombre val ;
> D'un mesme ton nostre bronze le paye ;
> L'écho repart, et mugit, et s'effraye ;
> Et tous ces bruits ensemble confondus
> Rendent au loin les tritons esperdus.
> . . . . . . . . . . . . . . . . .
> De tous costez les membres se remuent ;
> L'argouzin siffle : et les forçats qui suent
> Des durs travaux et futurs et soufferts
> Font, à ce bruit, sonner leurs tristes fers.
> Leur sourde voix, encore qu'effroyable,
> Tasche à nous faire un bonjour agréable,
> Et, selon l'ordre, en accent de hibou,
> Frappe l'oreille avec un triple *hou!*
> L'airain creusé de la claire trompette
> En mesme temps un autre son répète ;
> Le canon tire, et des mousquets amis
> Les feux sans plomb dans les airs sont vomis.

Sous le rapport de la pureté, de la grâce, de l'élégance et de la sobriété, du goût, surtout de la justesse de l'expression, ces vers sont très-imparfaits. Ils renferment néanmoins plus d'un élément de poésie excellente, vivacité et entrain, facilité et sentiment pittoresque.

On a certes admiré chez Saint-Lambert, Roucher, Delille, Esmenard, des traces de talent moins vives, des tours d'expression qui n'ont pas autant de vivacité et d'énergie.

Saint-Amant s'étonne que l'on puisse vivre en de tels supplices :

> Un homme sous les chaisnes
> Semble en ce lieu triompher de ses gesnes ;
> . . . . il souffre sans gémir,
> Vit sans manger, travaille sans dormir,
> Rit, chante, joue et *dans son banc endure*
> Le vent, le chaud, la pluye et la froidure,
> Sans que la honte ou la rigueur du sort
> Excite en luy le souhait de la mort
> . . . . . . . . . . . . . . . . . .
> O merveilleuse, ô puissante habitude,
> De la nature ou la fille ou la sœur,
> Tu convertis l'amertume en douceur !

Si ce n'est pas là du talent, à quelles marques le reconnaîtra-t-on ?

Le sonnet, aimé de Ronsard et de Baïf, était souvent la forme préférée du poète. Sa gazette guerrière y perdait de la franchise ; et l'habitude qu'il avait prise d'aiguiser, en guise de queue, une pointe espagnole, une *agudeza*, pour terminer ses quatorze vers, produisait un effet très-ridicule. Ne nous arrêtons pas sur cette portion officielle de son talent, qui lui fait peu d'honneur. Le *goinfre* a bien plus de force et de simplicité quand il se met à son aise et chante son vin, ses maîtresses, ses fromages, le melon dont il adore la saveur, ou le désespoir de l'ivrogne qui aperçoit d'un coup-d'œil le fond de sa bourse et celui de sa bouteille.

> Assis sur un fagot, une pipe à la main,
> Tristement accoudé contre une cheminée,
> Les yeux fixés vers terre, et l'âme mutinée,
> Je songe aux cruautés de mon sort inhumain.

L'espoir qui me remet du jour au lendemain
Essaye à gaigner temps sur ma peine obstinée,
Et me venant promettre une autre destinée,
Me fait monter plus haut qu'un empereur romain.

Mais à peine cette herbe (1) est-elle mise en cendre,
Qu'en mon premier état il me convient descendre
Et passer mes ennuis à redire souvent :

« Non, je ne trouve point beaucoup de différence
De prendre du tabac à vivre d'espérance,
Car l'un n'est que fumée et l'autre n'est que vent ! » (2)

Après avoir aidé *Cadet-la-Perle* devenu héros, à battre ses ennemis, le marquis de Léganès et le prince Thomas de Savoie, Saint-Amant voyage en Angleterre avec son maître, que la France envoie pour apaiser les querelles du parlement et de Charles I$^{er}$. Saint-Amant adresse à ce malheureux roi une ode détestable, qui cependant commence par deux agréables strophes :

Dieux, en quel aimable séjour,
En quel lieu de gloire et d'amour
M'ont conduit Zéphire et Neptune ?
Suis-je en ce doux climat des astres adoré,
Où bien loin de toute infortune,
Les cieux font refleurir le beau siècle doré ?

Ce plaisant fleuve que je voy,
*Se couler si bien après soy,*

---

(1) Le tabac.
(2) *OEuvres de Saint-Amant*, 1647, in-8°, p. 215.

> Fend-il les champs de l'Angleterre ?
> Pressai-je ce terroir aux herbages épais,
>   Qui voit toute l'Europe en guerre,
> Cependant qu'il jouit d'une éternelle paix ?

On dirait que Saint-Amant parle ici non pas des îles britanniques, mais du Paraguay ou de l'Eldorado. Cette fantaisie poétique, bonne pour obtenir quelques écus, lui en valut quelques-uns, si l'on en croit les historiens littéraires. Charles I<sup>er</sup>, homme timide et romanesque, brave sur le champ de bataille, rêveur et ami des arts, protégeait volontiers la poésie ; Saint-Amant reçut une bourse de ses mains royales.

Toutefois ce pays *adoré* et *paisible*, qui allait couper la tête à Charles I<sup>er</sup>, joua d'assez mauvais tours au poète. On lui fit mal la barbe, on lui vola sa bourse pendant qu'il cuvait son vin; *crimes* dont il se plaignait amèrement à Bacchus :

> Dieux, qui voyez qu'on m'escroque en dormant,
> Auquel de vous faudra-t-il qu'on se fie,
> Puisque Bacchus a trahi Saint-Amant !

Le reste de la complainte fait vraiment pitié.

> Je perds tout en Angleterre,
> Poil, nippes et liberté.
> J'y perds et temps et santé
> Qui vaut tout l'or de la terre.
>
> J'y perdis mon cœur que prit
> Un bel œil dont il s'éprit
> Sans espoir d'aucun remède ;
> Et je crois, si Dieu ne m'aide,
> Qu'enfin j'y perdrai l'esprit.

Brave prince dont la gloire
Vole dans tout l'univers,
Vois de mes malheurs divers
L'étrange et fallotte histoire.

Je n'ai pas un quart d'écu,
La tristesse m'a vaincu ;
Je ne fais plus rien que geindre
Et pour m'achever de peindre —
Un froncle. . . . . . . . . . .

Je n'aimerais pas, quelle que soit la liberté concédée à l'historien littéraire, dire le dernier vers de ces strophes, vers irréprochable pour la rime et non pour la décence. Le ton a de la facilité ; on reconnaît le poète rompu aux artifices de son art. Notre ami était devenu poète à cette étrange école, personne n'en doute plus, et nous le prouverons bientôt par de nouveaux exemples.

Les folies et le décousu de sa vie errante avaient dépravé en les déshonorant cette verve et cet instinct. Toujours attaché à Henri d'Harcourt, qui n'est plus le gourmand débauché dont Tallemant a redit l'histoire, mais un grand capitaine, Saint-Amant ne profite guère de la marche ascendante qui entraîne son héros. Il rime mieux et boit davantage, deux mérites dont le progrès ne rapporte pas un bénéfice proportionnel à la dépense qu'ils exigent. Son ami Faret, mauvais sujet par habileté et par calcul, était revenu à Paris faire sa fortune. Tout-à-coup Saint-Amant, dégoûté de « mettre le feu à la mèche du serpentin, » et voyant qu'à ce métier de bouffon et de soldat, de poète et d'ivrogne, il ne gagnait rien que de l'âge et du ventre, laissa d'Harcourt se faire battre à Lérida, et, pris d'un accès d'ambition littéraire, revint à Paris.

## § V.

#### Saint-Amant à Paris. — Ses princesses.

On aime assez ces bonnes gens dont les vices sont gais, et qui emportés par le joyeux égoïsme de leurs sens oublient celui de leur fortune. L'Académie française venait d'éclore ; on y plaça Saint-Amant. L'assiduité aux séances, exigée de ses membres par la jeune assemblée, ne convenait guère à notre homme ; on l'en exempta, sous condition qu'il rédigerait la partie comique du dictionnaire et *recueillerait les mots burlesques et grotesques ;* c'était un singulier emploi, qui conciliait le respect de l'Académie pour elle-même et le talent réel de Saint-Amant. Il ne remplit pas un seul de ses engagements, ne vint point aux séances, et persifla l'Académie de Richelieu :

> Adieu, vous qui me faites rire,
> Vous, gladiateurs du bien-dire,
> Qui, sur un pré de papier blanc,
> Versant de l'encre au lieu de sang,
> Quand la guerre entre vous s'allume ;
> Vous entre-bourrez de la plume,
> D'un cœur doctement martial,
> Pour le sceptre éloquential.

Pour avoir le droit de se moquer de l'Académie, il faudroit écrire un peu mieux. Mais Saint-Amant trouvait la débauche plus agréable que la grammaire; il aimait bien mieux, disait-il, et préférait aux *gladiateurs du bien-dire* (le vers est charmant)

>  Les honnêtes yvrongnes
> Aux cœurs sans fard, aux nobles trongnes,
> Tous les gosiers voluptueux,
> Tous les débauchez vertueux,
> Qui parmi leurs propos de table,
> Joignent l'utile au délectable.

A force de sacrifier l'utile au délectable, Saint-Amant se trouva sans le sou. Il ne se contentait pas de boire avec les grands seigneurs; homme logique, débauché par nature et par habitude, il estimait fort le cabaret et la tabagie. Le tableau d'une tabagie parisienne sous Louis XIV, nous est conservé par un sonnet de Saint-Amant :

> Voici le rendez-vous des enfants sans soucy,
> Que pour me divertir quelquefois je fréquente;
> Le maître a bien raison de se nommer La Plante,
> Car il gaigne son bien par une plante aussi.

> Vous y voyez Belot, pasle, morne et transy,
> Vomir par les nazeaux une vapeur errante;
> Vous y voyez Jallard chatouiller la servante,
> Qui rit du bout du nez, en portrait raccourcy.

> Que ce borgne a bien plus Fortune pour amie
> Qu'un de ces curieux qui, soufflant l'alchimie,
> De sage devient fol, et de riche indigent!

> Cestuy-là sent enfin sa vigueur consumée,
> Et voit tout son argent se résoudre en fumée;
> Mais lui, de la fumée il tire de l'argent.

*La Plante* était un cafetier borgne qui tenait un café borgne, et chez lequel on fumait. Qui n'a pas remarqué la ferme souplesse de ce sonnet, son air déluré, sa tournure spirituelle et sa bonne facture? Notre poète est dans son centre. Il s'est moqué de la vie; cette moquerie sans portée et sans avenir, devenue pour lui la source de l'inspiration, se vengera de celui qui l'exerce.

Il y avait alors de par le monde une princesse belle, spirituelle, romanesque, hardie, qui avait commencé par inspirer une passion vive à *Monsieur*, que la reine-mère avait enfermée à Vincennes pour empêcher ce mariage, qui, dans sa première jeunesse, avait conspiré avec Cinq-Mars contre Richelieu, et marchait de conspirations en intrigues, d'intrigues en retraites forcées, de retraites en aventures. Fille du duc de Nevers et de Mantoue, Marie de Gonzague, dans un des soubresauts ordinaires de sa destinée, plut au roi de Pologne Ladislas Sigismond. Ladislas résolut d'abord de l'épouser, se décida pour une princesse autrichienne, devint veuf, et revint à Marie de Gonzague. Le chroniqueur le plus amusant de l'époque appelle cela des *hausses qui baissent et des baisses qui haussent*. Le mauvais traducteur Marolles, grand ami du poète, et qui buvait sec aussi, ayant crédit près des familiers de la princesse, leur recommanda son compère Saint-Amant; on l'accepta. Il reçut trois mille francs de pension, le titre de gentilhomme ordinaire de la chambre, celui de conseiller d'état, et partit gaîment pour le pays des Sarmates, s'apprêtant, disait-il, à devenir « *le gros Saint-Amantski.* »

Je ne sais si *le gros* avait oublié *le rond;* mais d'Harcourt, qui s'en allait battre les Espagnols à Valenciennes, paraît ne s'être plus occupé de sa vie ni du *vieux* ni du *gros*, ni de Faret ni de Saint-Amant. Faret, sur le retour, avait renoncé à la débauche en publiant l'*Honnête Homme*. Saint-Amant, épris aussi d'une fantaisie de gloire sérieuse, avait esquissé à plusieurs reprises un poème sur lequel il fondait ses espérances, et dont nous parlerons bientôt. La grande œuvre était dans ses malles, en 1649, lorsque le *conseiller d'état de la reine de Pologne*, traversant Saint-Omer, fut pris pour un espion politique et retenu captif quelques jours par la garnison. « M'en allant en Pologne, dit-il à la nouvelle reine, pour rendre mes très-humbles et très-fidèles devoirs à Votre Majesté, et pour lui porter ce que j'avais déjà fait de cette pièce (son poème), je fus pris par la garnison de Saint-Omer. Sans doute que si je n'eusse dit aussitôt que j'avais l'honneur d'être un des gentilshommes de sa chambre, et que je ne me fusse revêtu de si belles et de si fortes armes, je n'aurais jamais pu parer ce coup d'infortune. Je courais risque de perdre la vie, et le *Moïse sauvé* était le *Moïse perdu*. Mais ceux qui me prirent, quelque farouches et quelque insolents qu'ils fussent, respectèrent en la personne du domestique la grandeur de la maîtresse : l'éclat d'un nom si fameux et si considérable leur fit suspendre la foudre qu'ils étaient tout prêts de faire tomber sur moi, et leurs yeux, la voyant luire comme un bel astre au premier des cahiers de mon ouvrage, en furent tellement éblouis qu'ils n'osèrent plus les regarder. »

Cette préface, d'un goût exécrable, pleine de pointes et d'*agudezas*, de subtilités et de cérémonieuses fadeurs, n'est pas d'un courtisan mal habile ; Saint-Amant sait son monde.

Après avoir vidé bien des brocs avec les Polonais, il arrive et s'acclimate à Varsovie. Marie de Gonzague l'accueille bien ; c'est lui qu'elle charge d'assister en son nom au couronnement de Christine, reine de Suède. De Henri d'Harcourt à cette princesse aventureuse, de Marie de Gonzague à Christine, esprit plus singulier encore, Saint-Amant roule ainsi, comme si sa destinée devait le mener de don Quichotte en don Quichotte de sexes différents, toujours favori nonchalant, sans souci des jours futurs; les protecteurs sont dignes du protégé. Le médisant des Réaux prétend qu'il eut peu de succès auprès de Christine; rien ne le prouve. D'autres contemporains affirment« qu'elle fit grand cas de lui, » et lui-même célébra dans son épopée la « fameuse Christine, » qui, dit-il,

> Allant voir des vaisseaux qu'en guerre elle destine,
> Tomba dans le Meller, et par cet accident
> Pensa faire *du Nord un funeste Occident.*

Toujours le *concetto* et l'*agudeza*. Les voyages n'épuraient pas son goût et n'assuraient pas sa fortune. Lui qui comptait toujours sur son génie, et qui ne s'arrangeait pas des convenances imposées à un conseiller-d'État et à un ambassadeur, s'ennuya bientôt de la Pologne et revint en France avec la promesse que Marie de Gonzague prendrait soin de lui. Ses cheveux blanchissaient, sa verve expirait, la fantaisie écervelée de sa parole commençait à déplaire, et sa pauvreté tranchait avec ses prétentions. Les beaux esprits le reçurent froidement, les grands seigneurs le délaissèrent; on haussa les épaules lorsqu'à la table du coadjuteur il s'écria :« J'ai cinquante ans de liberté sur la tête! » Cette liberté des voyages, des camps, des navires, des cabarets, des cours barbares n'allait plus à la société française. Homme d'un autre monde, matamore sans cuirasse, prétendant au sublime et bravache de renommée, il ne se gênait pas et s'intitulait *le gros Virgile.* « Vous avez écrit de *jolis* vers, lui dit Esprit, son confrère de l'Académie, assis près de lui à la table de Chapelain. — Nargue de votre *joli* ! s'écria-t-il avec colère, » et il se leva furieux. — « Fermez les portes ! disait-il ailleurs ; qu'on ne laisse entrer personne ; point de valets ! J'ai assez de peine à réciter devant les maîtres. »

Ses rodomontades espagnoles excitaient la pitié. Sa pension était mal payée ; un goinfre pauvre et vieux a peu d'amis ; les mauvais jours commencèrent. Il s'avisa d'une spéculation, demanda le brevet d'une fabrique de verre à établir, et l'obtint, car il obtenait tout et ne tirait parti de rien. L'entreprise manqua ; il fit quelques vers heureux sur la transformation du sable en cristal, et n'en retira pas d'autre bénéfice.

Les poètes furent jaloux d'un homme qui se conduisait en prince, parlait de ses campagnes, se comparait à Virgile, visait à l'opulence et n'avait pas le nécessaire. Maynard, dans une jolie épigramme le nomma *gentilhomme de verre* :

« Si vous tombez par terre, adieu vos qualités ! »

Tout lui manquait donc à la fois, jeunesse, gloire, fortune. L'instant était venu de penser au grand ouvrage.

## § IV.

#### Saint-Amant veut se faire d'église. — Moyse sauvé.

Saint-Amant se retira dans un petit logement de la rue de Seine, et mit la dernière main à son poème. Dix ou quinze fois, comme il l'assure, il en avait remanié le plan, changé les détails et recomposé l'ensemble. Mais que peut-il produire? Quoi de sérieux dans sa pensée? Quelle passion l'anime? Quels souvenirs peuplent ce cerveau? Après avoir vécu en goinfre, que lui reste-il? Des images accessoires, l'habileté du mètre, l'amour des ornements ingénieux, la facilité descriptive. Entraîné par la fausse mode espagnole, sans goût pour la sévérité des anciens, sans profondeur, sans observation, sans expérience des passions nobles ou tendres, il fut sérieusement frivole, comme Marino son modèle, comme les élèves de ce dernier, Achillini surtout.

Il avait vu le poète Desportes (1) conquérir des bénéfices à la pointe de sa plume érotique ; l'église, dernier refuge des muses souffreteuses, lui parut un port commode et il espéra s'y reposer enfin. Une abbaye (un contemporain dit *un évêché*) le séduisit. Le sujet de son grand poème fut donc religieux ; il s'empara de Moïse, le prit au berceau, détailla d'une façon romanesque l'aventure de ce berceau porté

(1) V. nos Études sur le xvı° Siècle.

par les ondes et recueilli par la princesse égyptienne, orna son récit d'arabesques de toutes sortes, et crut avoir fait une épopée chrétienne.

Elle parut après dix ans de préparations et de remaniements, et il postula aussitôt son bénéfice ecclésiastique. On ne l'écouta pas; il se fâcha gaîment, car c'était un homme d'excellente humeur.

> « Un vers sacré semblerait inférer
> Qu'au bien d'église on eût droit d'aspirer.
> Mais, ô bon Dieu ! combien en voit-on d'autres,
> Pourvus de mitres et d'amples patenôtres,
> Vivre entre nous avec autorité,
> Qui ne l'ont pas aussi bien mérité !
> A tout le moins chacun dit, à ma mine,
> Qu'un long habit de serge ou d'étamine
> Ne siérait pas si mal dessus mon corps.
> . . . . . . . . . . . .
> Ce que j'en dis n'est pas que je caymande.
> J'ai trop de cœur, je ne gueuzay jamais ! »

Il se recommande aux vieux seigneurs, à ses camarades, au duc d'Orléans et rappelle à ce dernier un service que le duc lui avait déjà rendu,

> Lorsqu'un matin, en prenant sa chemise,
> Il avait dit : « Expédiez le *Gros!* (Saint-Amand.)
> » Je l'aime bien, car il aime les brocs ! »

On n'expédia jamais le *Gros*, dont le temps était fini.

C'était en l'année 1660. La société française, lasse et battue des vents, faisait voile vers le hâvre magnifique que Louis XIV allait lui ouvrir. Molière venait d'exterminer les précieuses. Tout se calmait, se rangeait et s'ordonnait sous la main impérieuse du maître. Que fera-t-on de cette relique d'un siècle qui s'en-va, de Saint-Amant, type espagnol de l'anarchie littéraire, ami étranger des seigneurs qui courent les aventures, chef de la société des *goinfres*, bouffon des princesses romanesques, capitan prétentieux, libertin et farouche, ivrogne et huguenot? Il réunissait toutes les conditions imaginables pour mourir de faim dans son grenier, et il y mourut. Il crut relever ses affaires en flattant Louis XIV dans un poème intitulé la *Lune parlante*, — mais en vain.

Le pauvre vieux Falstaff s'adressait au jeune monarque, roi des convenances, de l'élégance et de la dignité, comme il se fût adressé à *Cadet-la-Perle*, au *coadjuteur de Corinthe* ou à son *cher ami* Faret! Louis XIV fronça le sourcil, et défendit qu'on lui reparlât jamais de cet homme. Saint-Amant mourut sur le coup.

Le cercueil du *bon gros*, mort rue de Seine, sur sa paillasse, après avoir trinqué avec tant de princes et réjoui deux reines, était descendu dans la terre depuis six années quand Boileau déterra le cadavre; il n'avait recueilli sur cette vie bouffone que des bruits vagues, qu'il consigna dans des vers inexacts :

« Saint-Amant n'eut du ciel que sa veine en partage :
L'habit qu'il eut sur lui fut son seul héritage;
Un lit et deux placets composaient tout son bien,
Ou pour en mieux parler, Saint-Amant n'avait rien.
Mais, quoi! las de traîner une vie importune,
Il engagea ce rien pour chercher la fortune;
Et tout chargé de vers qu'il devait mettre au jour,
Conduit d'un vain espoir il parut à la cour »

Saint-Amant, né de parents honorables, commensal des grands seigneurs, admis dans l'intimité d'un prince illustre, a le droit de réclamer; il appartient à la race des Cinq-Mars, des Luynes, des Guises, tous aventuriers brillants, et tient aussi par sa vie nonchalante aux Marot, aux Voiture et aux Benserade, gens de cour et de plaisir. C'était un gentilhomme bon vivant, non un mendiant de bas étage. Il n'avait pas attendu son dernier voyage à Paris pour se produire à la cour, ni surtout pour publier ses œuvres, qui, depuis l'an 1627, c'est-à-dire depuis trente-quatre ans, étaient imprimées. Ayant vécu dans plusieurs palais, aimé de la reine de Pologne et de Christine de Suède, il était avant tout homme du monde, de ce monde spadassin et confus qui imitait l'Espagne aventurière; quand la princesse vint à Paris, et que l'Académie française lui fut présentée, elle reconnut avec plaisir Saint-Amant et causa avec lui.

Au contraire Boileau était l'homme de la génération nouvelle. Devant lui pâlissaient les étoiles de Balzac, rhéteur égoïste et de Viau l'extravagant. On était injuste envers ces enfants vigoureux et débauchés d'un temps irrégulier, génies sans harmonie et sans tenue, imaginations sans raison, vivacités sans style et sans art; à tous il avait manqué le sérieux. Sous la gravité ou la grâce de leur allure on apercevait la légèreté puérile et le défaut de bon sens.

Ces imitateurs maladroits d'une société étrangère, ces moralistes prétentieux, ces artistes qui cherchaient la forme minutieuse ou la saillie extravagante, bouffons poètes, peintres ambassadeurs, prêtres histrions, ecclésiastiques émeutiers, femmes qui signaient *Gradafilées* et qui écrivaient la *Carte de Tendre*, gens graves qui s'intitulaient, à l'instar de Balzac, grands maîtres *dicendi et cœnandi*, seigneurs absorbés dans l'huile de jasmin, les rubans d'Angleterre et les *gants de frangipane*, personnages remuants d'ailleurs et qui jouaient leur rôle dans des intrigues hasardeuses, — devaient s'évanouir comme des ombres à l'apparition du monde sérieux et noble où se dessinèrent les figures de Pascal, de Bossuet et de Racine.

Voici venir la suprême régularité, le règne et l'abus de l'ordre dans la littérature, quelque chose de semblable à un despotisme bien organisé. Certains retardataires essayèrent une opposition impuissante ; les admirateurs de l'Espagne et de Marino, de l'Astrée et de l'Italie, de Ronsard et de l'ancienne école, derniers partisans de coups d'épée de Clélie ou des badinages de Voiture, débris de coteries anciennes, Benserade, Scudéry, Boursault, Pradon, Cottin, Perrault, soutenus par M^me Deshoulières, M^me de Lafayette et M^me de Sévigné, soulevèrent leur étendard contre l'école savante, réglée, majestueuse, Louis XIV, Racine et Boileau.

Boileau ne fut pas tout-à-fait aveugle sur le talent naturel de Saint-Amant : il dit, dans sa sixième réflexion sur Longin : « Ce poète avait assez de *génie* pour les ouvrages de débauche et de satire outrée : il a même quelquefois des boutades assez heureuses dans le sérieux ; mais il gâte tout par les basses circonstances qu'il y mêle. C'est ce qu'on peut voir dans son ode intitulée la *Solitude*, qui est son meilleur ouvrage, où, parmi un fort grand nombre d'images agréables, il vient présenter mal à propos aux yeux les choses du monde les plus affreuses, des crapauds, des limaçons qui bavent, le squelette d'un pendu, etc.

« Là branle le squelette horrible
» D'un pauvre amant qui se pendit, »

Chez Boileau, la manière de concevoir l'art et la poésie a tout-à-fait changé ; c'est pour lui chose sérieuse et mesurée, métier bourgeois ; Saint-Amant l'aimait comme caprice d'artiste et fantaisie de soldat.

Cherchez la poésie en dehors de ces deux erreurs. La muse ne se contente pas de la forme sévère, ni de la violence effrénée d'une libre saillie. Dans les vers de Boileau l'harmonie de l'ensemble et des détails est complète, mais l'inspiration intime est faible ; dans les caprices baroques de Saint-Amant, le désaccord est effroyable, mais l'instrument est vif et sonore ! Grâce à la concentration de la forme et à l'habileté puissante d'un labeur dirigé par goût, Boileau restera : Saint-Amant n'est pas même une ombre. La faculté qui discerne, classe, ordonne, polit et s'impose des sacrifices manquait à sa vie comme à ses œuvres.

Que de talent cependant, de verve, de facilité, de bonnes rimes ! Comme on sent, à travers ses fautes, l'haleine du poète-né ! Les vers les plus audacieux de notre langue appartiennent à ce gentilhomme nomade :

> Je considère au firmament
> L'aspect des flambeaux taciturnes ;
> Et voyant qu'en ces *doux déserts*,
> Les orgueilleux tyrans des airs
> Ont apaisé leur insolence,
> J'écoute à demi transporté
> *Le bruit des ailes du Silence*
> *Qui vole dans l'obscurité.*

Ces deux vers sont plus poétiques et plus raisonnables que le vers célèbre de l'abbé Delille :

> *Il ne voit que la nuit, n'entend que le silence !*

La personnification du Silence, chez Saint-Amant, est admirable. Un sentiment vif et profond règne dans toute cette pièce de la *Solitude*, qui prouve ce dont le poète eût été capable s'il eût modéré le cours extravagant de ses plaisirs :

>Ah ! que j'aime la solitude !
>Que ces lieux sacrez à la nuit,
>Esloignez du monde et du bruit,
>Plaisent à mon inquiétude !
>Mon Dieu ! que mes yeux sont contents
>De voir ces bois ( qui se trouvèrent
>A la nativité des temps,
>Et que tous les siècles révèrent),
>Estre encore aussi beaux et vers
>Qu'aux premiers jours de l'univers !
>. . . . . . . . . . .
>Un gay zéphyre les caresse
>D'un mouvement doux et flatteur !
>. . . . . . . . . . .
>Que sur cette espine fleurie,
>Dont le Printemps est amoureux,
>Philomèle, au chant langoureux,
>Entretient bien ma rêverie !
>Que je prends de plaisir à voir
>Ces monts pendants en précipices !
>. . . . . . . . . . .
>Que je trouve doux le ravage
>De ces fiers torrens vagabonds,
>Qui se précipitent par bonds
>Dans ce vallon vert et sauvage ;
>Puis glissant sous des abrisseaux,
>Ainsi que des serpents sous l'herbe,
>Se changent en plaisants ruisseaux !
>. . . . . . . . . . .
>Que j'ayme ce marais paisible !
>Il est tout bordé d'aliziers,

D'aulnes, de saules et d'oziers,
A qui le fer n'est point nuisible :
Les nymphes y cherchent le frais,
S'y viennent fournir de quenouilles,
De pipeaux, de joncs et de glais ;

. . . . . . . . . . .

Que j'ayme à voir la décadence
De ces vieux chasteaux ruinez,
Contre qui les ans mutinez
Ont déployé leur insolence !
Les sorciers y font leur sabat,
Les démons follets s'y retirent ;

. . . . . . . . . , . .

L'orfraye, avec ses cris funèbres,
Mortel augure des destins,
Fait rire et danser les lutins,
Dans ces lieux remplis de ténèbres !

C'est du Salvator Rosa. Peu de poètes descriptifs ont aussi heureusement éclairé la peinture des objets naturels par l'expression du sentiment intime. Il a raison de dire que sa poésie est inspirée, vacillante,

Pleine de licence et d'ardeur.

. . . . . . . . . .

Mon esprit changeant de projet
Saute de pensée en pensée :
La diversité plaist aux yeux,
Et la vue enfin est lassée
De ne regarder que les cieux.

. . . . . . . . . .

Tanstot chagrin, tantost joyeux,
Selon que la fureur m'enflâme,
Et que l'objet s'offre à mes yeux,
Les propos (1) me naissent en l'âme,

---

(1) *Propos*, « *propositi*, » pensées, imaginations.

> Sans contraindre la liberté
> Du démon qui m'a transporté.

Il eût créé de belles œuvres, s'il eût vécu longtemps dans cette solitude qu'il appelle l'*élément des bons esprits*. Il a des émotions naïves pour les bruits et les spectacles de la nature :

> Que l'eau fait un bruit agréable,
> Tombant sur ces feuillages verds !
> Et que je charmerois l'oreille,
> Si cette douceur nompareille
> Se pouvait trouver en mes vers!

Peu de *canzoni* françaises sont aussi délicatement harmonieuses que les deux strophes suivantes :

> Paisible et solitaire nuit,
>    Sans lune et sans estoilles,
> Renferme le jour qui me nuit
>    Dans tes plus sombres voiles;
> Haste tes pas, déesse exauce-moy,
> J'ayme une brune comme toy !
> . . . . . . . . . . . . . .
>    Tous ces vens qui souffloient si fort
>       Retiennent leurs haleines,
>    Il ne pleut plus, la foudre dort,
>    Et je n'entends que les fontaines,
> Et le doux son de quelques luts charmans
>    Qui disent les vœux des amans.

La même sensibilité, la même mélancolie, respirent dans ce passage où il essaye de reproduire l'effet de l'*adagio* :

Mes doigts suivant l'humeur de mon triste génie,
Font languir les accens et pleurer l'harmonie ;
Mille tons délicats, lamentables et clairs,
S'en vont à longs soupirs se perdre dans les airs,
Et tremblans au sortir de la corde animée
Qui s'est dessous ma main au deuil accoustumée :
Il semble qu'à leur mort, d'une voix de douleur,
Ils chantent en pleurant ma vie et mon malheur.

Ces jolis vers attestent une organisation fort musicale. En voici d'autres qui prouvent la vivacité du sentiment pittoresque :

Que c'est une chose agréable
D'estre sur le bord de la mer,
Quand elle vient à se calmer !
. . . . . . . . . . .
Tantost l'onde brouillant l'arène
Murmure et frémit de courroux,
Se roullant dessus les cailloux
Qu'elle remporte et qu'elle entraîne.
. . . . . . . . . . .
Tantost, la plus claire du monde,
Elle semble un miroir flottant,
Et nous représente à l'instant
Encore d'autres cieux sous l'onde.
Le soleil s'y fait si bien voir,
Y contemplant son beau visage,
Qu'on est quelque temps à sçavoir
Si c'est luy-mesme ou son image.

Les passages remarquables que j'ai cités ne composent jamais une pièce entière. Ils s'entremêlent brusquement de pointes, de *concetti*, d'exagérations qui sonnent faux.

C'est un vase de porcelaine dont la matière précieuse est comme fondue avec toutes les matières communes, ignobles et repoussantes. A la verve la plus naïve se joignent des affectations incroyables.

Il faut chercher Saint-Amant tout entier dans celles de ses poésies qui sont à la fois burlesques et personnelles, dans *la Jouyssance*, *le Cantal*, *la Crevaille*, *le Cabaret*, *la Desbauche*, *le Melon*. C'est là qu'il se montre sensuel à outrance, qu'il ose tout dire et tout décrire, qu'il a des expressions trouvées et des vers inouïs, que le gros mot et l'obscénité lui échappent comme les ornements naturels de son discours. Il nous est impossible de citer ces burlesques et indécentes preuves d'un talent mal employé. Occupons-nous de son espoir ecclésiastique, de son épopée, le *Moyse sauvé*.

Il y mettait la dernière main à la même époque où Milton transformait en poème la Bible calviniste.

Saint-Amant n'a vu dans son sujet qu'un canevas sur lequel il a brodé des descriptions piquantes et des détails agréables; il le dit lui-même : « La description des moindres choses est de mon apanage particulier ; c'est où j'emploie le plus souvent ma petite industrie... Je fais une description d'une nuit, dans laquelle je m'arrête à parler, entre autres choses, de certains vers luisants qui volent comme des mouches, et dont toute l'Italie et tous les autres pays du Levant sont remplis. Il n'y a rien de si agréable au monde que de les voir, car ils jettent de dessous les ailes, à chaque mouvement, deux brandons de feu gros comme le pouce, et j'en ai vu quelquefois tous les crins de nos chevaux tout couverts, et tous nos propres cheveux même. Ils volent en troupe comme des essaims d'abeilles, et l'air en est si plein, et rendu si éclatant, qu'on verrait à se conduire aisément sans autre lumière, n'était qu'on est ébloui de leur nombre et de leur agitation. »

C'est là ce qu'il a observé dans ses voyages. Il sait bien que ces minuties sont peu de chose ; il avoue que le *luth éclate dans son œuvre plus que la trompette*, mais il affirme que l'on doit lui savoir meilleur gré de cette originalité personnelle que d'une imitation servile des anciens : « Ceux qui n'aiment, dit-il, que les imitations des anciens, qui en font leurs idoles, et qui voudraient que l'on fût servilement attaché à ne rien dire que ce qu'ils ont dit, comme si l'esprit humain n'avait pas la liberté de produire rien de nouveau, diront qu'ils estimeraient plus un larcin que j'aurais fait sur autrui, que tout ce que je pourrais leur donner de mon propre bien. Et je serais de leur goût, s'il en était comme d'un certain homme qui, traitant un jour quelques-uns de ses amis et les pressant de boire d'un vin qui était assez médiocre, leur disait à chaque coup : « Messieurs, il est petit, mais au moins il est de mon cru ; » quand un de la troupe, ne pouvant en avaler sans grimace, ne put s'empêcher de lui dire brusquement et presque en colère : « Plut à Dieu qu'il fût de celui d'un autre et qu'il fût meilleur ! »

Saint-Amant emprunte sa rhétorique à Bacchus et revient de lui-même à son vieux métier d'ivrogne. Il raille dans sa préface l'école de Malherbe qui sera celle de Boileau : « Je ne me plais pas beaucoup, dit-il, à me parer des plumes d'autruy, comme la corneille d'Horace. » Quelques idées fort justes se trouvent heureusement exprimées dans cette même préface : « Il faut quelques fois rompre la mesure afin de la diversifier ; autrement cela cause comme un certain ennuy à l'oreille, qui ne peut provenir que de la continuelle uniformité ; je dirais qu'en user de la sorte, c'est ce qu'en termes de musique on appelle la cadence, ou sortir du mode pour y rentrer plus agréablement... Je dirais encore qu'il est presque impossible de faire d'excellents vers, à cause de l'harmonie et de la représentation, sans avoir quelque particulière connaissance de la musique et de la peinture, tant il y a de rapport entre la poésie et ces deux autres sciences, qui sont comme ses cousines germaines. »

Cela est très-vrai et très-bien dit : Saint-Amant ne veut point renoncer aux mots anciens que Boileau et Racine ont proscrits plus tard. Il emploie *faux* dans le sens de mauvais, *rancœur*, *maint*, *lors*, *diffamer son bonheur* pour déshonorer, *crestre* pour croître, *tantôt* pour « bientôt, » *fléau* d'une seule syllabe, et *tandis* pour cependant.

L'idylle héroïque de Saint-Amant n'est pas autre chose qu'une imitation de l'*Adone* (1). Elle correspond à l'Astrée, et convient à cette époque, qui fit Caton galant et Brutus dameret. Ici c'est pis encore : Moïse devient berger et la Bible est enrubannée pour plaire aux Pisani de l'hôtel Rambouillet. Saint-Amant calque ses formes sur celles de Sannazar, cite Castelvetro et Piccolomini, ne tient comme Marino qu'à prouver la fécondité de ses inventions et la facilité de sa plume; et, après avoir prodigué les traits brillants et les ingénieux détails, nous offre en dernière analyse une immense arabesque, plus ridicule que l'*Adone*, à cause du nom de Moïse, et chargée d'enroulements inutilement légers. Les vers heureux abondent; l'ensemble est puéril.

S'il eût possédé un génie plus vrai, plus solitaire, plus puissant et plus profond, quel parti n'aurait-il pas tiré de ses

(1) V. plus haut, LE MARINO ET SON INFLUENCE.

voyages et de cette connaissance intime qu'il avait formée avec les singularités de la nature! Se jouer à la surface des images et des idées avec une fluide adresse, voilà ce que Marino vient de lui apprendre ; jamais son talent ne paraît sourdre des profondeurs de l'âme. Il a de l'harmonie et du nombre ; son trait est plein de finesse et aussi de manière. Il ennoblit les petits objets, il enjolive les objets vulgaires avec une coquetterie que l'école de Delille a de nouveau mise en honneur parmi nous.

Cette école du détail descriptif renouvelée récemment, n'a pas de meilleurs vers que ceux-ci :

> On voit le dur marteau rebondir sur l'enclume,
> Dans le poing qui l'étreint avec bruit retourner,
> Et du cyclope noir le bras même étonner.

L'huile

> Dégorge l'or liquide à filets onctueux.

C'est la manière d'Ovide, de Delille, de Darwin; invention dans les mots, esprit dans l'imagination, point de passion, un luxe de détails infinis, une multitude de petits faits agréablement reproduits. Ici il dépeint une *étoile qu ufile ;*

> Un trait de feu qui comme une fusée,
> Commençant sur le toit une ligne embrasée,
> Avec sa pointe d'or les ténèbres perça,
> D'un cours bruyant et prompt vers le Nil se glissa,
> Fit loin estinceler sa flamme pétillante, etc.

Plus loin, c'est l'aurore naissante :

> ... Dès que par le temps la belle aube argentée
> Fut du sein de la nuit comme ressuscitée ;
> Sitost que la lueur reblanchit l'horison,
> Que le jour s'eschappa de sa noire prison ;
> Que le bruit resveillé vint de sa violence
> Effrayer le repos, la paix et le silence,
> Et que le roy des feux, d'un rayon vif et pur,
> Eut refait le matin d'or, de pourpre et d'azur, etc.

C'est encore

> L'esmail tremblant et vert de deux faisceaux de joncs.

Une biche qui veut se désaltérer dans une source prochaine quitte un moment son jeune faon :

> On la voit s'avancer à jambes suspendues,
> Faire un pas, et puis deux, et soudain revenir,
> Et de l'objet aimé gardant le souvenir,
> Montrer en mesme temps, par ses timides gestes,
> Le soupçon et l'effroi...

Le tonnerre

> Roule de mur en mur, bondit de coin en coin,
> Eslargit et restreint sa flamme tortueuse,
> S'eslance coup sur coup d'une ire impétueuse,
> Piroüette et mugit...

Un serpent

De son dos escaillé les plis diversifie,
Se glisse sur l'esmail des herbes et des fleurs,
Adjouste un nouveau lustre à leurs vives couleurs,
Revient sur soy, se cherche, en maint nœud s'entortille,
Darde sa langue double, et dans l'or dont il brille,
Entre-semé d'argent, de cinabre et d'azur,
Se mire, s'esjoûit de n'avoir rien d'impur,
Offre *je ne sais quoi d'horrible et d'agréable.*

Vers fort beau par parenthèse, et que Boileau n'a pas dédaigné d'imiter. Le passage de la mer Rouge, que le satirique a immortalisé par sa raillerie (1), est un modèle de vivacité inventive et de puérilité.

L'abisme, au coup donné, s'ouvre jusqu'aux entrailles :
De liquides rubis il se fait deux murailles,
Dont l'espace nouveau se remplit à l'instant
Par le peuple qui suit le pilier éclatant ;
D'un et d'autre costé, *ravy d'aise il se mire ;*
De ce fond découvert le sentier il admire ;
Sentier que la nature a d'un soin libéral
Paré de sablon d'or, et d'arbre de coral ;
Qui plantez tout de rang, forment comme une allée
Estendue au travers d'une riche vallée,
Et d'où l'ambre découle ainsi qu'on vit le miel
Distiller des sapins sous l'heur du jeune ciel.
Là, des chameaux chargez la troupe lente et forte
Foule plus de trésors encor qu'elle n'en porte ;
*On y peut en passant de perles s'enrichir,*
*Et de pauvreté pour jamais s'affranchir :*

(1) Tel autrefois qu'on vit avec Faret
Charbonner de ses vers les murs d'un cabaret,
S'en va, mal à-propos, d'une voix insolente,
Chanter du peuple hébreu la fuite triomphante,
Et poursuivant Moïse au milieu des déserts,
Court avec Pharaon se noyer dans les mers.

Là le noble cheval bondit et prend haleine,
Où venait de souffler une lourde baleine ;
Là passent à pied sec les bœufs et les moutons,
Où naguère flottoient les dauphins et les thons ;
Là l'enfant esveillé courant sous la licence
Que permet à son âge une libre innocence,
Va, revient, tourne, saute, et par maints cris joyeux
Témoignant le plaisir que reçoivent ses yeux,
D'un estrange caillou qu'à ses pieds il rencontre
Fait au premier venu la précieuse montre,
Ramasse une coquille, et d'aise transporté,
La présente à sa mère avec naïveté ;
Là, quelque juste effroy qui ses pas sollicite,
S'oublie à chaque objet le fidèle *exercite ;*
Et là, près des rempars que l'œil peut transpercer,
*Les poissons esbahis le regardent passer.*

Le rude bon sens de Boileau (1) a raison de tourner en ridicule l'imagination enfantine de Saint-Amant et cette vaine abondance de détails qui nuisent à la grandeur du tableau ; je doute au surplus que Boileau eût écrit les vers suivants :

L'onde, au sortir du roc, fraische, bruyante et vive,
Comme s'éjouissant de n'estre plus captive,
Saute, bouillonne, coule et ne sachant encor
Quel sablon enrichir son nouveau trésor,

---

(1) N'imitez pas ce fou, qui, décrivant les mers,
Et peignant au milieu de leurs flots entr'ouverts
L'Hébreu sauvé du joug de ses injustes maîtres,
Met pour le voir passer les poissons aux fenêtres ;
Peint le petit enfant qui va, saute, revient,
Et joyeux à sa mère offre un caillou qu'il tient.

Ni quel chemin se faire en sa douteuse course,
Revient innocemment *devers* sa propre source,
Se rencontre, se fuit. . . . . . . . . . .
Et par les champs enfin, va, se joue et se perd.

Deux nuages se rencontrent dans les plaines de l'air, et l'on voit alors, dit le poète,

Deux puissants tourbillons, gros de mille naufrages,
Et fiers de mille pins sur la terre abattus
L'un à l'autre opposer leurs tonnantes vertus.

Il peint également bien

l'incertain élément,
Lorsque tout blanc d'escume il vient onde après onde,
Se rouler en bruyant sur l'arène inféconde.

Déjà le nombre et l'harmonie de Racine apparaissent dans cette diction qui se déploie en beaux replis :

Le soleil. . . . . . . . allumant l'air paisible,
A force de clarté se rendait invisible ;
De tremblantes vapeurs sur les plaines flottoient ;
L'eau sembloit estre en feu, les sablons éclatoient ;
Sur les myrthes fleuris les douces tourterelles,
Tenant leur bec ouvert, laissoient pendre leurs ailes.

Nous n'en finirions pas si nous voulions citer toutes les heureuses descriptions dues à Saint-Amant, celle par exemple d'un vaisseau rentrant dans le port :

Tel qu'un riche navire, après mainte fortune
Esprouvée en maint lieu sur le vaste Neptune,

> Revient avecque pompe au havre souhaité,
> Sous la douce lenteur des souffles de l'esté,
> Qui faisant ondoyer dans les airs pacifiques,
> De tous ses hauts atours les grâces magnifiques,
> Enfle à demy la voile, et d'un tranquille effort
> Presqu'insensiblement le redonne à son port.

Une hirondelle vient retrouver sa couvée :

> ... on voit aux beaux jours la gentille hirondelle
> Vers son nid merveilleux voler à tire-d'aile,
> En atteindre les bords, sur ces bords trémousser ;
> De gestes et d'accents ses petits caresser :
> Puis de l'œil, puis du bec, toujous prompt à repaistre
> Leur innocente faim qui, comme eux, vient de naistre,
> Flatter l'un, flatter l'autre, et leur faire sentir
> De son tardif retour l'aimable repentir.

Saint-Amant la compare à une mère qui revient caresser son jeune enfant,

> Et comme elle s'agite auprès du lit flottant ;
> Luy, de ses bras émus, tasche d'en faire autant.

Ce dernier trait est délicieux.

De tels vers ne sont pas d'un poète vulgaire ; et celui-là doit prendre place au nombre de ceux qui ont servi les progrès de la langue et perfectionné l'instrument poétique qui a su écrire avec cette élégance, cette harmonie et cette pureté.

Il manque à Saint-Amant la grandeur de la pensée, le sérieux de l'âme, la profondeur de la sensibilité, l'énergie du bon sens et la justesse du goût. Par quel abominable travers de jugement a-t-il calqué *Moïse sauvé* sur l'*Adone;* transformé le récit biblique en idylle, et plié un tel sujet à l'influence qui communiquait à l'Europe entière son enthousiasme pour la Pastorale espagnole, pour cette bergerie chevaleresque et cette chevalerie au repos, qui a donné l'*Arcadie* de Sidney, la *Diane* de Montmayor, l'*Astrée* de D'Urfé, et qui est venu mourir dans la *Galatée* de Florian! Esther et Bérénice se couronnent d'un rayon épuré qui émane de cette influence; mais l'âme de Racine était tendre et profonde. Saint-Amant a pris à la mode du temps tous ses ridicules; son plan est sans proportion, ses détails n'ont pas de fin. Il décrit sans cesse : d'abord Memphis, ensuite l'Aurore, puis le berceau de Moïse. La fabrication du berceau est charmante; il finit par l'appeler *un lit ambigu*. Il rend très-bien la situation et les craintes des deux époux qui veulent sauver l'enfant prédestiné. Puis la femme le voit sourire :

Las! dit-elle, tu ris, ô ma gloire dernière!
Tu ris, mon seul espoir, et tu ne connais pas
Que peut-être ta vie est proche du trépas!

On expose le berceau sur les eaux du Nil, et les *perquisiteurs* pénètrent dans la cabane pendant que d'autres bergers veillent près du berceau. Un vieillard, Merary, se met alors à raconter l'histoire de Jacob; il faut voir de quelles couleurs céladoniques le récit hébreu se trouve enluminé. Un jeune homme est blessé à la cuisse :

De sa playe en la cuisse, au cœur l'amante il blesse.

D'autres fois le poète rencontre bien. C'est Dieu

Qui l'éternité seule a pour son diadème :

Lui qui

A créé la nature et fait naître le temps.

Cependant la narration de Merary est interrompue par l'arrivée d'un crocodile qui marche vers le berceau. Les bergers se battent contre le crocodile; Saint-Amant brode ici cinq pages de concetti, de détails ingénieux et d'idées singulières. La mère Jocabel rentre dans sa cabane et s'y endort, pour donner au poète le temps de développer dans un rêve toute la vie future de Moïse, ce qui occupe deux chants entiers. L'idylle, qui s'est transformée en épopée, va bientôt redevenir pastorale. Une tempête réveille Jocabel qui prie et pleure : ces pleurs sont recueillis par un ange :

> L'ange qui s'emploie à recueillir nos pleurs,
> Quand un juste sujet rend leur cours légitime,
> Et que nostre cœur mesme en offre *la victime* (1),
> Dans un beau vase d'or ses larmes ramassa,
> *Pour les faire valoir* aussitost la laissa,
> Et dans le saint olympe, où la divine essence
> Estale sa grandeur et sa magnificence,
> Où l'on adore en trois l'ineffable unité,
> Où sur un trosne pur fait par l'éternité,

(1) L'*holocauste.*

Le seul estre infini, le monarque suprême,
Luit de son propre éclat et s'abysme en soy-mesme,
Et voit dessous ses pieds s'humilier le sort,
La fortune, le temps, la nature et la mort ;
Dans ce lieu, dis-je, où règne en une pompe auguste
Le prince de tout bien, le seul bon, le seul juste :
Ce ministre léger, cet ange officieux,
Présentant à genoux le vase précieux
*Où sa noble pitié, sur qui le deuil s'appuye,
Des yeux de Jocabel avait serré la pluye,
Et fit au grand aspect la douce effusion,
Et signala son zèle en cette occasion.*

Aussitôt les anges

Ouvrent du saint portail le bronze radieux,
Qui fait sur de beaux gonds un bruit mélodieux.
. . . . . . . . . , . . . . . .

Dieu (invention singulière) transforme ces larmes en *liqueur nutritive*, et envoie un ange vers le calme. Description du calme.

Le berceau de Moïse flotte doucement, porté par les flots tranquillisés. On se livre au plaisir de la pêche ; cela occupe trois cents vers et sert de prétexte à une complète monographie de l'art de *pêcher*. Le poisson

s'échappe des doigts, tombe, sautille, fuit,
Fait voir mille soleils en l'escaille qui luit,
Bat l'herbe de sa queue, et sur la plaine verte,
D'une bouche sans cry, de temps en temps ouverte,
Baille sans respirer, *comme né sans poumon,*
Et laisse à qui l'estreint un reste de limon,
Marie, et prompte et simple en sa première espreuve,
Jette presqu'en tremblant la ligne dans le fleuve ;

> Mais en l'espoir conçu trop d'ardeur la déçoit ;
> Car le poisson rusé qui l'embusche aperçoit,
> La rongeant tout autour d'une lèvre avancée,
> Et trompant par le poids le bras et la pensée,
> Fait que la belle main tirant la ligne à faux,
> Sent que ses premiers coups sont autant de défauts.

Enfin la jeune fille

> *Ayant fourbé le fourbe, elle prend le preneur.*

Saint-Amant, qui aime singulièrement les poissons et qui semble avoir fait dans ses voyages un cours complet d'ichthyologie, ne peut s'empêcher de parler un peu des *poissons volants.* Pour moi, dit-il,

> Non sans plaisir sur le vaste Neptune,
> Où j'ai tant esprouvé l'une et l'autre fortune,
> J'ai vu..... sous les cercles brûlants,
> Tomber, comme des cieux, de vrais poissons volants,
> Qui, courus dans les flots par des monstres avides,
> Et mettant leur refuge en leurs ailes timides,
> Au sein du pin vogueur pleuvoient de tous costez ;
> Et jonchoient le tillac de leurs corps argentez.

Après la pêche arrivent des essaims de mouches que l'odeur du poisson attire et que le poète décrit. Dieu se donne la peine d'envoyer des anges contre ces pauvres mouches, qui sont mises en fuite. Merary continue l'histoire de Jacob et nous montre la jeune Rachel occupée à filer sa quenouille.

> D'un soucy ménager, d'une *peine sans peine*,
> Ses doigts blancs comme ivoire en retordoient la laine,

Et tantost esloignez, tantost près du roseau,
Les dépouilloient de lin pour vestir le fuseau.

Le vieux berger raconte l'amour secret de Lya pour Jacob fiancé de Rachel. Lya s'émeut toutes les fois que le nom de celui qu'elle aime est prononcé devant elle. On s'en étonne, on la questionne; elle répond tout simplement que c'est une puce qui l'inquiète ;

Et si devant quelqu'un le désordre arrivoit,
Sur quelque *insecte faux* (1) *l'excuse elle en trouvoit.*

Le poète qui vient de jeter cet ornement de la puce dans son récit trouve des vers charmants pour peindre la mélancolie de la jeune fille ;

En amour
Un plaisir attendu fait d'un moment un jour.

Et ceux-ci encore :

Sans un bruit qui jusqu'à l'heure même
Lui disait à l'oreille : *Ayme! espère, espère, ayme;*
*Parle, déclare-toi, voicy le dernier jour*,
On auroit sçu sa mort plustost que son amour.

Enfin Laban place l'heureuse Lya dans le lit nuptial.

Quiconque au sein d'un bois affreux et solitaire,
Après s'estre engagé, d'un pas involontaire,
A suivre, triste et seul, l'erreur qui le conduit,
Sous le morne silence et sous l'aveugle nuit,

(1) Malfaisant, mauvais.

Après cent tours, cent maux, cent peines incroyables,
Parmy les hurlements des bestes effroyables
Qui l'auraient fait trembler, qui l'auraient fait gémir ;
Après se voir enfin contraint de s'endormir ;
Après l'horreur d'un songe où son âme en ténèbres
Aurait feint à ses yeux mille images funèbres
Viendrait à s'éveiller, et d'*un bien sans pareil*
Entendrait tout-à-coup, au lever du soleil,
Mille divers oyseaux faire dessus sa teste,
De mille aimables tons une douce tempeste,
Serait moins consolé, moins gay, moins en repos
Que ne le fut Lya.....

Ensuite on prend des petits oiseaux ; description des petits oiseaux. Un vautour attaque le berceau de l'enfant.

Montre ses grands orteils, les ouvre, les estend,
De leur acier crochu l'aigre fureur allonge,
Arme son bec de rage, et sur l'enfant se plonge.

Le poète décrit le combat des bergers contre le vautour ; une pierre vient frapper l'oiseau, et s'amortit sur l'armure de son plumage. « ainsi, dit-il,

sous la jeune Bellonne,
Voit-on, lorsque d'un camp la foudre humaine tonne,
Le globe s'amortir contre un flanc gazonné,
Et bruire sourdement après avoir tonné.

Le soir arrive. La princesse d'Égypte, dont Saint-Amant redit longuement les divertissements solitaires, avant

d'aller jouir de la frescheur des eaux,
Des beautez de la plaine et du chant des oyseaux,

se fait raconter l'histoire de Joseph. Tous ces récits allongent et n'animent guère le prétendu poème épique de notre auteur ; s'il avait pu, il y aurait fait entrer toute la Bible. Il trouve moyen de décrire les agneaux

> Broutant à langue torse et le trèfle naissant,
> Et les tendres rameaux d'un buisson fleurissant ;

Puis les sept épis d'or du songe expliqué par Joseph :

> Sept espis beaux et pleins, en rond penchant leurs testes
> Comme quand à scier les faucilles sont prestes,
> Sembloient sur un tuyau d'où naissoit leur trésor,
> Présenter à mes yeux une couronne d'or,
> Qui brillant au soleil sous un vent agréable
> Noircissoit le guéret d'une ombre variable,
> Et montroit en sa mûre et fertile beauté
> Le plus riche ornement dont se pare l'esté.

Nous ne nous arrêtons pas à louer ces excellents vers, si pittoresques et si hardis. La princesse sort de son palais pour aller au bain, montée sur un char traîné par trois licornes :

> Elle s'en vient noyer sa chaleur et sa peine
> Dans l'humide plaisir d'une claire fontaine.

Ses nymphes l'environnent :

> Cent doigts polis et blancs l'avoient déshabillée
> Sous l'obscure espaisseur de la verte feuillée,
> Où, bien loin de sa suite, un pavillon tendu
> En rendoit le spectacle aux hommes défendu.

Ici Saint-Amant prodigue les trésors de sa palette :

> A sa description je ne saurois atteindre :
> Car l'innocente honte et la pudicité
> Couvroient d'un voile saint sa belle nudité.
> . . . . . . . . . . . . . . . .
> Elle avance le pié douteux et retenu
> Sur un sable mollet, insensible et menu.
> Sa taille se desrobe, elle entre, elle se plonge
> Elle se laisse aller, s'abandonne, s'allonge,
> Nage, ébranle les flots, et les flots agitez
> Pétillent d'allégresse autour de ses beautez.

Puis elle sort du bain, et la princesse que l'on essuie

> *Faire boire aux draps les reliques du bain.*

Une négresse est chargée des soins de sa toilette, et Saint-Amant s'écrie à ce propos :

> *Le bras d'encre est propice à des membres de lait !*

Enfin les anges poussent jusqu'aux pieds de la vierge le berceau de Moïse recueilli par elle; une description de la nuit termine l'œuvre, et Saint-Amand couronne sa douzième et dernière partie par les vers suivants :

> Le silence paisible et l'horreur solitaire
> Contraignoient doucement les hommes à se taire :
> Taisons-nous donc, ô muse ! et jurons en ce lieu
> De ne parler jamais qu'à la gloire de Dieu.

Peut-on imaginer un sujet plus simple, écrasé sous des

ornements plus misérables ; une dépense de talent plus extravagante, plus étrange, plus déplacée ; un luxe de jolis vers sur tous les sujets, plus mal amenés et bariolés des traits plus faux?

Chaque nouvel épisode est placé là pour suspendre une description nouvelle. Défaut d'ensemble, de majesté, de dignité, de convenance, nulle compréhension de la Bible ; une frivolité perpétuelle et un incontestable talent. Nous n'avons pas épuisé, dans les citations précédentes, les beautés réelles de ce poëme absurde, et qui pis est ennuyeux :

> Mille femmes en rond, pressant l'herbe fleurie,
> Accordent saintement leurs gestes et leurs vois
> Aux doux sons des tambours soutenus des haubois ;
> Les vierges vont après, les enfants les secondent,
> Leurs fertiles brebis en beslant leur respondent ;
> Et les puissans taureaux, dans le ravissement,
> Leur repartent aussi d'un gay mugissement.

Saint-Amant n'a que des traits, et n'a jamais d'ensemble. Sa première manière, celle du *goinfre* en belle humeur, lui fournit des pièces burlesques. Sa seconde manière, celle de l'homme de cour postulant un bénéfice, produit *Moïse*, galerie de descriptions agréables qui composent un mauvais poëme. Poëte de détail, touchant à tous les genres de talent, et ne pouvant rien produire d'achevé, dépourvu surtout de jugement et d'unité, il ressemble fort au temps bizarre qui l'a vu naître et briller.

Il ne revoit pas même les épreuves de ses ouvrages, que les imprimeurs remplissent de fautes grossières, et auxquels il s'adresse ainsi :

> Hélas! quand je vous voy, mes vers, mes chers enfans,
> Vous que l'on a trouvez si beaux, si triomphans,
> Errer parmi le monde en plus triste équipage
> Qu'un prince mal aisé qui marcheroit sans page,
> Quand je voy vos pieds nuds, vos membres mutilez,
> Et vos attraits sans pair flestris et désolez
> Par l'avare désir d'un infâme libraire,
> Qui, sous l'espoir du gain, pour chanter me fait braire;
> J'avoue, en la douleur de ma tendre amitié,
> Que j'ay de votre estat une extrême pitié;
> Ou plustost qu'en tel poinct j'ai peine à reconnaistre,
> Vous voyant si changez, que je vous ai fait naistre.

C'est la verve de Régnier. On croirait que les vers suivants sont de cet excellent satirique :

> Je connois un peu nos petits rimailleurs.
> Ils s'aheurtent tousjours aux endroits les meilleurs;
> La raison n'est jamais de leur intelligence;
> La richesse d'autrui chocque leur indigence.

Il y a peu de pièces de Saint-Amant, même des plus folles et des plus baroques, qui ne renferment quelques vers bien inspirés. Tantôt il peint le départ d'une flotte :

> On lève aussitost l'ancre, on laisse choir les voilles;
> Un vent frais et bruyant donne à plein dans ces toiles;
> On invoque Tétis, Neptune et Palémon,
> Les nochers font jouer les ressorts du timon,
> La nef sillonne l'eau qui, fuyant sa carrière,
> Court devant et tournoye à gros bouillons derrière.

Tantôt c'est le clair de lune pénétrant dans la lucarne de son grenier :

> La lune dont la face alors resplendissoit
> De ses rayons aigus une vitre perçoit,
> Qui jetoit dans ma chambre en l'épesseur de l'ombre,
> L'éclat frais et serein d'une lumière sombre,
> Que je trouvois affreuse, et qui me faisoit voir
> Je ne sais quels objets qui sembloient se mouvoir.

Où bien ce sont encore

> Les plaisans promenoirs de ces longues allées,
> Où tant d'afflictions ont esté consolées ;

Vers mélancoliques et charmants, qui méritent de rester gravés dans le souvenir de toutes les âmes tendres, et qui ressemblent singulièrement au distique de William Cowper :

> *Our walks were planted to console at noon*
> *The pensive wanderer in their shades.*

Mené par son imagination, jamais il ne la guide. La plupart des perles qui formaient la couronne naturelle de son talent sont tombées ou dans l'obscurité ou dans la fange. Nous avons dû les recueillir; c'était justice.

Nous venons d'examiner en détail les principaux fragments de cette gloire attachée au pilori par Boileau. Nous avons dit quels furent l'intention littéraire et le modèle poétique d'après lesquels le *goinfre* devenu pieux corrigea et refondit, sous les toits de la rue de Seine, cette pastorale imitée de l'Espagne. Plaignons une existence mal conduite et un talent mal dirigé. Cet homme possédait la verve, la facilité, la variété, la finesse, le rhythme, la saillie, l'entrain ; il rimait admirablement, coulait son vers énergique ou délicat dans un moule de bronze, d'un seul jet, avec un rare bonheur ; il connaissait le monde, les hommes, la nature, comprenait même la nécessité d'animer la poésie, de lui donner une valeur vivante, de la douer de vérité, de vivacité et de fraîcheur ; tout cela pour servir de risée à de plus pauvres et de plus stériles esprits !

Prêtons donc l'oreille avec une équitable tristesse au bruit lointain de ces *voix* perdues dans le naufrage ; n'effaçons pas de nos fastes intellectuels ces poètes condamnables à tant d'égards et depuis longtemps condamnés, victimes de leur temps plus encore que de leurs fautes, entraînés par le mouvement général, et *accravantés*, comme on le disait alors, par la ruine et le tapage de l'époque et de la société qui ont croulé sur leurs têtes.

## § VI.

Scène populaire à Paris en 1623. — Théophile de Viau.

. . . . . . . . . . . .
Nos malheurs ont certaines courses,
Et des flots dont on ne peut voir
Ni les limites ni les sources.
Dieu seul connaît ce changement ;
Car l'esprit ou le jugement
N'entendent à nos adventures,
Non plus qu'au flux secret des mers.

THÉOPHILE DE VIAU.

Il y avait de la foule et du bruit, le 25 août 1623, sur le parvis Notre-Dame, à Paris. C'était une place carrée, dont les côtés étaient défendus par des bornes également espacées ; place d'ailleurs étroite, écrasée par les deux bras qui dominent l'église, et bordée d'une ceinture de toits pointus ou étagés qui dataient de loin. Ces maisons du moyen-âge, habitées par les prêtres et les chanoines, sentaient leur vieille origine ; elles formaient des rues tortueuses, dont les sillons entouraient de zig-zags obscurs la vénérable cathédrale. Quelques bourgeois et quelques artisans franchissaient d'un pas leste ces ruelles obliques qui, sous le nom de rue des Marmousets et de rue de la Licorne, serpentent encore sur le sol primitif de la Cité. Quoique les démarches fussent pressées, les bouches souriantes et les yeux animés, rien n'annonçait le désir ou l'effroi d'un événement grave. Il ne s'agissait pas d'une de ces émotions profondes qui ébranlent les populations, mais d'une curiosité bourgeoise qui cherchait à se satisfaire. Naguère quand on avait tué en face de la rue du Coq l'Italien Concini et que la canaille avait traîné avec des crocs de fer son cadavre dans les rues, un bien autre frémissement s'était propagé dans ce grand corps parisien.

On allait promener solennellement sur le parvis Notre-Dame l'image d'un homme condamné à faire amende honorable devant cette église. Une fois la cérémonie achevée, on devait conduire l'effigie à la place de Grève, au centre de laquelle s'élevait un bûcher. Le poteau qui le surmontait portait un écriteau rouge ; au-dessous de l'écriteau, un personnage vivant semblait enchaîné. Son feutre à plumes, sa moustache affilée, sa royale aiguë, son épée suspendue au baudrier, son petit manteau à l'espagnole et son haut-de-chausses entr'ouvert pour montrer le linge, comme c'était alors la mode, indiquaient un gentilhomme. On se pressait, et le bourreau, les manches relevées, mettait le feu aux fagots de bois vert qui allaient consumer le martyr qui ne bougeait pas ; c'était un mannequin.

Le peuple acharné contre l'effigie disait beaucoup de mal de celui qu'elle représentait, et dont le nom apparaissait en gros caractères sur l'écriteau carré au-dessus du poteau :

THÉOPHILE DE VIAU,
IMPIE, ATHÉE, BLASPHÉMATEUR.

Si vous avez vu cette belle gravure d'Étienne della Bella qui représente le Pont-Neuf sous Louis XIII, vous pouvez en la rappelant à votre mémoire, avoir quelque idée du mouvement qui se faisait autour du bûcher. C'étaient des gueux et des gueuses qui jouissaient, au grand soleil, de ce spectacle amusant ; des moines graves et joufflus, les mains passées dans leurs manches, et contemplant cette juste punition de l'impiété ; des bohémiens, étendus sur le parvis ou mêlés à la foule dont ils exploitaient la badauderie à leur profit ; beaucoup de femmes, toujours curieuses, les unes allaitant leurs enfants, les autres minaudant et parées ; ici une vaste carrosse (1) ouverte, aux panneaux sculptés et dorés, traînée par deux mules, dont la caisse, touchant presque la terre, contenait huit personnes, hommes et femmes ; là un gentilhomme de province, monté sur un gros cheval normand caparaçonné de rouge et portant en croupe sa cousine ou sa femme ; plus loin quelque Italien couvert de rubans et d'aiguillettes d'or, qui détournait et hâtait le pas en haussant les épaules. *Barbara gente!* murmurait-il entre ses dents. Le gentil-

(1) Carrosse était alors du féminin.

homme français dirait bien tout haut, s'il osait, ce que l'Italien murmure tout bas; ce serait se faire un mauvais parti. Il n'y a pas quatre années que Lucilio Vanini a été brûlé, à Toulouse pour le même crime, non pas en effigie mais en chair et en os, devant la populace ravie; et si vous étudiez les physionomies populaires, vous reconnaîtrez que la masse et surtout les classes inférieures, depuis la bourgeoisie jusqu'aux tire-laines, jouissent de cette cérémonie.

C'est cet esprit de la population parisienne, en 1623, que j'ai voulu constater; je ne pouvais expliquer autrement la vie et les œuvres de Théophile de Viau.

Ce n'est plus ici l'esprit espagnol imité par la France; c'est au contraire l'esprit libre penseur de la France, faisant éruption trop tôt, et voulant se systématiser avant l'heure, dans un temps où le catholicisme se défend avec fureur et où l'Espagne envahit tout. L'innocent que l'on brûle par contumace est un homme très-distingué; le peuple applaudit. D'où vient une injustice aussi barbare? pourquoi la cour livra-t-elle son image à la colère de la canaille? Nous allons le dire.

On frappait un symbole. Les passions de la ligue espagnole s'insurgeaient contre le gentilhomme huguenot, les passions populaires contre l'homme de cour, les passions parisiennes contre un Gascon, l'ascétisme catholique contre un voluptueux. Pour ennemis impitoyables, ce pauvre homme avait le boucher Guibert de la rue Saint-Martin, la bourgeoise Mercie de la rue Saint-Denis, le prévôt Le Blanc, l'écolier Sajot, l'avocat Anisé, le jésuite Voisin, le déclamateur Garasse, tous gens appartenant à la masse ardente qui venait de marcher sous les étendards des Guises.

Théophile, l'homme de la cour qui passait pour avoir le

plus d'esprit et de liberté dans l'esprit, représentait, aux yeux du peuple, les mœurs de la cour, aux yeux des moines, la vie de plaisir ; — tous ces gens eussent attisé la flamme qui eût brûlé devant Notre-Dame le huguenot épicurien.

## § VII.

#### Mouvement philosophique de l'époque. — Groupe des sceptiques. — DE VIAU, ROI DES LIBERTINS.

Il faut nous arrêter un moment et étudier le mouvement intellectuel au milieu duquel Théophile, victime étourdie, se trouva jeté sans le savoir.

La réaction contre le spiritualisme chrétien, préparée depuis longtemps, avait éclaté au commencement du XVI<sup>e</sup> siècle : elle se continuait au XVII<sup>e</sup>. Luther en avait été le héros, et Rabelais le bouffon. Avec les libres pensées s'introduisirent en France tous les vices de l'Italie corrompue ; le peuple se courrouça contre cette invasion. Le fanatisme de la ligue eut à combattre à la fois les impudicités de la cour, les raffinements voluptueux des Florentins, les hardiesses théologiques de l'Allemagne et les prétentions suzeraines des gentilshommes de province. Ce ne fut donc pas seulement contre le protestantisme, mais contre l'orgueil, le luxe, la débauche, contre les poètes obscènes et les mœurs libertines, que le courroux de la bourgeoisie et des moines tonna pendant le cours du XVI<sup>e</sup> siècle et au commencement du XVII<sup>e</sup>. Les gens de lettres furent enveloppés dans la même proscription :

« A quoi servent-ils ? demande Puyherbault, qui a écrit en latin, vers 1540, un livre oublié (1), rempli de détails nécessaires à l'histoire ? A quoi sont bons ces écrivains copistes de l'Italie ? A nourrir le vice et les loisirs de courtisans parfumés, de femmes dissolues ; à provoquer les voluptés, à enflammer les sens, à effacer des âmes tout ce qu'elles avaient de viril. Nous devons beaucoup aux Italiens ; mais nous leur avons fait mille emprunts dont nous avons à gémir. Les mœurs de ce pays sentent le parfum et l'ambre ; les âmes y sont amollies comme les corps. Ses livres n'ont rien de fort, rien de digne, rien de puissant ; et plût à Dieu qu'il eût à la fois gardé ses ouvrages et ses parfums ! Qui ne connaît Jean Boccace, et Ange Politien et Le Pogge, tous plutôt païens que chrétiens ? C'est à Rome que Rabelais a imaginé son pantagruélisme, vraie peste des mortels. Que fait-il, cet homme ? Quelle est sa vie ? Il passe les journées à boire, à faire l'amour, à imiter Socrate ; il court après la vapeur des cuisines ; il souille d'écrits infâmes son misérable papier ; il vomit le poison qui se répand au loin dans toutes les régions ; il jette sur tous les rangs et tous les ordres les médisances et les injures. Il calomnie les bons, il déchire la probité ; et ce qu'il y a de merveilleux, c'est que notre Saint-Père le reçoit à table, cet ennemi public, cet homme hideux, cette souillure du genre humain, qui a autant de faconde qu'il a peu de sagesse. » — Voilà comment on parlait alors de Rabelais parmi les gens graves.

L'opinion de Puyherbault était l'opinion populaire au XVIe siècle ; Ronsard et ses amis ayant sacrifié un bouc tragique au dieu Bacchus échappèrent avec peine à la ven-

---

(1) Theotimus, de tollendis malis libris ; 1549.

geance catholique. La Place, dans ses excellents Mémoires sur les règnes de François et de Henri II, n'attaque pas moins vivement les Italiens, les gens de cour et les poètes, trois espèces d'hommes que la haine universelle confondait et vouait à la damnation. Henri Estienne déblatère éloquemment contre le *langage français italianisé ;* Feu-Ardent veut que l'on exile tous les gens de lettres aux antipodes.

La cour de Henri II, celle de Henri III, même celle de Henri IV, justifiaient assez par leurs étranges déportements la révolte fanatique et morale qui arma Jacques Clément contre Henri III, Ravaillac contre Henri IV. Au commencement du règne de Louis XIII, le mécontentement populaire n'est pas assouvi; il se rue avec une incroyable fureur sur le maréchal d'Ancre, Italien, prodigue, licencieux, insolent, homme de cour, d'un luxe splendide, et qui d'ailleurs n'avait fait de mal à personne. A peine est-il mort, le favori de Luynes recueille à son tour cet héritage de haine; les injures lancées contre lui en vers et en prose, recueillies en un volume qui a eu trois éditions (1), frappent toute la gentilhommerie parée, musquée, littéraire, libertine, que Puyherbault et La Place avaient si fort maltraitée.

« Bonne mine, bonne piaffe (dit un pamphlet de 1623, intitulé : *la Pourmenade des Bonshommes ou le Jugement de notre siècle*); bien frisez, perruquez, goderonnez, parfumez; le jeu et le b...... fréquentez; calomnies contre les honnestes femmes qui ne les auront voulu escouter, vantises de celles qui auront esté si sottes que de leur

---

(1) *Recueil des pièces les plus curieuses qui ont été faites pendant le règne de M. le connétable de Luynes*, 1625, page 125.

prester; ne point payer sés debtes quand on est aux champs; faire le petit roy; lever des contributions sur ses vassaux; faire travailler à corvées, frapper l'un, battre l'autre, faire des mariages à leur plaisir; c'est pitié que d'avoir à vivre avec eux. La guerre vient-elle; on capitule avec le roy, ne le sert qu'en payant, prend tout pour soy, appointe ses pauvres malotrus soldats (en petit nombre) à courir la poule et dénicher les cochons de nos fermes, n'y rien laisser que ce qu'ils ne peuvent avaler ou emporter; et le pauvre manant et sa déplorable famille courbent sous ce faix insupportable. »

Ainsi parle l'esprit français, l'esprit ironique et d'opposition. L'homme d'église plus sévère, ne prend pas la chose aussi gaîment; il a des malédictions et des anathèmes contre les poètes et les courtisans, les gentilshommes et les auteurs, contre les libertins et les athées. « Allez au feu, bélîtres, dit le père Garasse, allez, disciples de ce grand buffle de Luther; allez avec vos écrits, empoisonneurs d'âmes; vous qui dites qu'un bel esprit ne croit en Dieu que par contenance; vous qui, dans les cabarets d'honneur, traités en princes à deux pistoles par tête (le tout pris sur la pension des seigneurs qui vous font une aumône bien mal employée), après avoir vuidé cinq ou six verres, faites fi de la théologie et de la philosophie! Tout votre faict, tout l'objet de votre bel esprit, c'est un sonnet, une ode, une satyre, une période française, une proposition extravagante! Allez dans le feu, méchants! »

Voilà les opinions qui s'ameutèrent contre Théophile, brûlèrent son effigie, et essayèrent de le pendre.

Ces *méchants* que le terrible Garasse dépêchait si vite en enfer n'étaient, comme le dit Ménage, que de joyeux sceptiques, qui prétendaient raisonner leur nonchalance, s'amusaient de leur mieux et s'embarrassaient peu du reste. Entre les deux camps du calvinisme septentrional et de la foi catholique-espagnole, était née une théorie d'insouciance dont Montaigne ne s'éloigne pas beaucoup, que Ninon et Chaulieu ont depuis professée sans péril, et que Ménage appelle « un déisme commode, reconnaissant un dieu sans le craindre et sans appréhender aucune peine après la mort. » Geoffroy Vallée, pour avoir imprimé cette opinion en 1570, avait été pendu et brûlé le 9 février 1574. « Homme souple et remuant, dit Garasse (1), il s'était glissé dans la familiarité de ces sept braves esprits qui faisaient la brigade ou la pléiade des poètes, dont Ronsard était le coryphée. Il avait commencé à semer, parmi eux, de très-abominables maximes contre la Divinité, lesquelles avaient déjà esbranlé quelques-uns de la troupe... Ronsard cria : *au loup !* et fit son beau poème contre les athées, qui commence :

O ciel ! ô terre ! ô mer ! ô Dieu, père commun ! etc.

« Sainte-Marthe écrivit aussi contre lui son excellente poésie iambique *in Mezentium*, et l'on ne désista pas qu'il ne fût pendu et bruslé en place de Grève. »

« On ne désista pas », dit Garasse qui est plein de joie. Geoffroy Vallée n'était pas le seul de sa race ; Mersenne prétend que l'on comptait cinquante mille athées à Paris, probablement des criminels de l'espèce de Théophile, aimant le plaisir et l'ironie. Un petit neveu de Vallée, Desbarreaux devint célèbre à son tour par son épicuréisme ; athée proverbial, gastronome renforcé, amant de Marion dans sa

(1) *Doctrine curieuse.*

jeunesse, et qui connut beaucoup Théophile. Toute la cour passait pour athée ; Bassompierre donnait deux cents écus de pension à Lucilio Vanini, qu'il nommait son aumônier et qui alla se faire brûler à Toulouse. Les seigneurs réunissaient autour d'eux des amis enjoués, qui affichaient la volupté et le scepticisme. Les « esprits forts du Marais » brillaient au premier rang. Le baron de Panat disciple de Vanini et ami de Théophile faisait des prosélytes à Toulouse ; Fontrailles, ce bossu spirituel qui conspira contre Richelieu avec Cinq-Mars ; Bois-Yvon dont Tallemant s'est occupé appartenaient à la même armée. Bois-Yvon disait à un mauvais prédicateur : « Ne me parlez pas tant de Dieu ! vous m'en dégoûteriez ! » et à son confesseur : « Que voulez-vous que Dieu et moi nous ayons de commun ? Il est si grand seigneur et moi si petit compagnon ! » Au groupe espagnol-italien de Balzac et des Pisani s'opposait ce groupe des Français indépendants, des *libertins*, comme on les appelait. Qu'ils eussent le goût du luxe, du plaisir, de la débauche, des voluptés recherchées et fougueuses, on n'en peut douter quand on parcourt les productions immondes et satiriques qui remplissent *le Cabinet*, *l'Espadon*, *le Parnasse des vers de ce temps*, et tous les recueils cyniques qui datent des premières années de Louis XIII.

Le bourgeois, le prêtre, le marchand, le magistrat, le procureur, le prévôt, le médecin, avaient cette fraction de la société en grande horreur. Les jésuites s'emparèrent de cette haine. Mal vu alors des parlements et du peuple, l'Ordre espéra tirer parti de ce mouvement national et bourgeois, qui se déclarait contre les gentilshommes libertins et les athées bons vivants. On n'attaquait point la cour, on défendait seulement Dieu et la morale ; c'était habile. Le roi se taisait, le parlement approuvait, la bourgeoisie battait des mains, les chaires retentissaient d'anathèmes, et la cour essuyait de son mieux l'orage.

Un écrivain qui n'est pas sans verve, intelligence ardente et logique, qui poussait ses systèmes aux dernières conséquences, espèce de tribun catholique, prit l'initiative, et se mit à brandir sa plume : ce fut Garasse. Reynauld Voisin, le père Caussin, l'escortèrent. Théophile attira sur lui la tempête ; la flamme qui dévora son mannequin satisfaisait une passion populaire et signalait un mouvement de l'esprit public.

## § VIII.

Théophile à Chantilly, au Louvre et en Hollande. — Son déisme.

Théophile, cependant, se promenait tranquille dans les belles allées de Chantilly chez le duc de Montmorency qui protégeait sa jeunesse, sa licence, son bel esprit et son talent. Là il faisait des vers bien scandés, bien rimés, partagés en stances qui ne manquent pas d'harmonie, dénués de mouvement, d'images et de nouveauté ; là, il chantait en deux cents strophes égales ce château hospitalier,

L'autel de son dieu tutélaire,

et célébrait dans une ode, le *cabinet de verdure* nommé par lui *bois de Sylvie* et que l'on appelle encore du même nom, merveilleux bosquet,

> Enceint de fontaines et d'arbres,

qui l'abritait contre la vindicte des bourgeois. Mairet, son commensal, protégé aussi par le duc, venait l'y trouver. On se promenait en causant philosophie, épicuréisme, art des vers, et l'on bravait ensemble la fureur espagnole et bourgeoise.

Trois mouvements se faisaient donc sentir alors dans la société française : l'un, qui se dirigeait vers la liberté de penser, le sensualisme et la raillerie; l'autre, qui, émané de l'église et du peuple, protestait contre cette licence, en faveur du vieux catholicisme et de la sévérité des mœurs bourgeoises; le troisième, qui se communiquait aux esprits les plus élégants, et qui émanait de l'Espagne. A la tête de l'armée populaire, Garasse embouchait la trompette de la ligue. Balzac conduisait le bataillon espagnol. Théophile de Viau ne commandait et ne dirigeait rien; mais son nom était devenu le mot d'ordre des gens d'esprit et des esprits forts; on disait : *impie comme Théophile, spirituel comme Théophile*. La populace ne doutait pas que ce ne fut un diable sous forme humaine; le brillant gascon payait cher l'honneur d'être à la mode, de plaire aux seigneurs et de représenter à lui seul tout le bel esprit français.

Il n'avait ni le tact littéraire de Malherbe, ni l'inspiration inégale de Saint-Amant, ni le sentiment élégiaque de Racan, ni la fécondité intarissable de Hardy : c'était une intelligence vive et prompte, un coup-d'œil observateur et fin, un jet de saillie gasconne; c'étaient aussi une justesse de raisonnement et une vigueur d'argumentation fort rares; enfin, un goût délicat pour la rapidité et la concision des tours. Il réunissait les qualités qui font l'excellent prosateur, et dont le grand poète se passe. Je me hâte de le dire, il n'était pas poète ; il rapprochait les idées, ajustait les mots, agençait les rimes, et, quelquefois les faisait reluire d'une saillie énergique et imprévue ; amoureux surtout de la fermeté dans la forme, du trait lancé habilement, de *l'arrêt prompt et net* dont parle Montaigne, d'une strophe qui tombe bien, et d'un quatrain qui se grave dans la mémoire. Raisonneur en vers, il commence la série des poètes sans poésie, qui font des odes sur une question de jurisprudence ou de morale, et qui, depuis Lamothe-Houdart jusqu'à Marie-Joseph Chénier, ont trompé l'intelligence française, toujours charmée de la rectitude, et armée pour la discussion.

La prose de Théophile conserve avec une énergique franchise le souffle naïf du génie gaulois, si facile et si ferme, excellent pour la polémique, inimitable dans la raillerie. Ajoutons le nom de Saint-Amant à la liste des poètes incomplets et puissants qui ont aidé le progrès de notre civilisation littéraire ; plaçons aussi *Théophile de Viau* parmi les bons ouvriers de notre prose. Balzac a plus de pompe, et Voiture plus de mignardise ; l'un et l'autre ont moins de bon sens; ils écrivent moins nettement, moins franchement, moins vivement, moins en gens du monde. Rabelais, Calvin, Montaigne, Du Bellay, la satyre Ménippée et D'Aubigné précèdent Théophile qui est de leur race.

Théophile se rapproche de D'Aubigné, comme lui élevé dans le protestantisme et florissant au milieu de la cour d'Henri IV ; mais la violence, la caricature, la sève haineuse, l'accent grotesque de la *Ménippée* et du *baron de Féneste*, ne déparent point Théophile. Il est grave dans sa prose, il est ironique, simple et coloré; le premier tableau de mœurs réelles, prises sur le fait et plaisamment ingénues que notre langue possède, est tombé de sa plume; ses trois factums français et son factum latin sont bien écrits. Après l'avénement de Racine et de Bossuet, personne ne s'est souvenu que Théophile eût écrit; nul, excepté Saint-Évremont, n'a relevé ces preuves énergiques d'un beau talent mort dans la jeunesse.

De Viau était né en 1590 non pas à Boussères, comme l'avance la *Biographie Universelle*, mais à Clérac; il le dit dans un sonnet :

> Clérac! pour une fois que vous m'avez fait naître,
> Hélas! combien de fois me faites-vous mourir!

Son père, avocat huguenot, que les guerres civiles avaient effrayé, avait quitté le barreau de Bordeaux, pour se retirer dans ses propriétés de Boussères-Sainte-Radegonde, à une demi-lieue de Port-Sainte-Marie, et sur les bords de la Garonne. Là,

> Dans ces obscurs vallons, où la mère-nature
> A pourvu nos troupeaux d'éternelle pâture,
> Je pouvais...... (dit Théophile) boire à petits traits
> D'un vin clair, pétillant, et délicat, et frais,
> Qu'un terroir, assez maigre et tout coupé de roches,
> Produit heureusement sur les montagnes proches;
> Là, mes frères et moi pouvions joyeusement,
> Sans seigneur ni vassal, vivre assez doucement.

Au milieu du domaine s'élevait la tourelle gothique, assez peu haute et dominant les petites maisons du bourg, qui avait abrité des princes et donné l'hospitalité à plus d'un grand seigneur. On estimait fort l'oncle de Théophile, soldat de Henri IV et gouverneur de Tournon; toute cette race appartenait à la gentilhommerie huguenote : l'aïeul avait été secrétaire de la reine de Navarre (1). Le jeune poète quitta de bonne heure l'héritage paternel, et vint à la cour du Béarnais chercher fortune avec cette couvée de Gascons qui s'abattait sur le Louvre. Il regretta un jour avec une amertume bien vive

> ...ses bois verdissants
> Et ses îles à l'herbe fraîche,
> Servant aux troupeaux mugissants
> Et de promenoir et de crèche ;
> . . . . . . . . . . . . .
> . . . . . et ses abricots ;
> Ses fraises à couleur de flamme ;
> . . . . . . . . . . . . .
> Et ses rouges muscats, si chers,
> Et ses superbes grenadiers,
> Aux rouges pommes entr'ouvertes ;
> . . . et ce touffu jasmin
> Qui fait ombre à tout le chemin
> D'une assez spacieuse allée,
> Et la parfume d'une fleur
> Qui conserve dans la gelée
> Son odorat et sa couleur.

Dès qu'il parut au Louvre, sa jeunesse, ses saillies, sa facilité le mirent à la mode. Il était spirituel, gentilhomme, brave et Gascon.

Les *raffinés d'honneur* lui ouvrent leurs rangs; on le reconnaît poète ; il porte bien le petit manteau et la dague. Facétieux et hardi, sa louange se fait accepter, elle n'a rien de banal, et la liberté de sa parole rehausse l'éloge

(1) *Theophilus in carcere.*

qu'il daigne accorder. Ses gaillardises charment les oreilles libertines, ses épigrammes flattent la malice des courtisans ; on le compte, on le craint, on l'aime, car il amuse. Peut-être trouva-t-il sa perte dans ce premier bonheur et dans une habitude de liberté qui lui devint fatale. C'était une cour d'étrange espèce que la cour de Henri IV ; la chasteté n'y régnait pas plus que la modestie, et l'on était médiocrement dévot ; en revanche, la saillie abondait avec le courage. Le premier pli de l'âme, la première saillie de l'esprit chez Théophile datent de cette époque et de ce palais du Louvre sous Marie de Médicis. Il a bien la sève, la verdeur, la vivacité, le libertinage fanfaron qui conviennent à ses maîtres. Un courtisan a-t-il comparé les yeux d'une dame aux clartés du soleil ; Théophile note aussitôt dans un quatrain l'extrême justesse de la comparaison, attendu, dit-il, que « les bienfaits de l'astre et ceux de la princesse sont communs à tous les mortels. » Si le Béarnais monte un « courtaud, » petit cheval d'encolure ramassée, Théophile s'écrie que la monture n'est pas Bucéphale, mais que le cavalier est plus qu'Alexandre :

> Petit cheval, joli cheval,
> Doux au monter, doux au descendre,
> Peut-être moins que Bucéphal,
> Tu portes plus grand qu'Alexandre.

*De Viau* qui entrait dans sa vingtième année lorsque le roi périt assassiné menait la vie la plus facile et la plus douce. On se louait de la facilité de son humeur, de la gaîté de son esprit et de la sûreté de son commerce ; il admirait lui-même sa fortune, ses bons repas, ses frairies, ses vêtements splendides et tout ce que le petit manoir de

Boussères ne lui avait pas offert de luxe et de plaisirs. Il écrivait à son frère Paul de Viau, qui n'avait point abandonné l'héritage paternel :

> Mon frère, je me porte bien.
> Ma muse n'a souci de rien,
> J'ai perdu mon humeur profane.
> On me souffre au coucher du roi,
> Et Phébus, tous les jours, chez moi,
> A des manteaux doublés de panne.
> Mon âme se.... rit des destins ;
> Je fais tous les jours des festins ;
> On va me tapisser ma chambre ;
> Tous mes jours sont des mardis-gras ;
> Et je ne bois plus d'hypocras
> Qu'il ne soit fait avec de l'ambre.

L'accent de la Garonne perce dans ces vers. Théophile, tout enivré qu'il fût de son succès, se maintenait près des seigneurs sur un pied d'égalité hautaine. On le trouve toujours franc et digne dans ses lettres particulières dont le recueil manuscrit n'était pas destiné à l'impression ; Mairet commensal et ami du poëte reçut ce manuscrit, dit-il, des mains du duc de Montmorency, « en un rouleau de papier retenu par des rubans de couleur de rose sèche. » La dignité et même la fermeté de son ton méritent remarque et louange : il dit fort nettement au comte de Clermont-Lodève que toute liaison est rompue entre eux, puisque « le comte ne peut souffrir la vérité, et que lui, Théophile, a horreur du mensonge (1). »

« Toutes les promesses que vous me faites sont fausses, dit-il, et vous m'obligez encore à les acheter

---

(1) Lettres posthumes.

par des prières, afin de me tromper après avec plus d'affront. Elles ne seraient point injustes si vous ne l'estiez. Vivez à vostre sorte, je ne sçaurais plus vivre à la mienne avec vous, ny me contraindre à l'advenir pour vous dire seulement après cecy que je suis, etc. » — Tel est le pied sur lequel Théophile se maintient au Louvre et à Chantilly. Il s'arrête avec habileté dans les bornes d'une liberté fièrement spirituelle qui ne le conduit jamais jusqu'à l'impertinence et il remet chacun à sa place, sans quitter la sienne. Le jeune duc de Liancourt avait des maîtresses et oubliait pour elles le soin de son avenir et de son nom ; Théophile, son ami intime, lui écrit cette lettre remarquable, que nous citerons presque entière :

« Il est permis à plusieurs de vous laisser faire des fautes, et ceux de vostre condition, à qui vostre mérite donne de la jalousie, sont bien aises de vostre ruine, et consentent, à leur avantage, que vostre vertu languisse en un désir si bas et en de si molles occupations : mais moy, qui m'intéresse à vostre gloire et qui ne puis estre toute ma vie qu'une ombre de vostre personne, je ne puis laisser diminuer rien du vostre, que je n'y perde autant du mien. — Que si vous estes malade jusques à ne sentir plus vostre mal, je m'en veux ressentir pour moy, et m'en plaindre au moins pour tous deux. Connaissez, je vous prie, que vous estes en l'âge où se posent les fondements de la réputation, et où se commence proprement l'estat de la vie. Ce que vous en avez passé jusques icy est ennuyeux et n'en vaut pas le souvenir. Il est vrai que, par les conjectures qu'on en doit tirer, vostre jeunesse est de bon présage ; et, autant que les témoignages de la minorité peuvent avoir de foy, on a jugé de vous que vous avez l'esprit beau, le courage bon et les dispositions de l'âme généreuses. Je parle sans flatterie, car je n'en ai pris, à ce propos, ny le dessein ny la matière..... Je n'avais jamais veu personne se plaindre de vostre entretien ; on tirait bon augure de vostre rencontre ; et vous aviez dans la physionomie de la joye pour ceux qui vous regardaient. Ceux même à qui vous deviez la vie et la fortune, trouvaient du bonheur à vous caresser. Je ne sçais pas à quel poient vous en estes maintenant avec eux ; mais ils font croire, ou qu'ils sont bien irrités, ou qu'ils ne vous aiment plus, et que s'ils perdent le soin de vous reprendre, ils ont perdu l'envie de vous obliger. La plupart de vos amis qui me disaient mille biens de vous, depuis quelque temps se taisent et sont comme en doute de le dire. Ils craignent de s'estre mescontez en l'opinion qu'ils ont eue de vous, et d'avoir donné de leur réputation à faire valoir la vostre ; ainsi, comme si vous estiez incapable de la garder, ou honteux de l'avoir perdue, vous ne rendez aucun devoir à la conservation de cette bonne estime : vous n'avez plus une heure pour vos amis, ny pour vos exercices : tout se donne à une oysiveté bien nuisible à vostre avancement, et vous jouez le personnage du plus mesprisé de vostre sorte. La passion que vous eustes pour *** estait avec autant d'excez, mais avecque moins de malheur ; et puisqu'elle a sitôt cessé, vous n'en devez pas continuer une, beaucoup plus injuste. Vous verrez qu'insensiblement cette mollesse vous abattra le courage : vostre esprit n'aimera plus les bonnes choses. — Tant que nous sommes dans le monde, obligés aux sentiments du mépris et de la louange, des commodités et de la pauvreté, on ne se peut passer du soin de sa condition. Remarquez, en la vostre, combien vous estes reculé de vostre devoir : combien le soin que vous avez est indigne de celui que vous devez avoir. Quel est le lieu où vous faites votre cour, au prix de celui où vous la devez faire ? Quelles sont les personnes que vous aimez, au prix de celles qui vous aiment ? Il vous est facile de vous ruiner. Ne vous obstinez point mal à propos, et ne vous piquez jamais contre vous-même. Vous estes opiniastre à vous travailler, et ne sçavez pas vous donner un moment de loysir, pour examiner vostre pensée. Souvenez-vous que ce qui vous allume davantage à cette frénésie, ce n'est qu'une difficulté industrieuse qu'on vous propose pour irriter votre désir, qu'une acquisition sans peine appaiserait incontinent. Sçachez que le temps vous ostera cette fureur, et que c'est une faiblesse bien honteuse d'attendre de la nécessité des années un remède qui vous coûtera cher. »

Il ne faut pas mépriser un homme qui écrivait ainsi avant Balzac et sous Richelieu. Avant Balzac, un tel style est digne d'estime ; sous Richelieu, un pareil ton est remarquable.

Cette voix ferme, amicale et courageuse était propre à autre chose qu'à chanter la gaudriole ou à égayer une orgie, et il y a dans toute l'existence de Théophile une verdeur de courage et une fermeté de caractère que l'on n'a pas assez louées ni remarquées. Elles contribuèrent à le ruiner et à l'envoyer avant l'âge dans une tombe autrefois infâme, aujourd'hui obscure. On eut peur de lui, et dès que sa réputation de *libertinage* se fut répandue, la haine et l'hostilité éclatèrent : on voyait que cet homme n'était ni un étourdi comme les petits maîtres de la cour, ni un innocent glouton comme Saint-Amant, ni un mauvais plaisant comme Bruscambille ; on le sentait capable de raisonner sa sensualité, de réduire son épicuréisme en théorie, enfin de représenter d'une façon dangereuse la liberté sceptique de l'esprit français.

Sa présence et son succès à la cour de Henri IV ne nous sont révélés que par quelques épigrammes assez heureuses. Il était bien jeune. Après la mort du Béarnais, sa position semble changer, et l'on dirait qu'il s'ennuie. Un jeune homme de dix-huit ans, fort vain, assez instruit, aimant les lettres, le luxe, le loisir et le plaisir, se lie avec Théophile ; la conformité de leurs goûts les détachant sans doute de cette confusion et de cette anarchie qui commencent à régner en France, ils se mettent à voyager ensemble. Les deux voluptueux vont en Hollande, pays de liberté pour les idées, et de sévérité pour les mœurs. L'un, gentilhomme huguenot, est charmé de se trouver au milieu de ces bourgeois hardis qui viennent d'humilier l'Espagne. L'autre (c'est le fameux Balzac) abuse des plaisirs faciles que lui offrent les tavernes d'Amsterdam, et reçoit des coups de baton, que l'épée de Théophile se charge de venger. Ils se brouillent au retour, et leurs accusations mutuelles nous instruisent de leurs fredaines. En réduisant à leur valeur véritable ces preuves d'une animosité flagrante née d'une grande intimité, il paraît avéré que Théophile se montra brave et ivrogne, Balzac débauché et ingrat, et que les docteurs hollandais conservèrent de ce dernier un souvenir défavorable. Ils préféraient le huguenot qui buvait sec et vantait leur liberté récente, « cette liberté qui ne peut mourir. » Dans une ode qui tient plus de l'éloquence que de la poésie, Théophile désavoue les éloges qu'il a pu donner aux gens de cœur; s'il a tracé, dit-il, « d'immortelles images, » c'était pour les encourager à devenir semblables au portrait qu'il leur présentait. Il flétrit « les âmes de cire et de boue » dont la cour de France est pleine, et qu'on peut « employer à tous les crimes. » Ses véritables admirations, ses légitimes éloges appartiennent à ces nobles et téméraires artisans de leur indépendance qui ont châtié l'insolente Espagne :

> L'Espagne, mère de l'orgueil,
> Qui préparait notre cercueil
> Et de la corde et de la roue,
> Et venait avec des vaisseaux
> Qui portaient peintes sur la proue,
> Des potences et des bourreaux !

Voilà Théophile ennnemi déclaré de l'Espagne et du catholicisme; Balzac n'eût pas écrit ces vers; il était « trop *cagnard*, » comme disait Richelieu, trop ami du repos et du coin du feu, trop peu hardi dans l'expression de sa pensée, trop asservi aux autorités de son pays. Théophile, calviniste, aimait cette république libre et active, qui avait ses héros. Aussi plaçait-il dans la bouche des Hollandais ces paroles incorrectes et éloquentes, adressées aux victimes de la guerre :

> Belles âmes ! soyez apprises
> Que l'horreur de vos corps détruits
> N'a point rompu vos entreprises,
> Et que nous recueillons les fruits
> Des peines que vous avez prises.
> Nos ports sont libres ! Nos remparts
> Sont assurés de toutes parts !
> . . . . . . . . . . .
> L'Espagnol, à pleine licence,
> Venait fouler notre innocence;
> Et l'appareil de ses efforts
> Craignait de manquer de matière !
> Mais nos champs tapissés de corps
> Manquent plutôt de cimetière,
> Pour le sépulchre de ses morts !

Balzac blâmait la dureté de ces vers et n'en comprenait pas la hardiesse généreuse; Théophile accusait Balzac de couardise. L'un, sans doute, était imprudent; l'autre était timide. Balzac pressentait la réforme du style et donnait la main au sévère Malherbe; Théophile préférait la noblesse et l'audace de la pensée à la pureté de la diction. Ces deux hommes ne pouvaient s'entendre : on les verra plus tard s'attaquer avec acharnement.

Lorsque Théophile reparaît à la cour de Louis XIII, l'Italien Concini la domine ; Concini,

> ...... dont le nom est à peine connu,
> D'un pays étranger nouvellement venu,
> Que la Fortune aveugle, en promenant sa roue,
> Tira sans y penser d'une ornière de boue!

Ainsi le peint Théophile, indigné de cette splendeur :

> Et nous le permettons! et le Français endure
> Q'à nos propres dépens cette grandeur lui dure!

Mais il ne va pas se joindre aux assassins de Concini, et grossir le *haro* populaire? Il se renferme dans sa propre dignité ; il lui suffit de garder son indépendance :

> Qu'un homme de trois jours de soie et d'or se couvre!
> Du bruit de son carrosse importunant le Louvre,
> Qu'un étranger heureux se moque des François!
> Qu'il ait mille suivans, pourvu que je n'en sois!
> . . . . . . . . . . . . . .
> Je hais la médisance, et ne puis consentir
> A gagner avec peine un triste repentir!

Concini meurt ; l'oiseleur Luynes le remplace. Théophile, bien accueilli par ce dernier, est chargé de faire des vers pour les fêtes de la cour. Il préfère (cela n'est pas surprenant) au faquin d'Italie le brillant gentilhomme de France, et le défend avec vigueur contre les nombreux ennemis qui lui disputent la faveur de Louis XIII. Continue, lui dit-il,

> Goûte doucement le fruit
> Que la bonne fortune apporte :
> Tous ceux qui sont tes ennemis
> Voudraient bien qu'il leur fût permis
> D'être criminels de la sorte.

Théophile défenseur de Luynes commence à se trouver en butte à la haine du peuple ; on le confond avec les « lièvres de la faveur. » Les pamphlets accolent son nom à celui de *l'oiseleur*. La liberté de ses discours passe en proverbe ; on dit : « libertin comme Théophile. » — « Moi » (s'écrie l'auteur d'un libelle), croire que Luynes fera le » bonheur de la France ! Je croirais plutôt qu'un sot est » homme d'esprit, que la fortune est sans envieux,

> . . . . Le Pérou sans écus,
> La cour sans mécontens et Paris sans c....,
> . . . . ou bien (chose plus merveilleuse)
> Que Théophile ira tout droit en Paradis (1) !

Théophile pressent qu'au milieu de cette confusion léguée par le XVIe siècle, une main puissante est nécessaire ; il appelle de ses vœux Richelieu et le despotisme.

(1) Pièces sur Luynes, pag. 189.

> Les forts bravent les impuissans,
> Les vaincus sont obéissans,
> La justice étouffe la rage.
> Il faut les rompre sous le faix ;
> Le tonnerre finit l'orage,
> Et la guerre apporte la paix.

« Écrasez, dit-il au roi, les esprits insensés qui cherchent la calamité publique. Tonnez, foudroyez, affermissez par votre victoire la tranquillité du pays. » — Bannissez les dissensions; effacez de nos annales ces funestes souvenirs des guerres civiles, ces tems où

> La campagne était allumée,
> L'air gros de bruit et de fumée,
> Le ciel confus de nos débats !

Effacez à jamais ces jours odieux;

> Ces jours, *tristes de notre gloire*,
> Où le sang fit rougir la Loire
> De la honte de nos combats !

L'expression de Théophile a autant de fermeté que de verve ; Saint-Évremont reprochait avec raison à ses contemporains l'oubli de cet écrivain énergique.

Quant à la pensée qui a dicté ces derniers vers, elle contraste avec le dithyrambe précédent en faveur de la liberté hollandaise ; c'est que Théophile désirait pour la Hollande un Maurice de Nassau, pour la France un Richelieu.

Il apparaît dans tous ses ouvrages une sorte de respect antique pour la loi :

Il n'est rien de tel que de suivre
La sainte majesté des lois.

Mairet son confident remarque avec raison le penchant secret de Théophile pour *les héros de l'antiquité païenne*, et son éloignement des mœurs modernes. Cependant il rimait, avec une facilité agréable, des vers pour les ballets du roi ; il commençait à grouper autour de lui les sceptiques voluptueux et opposants. Après avoir fait chanter les reines et les *nautonniers du Louvre*, il se délassait à table avec Lhuillier père de Chapelle, Desbarreaux, Saint-Pavin et le baron de Panat ; il oubliait la contrainte que lui imposait ce métier de poète par ordre :

Autrefois (disait-il plus tard), quand mes vers ont animé la Seine,
L'ordre où j'étais contraint m'a bien fait de la peine.
Ce travail importun m'a longtemps martyré,
Mais enfin, grâce aux dieux, je m'en suis retiré.
Peu, sans faire naufrage et sans perdre leur Ourse (1),
Se sont aventurés à cette longue course.
Il y faut par miracle être fou sagement,
Confondre la mémoire avec le jugement,
Imaginer beaucoup, et d'une source pleine
Puiser toujours des vers dans une même veine.

La *Biographie universelle* attribue à cette époque de sa vie une détestable tragédie de *Pasiphaë*, que le libraire Oudot fit paraître à Troyes, en 1631, cinq ans après la mort de Théophile. « Plusieurs, dit le libraire, estiment que ce poème a été fait du style de feu sieur Théophile. » Il n'en est rien. Cette *Pasiphaë* est plus monstrueuse que

(1) Étoile polaire.

le *Minotaure;* Théophile n'a jamais écrit des vers semblables à ceux que Phèdre prononce dans cette incroyable tragédie :

> Amour n'est qu'un tourment de chatouilleuse braise
> Que bien peu de liqueur facilement appaise.
> Je le dis pour l'avoir tant seulement ouï.
> Ce feu perd son désir quand il en a joui.
> Pourquoi ne tentez-vous que cette rage ailente
> D'un réfrigère doux son ardeur violente?

Et Ariadne répond :

> La parque tient captif le remède bénin
> Qui seul peut adoucir mon amoureux venin.

Théophile n'aurait pas écrit de telles sottises; même pour la cour, en s'efforçant de mignarder son style, il trouvait des saillies charmantes. Plusieurs gentilshommes habillés en matelots venaient vanter les délices de leur vie, les amours se jouant autour de leurs rames, la caresse des vents, la lueur douce des étoiles, et la splendeur magique de l'océan des cours :

> Notre océan est doux comme les eaux d'Euphrate;
> Le Pactole ou le Tage est moins riche que luy :
> Ici jamais nocher ne craignit le pirate,
> Ny d'un calme trop long n'a ressenti l'ennuy.
>
> Sous un climat heureux, loin du bruit du tonnerre,
> Nous passons à loisir nos jours délicieux.
> Ici, jamais notre œil ne désira la terre,
> Ny sans quelque dédain ne regarda les cieux.

Agréables beautés pour qui l'amour soupire,
Esprouvez avec nous un si joyeux destin ;
Et nous dirons partout que plus rare navire
Ne fut jamais chargé d'un plus riche butin.

Tout souriait à l'auteur de ces jolis vers. Les plus spirituels le recherchaient ; les plus nobles et les plus puissants le comptaient ; le duc de Montmorency l'avait admis à son intimité ; ses saillies faisaient valoir la dignité ferme avec laquelle il soutenait à la cour le rôle difficile de poète gentilhomme ; il avait renom de bravoure, de génie et de délicatesse dans les procédés ; il ne souffrait pas une injure et n'en faisait pas.

Dans cette prospérité et cette considération générales, Théophile, abusant d'une fortune qu'il aurait dû ménager, s'avisa de vouloir établir trop tôt, cent cinquante ans avant Voltaire, le règne français de la liberté de l'esprit. Non content de pratiquer un épicuréisme modéré, il le réduisit en système ; là commençait le péril. La société qui se débrouillait à grand'peine ne manquait pas de gens incertains et inquiets. Théophile avait la réputation d'être *libertin*, c'est-à-dire « libre penseur ; » il passa bientôt pour le chef des impies. Ses dogmes, s'il en avait, se rédusaient à la pratique d'une vie commode et habile autrefois prêchée par Montaigne et n'étaient assurément pas très-coupables ; ses actions valaient celles de Cinq-Mars, de Bassompierre ou de Luynes. Il avait, de plus que ces mauvais sujets, une force de raisonnement et de jugement rare, et le talent d'écrire en prose avec chaleur et fermeté, en vers avec énergie et concision. Les passions catholiques-espagnoles, qui avaient déjà signalé Théophile comme un ennemi public, redoublèrent de vigilance. On savait que les voluptueux, dans leurs festins nocturnes, agitaient des questions de philosophie et de théologie. Le maître y soutenait ses théories favorites, résumées en vers un peu durs :

> Je crois que les destins ne font naître personne,
> En l'état des mortels, qui n'ait l'âme assez bonne;
> Mais on veut la corrompre; et le céleste feu,
> Qui luit dans la raison ne nous dure que peu.
> Car l'imitation rompt notre bonne trame,
> Et toujours chez autruy fait demeurer nostre ame.
> Je pense que chacun aurait assez d'esprit,
> Suivant le libre train que nature prescrit.
> . . . . . . . . . . . . . . . . . . . .
> Qui suivra son génie et gardera sa foy,
> Pour vivre bien-heureux il vivra comme moy.

Le péché originel est évidemment nié ici ; c'est le mot et la théorie de Jean-Jacques Rousseau ; la bonté native de l'homme est affirmée. Helvétius et Lamétrie pensaient de même. Chez Théophile, ce n'était pas fantaisie de poète, mais système ; il se moque amèrement des théologiens et des casuistes, ardents à blâmer nos penchants et à extirper les passions, que Théophile juge bonnes :

> Ils veulent arracher nos passions humaines
> Que leur malade esprit ne juge pas bien saines.
> Soit par rebellion, ou bien par mon erreur.
> Ces repreneurs fâcheux me sont tous en horreur
> J'approuve qu'un chacun suive en tout la nature ;
> Son empire est plaisant et sa loy n'est pas dure;
> Mesme dans les malheurs on passe heureusement.
> Jamais mon jugement ne trouvera blâmable
> Celuy-là qui s'attache à ce qu'il trouve aimable,
> Qui, dans l'état mortel, tient tout indifférent :
> Aussi bien, même fin à l'Achéron nous rend.

> La barque de Caron, à tous inévitable,
> Non plus que le méchant n'épargne l'équitable,
> Injuste nautonnier, hélas ! pourquoi sers-tu,
> Avec même aviron, le vice et la vertu ?

On reconnaît ici les idées du XVIII<sup>e</sup> siècle et toute la philosophie du *Mondain* de Voltaire :

> Heureux, tandis qu'il est vivant,
> Celui qui va toujours suivant
> Le grand maître de la nature !
> . . . . . . . . . . . . . . .
> Il n'enviera jamais autrui,
> Quand tous, bien plus heureux que lui,
> Se moqueraient de sa misère !
> Le rire est toute sa colère.
> La sottise d'un courtisan,
> La fatigue d'un artisan,
> La peine qu'un amant soupire,
> Lui donne également à rire :
> Il n'a jamais trop affecté
> Ni les biens, ni la pauvreté.
> Il n'est ni serviteur, ni maître,
> Il n'est rien que ce qu'il veut être.

Voici donc bien nette et précise, la filiation de l'épicuréisme en France : de Lucilio Vanini à Geoffroy Vallée, brûlé en place de Grève, de ce dernier à Vallée Desbarreaux (son petit-neveu), puis à Théophile Viau ; de Théophile à Lhulllier, père de Chapelle, et de là jusqu'à Molière, Ninon, Gassendi, Locke, Saint-Évremont, puis jusqu'à Fontenelle, Voltaire et aux philosophes du XVIII<sup>e</sup> siècle ; cette généalogie est évidente, les noms qui la composent font toujours partie de la même société, et traversent l'histoire comme un seul bataillon. Panat reçoit les leçons de Vanini et protége ensuite Théophile. Le neveu de Vallée devient disciple de Viau. Le philosophe Gassendi est ami de l'enfant bâtard de Lhuillier. Ces filons d'opinion qui se propagent et se transmettent à travers l'histoire en sont pour ainsi dire les fibres secrètes.

Voltaire a donc eu tort de présenter Théophile comme un gentilhomme étourdi, ami de la bonne chère. Une douzaine de libres esprits, tout français, ironiques et sceptiques, formaient le corps d'armée des *libertins*, et Théophile se constituait, comme l'a dit Balzac, *leur législateur*. Le jeune Desbarreaux, imagination incertaine et fougueuse, se révoltait de temps à autre contre le maître. Théophile s'en plaint dans une lettre éloquente, adressée à Lhuillier : il accuse « l'imprudent jeune homme de lui opposer encore de vieux dictons philosophiques, » qu'il soutient avec une arrogance insupportable.

« Que m'importent (s'écrie-t-il en très-bon latin) les opinions de tous les anciens? Ils ont pu s'enquérir savamment de la nature des choses et de la création du monde; mais jamais on n'eut aucune certitude à cet égard. Ce sont des amusettes d'école et des impostures de pédagogues mercenaires. Les hommes n'en deviendront jamais ni plus courageux, ni meilleurs. Dites donc à Vallée qu'il se débarrasse tout-à-fait des langes d'une science adultère ; qu'il ne songe qu'à vivre en paix *(quod quietem spectat, id solum curet)*; qu'il prenne soin de son corps et de son âme, et qu'il ne vienne plus me rompre les oreilles de ses arguments répétés dans l'ivresse et d'une voix chevrotante (1). » C'est bien là le ton d'un chef de secte ; je ne

---

(1) « Vallæus noster (qui fuit olim meus) plus quam par est sibi

doute pas que cette renommée et ce titre ne flattassent l'oreille du hardi Gascon.

Cependant Louis XIII régnait, le plus méticuleux des hommes et le plus incapable de comprendre Théophile ou de lui pardonner. Signalé comme le porte-drapeau des *libertins*, Théophile fut la victime nécessaire. Le confesseur du roi Caussin jette l'alarme dans cette misérable et faible conscience. Il faut voir dans les mémoires de Richelieu ce que c'était « ce petit père Caussin, plus plein de lui-même que de l'esprit de Dieu, et le *plus malicieux des*

licere putat, et intempestivam ni fallor superbiam captat..... Insurgit nonnunquam in verba et vultus meos, adeò petulanter, ut impudentem se fateri aut inimicum profiteri necesse sit. Nescio an heri adverteris quantâ ferociâ philosophicas illas nugas adversum me tutari se significaverit : incautus adolescens ob hujusmodi deliria, mentis bonæ securam libertatem pro inscitia ducit, et quidquid garrire docet, scientiæ opus existimat. Miratur et magni facit personatum illum libellum quem novus auctor de veterum philosophorum scrinio tamquam centonem suffuratus est. Quid meâ refert, quid aut isti prisci omnes de mundi causâ investigaverint, cum plane constet nihil illos de tantâ re compertum unquam habuisse? Scholarum sunt enim ista ludicra et mercenariæ pædagogorum fraudes. Ego homines his artibus eruditos aut meliores aut fortiores evadere nunquam crediderim ; atque inter temulentorum loquacitatem et argutamentorum strepitum parum interesse reor... Id te obsecro Vallæum nostrum qui meus fuit olim iterum mone, seque omnibus adulterinæ scientiæ volucris totum expediat. *Id solum meditetur quod quietem spectat. Corpus et animum curet assiduè, sibi studeat*, mihi ne ulterius obstrepat. Tinniunt etiamnunc aures mihi hesternis aliquot conviciis quæ, licet ore mussitante et fractis vocibus, intima cordis tamen perruperant. Acriore hac sævitiâ mihi sibique consulit; namque illius odium et iras, neque meus amor unquam ferre, nec mea virtus mitigare unquam sustinebit. » — On voit que Théophile écrivait aussi bien en latin qu'en français.

*moines;* » le cardinal se débarrassa de lui, en 1637, par l'exil. Caussin avait (dit Monglat) mis Richelieu à deux doigts de sa perte.

Théophile était une proie bien plus facile. On le traita « de chef des athées secrets, de fléau et de peste (1). » Louis XIII, ne reconnaissant pas contre lui de véritables griefs, se contenta de lui faire mauvais accueil et Théophile vit qu'il était perdu dans l'esprit du roi. Ses amis lui conseillèrent de s'absenter et d'aller voir l'Angleterre, où trônait alors Jacques Ier. Théophile partit; retenu quelques semaines à Calais par le mauvais temps il adressa d'assez beaux vers à cet Océan, « vuide de rage et de pitié, »

> Et qui nous montre, à l'aventure,
> Ou sa haine ou son amitié.

Cet « esclave du vent et de l'air, » comme il le nomme avec son énergie accoutumée, lui inspire une belle strophe :

> Parmi ces promenoirs sauvages
> J'oy bruire les vents et les flots ;
> Attendant que les matelots
> M'emportent loin de ces rivages.

(1) « Theophilus Viau (dit Raynauld), libertinorum ævi nostri et atheorum clanculariorum signifer, omnium turpitudinum reus factus est : et quod est negationis Dei vestibulum de negata anima est insimulatus. Credi vix potest quanta mala spurciloquus iste juventuti intulerit : quà infamatis scriptionibus, quà colloquiis, et consuetudine familiari. Audire memini in arcano tribunali, serò sapientes Phryges, deplorantes sortem suam quod a Theophilo Viaudo, nequitiæ mystagogo, impietatem didicissent; et ad omnia propudia ipsumque atheismum, essent condocefacti. » (*De Theophilis*, 229.)

Ici les rochers blanchissans,
Du choc des vagues gémissans,
Hérissent leurs masses cornues
Contre la colère des airs,
Et présentent leurs têtes nues
A la menace des éclairs.

De tels vers ne sont pas à dédaigner ; la correction s'y laisse désirer, non la force. Il s'embarqua enfin, et du pont du navire il écrivit à Desbarreaux une lettre latine, singulière par sa concision : « Notre demeure, dit-il, est l'Océan ; demeure flottante, périlleuse, rochers, vents, ondes, sables ; ici la société des hommes est dure ou nulle. Endormi, éveillé, ivre ou à jeun, il faut chanceler et vomir. Toi, dors paisible, soigne-toi, jouis de toi-même, et jouis de Paris entier. Adieu. »

On l'avait sans doute recommandé à la cour de Jacques ; l'accès du palais lui fut fermé, et une épigramme le vengea :

Si Jacques, le roy du sçavoir,
N'a pas trouvé bon de me voir,
En voici la cause infaillible :
C'est que ravy de mon escrit,
Il crut que j'étais tout esprit,
Et par conséquent invisible.

La persécution suit donc Théophile en pays étranger. Il avoue que le roi Louis XIII était fort courroucé contre lui. « Que faire, s'écrie-t-il,

Aujourd'hui que Dieu m'abandonne,
Que le roi ne me veut pas voir,

Que le jour me luit en colère,
Que tout mon bien est mon savoir?

On ne l'a point exilé ; mais il a compris la nécessité d'une absence volontaire. — « Tu me reprends, écrit-il à un ami, d'avoir pris l'épouvante mal à propos, et de m'estre banny moi-même. Je devais cette obéissance à la *colère* du roy, et ne pouvais me plaindre de ma disgrâce sans m'en rendre digne, ni appeler de mon bannissement sans mériter la mort. »

Il semblerait que quelque particularité de la vie de Théophile ait échappé à ses biographes. Ce « courroux du roi, » cette « menace qui fait pâlir, » et dont il parle fréquemment, ne sont pas suffisamment motivés par les délations du père Voisin et du père Caussin. Le poète était hardi, avantageux et galant ; on a trouvé dans ses papiers, après sa mort, une singulière épître, adressée à une grande dame, sous le titre d'*Actéon et Diane*, et que le duc de Montmorency confia mystérieusement à Mairet, qui la fit imprimer. *Actéon*, dans cette lettre amoureuse, ressemble on ne peut davantage à Théophile lui-même. Il parle de ses malheurs, de son absence soudaine, de son *huguenotisme*, de ses ennemis, « qui, trop instruits du mépris sacrilége que Penthée, mon cousin-germain, a fait depuis peu du dieu Bacchus, lorsqu'il institua ses premières festes dans Thèbes, n'eussent pas oublié de m'accuser de l'*impiété de ma race*. » Il y a même dans la déclaration amoureuse d'*Actéon* un ton de vérité qui ne s'accorde guère avec les personnages mythologiques mis en scène. C'est en son propre nom que Théophile a l'air de dire à la grande dame : « Ne vous imaginez pas, s'il vous plaît, que, pour estre indigne de la moindre de vos faveurs, je ne sois capable de la recevoir, quand au-delà de mon espérance et de mon mérite il vous arriverait de m'en vouloir gratifier. Je ne suis pas de ceux à qui l'excessive joye oste le jugement, et la familiarité le respect ; plus je reçois de bénéfices d'un autel, et plus j'y fay brusler d'encens. Je n'ai jamais ignoré que le secret est l'âme de l'amour, et que les bienfaits qui viennent de sa main sont d'une nature tellement différente de tous les autres, que c'est beaucoup d'ingratitude et peu de courage à quiconque les a reçus, de les publier... » — « Je n'auray pas moins de discrétion à recevoir les présents du ciel que de patience à les attendre ; et ayant résolu d'accommoder toutes mes volontés aux vostres (pouvu que vous ne veuillez point la ruine de mon affection), je vous rendrai toujours une si parfaite et si respectueuse obéissance, que vous n'aurez point sujet de vous repentir d'avoir sauvé la vie au misérable Actéon. » — Théophile ajoute que la lettre fut remise à Diane, et qu'il n'a pas besoin de dire le sort de celui qui l'écrivit. « Tout le monde le sait. »

Cette épître renfermerait-elle le mot caché des premiers malheurs de Théophile ? une telle époque et un tel homme permettent toutes les hypothèses. Alors Buckingham serrait de près Anne d'Autriche, Richelieu jouait le rôle d'amant transi et Marie de Gonzague courait les aventures comme la princesse de Trébizonde. Bayle a reconnu le singulier caractère de ce règne : « Vraiment, dit-il, je me demande, en lisant l'histoire de Louis XIII, si ce sont là des faits réels ou des actions chimériques. » On ne trouverait point extraordinaire que Théophile eût égaré dans les plus hautes régions de la cour son romanesque hommage, et que la rancune silencieuse du roi, sans divulguer le crime, eût puni l'insolence.

## § IX.

#### Malheurs et voyages de Théophile. — Son séjour dans les Landes. — Son cachot.

Il est certain que le Louvre ne le revit plus. De retour en France, il reprit son train de vie, et fit les délices de quelques seigneurs, de M. de Montmorency entre autres. Son exil de la cour s'était ébruité, ses vers circulaient, ses épigrammes se répétaient; elles n'étaient pas toutes décentes, crime qui lui était commun avec les poètes ses contemporains, Sigongne, Berthelot, Motin, Bergeron, Du Rosset, Régnier et tous les autres. Ses aventures, son intimité avec les grands, son récent exil, sa renommée d'audace et d'impiété, le plaçaient au-dessus d'eux; un libraire eut l'idée de recueillir et de publier sous ce nom brillant, les plus graveleuses des obscénités qui couraient manuscrites. En 1622 parut ce recueil, *le Parnasse satirique du sieur Théophile*, qui eut plus de dix éditions en France et en Hollande et qui contient fort peu de pièces de cet écrivain.

Alors s'ébranla le camp des gens graves; Théophile n'allait plus à la cour; le roi refusait de le voir; l'armure de l'impie se détachait et l'exposait aux attaques; un grand cri s'éleva. Les bourgeois qui avaient eu quelques rapports avec

Théophile, et qui peut-être l'avaient entendu parler librement, vinrent déposer contre lui. « Il avait médit, raillé, chanté des chansons obscènes, engagé les jeunes gens à boire; on l'avait entendu rire à la messe, et comparer sa belle à la Divinité. Il avait soutenu des thèses à table, et on le croyait *chef de secte*. » Pendant que le vulgaire commentait ces choses, les envieux fulminaient, *le Parnasse satirique* à la main; et les gens sérieux raisonnaient sur le danger des doctrines professées par Théophile. Balzac, déjà célèbre et brouillé avec lui, n'était pas le dernier à répandre ces rumeurs et à leur prêter l'autorité d'une parole pompeuse et perfide. Lui aussi (c'est une des lâchetés de sa vie), exagéra les torts du poète, le représenta comme un « Mahomet nouveau, troublant la paix des consciences, renversant les faibles esprits et menaçant l'église. » C'était le pousser au bûcher. Théophile n'attendit pas qu'on l'y jetât. Il se cacha, tantôt chez Lhuillier, tantôt chez Vallée ou Saint-Pavin. « Je suis une chouette, dit-il; je ne vis et ne marche plus le jour. Me voici maintenant chez Lhuillier; j'y attends le retour de la nuit qui me conduira chez un autre! (1) » Bientôt l'accusation fut régulièrement formulée et portée devant le Parlement : « *De Viau* corrompait la jeunesse, publiait des vers obscènes, renversait la religion, et ses mœurs étaient impures. »

Il y avait trop de lumières chez les membres du Parlement pour qu'ils ajoutassent foi à ces discours; ils hésitèrent longtemps, et Raynauld, pour se moquer de leurs lenteurs, les appela en ricanant : *serò sapientes Phryges*. Mais le bruit populaire grossissait; il fallut commencer les poursuites.

(1) « Nunc latitare cogor, noctua sum; hodiè apud Lulerium expecto noctem quæ me ducat ad alium. »

Alors les amis de Viau l'abandonnèrent ; ce n'étaient pas des héros, les idées de bien-être personnel qu'il avait répandues n'encouragent point l'héroïsme ! Vallée lui-même et son cher Desbarreaux le reniaient ; il s'en plaint amèrement : « Deseruisti exulem et adversæ fortunæ meæ lu« dibrio absentiam quoque tuam adjecisti, neque pateris » injuriam meam modo, sed auges vehementer. » Le duc de Liancourt et Lhuillier le protégèrent quelque temps ; à la fin, ils eurent peur. Lui même s'ennuya de sa vie nocturne ; les archers étaient à ses trousses, et il craignait que l'on introduisît des espions auprès de lui : — « Vous prétendez me voir, écrivait-il à une personne qui désirait le connaître, en un temps où le soleil même n'a pas cette liberté. Une réputation de bon esprit, qui fait aujourd'hui tant promener mon nom par les rues, contraint ma personne de se cacher, et ce qui devrait me donner de la seureté ne me laisse jamais sans péril. » Il crut alors se sauver en abjurant le calvinisme entre les mains du père Séguirand ; il demanda la suppression juridique du livre obscène qu'on lui attribuait. Vaines précautions ! L'apostolat de l'esprit français, sceptique et opposant, que Balzac avait imputé à son ancien ami était une charge bien autrement grave que la publication du *Parnasse ;* elle écrasait Viau de ce poids vague et redoutable qui tue son homme.

Personne ne le protégeait donc ; la jalousie des uns, la sottise des autres, les passions bourgeoises, le fanatisme ligueur, l'intérêt personnel concouraient à sa perte. Le peuple dont la haine a toujours besoin d'un lieu-commun demandait sa mort ; les prédicateurs hurlaient contre l'athée : « Maudit sois-tu, Théophile ! s'écriait Jean Guérin dans sa chaire, maudit sois-tu, Théophile ! maudit soit l'esprit qui t'a dicté tes pensées ! maudite soit la main qui les a écrites! Malheureux le libraire qui les a imprimées! malheureux ceux qui les ont lues! malheureux ceux qui t'ont jamais conçu! Et bénit soit M. le président, et bénit soit M. le procureur-général, qui vont purger Paris de cette peste! C'est toy qui es cause que la peste est dans Paris : je diray, après le révérend père Garassus, que tu es un bélistre, que tu es un veau; que dis-je, un veau? d'un veau, la chair en est bonne bouillie, la chaire en est bonne rostie : mais la tienne, méchant, n'est bonne qu'à estre grillée; aussi le seras-tu demain. Tu t'es moçqué des moynes, et les moynes se mocqueront de toy. » — « O beau torrent d'éloquence! ô belle saillie de Jean Guérin! » s'écrie Théophile.

Voyant les éditeurs et les imprimeurs du *Parnasse* arrêtés, le peuple ameuté, le cardinal de La Rochefoucault et le confesseur du roi ligués contre lui, les seigneurs effrayés, Louis XIII irrité, ses amis froids, la maréchaussée en campagne, il quitta Paris, ne sachant où il allait.

Ici commence une triste histoire qui nous pénétrerait de pitié, si Théophile s'était donné la peine de l'écrire. Partout il trouvait des ennemis. Notre esprit-fort, qui s'était montré trop tôt, se cacha dans les bois, se fit des retraites sauvages, déguisa son nom, souffrit la faim et la soif, et chercha au bout du Languedoc un toit qui voulût bien l'abriter. Mis hors la loi de la société chrétienne, banni, et plus que cela, frappé d'interdiction et d'anathème, tête maudite, il éprouva la haine de tous, l'ingratitude de ses amis les plus chers, et la double amertume des douleurs physiques et des douleurs morales. Balzac, plus haïssable que Garasse, raconte avec une certaine joie que Théophile « ne vit plus en sûreté parmi les hommes, mais qu'il est *poursuivi à outrance comme la plus farouche de toutes les bestes.* »

Théophile opposa un front intrépide à cette extrême infortune. « Ceux, dit-il :

> .... avec qui je vis, sont étonnés souvent
> Que je sois en mes maux aussi gai que devant,
> Et le destin fâché de ne me voir point triste
> Ignore d'où me vient l'humeur qui lui résiste.
> C'est l'arme dont le ciel a voulu me munir.
> Contre tant d'accidens qui devaient me punir ;
> Autrement un tissu de tant de longues peines
> M'eût gelé mille fois le sang dedans les veines.

Cette fermeté était digne de l'homme qui se posait en chef de secte. Sa première retraite, dont nous ignorons le lieu et la durée, fut employée à traduire en vers mêlés de prose le *Phédon* de Platon. Découvert, et se croyant trop rapproché de Paris, il se dirige vers Toulouse, où demeurait le baron de Panat, élève de Vanini, ami de Vallée et lié avec Théophile. Panat commence par accueillir le fugitif ; mais bientôt il se rappelle qu'autrefois on a voulu le brûler avec Vanini ; il s'effraie et lui ordonne de quitter le logis. Théophile résiste. Le baron, accompagné de deux valets, se présente l'épée à la main et réitère son ordre ; le poëte tire aussi son épée. Il paraît que le baron, touché de la bravoure et du malheur de son hôte, devint plus traitable. Mais Théophile quitta bientôt, pendant une nuit d'orage, cette retraite inhospitalière, et, s'acheminant dans les ténèbres, il fut en butte à deux accidents fort opposés : il tomba dans une rivière et vit la foudre frapper le sol près de lui :

> Lorsque Panat me fit sa brutale saillie,
> Que, les armes au poing, accompagné de deux,
> Il me fit voir la mort en son teint plus hideux,

Je croyais bien mourir. Il le croyait de même.
Mais, pour cela, le front ne me devint point blême ;
Ma voix ne changea point, et son fer inhumain,
A me voir si constant, lui trembla dans la main.
Encore un accident, aussi mauvais ou pire,
Me plongea dans le sein du poissonneux empire,
Au milieu de la nuit où le front du croissant
D'un petit bout de corne à peine apparaissant,
Semblait se retirer et chasser les ténèbres
Pour jeter plus d'effroi dans des lieux si funèbres.

Lune ! romps ton silence, et pour me démentir,
Reproche-moi la peur que tu me vis sentir !
Que dus-je devenir, ce soir où le tonnerre
Presque dessous mes pieds vint balayer la terre ?
Il brûla mes voisins, il me couvrit de feu.
Eh bien ! pour tout cela, je le craignis bien peu !

Ce dernier trait est une gasconnade, qui ne détruit ni le souvenir de son courage, ni la pitié qu'on éprouve pour cet homme auquel un autre siècle eût donné gloire et fortune ; mais il ne faut pas naître avant son temps.

Chassé de Toulouse, il alla du côté des Landes et poussa jusqu'aux Pyrénées :

Je viens dans un désert mes larmes épancher,
Où la terre languit, où le soleil s'ennuye ;
Où ce torrent de pleurs qu'on ne peut estancher,
Couvre l'air de vapeurs et la terre de pluye.
Parmi ces tristes lieux, traînant mes longs regrets,
Je me promène seul dans l'horreur des forêts,
Où la funeste orfraye et le hibou se perchent :
. . . . . . . . ce sont des lieux
Où rien de plus courtois qu'un loup ne m'avoisine,

Où des arbres puans fourmillent d'*écurieux* (1),
Où tout le revenu n'est qu'un peu de résine,
Où les maisons n'ont rien plus froid que la cuisine,
Où le plus fortuné craint de devenir vieux,
Où la stérilité fait mourir la lésine,
Où tous les élémens sont mal voulus des cieux.
Là le soleil, contraint de plaire aux destinées,
Pour étendre mes maux allonge ses journées,
Et me fait plus durer le temps de la moitié.
Mais il peut bien changer le cours de sa lumière,
Puisque le roy, perdant sa bonté coutumière,
A détourné de moy le cours de sa pitié.

Ces maux n'abaissent pas le ton de Théophile; tapi dans quelque cabane des Landes et éclairé d'un flambeau de résine, il écrit à Louis XIII :

J'ai choisi loin de votre empire
Un vieux désert où les serpens
Boivent les pleurs que je répands,
Et soufflent l'air que je respire
Dans l'effroi de mes longs ennuis.
Dans l'horreur de mes longues nuits !
Éloigné des bords de la Seine,
Et du doux climat de la cour ;
Il me semble que l'œil du jour
Ne me luit plus qu'avecque peine !
. . . . . . . . . .
Exilé parmi des sauvages,
Où je ne trouve à qui parler,
Ma triste voix se perd en l'air
Et dans l'écho de ces rivages !
. . . . . . . . . .
Ici, les accens des corbeaux,
Et les foudres dans les nuages
Ne me parlent que de tombeaux !

(1) Écureuils.

« Arrachez-moi à cet exil, vengez-moi, je suis innocent;
et vous, qui êtes roi mortel, songez que vous serez jugé
par le roi des cieux. » Les deux strophes suivantes sont à
placer parmi les bonnes strophes de la langue française; plus
hardiment jetées que celles de Malherbe, elles marchent
avec une rapidité et une majesté que tout le monde admirera :

>Celui qui lance le tonnerre,
>Qui gouverne les élémens,
>Et meut avec des tremblemens
>La grande masse de la terre :
>Dieu qui vous mit le sceptre en main,
>Qui vous le peut ôter demain,
>Lui qui vous prête sa lumière,
>Et qui, malgré vos fleurs de lys,
>Un jour fera de la poussière
>De vos membres ensevelis, —
>
>Ce grand Dieu qui fit les abîmes
>Dans le centre de l'univers,
>Et qui les tient toujours ouverts
>A la punition des crimes,
>Veut aussi que les innocens
>A l'ombre de ses bras puissans
>Trouvent un assuré refuge ;
>Et ne sera point irrité
>Que vous tarissiez le déluge
>Des maux où vous m'avez jeté !

L'adversité épure ce qu'elle touche et même le talent.
Les morceaux écrits par Théophile, après sa persécution, surtout en prose, sont d'une supériorité incontestable. Il trouve au pied des Pyrénées un seigneur qui le

recueille, le protége et lui donne de bons dîners ; l'épicurien n'oublie pas ce dernier point :

> Mon exil ne savait où trouver sûreté ;
> Partout mille accidens touchaient ma liberté.
> Quelques déserts affreux, dont les forêts suantes,
> Rendaient de tant d'humeurs les campagnes puantes,
> Ont été le séjour où le plus doucement
> J'ai passé quelques jours de mon bannissement ;
> Là, vraiment l'amitié d'un marquis favorable,
> Qui n'eut jamais horreur de mon sort déplorable,
> Divertit mes soucis ; et dans son entretien
> Je trouvai du bon sens qui consola le mien.
> Autrement, dans l'ennui d'un lieu si solitaire,
> Où le plus philosophe, avecque son *discours* (1),
> Ne saurait, sans languir, laisser passer deux jours,
> Le chagrin m'eût saisi. Mais une grande chère
> Vint deux fois chaque jour enchanter ma misère.

A Clérac il admira la Garonne débordée :

> Le débord insolent de ses rapides eaux,
> Couvrant avec orgueil le faîte des roseaux,
> Fait taire nos moulins ; et sa grandeur farouche
> Ne saurait plus souffrir qu'un aviron la touche.....
> . . . . . . . . . . . . . . . .
> Je disais en voyant comme son flot se pousse :
> « Ainsi va la fureur d'un roi qui se courrouce ;
> Ainsi mes ennemis, contre moi furieux,
> M'ont rendu sans sujet le sort injurieux. »

Il ne reste pas longtemps dans cet endroit : on instruit son procès à Paris, et rien ne serait plus facile que de venir

(1) Méditation.

le saisir, si près de son manoir héréditaire. Le duc de Montmorency lui écrit et lui offre Chantilly pour asile ; il arrive à grandes journées et trouve sous ces beaux feuillages un accueil bienveillant, mêlé d'admiration et de pitié. Bien des esprits penchaient vers Théophile, qui n'était en définitive que le représentant de la libre saillie de l'esprit français, dans un temps que la solennité espagnole envahissait tout. Comment le protéger cependant ? comment braver le silence royal, la fureur des uns, le préjugé des autres ? On était si bien disposé pour lui dans un certain monde, que pendant son séjour forcé chez le duc il écrivit sa tragédie de *Pyrame* et la fit représenter au Louvre, où elle fut très-applaudie. « On me reprocha seulement, dit-il, l'énergie de ma poésie et la tristesse sépulcrale du sujet. »

Il pense alors que le roi va lui devenir favorable, et s'étonne que le duc de Montmorency sollicite pour lui faiblement ; dans une lettre confidentielle il attribue cette froideur au désir que le duc a de le garder chez lui. Il se trompe et ne comprend pas lui-même les causes secrètes de son malheur ; il ne voit pas la fatalité de cette situation contraire au mouvement de l'époque. L'arrêt du parlement se charge de l'en instruire et satisfait au cri populaire en le condamnant par contumace. Déclaré coupable de *lèse-majesté divine et humaine*, il fera donc amende honorable devant Notre-Dame, et sera brûlé vif ou en effigie. Personne n'élève plus la voix en sa faveur ; le duc lui-même lui conseille la fuite. Il se dirige vers la Picardie, puis vers la Flandre, et va s'embarquer pour l'Angleterre. — « J'attends votre carrosse... on me force de fuir... et je vais des flammes à la mer ! » — « Op-
» perior vos hic, aut carpentum tuum, quò ad vos deve-

»bar. Asseverabat heri maris præfectus nos intra triduum »tandem abituros. Sic ab ignibus ad undas vocor. »

Ses ennemis le poursuivaient ; on jugera bientôt si cette poursuite était sérieuse et acharnée. Voisin, ami de Garasse, le fait suivre et épier ; Leblanc, lieutenant du prévost de la connétablie, se met à ses trousses, ne quitte point sa piste et finit par l'arrêter au Catelet. Le gouverneur de la citadelle donne ordre qu'on le saisisse. « D'abord que je fus pris, on me tint pour condamné ; ma détention fut un supplice, et les prévosts des exécuteurs. J'en eus deux sur chacun de mes bras, et autour de moi autant que le lieu par où je passais en pouvait contenir. On m'enleva dans la chambre du sieur de Meunier pour y faire mon procès-verbal, qui ne fut autre chose que l'inventaire de mes hardes et de mon argent, qui me fut tout saisi. Après mon interrogatoire, qui ne contenait aucune accusation, M. de Caumartin m'assura que j'étais mort. Je lui répondis que le roi était juste et moi innocent. De là, il ordonna que je fusse conduit à Saint-Quentin. On m'attache de grosses cordes partout, sur un cheval faible et boiteux qui me fait courir plus de risques que tous les témoins de mes confrontations. L'exécution de quelque criminel bien célèbre n'a jamais eu plus de foule à son spectacle, que je n'en eus à mon emprisonnement. Soudain que je fus écroué, on me dévala dans un cachot, dont le toit même était sous terre. Je couchais tout vêtu, et chargé de fers si rudes et si pesants, que les marques et la douleur en demeurent encore en mes jambes. Les murailles y suaient d'humidité, et moi de peur. »

Le poëte se vengea de ses persécuteurs par d'éloquentes invectives. Il fit une bonne caricature de ceux qui,

SUR QUELQUES VICTIMES DE BOILEAU. 423

> Priant Dieu comme des apostres,
> Mirent la main sur son collet
> Et marmottant leurs patenostres,
> Pillèrent jusqu'à mon valet.
>
> Si j'estois (ajoute-t-il) du plus vil métier
> Qui s'exerce parmi les rues,
> Si j'estois fils de savetier
> Ou de vendeuse de morue,
> Ils craindroient qu'un peuple irrité
> Ne punit leur témérité.

La compagnie *de defunctis* vient le prendre à Saint-Quentin; on le mène à Paris « attaché tout le long du voyage avec des chaînes, sans avoir la liberté du sommeil ni du repos, et sans quitter les fers ni nuit ni jour. On ne suivit jamais le grand chemin ; et, comme s'il y eût eu dessein de m'enlever, les troupeaux ou les arbres un peu éloignés donnaient à ces gens des alarmes assez ridicules. Arrivé à la Conciergerie, la presse du peuple m'en empêcha l'entrée. Je fus enlevé et mis dans la grosse tour avec deux gardes. »

Enfin jeté dans le cachot de Ravaillac, il y reste dix-huit mois au secret, l'esprit net et sain, l'âme courageuse, abandonné de tous ses amis.

> Pour passer mes nuits sans sommeil,
> Sans feu, sans air et sans soleil,
> Et pour *mordre ici les murailles*
> N'ay-je encore souffert qu'en vain,
> Me dois-je arracher les entrailles
> Pour souller leur dernière faim ?

« Mes ennemis, s'écrie-t-il, ont répandu :

> Que j'enseignois la magie,
> Dedans les cabarets d'honneur.

Ils disent que, pour me perdre,

> On a bandé tous les ressorts
> De la noire et forte machine,
> Dont le souple et le vaste corps
> Estend ses bras jusqu'à la Chine
>
> Dans ces lieux voués au malheur,
> Le soleil, contre sa nature,
> A moins de jour et de chaleur
> Que l'on en fait à sa peinture.
> On n'y voit le ciel que bien peu,
> On n'y voit ni terre ni feu,
> On meurt de l'air qu'on y respire ;
> Tous les objets y sont glacés,
> Si bien que c'est ici l'empire
> Où les vivants sont trépassés.

Point de feu, point de lumière, une nourriture insuffisante. C'est là qu'il forme son talent ; de cette voûte obscure datent ses meilleurs écrits. La fermeté de son courage soutient la vigueur de sa plume ; il repousse en vers et en prose les accusations de Garasse, argumente puissamment, mêle l'ironie à la discussion, flétrit la lâcheté de Balzac, et vainqueur de ses ennemis *si puissants*, dit Malherbe, arrache enfin aux magistrats la révocation de leur première sentence. Je ne crains pas de conseiller aux hommes qui étudient l'art de convaincre et celui de raisonner les cinquante pages qu'il a écrites dans sa prison ; style nerveux, précision, convenance, disposition des preuves, vigueur de logique, ardeur soutenue et contenue ; tout y est.

« M'ayant promis autrefois, dit-il à Balzac, une amitié que j'avois si bien méritée, il faut que vostre tempérament soit bien mauvais, de m'estre venu quereller dans un cachot, et vous joindre à l'armée de mes ennemis, pour braver mon affliction ! Dans la vanité que vous avez d'exceller aux lettres humaines, vous avez fait des inhumanitez qui ont quelque chose de la fièvre chaude ; mais je recognois qu'en disant mal de moy, vous en avez souffert beaucoup. Vos missives diffamatoires sont composées avec tant de peine que vous vous chastiez vous-même, en mal faisant ; et vostre supplice est si conjoinct à vostre crime, que vous attirez tout ensemble et la colère et la pitié, et qu'on ne se peut fascher contre vous sans vous plaindre. Cet exercice de calomnies, vous l'appelez le divertissement d'un malade. Il est vray que si vous estiez bien sain, vous feriez tout autre chose. Soyez plus modéré en ce travail ; il entretient vostre indisposition ; et si vous continuez d'escrire, vous ne vivrez pas long-temps. Je sais que vostre esprit n'est pas fertile, cela vous picque injustement contre moy. Si la nature vous a mal traicté, je n'en suis pas cause ; elle vous vend chèrement ce qu'elle donne à d'autres. Vous sçavez la grammaire française, et le peuple, pour le moins, croit que vous avez fait un livre ; les sçavants disent que vous pillez aux particuliers (1) ce que vous donnez au public, et que vous n'escrivez que ce que vous avez leu. Ce n'est pas estre sçavant que de savoir lire. S'il y a de bonnes choses dans vos escrits, ceux qui ne les cognoissent pas ne vous en peuvent point louer, et ceux qui les cognoissent sçavent qu'elles ne sont pas à vous. Vostre stile a des flatteries d'esclave pour quelques grands, et des invectives de

---

(1) Aux Espagnols.

bouffon pour autres. Vous traictez d'égal avec les cardinaux et les mareschaux de France ; en cela vous oubliez d'où vous estes nay. Faute de mémoire qui a besoin d'un peu de jugement, corrigez et guérissez-vous, s'il est possible. Quand vous tenez quelque pensée de Sénèque ou de César, il vous semble que vous estes censeur ou empereur romain. Dans les vanitez que vous faictes de vos maisons et de vos valets, qui feroit l'éloge de vos prédécesseurs vous rendroit un mauvais office ; vostre visage et vostre mauvais naturel retiennent quelque chose de la première pauvreté et du vice qui lui est ordinaire. Je ne parle point du pillage des autheurs. Le gendre du docteur Baudius vous accuse d'un autre larcin : en cet endroict j'aime mieux paroître obscur que vindicatif ; s'il se fust trouvé quelque chose de semblable en mon procès, j'en fusse mort, et vous n'eussiez jamais eu la peur que vous faict ma délivrance. — J'attendois en ma captivité quelque ressentiment de l'obligation que vous m'avez depuis ce voyage. Mais je trouve que vous m'avez voulu nuire, d'autant que vous me deviez servir, et que vous me haïssez à cause que vous m'avez offensé. Si vous eussiez esté assez honneste pour vous en excuser, j'estois assez généreux pour vous pardonner. Je suis bon et obligeant ; vous estes lâche et malin ; je croy que vous suivrez tousiours vos inclinations et non les miennes. Je ne me repends pas d'avoir pris autrefois l'espée pour vous vanger du baston ; il ne tint pas à moi que vostre affront ne fuct effacé ; c'est peut-estre alors que vous ne me crûtes pas assez bon poète, parce que vous me vîtes trop bon soldat. Je n'allègue cecy pour aucune gloire militaire, ny pour aucun reprosche de vostre poltronnerie : mais pour vous montrer que vous deviez vous taire de mes défauts, puisque j'avois toujours caché les vostres. — Je vous advoue que je ne suis ny poète, ny orateur. Je ne vous dispute point l'éloquence de vostre pays, vous estes né plus proche de Paris que moy. Je suis Gascon, et vous d'Angoulême. Je n'ay eu pour régent que des escoliers escossais, et vous des docteurs jésuites ; je suis sans art, je parle simplement et ne sçay que bien vivre. Ce qui m'acquiert des amis et des envieux, ce n'est que la facilité de mes mœurs, une fidélité incorruptible et une profession ouverte que je fais d'aymer parfaitement ceux qui sont sans fraude et sans lascheté. C'est par où nous avons esté incompatibles vous et moy, et d'où naissent les accusations orgueilleuses dont vous avez inconsidérément persécuté mon innocence sur les fausses conjectures de ma ruine, et sur la foy du père Voisin. Soyez plus discret en vostre inimitié. Vous ne deviez point faire gloire de ma disgrâce ; c'est peut-estre une marque de mon mérite. Vous n'avez esté ny prisonnier, ny banni ; vous n'avez pas assez de vertu pour estre recherché ; vostre bassesse est vostre seureté. Je ne tire point vanité de mon malheur et n'accuse point la cour d'injustice ; je me console seulement de voir que ma personne est encore bien chère à ceux qui m'ont condamné. J'ai esté malheureux, et vous estes coupable. Mais quoi ! la fortune s'irrite continuellement de quelques grâces qu'il a plu à Dieu me despartir ! Si, suis-je satisfaict de ma condition, et je trouveray toujours parmi les bons assez d'honneur et d'amitié pour ne me picquer jamais de mespris et de la haine de vos semblables. Si je voulais verser quelques gouttes d'encre sur vos actions, je noircirois toute ma vie. »

En vain Balzac répondit-il que « la bouche de Théophile était moins sobre que celle d'un Suisse... qu'il était sorti de Paris par une brèche, et que la vérité ne pouvait se placer sur des lèvres impures. » La lettre de Théophile condamne celui qui choisit un tel moment pour accabler un malheureux.

Les *Apologies* de Théophile, qui ramenèrent le parlement et le roi au courage de la justice en face d'une population exaspérée, sont plus remarquables encore que cette lettre. La plus dédaigneuse modération les soutient. Il y raconte sans emphase ses tribulations, intéresse le lecteur par la simplicité du ton, démêle la trame de ses ennemis, montre les témoins Sajot, Anisé, Bonnet, bourgeois ou écoliers, à la dévotion de Voisin ; la bourgeoise Mercie et le boucher Guibert entrant dans la conspiration ; Garasse se faisant le héraut d'armes de l'entreprise ; les magistrats embarrassés, recommençant leurs interrogatoires, prolongeant sa détention, et ne sachant comment se tirer du mauvais pas où les jetaient l'innocence de Théophile d'une part, et de l'autre la haine publique. Il dit tout cela sans blesser le roi, sans offenser la cour, sans irrévérence pour l'Église ; isolant de Garasse la religion elle-même avec une adresse et une naïveté très-éloquentes. Il n'élucide pas seulement les faits, il ne débrouille pas seulement cette intrigue, il traite avec supériorité le côté moral de la cause ; il est sévère, et souvent éloquent.

## § X.

Théophile prosateur et poète. — Caractère de son talent.

La supériorité de Théophile n'était point dans ses vers ; si on le compare à Malherbe ou à Racan, on lui fait tort ;

comparez-le à Coeffeteau et à Balzac. Il n'était pas seulement bon prosateur par instinct et dans l'intérêt de sa défense; il avait raisonné l'art du style, n'admettant ni l'originalité *espagnolesque* de Cyrano, ni la frivolité de Voiture, ni le ronsardisme du langage; ses théories sur cette matière sont justes et originales; on croit écouter la spirituelle et forte voix de Michel Montaigne : « Il faut que le discours soit ferme, que le sens y soit naturel et fertile, le langage exprès et signifiant. Les afféteries ne sont que mollesse et qu'artifice, qui ne se trouvent jamais sans effort et sans confusion. Ces larcins, qu'on appelle imitation des auteurs anciens, ne sont point à notre mode. Il faut escrire à la moderne; Démosthènes et Virgile n'ont point escrit en nostre temps, et nous ne sçaurions escrire en leur siècle. Leurs livres, quand ils les firent, estoient nouveaux, et nous en faisons tous les jours de vieux. L'invocation des muses (à l'exemple de ces païens) est profane et ridicule. Ronsard, pour la vigueur de l'esprit et la vive imagination, a mille choses comparables à la magnificence des anciens Grecs et Latins, mais il a mieux réussi à leur ressembler, qu'alors qu'il les a voulu traduire, et qu'il a pris plaisir à les contrefaire, comme en ces mots :

> *Cythéréan, Pataréan*
> *Par qui le Trepied Tymbrean*, etc.

« Il semble qu'il se veuille rendre inconnu pour paraître docte, et qu'il affecte une fausse réputation de nouveau et hardy escrivain. Dans ces termes estrangers, il n'est point intelligible pour les François. Ces extravagances ne font que desgouter les sçavants, et estourdir les faibles. On appelle cette façon d'usurper des termes obscurs et impropres, les uns barbarie et rudesse d'esprit, les autres pédanterie et suffisance. Pour moy, je crois que c'est un respect et une passion que Ronsard avoit pour ces anciens, à trouver excellent tout ce qui venoit d'eux, et chercher de la gloire à les imiter partout. Un prélat, homme de bien est imitable à tout le monde ; il faut estre chaste, comme luy charitable et sçavant qui peut ; mais un courtisan, pour imiter sa vertu, n'a que faire de prendre ny le vivre, ny les habillements à sa sorte; il faut, comme Homère, faire bien une description, mais non point dans ses termes ny avec ses épithètes. Il faut escrire comme il a escrit. C'est une dévotion louable et digne d'une belle ame, que d'invoquer, au commencement d'une œuvre, des puissances souveraines ; mais les chrestiens n'ont que faire d'Apollon ny des Muses; et nos vers d'aujourd'huy, qui ne se chantent point sur la lyre, ne se doivent point nommer *lyriques*, non plus que les autres *héroyques*, puisque nous ne sommes plus au temps des héros ; toutes ces singeries ne font ny le plaisir, ny le profit d'un bon entendement. Il est vray que le desgout de ces superfluitez nous a fait naistre un autre vice; car les esprits foibles que l'amorce du pillage avoit jetez dans le mestier des poètes, n'estant pas d'eux-mesmes assez vigoureux ou assez adroits pour se servir des objets qui se présentent à l'imagination, ont cru qu'il n'y avoit plus rien dans la poésie, et se sont persuadez que les figures n'en estoient point, et qu'une métaphore estoit une extravagance. »

Théophile admet donc la richesse et la fécondité du style ; il veut la simplicité et la fermeté, blâme l'imitation servile et l'afféterie ridicule et s'élève contre la sécheresse et la fausse élégance. « L'élégance ordinaire de nos escrivains (dit-il) est à peu près selon ces termes : — *L'aurore tout d'or et d'azur, brodée de perles et de rubis, paroissoit aux portes de l'Orient ; les estoilles esblouyes d'une plus vive clarté, laissoient effacer leur blancheur et devenoient peu à peu de la couleur du ciel ; les bestes, de la queste, revenoient au bois, et les hommes à leur travail ; le silence faisoit place au bruit, et les ténèbres à la lumière.* — Et tout le reste, que la vanité des faiseurs de livres fait esclater à la faveur de l'ignorance publique. ».

Cette critique excellente attaquait à la fois les descriptions emphatiques de la Diane de Monte-Mayor. De Viau avait deviné notre excellente prose française, à la marche vive, souple et nerveuse.

La dignité, la franchise et l'adresse de ses défenses rendirent à Théophile la vie et la liberté. Le parlement n'osa pas le justifier complétement ni lui donner raison contre Guérin, Voisin, Garasse et le cardinal de La Rochefoucault. On lui ouvrit les portes de la Conciergerie, en lui assignant quinze jours pour quitter Paris. — « Vous m'avez retiré de la mort, écrivit-t-il à un de ses juges, mais non pas encore de la prison. Depuis les quinze jours que M. le président me donna, je suis contraint de me cacher, et n'ay différé mon partement que par la nécessité de pourvoir à mon voyage. Je suis sorti du cachot avec des incommodités et de corps et de fortune, que je ne puis pas réparer aisément, ni en peu de temps. Ce que j'avais d'argent en ma capture ne m'a point été rendu. » — A un seigneur de la cour, il écrivait : — « Je vous supplie de disposer M. le procureur-général à se relascher un peu de la sévérité de sa charge, et de me laisser un peu de liberté pour solliciter mes affaires ; je ne demande point la promenade du Cours ou des Tuileries, ny la fréquentation des lieux publics, mais seulement quelque cachette où mes ennemis ne puissent avoir droit de visite. »

Le duc de Montmorency son sauveur l'emmena avec lui à l'île de Rhé. Louis XIII, qui ne pardonnait guère et qui apparemment lui en voulait beaucoup, refusa de voir le poète. « Comme nous approchions de la ville de \*\*\*, dit-il dans une de ses lettres latines, un messager vint au-devant de nous, avertir M. le duc que le roi ne voulait pas que j'entrasse dans la ville avec lui, à cause des... (sans doute les dévotes), qui sont dans son intimité. Le duc se présenta seul devant le roi, et laissa tout sa suite avec moi pour prouver le cas qu'il faisait de ma personne. Invité à dîner par le roi, il m'envoya son chef et dit tout haut : *Qu'on le serve comme moi-même.* »

Théophile ne pouvait plus voyager; ses forces étaient épuisées. Les ombrages de Chantilly abritèrent de nouveau le poète perclus des rhumatismes que la Conciergerie lui avait légués, dévoré de fièvre, et qui traîna jusqu'en 1626 une existence languissante. Il mourut le 25 septembre de cette année, dans l'hôtel de son protecteur, au milieu de ses amis Mairet, Boissat, Desbarreaux, et fort regretté d'eux, mais ne laissant aucun monument complet.

Les mœurs révoltantes que ses ennemis lui avaient attribuées n'ont laissé leur marque sur aucune des œuvres avouées par lui, et la *Biographie Universelle* a tort de lui reprocher « les prétendues expressions *passionnées* qu'il adresse à Desbarreaux dans ses lettres. » On n'y voit pas le plus léger indice de cette infamie; on y trouve au contraire le portrait fort passionné d'une femme nommée

Caliste, dont il était épris, et plusieurs traits relatifs à des amours moins déshonnêtes. Le duc de Montmorency, son généreux protecteur, porta sa tête sur l'échafaud; Desbarreaux se convertit, Bayle et Saint-Évremont allèrent jouir en Angleterre et en Hollande de leur *libre* et curieuse pensée. La philosophie épicurienne se transforma, se modifia, se cacha sous l'adresse ingénieuse, la prudence habile et le bon sens social de Molière et de Gassendi. Ni les philosophes ni les dévots ne s'occupèrent plus de Théophile, ceux-ci par prudence, ceux-là par exécration.

Deux ou trois écrivains qui l'avaient connu osèrent seuls demander un peu de justice pour lui. En vain Mairet, Scudéry et Saint-Évremont prirent la parole en sa faveur : Mairet le nomme « *continuateur de Montaigne*, un des premiers esprits de notre âge, non moins fameux par ses malheurs que par ses écrits; amoureux des héros de l'antiquité. — L'oubly qui suit les longues années, ajoute-t-il, et qui destruit insensiblement la mémoire des plus grands hommes, a si fort affaibli celle de ce divin esprit (qu'à la honte de notre siècle), on diroit quasy qu'elle est aussi morte que luy. » — Scudéry va plus loin; il le réhabilite en prose et en vers. Il érige, dans une mauvaise ode, *le tombeau de Théophile*; au pied du monument, il enchaîne le *père Voisin ;*

>    Garasse,
> Et le gaillard père Guérin,
> Dont les trois diverses folies,
> Aux plus noires mélancolies
> Derideront le front hideux :
> Et, certes, je commence à craindre
> Qu'un passant, au lieu de te plaindre,
> Ne s'amuse à se moquer d'eux.

Ce fidèle Scudéry réimprime très-correctement et avec grand soin les œuvres de son maître, provoque au combat tous ceux qui ne seraient pas contents, et indiquant du doigt le seigneur de Balzac, lui envoie, dans sa préface, son nom et son adresse (1).

On peut rire du cartel et se moquer du Gascon ; mais l'expression de son courroux, de son indignation, de sa pitié pour *ce divin grand* Théophile est généreuse et noble.

---

(1) Garasse vivait encore : « Je ne saurais approuver cette lasche espèce d'hommes qui mesurent la durée de leur affection à celle de la durée de leurs amis. Et pour moi, bien loin d'être d'une humeur si basse, je me pique d'aimer jusques en la prison et dans le sépulchre. J'en ai rendu des témoignages publics durant la plus chaude persécution de ce *grand divin* Théophile, et j'ai fait voir que parmi l'infidélité du siècle où nous sommes il se trouve encore des amitiés assez généreuses pour mespriser tout ce que les autres craignent : mais puisque sa mort m'a ravy le moyen de le servir, je veux donner à sa mémoire les soins que j'avais destinez à sa personne, et faire voir à la postérité que, pourveu que l'ignorance des imprimeurs ne mette point de fautes à des ouvrages qui d'eux-mesmes n'en ont pas une, elle ne saurait rien avoir qui puisse esgaler ce qu'ils valent. Or, de ce grand nombre d'impressions qu'on a faites par toute la France de ces excellentes pièces, je n'en ay point remarqué qui ne doive faire rougir ceux qui s'en sont voulu mesler. Et, certes, je commençois à désespérer de les voir jamais dans leur pureté naturelle, lorsqu'un imprimeur de cette ville, plus désireux d'acquérir de l'honneur que du bien, sans considérer le temps, la peine et la despence, s'est offert d'y apporter tout ce que peut un homme de sa profession. J'ai pris cette occasion au poil, et me servant des manuscrits que la bienveillance de cet incomparable autheur a mis jadis entre mes mains, j'en ay corrigé les espreuves si exactement, que quiconque achètera ce digne livre, sans doute sera contraint d'avouer que c'est la première fois qu'il a bien leu Théophile, — de sorte que je ne fais pas difficulté de publier hautement que

L'essai de Théophile avait surtout le malheur de ne pas venir à propos ; certes il y avait de l'audace à vouloir convertir en système la liberté inquiète dont ses contemporains jouissaient orageusement. Épicurien raisonneur, dialecticien habile, plus pur et plus vif dans sa prose que dans ses vers, emporté et broyé par l'évolution qui transformait la France féodale en monarchie sans contre-poids, Théophile paya de sa liberté et enfin de sa vie sa tentative d'opposition, sa continuation imprudente du libre rôle de Montaigne et d'Aubigné.

Comme poète, il contribue à prêter de la fermeté et de la noblesse à la facture des vers : bien inférieur à Malherbe, il voudrait tendre au même but ; il avoue généreusement pour modèle et pour maître ce Malherbe qui le méprise; Malherbe, « qui nous a appris le français, dit-il, et dans les écrits duquel je lis avec admiration

> L'immortalité de sa vie ! »

Il a de l'énergie et de la suite dans les idées; son expression est souvent belle, quelquefois profonde, trouvée, même admirable, comme lorsqu'il dit de Henri IV :

> Son courage riait !

Si Corneille eût écrit cet hémistiche, on l'eût jugé su-

*tous les morts, ni tous les vivans, n'ont rien qui puisse approcher des forces de ce vigoureux génie. Et si parmy les derniers il se rencontre quelque extravagant qui juge que j'offense sa gloire imaginaire, pour luy montrer que je le crains autant comme je l'estime, je veux qu'il sçache que je m'appelle*

DESCUDERY. »

blime. Toutefois, dans sa poésie, ce ne sont que des lueurs; il n'a rien de complet; c'est une haleine courte, qui se soutient peu, et un esprit trop vif à la fois et trop rigoureux pour inventer des fictions brillantes, ou s'élever jusqu'aux régions de la rêverie et de l'enthousiasme. Il aimerait, s'il en avait le temps et la patience, la recherche de pureté et de correction qui distingue Malherbe; ce qui lui plaît, avant tout, « c'est le *poids*, le *sens*, la *liaison*, » il en convient. Il est si peu poète dans le vrai sens du mot, que toute la mythologie grecque lui paraît absurde : Cupidon, dit-il,

>Cette divinité, des dieux même adorée,
>Ces traicts d'or et de plomb, cette trousse dorée,
>Ces aisles, ces brandons, ces carquois, ces appas,
>Sont vraiment un mystère où je ne pense pas.
>La sotte antiquité nous a laissé des fables
>Qu'un homme de bon sens ne croit point recevables,
>Et jamais mon esprit ne trouvera bien sain
>Celuy-là qui se plaist d'un fantosme si vain,
>Qui se laisse emporter à de confus mensonges,
>Et vient, même en veillant, l'embarrasser de songes.

Ni Virgile, ni le pieux Énée ne lui conviennent. Énée

>... fut un vagabond, et quoy qu'on le renomme,
>Je ne sçay s'il posa les fondemens de Rome.
>Le conte de sa vie est fort vieux et divers,
>Virgile par luy mesme a démenti ses vers :
>Il le dépeint dévot et le confesse traistre.
>. . . . . . . . . . . . .
>Mais mon dessein n'est pas d'examiner icy
>Les défauts du Troyen ny du poète aussy.
>Plaise à Dieu que des miens nos écrivains se taisent!

Cette imagination désenchantée, jointe à cette philosophie courte et sèche dont nous avons vu Théophile s'armer, n'était pas d'un véritable poète. Un sentiment de volupté amoureuse, aussi vif que bien exprimé, le ramène de temps à autre dans la véritable sphère poétique; ce souffle, plus ardent que délicat, respire particulièrement dans la tragédie de *Pyrame*, dont Boileau a relevé un méchant vers, mais où se trouvent de beaux passages, surtout cette invocation de Pyrame, venant au rendez-vous que lui a donné Thisbé :

>Belle nuict, qui me tends tes ombrageuses toiles,
>Ha! vrayment le soleil vaut moins que tes estoiles!
>Douce et paisible nuict tu me vaux désormais
>Mieux que le plus beau jour ne me valut jamais.
>Je voy que tous mes sens se vont combler de joye,
>Sans qu'icy nul des dieux ny des mortels me voye!
>— Mais me voicy desja proche de ce tombeau,
>J'apperçoy le meurier, j'entends le bruit de l'eau.
>Voicy le lieu qu'Amour destinoit à Diane;
>Icy ne vint jamais rien que moy de prophane :
>*Solitude, silence, obscurité, sommeil,*
>*N'avez-vous point icy veu luire mon soleil?*
>Ombres, où cachez-vous les yeux de ma maîtresse?
>L'impatient désir de le sçavoir me presse ;
>Tant de difficultés m'ont tenu prisonnier,
>Que je mourois de peur d'estre icy le dernier.
>. . . . . . . . . . . . .
>Le murmure de l'eau, les fleurs de la prairie,
>Cependant flatteront un peu ma resverie.
>. . . . . . . . . . . . .
>O nuict, je me remets enfin sous ton ombrage,
>Pour avoir tant d'amour, j'ay bien peu de courage!

Une de ses odes, à *une maîtresse endormie*, serait parfaite, si une teinte plus délicate eût adouci, sans la voiler, la passion qui l'a dictée.

. . . . . . . . . . .
A genoux auprès de ta couche,
Pressé de mille ardents désirs,
Je laisse, sans ouvrir ma bouche,
Avec toi dormir mes plaisirs.

Le sommeil charmé de t'avoir,
Empêche tes yeux de me voir,
Et te retient dans son empire
Avec si peu de liberté,
Que ton esprit tout arrêté
Ne murmure ni ne respire.

La rose, en donnant son odeur,
Le soleil lançant son ardeur,
Diane et son char qui la traîne;
Une Nayade dedans l'eau,
Et les Grâces dans un tableau,
Font plus de bruit que ton haleine.

Là, je soupire auprès de toi,
Et considère comme quoi
Ton œil si doucement repose, etc.

Plus à l'aise dans l'épître et la satire que dans l'ode, il rédige en hexamètres vigoureux ses observations sur la cour, les poètes et la vie humaine. A la cour, dit-il,

La coutume et le nombre autorise les sots;
Il faut aimer la cour, rire des mauvais mots,
Acoster un brutal, lui plaire, en faire estime;
Lorsque cela m'advient, je pense faire un crime :

Je suis tout transporté, le cœur me bat au sein,
Et pour m'être souillé de cet abord funeste,
Je crois long-temps après que mon ame a la peste :
Cependant il faut vivre en ce commun malheur,
Laisser à part esprit et franchise et valeur,
Rompre son naturel, emprisonner son ame,
Et perdre tout plaisir. . . . . . . . .

Les vers qu'il consacre à la théorie de l'art poétique n'ont pas moins de franchise et de fermeté :

Imite qui voudra les merveilles d'autrui.
Malherbe a très bien fait, mais il a fait pour lui :
Mille petits voleurs l'écorchent tout en vie ;
Quant à moi, ces larcins ne me font point d'envie ;
J'approuve que chacun écrive à sa façon ;
J'aime sa renommée, et non pas sa leçon.
Ces esprits mendiants, d'une veine infertile,
Prennent à tous propos ou sa rime ou son style ;
Et de tant d'ornemens qu'on trouve en lui si beaux
Joignent l'or et la soie à de vilains lambeaux.
. . . . . . . . . . . . .
Ils travaillent un mois à chercher comme à fils
Pourra s'apparier la rime de Memphis :
Ce Liban, ce turban, et ces rivières mornes
Ont souvent de la peine à retrouver leurs bornes :
. . . . . . . . . . . . .
Ils grattent le français et le déchirent tout,
Blâment tout ce qui n'est facile qu'à leur goût,
Sont un mois à connaître en talent la parole,
Lorsque l'accent est rude, ou que la rime est molle,
Veulent persuader que ce qu'ils font est beau,
Et que leur renommée est franche du tombeau,
Sans autre fondement sinon que tout leur âge
S'est laisser consommer en un petit ouvrage ;

Que leurs vers dureront au monde précieux,
Parce qu'en les faisant, ils sont devenus vieux :
De même l'araignée en filant son ordure,
Use toute sa vie et ne fait rien qui dure.

Sa *Solitude*, son *Ode* à son frère, ses *Élégies*, qui ne sont en général que des causeries agréables, offrent des beautés du même genre, de l'esprit, de l'incorrection, toujours du bon sens, et cette verve un peu dure, quelquefois farouche, que l'on pourrait nommer la verve du prosateur.

C'est à sa prose en effet qu'il faut revenir ; c'est elle qu'il faut lire avec soin pour savoir ce dont ce malheureux jeune homme, enlevé par une mort prématurée, aurait pu être capable. Sa prose latine est une heureuse étude d'après Pétrone et Tacite. Il aimait le tour incisif et la concentration ardente que la langue des Romains favorise. *Larissa*, *Theophilus in carcere*, ses *Lettres* latines se rapprochent de Juste-Lipse et de Strada. Le mérite de ses apologies françaises est déjà connu du lecteur ; il faut y joindre une préface également apologétique.

En un jour de verve il a esquissé tous les caractères principaux de son époque, non dans des cadres séparés, œuvre trop facile, mais dans un petit roman dont nous ne possédons que la première partie. Le pédant, l'Allemand, l'Italien, le débauché, l'homme du monde, le voluptueux se jouent dans cette œuvre avec une facilité charmante. Au moment même où ses contemporains admiraient le travestissement picaresque et l'idéalisation extravagante des mauvais imitateurs de l'Espagne, il dessinait les originaux d'après nature et copiait la réalité.

Théophile était incomplet. Le caractère français veut des

œuvres achevées; il les exige sous une certaine forme, qui produise illusion et qui paraisse complète; il aime mieux beaucoup d'alliage, avec une apparence d'ensemble, de poids et de gravité; notre légèreté se contente de cette soumission à la règle. Théophile semble n'avoir rien produit, parce qu'il n'a rien concentré, rien coordonné. Son petit roman dont j'ai parlé tout-à-l'heure est sans titre et n'est pas achevé; aussi ne le lit-on plus.

Il y a dans ce récit un pédant nommé Sidias, peint de main de maître. Il en vient aux coups de poing avec Clitiphon, sur la question si *odor in pomo* est la même chose que *ex pomo*. Comme le pédant a été impertinent dans la dispute, on veut qu'il se batte en duel : — « Il nia que ce fust un desmenty, et dit qu'il sçavoit mieux le respect qu'il devoit à Pallas pour traicter si outrageusement son nourrisson; qu'il n'avoit dit rien sinon qu'il estoit faux que *odor in pomo* fust autre chose qu'*accident*, et qu'il estoit résolu de mourir sur cette opinion. — On nous avoit appresté à desjeuner en une salle basse, où il y avoit desjà des Allemands et des Italiens, qui mangeoient à divers écots; les Allemands estoient à la main droite, et les Italiens à la gauche. Nostre table estoit au milieu. Sidias, qui n'y pensoit plus, s'approche de la table de ces Allemands; et, comme il estoit fort étourdi, et toujours curieux sans dessein, ayant considéré tous les visages et leurs habillemens, il leur fait un petit sourire, en les saluant de la teste sans oster son chapeau : *Quantum*, dit-il, *ex vultu et ex amictu licet conjicere, ego vos exoticos puto* ! Ces messieurs du septentrion qui, d'une gravité froidement nonchalante, rebutent d'abord les plus eschauffez, ne daignèrent pas seulement répondre le moindre signe à la demande du *pédant*, qui, n'imputant ce silence qu'à la stupidité de la nation, continua à leur dire : *Nuper ni fallor appulistis ad nostrum littus, adhuc enim vobis vestes sunt indigenæ.* A cette seconde attaque, ils regardèrent leurs habits les uns les autres ; et, se parlant en leur langue, ils jetèrent quelques regards de travers sur nostre pédant, qui, voyant bien que ce n'estoit pas là sa conversation, se détourna à la main gauche, un peu roidi de ce premier rebut. Comme il estoit à contempler les Italiens, à peine eut-il loisir d'ouvrir la bouche pour les saluer, que ces messieurs se lèvent et d'une civilité extraordinaire avec des révérences profondes le convient de prendre part à leur petit repas. *Deus bone* (s'écria Sidias), *quam varia sunt hominum ingenia! tot capita, tot sensus, tot populi, tot mores, tot civitates, tot jura.* — *Noi altri*, lui dirent-ils, *reverendissimo signore, non parliamo latino, basta a noi di saper il volgare; ma vossignoria piglia un seggio et fara colazione coi suoi servitori.* Sidias à qui la connoissance du latin et du françois donnoit assez d'intelligence pour l'italien : — Messieurs, leur dit-il, vous estes bien plus honnestes gens que ces gros messieurs-là, mais vous ne faites pas si bonne chère. Comment pouvez-vous manger des salades de si bon matin ? *Herbæ enim nisi post rorem frigidiores sunt et plane sub meridiem apponendæ;* il faudrait que le soleil eût passé par-dessus. — Nous le faisons, dirent-ils, pour nous remettre l'appétit, car nous fîmes hier la débauche, et la teste nous fait un peu de mal. — *Optime*, dit Sidias, *contraria contrariis curantur. Et cum dicto*, il s'en revient à nous qui estions, dis-je, en train de déjeuner. Clitiphon se fait donner un verre à moitié plein, et porte à Sidias la santé de son antagoniste. Je vous feray raison, dit-il, et sur-le-champ se fait donner le plus grand verre, et le boit plein jusqu'aux bords. Les Allemands, ayant vu cette action si franche, se repentirent de la mauvaise opinion qu'ils avoient eue de son esprit, et avec des regards plus familiers luy voulurent faire entendre qu'ils eussent esté bien aises de faire cognoissance avecque luy. L'un d'eux, le verre à la main, les yeux fixés sur Sidias, pour prendre occasion d'estre veu de luy, et, toussant pour se faire apercevoir, comme Sidias se fust un peu détourné, se lève et boit à ses bonnes grâces. Le pédant, qui n'estoit pas irréconciliable, le reçeut de bon cœur, et par là, s'introduisant en leur société, nous voulut persuader, Clitiphon et moy, de joindre nostre escot au leur. C'étoit un fort buveur; mais Clitiphon qui a le cerveau délicat au possible, n'en sçavoit porter une pinte sans être incommodé, non plus que le jeune escolier.

« J'estois entre les deux, et ne suis pas des plus foibles à la débauche ; mais je n'aime que celle où je ne suis pas contraint. Tous ces messieurs des Pays-Bas ont tant de règles et de cérémonies pour s'ennuyer, que la discipline m'en rebute autant que l'excès : je me laisse facilement aller à mon appétit; mais les semonces d'autruy ne me persuadent guères, et le mal est qu'une fois engagé à la table, le vin pipe insensiblement, et ces altérations du corps vous mettent l'esprit *hors de gamme*, si bien que les résolutions qu'on faisoit de se retenir de boire s'oublient en buvant, et chacun se pique d'abattre son compagnon. Ces débordements font un grand changement et un grand tumulte en nostre disposition, bien qu'ils ne soient pas si dangereux à la santé qu'on le croit. »

L'orgie de la taverne, et les diverses humeurs des Allemands, des Italiens, des Français, sont ici fort bien saisies. Théophile continue de même. L'intérieur d'une maison bourgeoise, une rue que le saint-sacrement traverse, l'attitude du peuple, celle des dévots, celle des prêtres sont exprimées avec une remarquable précision. Les amis de Sidias l'ayant laissé occupé à boire avec les Allemands vont dîner en ville : ils sont à table quand on leur apporte une lettre de lui, datée du cabaret, moitié latin, moitié françois, comme tous ses discours, et voici ce que c'estoit : « *A quo me vobis, socii charissimi, misera mea sors eripuit, ingressus sum periculosissimum mare atque ideo quæso vos..* messieurs, mes bons amis, je vous prie de prier Dieu qu'il lui plaise avoir pitié de mon âme ; car je vois bien que nous sommes tous perdus ; *jam mihi cernuntur trepidis delubra moveri sedibus, adeo una Eurusque Notusque ruunt, et jam exonerata navis, et quidquid vestium et mercium fuit in mare projectum, vix nudos nos fere sustinet.* — Il me souvint que nous l'avions laissé en train de boire, et je demandai au laquais en quelle posture il l'avoit trouvé ; se retenant par respect de nous le dire, il nous fit assez connoistre que ce pédant estoit en désordre. Clitiphon le presse ; le garçon nous apprend ingénuement qu'ils étoient quatre ou cinq qui croyoient aller faire naufrage, comme s'ils eussent été dans un navire bien en péril : ils jetoient les meubles de la maison par la fenêtre, croyant que c'estoit de la marchandise du vaisseau qu'il falloit jeter dans la mer, et, parmy cette épouvante, ils ne laissoient pas de boire par intervalle, de se coucher. »

C'est une invention gaie et vraie, fidèle aux mœurs du temps, et très-agréablement mise en scène, que la lettre bariolée du savant en *us*, qui retenu au cabaret croit périr dans un naufrage, et qui, ne se tenant plus sur ses jambes avinées, écrit à ses amis, en latin et en français, qu'ils viennent le tirer d'affaire. On invite le pédant à dîner ; il fait beaucoup de cérémonies. Ici Théophile n'est pas moins comique ; Molière aurait copié la scène sans se déshonorer. — « Allons donc, monsieur. Monsieur, je n'ay garde, ce sera après vous. Jésus, monsieur, que dites-vous? J'aimerois mieux mourir ! Monsieur, je ne saurois pas vous répartir, mais je sçaurois bien me tenir icy tout aujour-d'huy. Monsieur, je ne sais pas beaucoup de civilité, mais je ne l'ignore pas jusqu'à ce point-là. Monsieur, en un mot, je veux être obéi céans ; le charbonnier fut maistre de son logis ! » — J'estois un peu à part baissant la veue de honte, et haussant les espaules en me mocquant et en souffrant beaucoup de leurs honnestetés fort à contre temps; à la fin, voyant que cela *tiroit de long* et que les viandes se gastoient, je fis signe à l'autre qu'il se laissât vaincre; il defféra cela à mon impatience, et passant le premier, ne se peut empescher de dire encore : « Monsieur, j'aime mieux estre sot qu'importun, puisqu'il vous plaist que je faille, je mérite que vous me pardonniez. » Je passai aussi à la faveur de ses compliments, et d'abord que je fus dans la chambre, je quittay mon manteau, et me fis donner à laver auprès du buffet pour éviter la cérémonie et par là les obliger à n'en point faire ; ce qui réussit. »

Boileau qui professait une si juste horreur pour les fausses peintures et le coloris fade des romans que l'Espagne et l'Astrée avaient mis à la mode, aurait dû traiter moins durement le bon sens fin et l'excellent goût dont Théophile fait ici preuve.

Je multiplierais les citations, si je voulais rapporter tous les passages à la fois pittoresques, sensés, plaisants, qui animent ce peu de pages ; tableau complet, vrai tableau de mœurs vivantes, bien écrit, bien composé, sobrement coloré, plein de détails sans prodigalité, et de piquante ironie sans excès satirique. Tout auprès de ce cadre flamand se montrent l'argumentation serrée et puissante de ses *Apologies*, et plus loin la forte verve de logique, d'ironie, d'indignation et de pitié que déploie sa vigoureuse défense.

Je ne veux pas, comme M. de Scudéry, relever l'autel de Théophile. Son influence de penseur et de philosophe a été passagère et intempestive. Son action sur la poésie n'a pas eu de durée et n'a pas laissé de monument. Son talent d'écrivain en prose s'est enseveli dans la lutte oubliée qu'il a soutenue.

Cette dépense malheureuse d'une force réelle marque un mouvement curieux dans l'histoire des opinions et des idées en France. Prosateur excellent, poète incomplet, il a eu pour ennemis la populace, le roi, l'envie, Balzac pendant sa vie, et Boileau après sa mort. L'équité littéraire devait relever comme prosateur, en le rabaissant comme poète, un écrivain qui, sur les limites du grand règne, osa recueillir même avec maladresse et étourderie la tradition française. Il était de l'équité historique d'assigner son rang dans les annales philosophiques à ce hardi prédécesseur de Gassendi, précurseur imprudent de Voltaire et de Lamétrie.

Supposez que le hasard eût reculé de cent cinquante ans la naissance de Théophile. Il eût occupé près de Diderot, Jean-Jacques et d'Alembert, je ne sais quelle place remarquée. Je ne juge point ici la philosophie sceptique et sensualiste, sur laquelle il y aurait trop à dire ; ce qui est certain, c'est que la fatalité d'une date, au lieu de ranger *Théophile de Viau* parmi les vainqueurs, le rejeta parmi les martyrs.

# CORNEILLE,

## DANS SES RAPPORTS AVEC LE DRAME ESPAGNOL.

# DE QUELQUES SOURCES RELATIVES A L'ÉPOQUE LITTÉRAIRE DE LOUIS XIII.

---

Consulter : — Viguier. Anecdotes sur Corneille.
               Fontenelle, Éloge de Corneille.
               Diamante, Comedias sueltas.
               Caldéron, id.
               Schack. — Geschichte, etc.

# ALLIANCE DE L'ESPRIT FRANÇAIS

ET DE

# L'INFLUENCE ESPAGNOLE.

## § I<sup>er</sup>.

Des Plagiats faussement imputés à Pierre Corneille. — Il a étudié les Espagnols, et les Espagnols l'ont traduit.

La grande et légitime renommée de Pierre Corneille n'a pas empêché que, depuis l'époque où Scudéry prit la plume pour l'attaquer, une vague rumeur d'emprunts déloyaux faits à l'Espagne n'ait plané sur cette illustre tête. A ce compte, Corneille serait fort dépouillé. *Rodogune, Héraclius, Horace, le Menteur, le Cid, la Suite du Menteur*, sans parler de ses œuvres de jeunesse, ne lui appartiendraient pas. On le croyait. Voltaire l'avait dit, La Harpe l'avait redit, et les sots l'avaient répété. Il est commode, quand un homme vous gêne, de crier qu'il a pris son talent ailleurs, surtout à l'étranger. Aille y voir qui pourra.

La calomnie s'est si bien accréditée, qu'il y a cinq ans on imprimait encore à Paris une méchante pièce de Diamante, que, sur la foi de Voltaire, don Ochoa soupçonnait être l'original même du *Cid*. Caldéron a passé pour l'auteur primitif d'*Héraclius*.

On sait que Corneille est né en 1606, quelques années

après Calderon. J'ai dit plus haut (1) que l'Espagne donna le ton à toute l'Europe entre 1600 et 1660. Le jeune Corneille se trouva donc vis-à-vis de cette nation brillante et de ses produits littéraires, à peu près dans la même situation où Shakspeare, en 1575, s'était trouvé vis-à-vis de l'Italie savante et de la France qui se modelait sur l'Italie de la Renaissance. Les traductions de l'espagnol agirent d'abord sur notre compatriote, comme les traductions de l'italien, du français et du grec avaient influé sur la pensée et le style de Shakspeare. Il n'était loisible à personne de se soustraire à l'influence universelle. Corneille, sans savoir l'espagnol, faisait déjà des imbroglios à la mode de Hardy et de Lope : *Mélite*, *Clitandre*, *la Veuve*, *l'Illusion comique*. Il créait son *Matamore*, vieille caricature espagnole, *Mata-Moros* (Tue-Maures) employée cent fois dans les intermèdes et les farces de Madrid et de Saragosse. La critique même que Corneille fit ensuite de ce personnage extravagant qui

... d'un souffle abattait le Sophi de la Perse,

est purement castillane. « C'est, dit-il, une *galanterie* (2), laquelle ne mérite pas d'être considérée. » Trente ans avant l'apparition du Cid, on ne vivait que d'Espagne, on ne jurait que par ce pays. Le jeune Corneille commença par suivre tous ses contemporains.

Cependant l'Espagne, sur le penchant de son déclin,

(1) Études sur le Drame Espagnol.
(2) Du mot espagnol *gala*.

possédait depuis le moyen-âge un type héroïque auquel elle ne pensait plus, l'idéal des vertus chevaleresques et chrétiennes. C'était le *Seigneur*, le *Cid, Syd;* c'était aussi l'homme « excellent, aux grands exploits, » *Campeador* (de *Acampar, campar,* exceller, surpasser). Dès le douzième siècle, un Homère gothique l'avait placé au centre d'un poème-chronique, et plus de cent romances populaires avaient célébré sa gloire. Les chants relatifs à ce personnage du XIe siècle n'ayant pas de nom d'auteur et n'étant la propriété de personne, on les estimait peu sous le rapport de l'art, mais seulement comme des monuments historiques assez sauvages. Il est remarquable que, dans la liste des drames espagnols dressée par Moratin, le Cid n'est pas le héros d'une seule tragédie jouée avant 1620. Du grand Cid du moyen-âge, si délicat et si noble, personne ne s'occupait; il n'avait encore inspiré aucun dramaturge, ce qui est au moins étrange, quand on pense aux tragédies sans nombre composées par les *ingenios* de Valence et de Séville sur *sainte Véronique, Sardanapale, Nabuchodonosor, Romulus, Rémus,* tous les sujets et tous les héros de la fable comme de l'histoire.

Il y avait alors à Valence (entre 1610 et 1620) un capitaine de cavaliers garde-côtes, de famille noble, pauvre et fier, Valencien de race et de naissance, c'est-à-dire d'une école véhémente, ennemie de cette spirituelle école des poètes castillans. Inconstant, aventureux et farouche, il se nommait Guillen de Castro y Belvis. Le duc d'Olivarès et le duc d'Ossuna; à Madrid le roi lui-même; à Naples le comte de Benavente, l'avaient tour-à-tour aimé, protégé, pensionné et abandonné : ce qui prouve une humeur peu servile. Réduit à la détresse et marié, il se mit à composer des pièces de théâtre pour vivre; comme son contemporain le Mexicain *Alarcon* (1), il traita le théâtre à sa mode, et non selon celle du temps ; il préféra les sujets héroïques et accidentés : *le Cid Campeador*, que personne n'avait traité, dut lui plaire. Il écrivit donc, d'après les vieilles chansons nationales, qui charmaient ses souvenirs de gentilhomme *hidalgo, las Mocedades del Cid Campeador* (les jeunesses de l'excellent Cid). Ce fut sa meilleure pièce ; et l'on n'en parla guère en Espagne, où les *estrellas* et *lunas*, *mariposas* et *jasmines* devenaient nécessaires à toute poésie qui prétendait se faire admirer.

Il avait écrit, non un chef-d'œuvre, mais une sauvage et puissante esquisse. Le style du capitaine garde-côtes se distinguait par cette âpreté énergique et vive qui commençait à déplaire en Espagne. Alarcon et Guillen, deux poètes provinciaux fidèles au passé, arrivaient trop tard, vingt années après Don Quichotte ; je suis persuadé que le choix de leurs sujets féodaux et l'ardente simplicité de leur manière les ont desservis auprès de leurs contemporains énervés. Guillen étant devenu très-malheureux, mourut à l'hôpital. Les autres poètes le ménagèrent par charité.

Les deux victimes à titres divers que j'ai nommées tout-à-l'heure, Guillen mourant à l'hôpital et Alarcon écrasé par ses confrères, ces poètes altiers, arriérés et inconnus, parvinrent jusqu'au jeune poète rouennais, qui recevait de Madrid toutes les *comedias nuevas*, en *pliegos in-quarto*, sur mauvais papier d'épicier, *dos maravedis cada pliego*. Les noms de ces auteurs obscurs n'étaient pas inscrits sur les titres. Délaissant cependant pour eux les gloires à la mode, ce furent précisément eux que Cor-

---

(1) V. plus haut, ÉTUDES SUR LE DRAME ESPAGNOL, § IX et suivants.

neille adopta, préféra, étudia, et même qu'il daigna traduire; ils étaient plus d'accord avec Pierre Corneille qu'avec les Espagnols de Philippe IV. Il se retrouva lui-même dans leurs fiers accents, et lut d'abord, entre 1634 et 1636, sans doute avec grand plaisir, la chronique dramatique du Cid par Guillen, qui ne le satisfit pas complétement, car il eut hâte de se procurer les ballades originales sur ce héros de la chevalerie.

Étudiant et remaniant les ballades en s'écartant de l'œuvre du Valencien, il transporta tout l'intérêt dans l'amour, et se donna pour problème le sentiment de l'honneur étouffant ou domptant la plus vive passion dans deux jeunes âmes. C'était renverser le sujet de Guillen; ce dernier avait montré l'éclair de l'amour traversant un moment le ciel de la jeunesse, puis étouffé par le sentiment de l'honneur. Corneille a pris le contre-pied de Guillen de Castro qui, d'une ballade passionnée avait fait le rapide épisode d'une chronique chevaleresque; Corneille a forcé la chronique espagnole de reculer jusqu'à la tragédie grecque et de se concentrer dans la passion.

Chez Guillen, l'amour tient la moindre place; chez Corneille, il lutte contre le devoir; de cette étreinte naissent les larmes, les angoisses et le chef-d'œuvre. Chez Guillen, dona Ximena est peu de chose; chez Corneille, elle est tout. Guillen n'a qu'un héros, l'honneur chevaleresque et chrétien, qui règne à travers son œuvre, et que l'on ne perd jamais de vue, soit quand le Cid sacrifie sa maîtresse à son devoir, — ou quand il se bat seul contre les vassaux du comte qui le poursuivent l'épée à la main, — ou quand il prend et serre un misérable lépreux entre ses bras pour sauver un chrétien et braver la contagion en priant Dieu; enfin lorsque, dans les trois dernières journées du drame, devenu l'arbitre de la vaillance et de l'honneur pour toute l'Espagne, il récompense ou flétrit par la seule autorité de sa parole, terrifie les coupables, s'élève plus haut que les rois et refuse devant la cour entière de prêter serment à un monarque accusé de meurtre, jusqu'à ce que le monarque ait juré sur la croix qu'il est pur de sang humain.

Tel est le *Cid* de Guillen, qui a sa grandeur; c'est un drame-chronique, varié, actif, rapide.

Corneille en a fait un drame d'amour. La longue chronique féodale, en six journées et en deux parties écrite par Guillen, soldat de fortune en poésie, qui n'était pas un artiste habile, mais un grand cœur, n'était destinée qu'à exalter le vieil héroïsme guerrier; je crois que Guillen aurait été désolé de sacrifier son lépreux et sa belle scène du serment à toutes les Chimènes du monde. L'*honneur*, voilà l'unité de sa pièce, qui se développe à la manière des romans dialogués de Shakspeare. C'est Corneille qui a imaginé le combat de l'amour et du devoir et donné à Chimène sa vraie place.

Où donc Corneille a-t-il pris ses situations? Dans son génie d'abord qui lui montrait les routes de l'art; ensuite dans les vieilles chansons où Guillen a aussi puisé quelques scènes; dans deux romances consacrées aux amours de Ximena, lesquelles forment comme un petit poëme complet, rempli d'amour combattu et de luttes passionnées. Il y en a une entre autres, qui montre Ximena au balcon sous le clair de lune, après la mort de son père, le jeune homme à genoux lui demandant grâce, et la jeune fille, longtemps silencieuse, après de tristes soupirs et des larmes cruelles, répondant par ces seuls mots : *Buenas noches, mio Cid!* « Bonne nuit, mon Cid! » C'est tout un pardon que donne l'amante au meurtrier de son père.

Ce Cid des vieilles romances, oublié de l'Espagne dans sa décadence, fut préféré par Corneille aux *maisons à deux portes*, enfants perdus et retrouvés, démons changés en femmes, tours de magie, enchevêtrements de situation, que Rotrou et Scarron aimaient. Il s'empara du vieux héros des poésies gothiques, plongeant pour ainsi dire au cœur du génie castillan qui commençait à s'abandonner lui-même.

Nous venons d'exposer le premier plagiat de Corneille et d'assister pour ainsi dire à la Genèse du *Cid*, à cette réhabilitation si hardie de la poésie primitive, un siècle avant Herder; il y a là un prodige de bon sens, c'est-à-dire de génie français. Vers le milieu du XVIIe siècle, après les plaisanteries de Rabelais et de Cervantes, choisir le Cid comme représentant de l'honneur chrétien! préférer les vieilles ballades, dont on ne faisait aucun cas, à Guillen de Castro! et Guillen de Castro à Caldéron! — Enfin, avec une bonhomie parfaite, emprunter, en le disant, aux chants populaires les parties de dialogue qu'on n'aurait pu inventer avec plus de grandeur; par exemple ces magnifiques paroles :

> *Llorando de gozo el viejo*
> *Dixo : fijo de mi alma,*
> *Tu enojo me desenoja*
> *Y tu indignacion me agrada ;*

— « Pleurant de joie, le vieux dit : Fils de mon âme, » ta douleur m'ôte la douleur (*desenoja*), et ton indigna- » tion me charme! »

Ce nouveau *Cid*, expression de tout un monde héroïque et passionné, fut représenté on sait avec quel succès; Chimène, à laquelle on n'avait fait aucune attention chez Guillen, devint l'idole de l'Europe ; l'Espagne elle-même en retentit. La chronique dramatique du Valencien avait eu si peu de popularité et Corneille en avait tant, que, plusieurs années après, Diamante s'avisa de traduire en vers espagnols de huit pieds le chef-d'œuvre de notre scène. Il mit les cinq actes de Corneille en trois journées, y intercala l'inévitable bouffon qui amuse de ses calembours le Roi, le Cid et Chimène, et fit de son modèle une pièce détestable. Imprimée en 1660, sous ce titre : *El honrador de su padre*, — (le fils qui honore son père), elle ne dut un moment de crédit qu'au souvenir de Corneille. Il y avait trente-cinq ans que le Cid jouissait de sa gloire ; des critiques assez ignorants ou assez déloyaux se trouvèrent pour attribuer à Diamante la vraie paternité du Cid. Voltaire se donna un mal infini pour établir que Corneille était un plagiaire ; récemment don Ochoa réimprima l'œuvre de Diamante, comme originale, dans son répertoire espagnol, et il eut soin d'omettre la vaste et franche ébauche de Guillen ; enfin l'on retrouve cette erreur grossière dans l'ouvrage de Sismonde de Sismondi sur les littératures méridionales, ouvrage rempli de semblables erreurs. Ici comme ailleurs, le savant genevois suivait Voltaire les yeux fermés.

Pourquoi Voltaire, au moyen d'une multitude de faux-fuyants, calomnia-t-il le vieux Corneille ? On se demande quel pouvait être le motif qui animait à cette sourde guerre un homme si éminent, et, après tout, si capable de comprendre et d'honorer le génie ? La rivalité et l'envie ne sont pas des explications suffisantes ; Voltaire devait redouter bien davantage la gloire pure de Racine, dont il ne cesse pas de faire valoir les beautés incomparables. Voltaire, et on l'oublie, dirigeait un parti ; pour Guillen de Castro, c'était *le Cid*, la vieille chevalerie à glorifier ; pour Voltaire, c'étaient les mœurs du moyen-âge à livrer au ridicule. *Le Cid* l'ennuyait ; il n'avait pas de goût réel pour ces grands sentiments de l'ancien monde, héroïques élancements vers un idéal ultra-catholique. Le merveilleux auteur du *Mondain*, révolutionnaire en manchettes, savait ce qu'il faisait ; il trouvait médiocrement amusants le dévot Polyeucte et l'Imitation du Christ par le grand Corneille.

Joignez à ces motifs si réels, car ils ont toujours dominé ce puissant esprit, un amour extrême pour la pureté, l'élégance et la facilité de la diction, ajoutez-y la vivacité étourdie de sa critique et les nombreuses occupations de sa vie militante ; un peu aussi le désir de paraître savant en littérature espagnole ; enfin la veine ironique qui était au fond de toute sa vie ; vous vous expliquerez fort bien ses torts.

Guillen et les ballades une fois éclipsés par le *Cid* de Corneille, celui-ci, qui avait déclaré ses sources, montré ses auteurs, imprimé ouvertement et les ballades et les vers de Guillen à côté de sa pièce, commit son second *plagiat* avec la même simplicité. Il trouva très-belle la pièce d'Alarcon, que nous avons analysée plus haut, la traduisit et donna la *traduction* pour ce qu'elle était, sous le titre du *Menteur*. Voilà son second *plagiat*.

Ainsi Corneille a montré à tout le monde la chronique de Guillen et professé la plus haute admiration pour Alarcon qu'il traduit ; il semblerait que ses preuves de probité fussent faites, et que toute autre accusation de plagiat tombât d'elle-même. Pas du tout ; nous en avons encore deux à combattre. Disons comment il est arrivé qu'à force de sincérité et de sévère bonhomie dans l'exercice de son art, Corneille se fit encore accuser deux fois du même crime chimérique.

## § II.

Corneille et Caldéron. — Héraclius. — *Todo es verdad y todo mentira*. — Rodogune.

Tout préoccupé de son métier d'inventeur, fatigué d'entendre les Scudérys crier au plagiat, et ne voulant plus rien imiter ni traduire, il s'enferme dans son cabinet en face des Annales de Baronius, et se condamnant (comme il le dit dans l'examen d'*Héraclius*) « à un très-grand effort, » il en fait sortir cette terrible complication d'incidents et de caractères, œuvre que nous n'admirons pas autant que certains critiques, parce que le théâtre nous semble destiné à la passion et aux mœurs, non à ces jeux périlleux et difficiles. Boileau et les hommes d'un goût sévère pensèrent de même. C'était en 1647.

Les Espagnols, qui avaient donné l'exemple de ces tissus embrouillés et qui en rachetaient la complication par la légèreté même et la vivacité de l'exécution, se trouvèrent sans doute dépassés; car dix-sept années plus tard, en 1664, Caldéron qui commençait à vieillir, et dont la veine tarissait, jeta les noms, les personnages et les incidents de Corneille dans une assez médiocre féerie, ébauche à la fois pâle et extravagante, où le vrai et le faux se confondent et dont le titre indique le but : *Dans cette vie tout est vérité et mensonge*. Caldéron revenait sur une idée orientale qui l'avait séduit dans sa jeunesse : présenter la vie humaine comme un grand rêve, que la mort seule fait cesser et que Dieu évoque pour l'anéantir. *La vida es un sueno*, sa première pensée, qui n'a rien de commun avec Héraclius, est une des créations les plus chaudes et les plus intéressantes de tout son théâtre; en 1684, reprenant le même cadre fantastique, il y fit entrer, de gré ou de force, l'Héraclius de l'auteur français. Mais le propre de ces imaginations méridionales est de ne pouvoir revenir sur les premiers jets qu'elles ont tracés comme d'instinct; en mêlant les sévères pensées et les fortes passions de Corneille à sa fantasmagorie, Calderon fit un monstre sans intérêt.

Comment s'est-il procuré la pièce de Corneille? Est-il venu en France, comme l'affirme le père Tournemine? peu importe; ce qui est certain, c'est la date authentique de sa féerie (1664), — c'est l'antériorité de l'Héraclius de Corneille (1647); — c'est aussi l'acharnement avec lequel Voltaire a permuté et brouillé ces dates, malgré l'évidence la plus complète et pour jouer pièce au vénérable père de notre théâtre tragique.

Tel est le troisième plagiat de Corneille.

Voltaire, pour prouver le crime, s'est donné la peine de traduire la pauvre pièce *En esta vida*, etc., et n'a prouvé qu'une chose, c'est qu'il ne savait pas l'espagnol. Il en ignorait les idiotismes les plus vulgaires; par exemple, l'emploi de l'idiotisme *a* : tuer *à* un homme (matar *a* un hombre) aimer *à un* homme (querer *a* un hombre), etc. Si Voltaire trouve dans Calderon :

*Prended a todos los tres,*

il traduit: « s'en prendre à tous les trois, » au lieu de : « Prenez-les tous trois; » il croit que *restados en su favor* veut dire : « restés (!) sur la place, » au lieu de « déterminés en sa faveur. » Il fait quatre contre-sens dans trois vers, et traduit *querer* (dans le sens de *chercher*, *quærere*) par *querer*, aimer. Homme de combat et d'action, auquel toutes les armes sont bonnes, il a tort de s'exposer à la raillerie des gens d'esprit qui savent bien l'idiome dont il parle et même à celle des sots qui la savent à moitié.

Son quatrième plagiat, c'est *Rodogune*, dont l'histoire est singulière. « Pendant plus d'une année, dit Fontenelle, » Corneille avait disposé ce plan, qui lui avait infiniment » coûté. » On s'occupait beaucoup alors de ce qu'il méditait et le grand Condé s'intéressait à ses travaux. Pendant ce laps de temps, il arriva que le sujet de *Rodogune*, raconté à l'hôtel de Rambouillet par le bonhomme, transpira et fut ébruité. Un certain Gilbert, homme sans talent, assez bien en cour, protégé de Gaston et de la reine Christine, se jeta sur cette proie, se hâta de brocher une Rodogune et la fit représenter et imprimer ; elle n'en vécut pas davantage ; et celle de Corneille, jouée un an plus tard, n'en fut pas moins neuve à son apparition. Telle est la narration de Fontenelle, dont Voltaire essaie de révoquer en doute l'authenticité par de mauvaises raisons, telles que celle-ci : « Gilbert était *résident* de la reine Christine ; ja- » mais homme revêtu d'un emploi public ne commettrait » une si mauvaise action. » Les peuples seraient trop heureux si tout emploi public conférait les vertus théologales.

Résumons-nous. Corneille a été de son époque, et il a fait les mêmes études que ses contemporains. Il a tiré de la mine qu'il pouvait exploiter le métal de son génie.

Calderón l'a traduit ; Diamante l'a traduit. Il n'a traduit ni Calderón, ni Diamante, ni même Guillen de Castro. Corneille n'a rien dérobé. Il a été soumis à cette loi physique et inévitable des *milieux*, sans lesquels le génie ne se développe pas plus que nos poumons ne respirent et que la fleur ne pousse et ne s'épanouit. Il a puisé l'aliment de sa force et le renouvellement de sa vigoureuse sève dans l'atmosphère qui l'environnait ; où voulez-vous que son intelligence se nourrît ? Dans les Védas, apparemment ! ou dans Confucius ? Pourquoi Hardy, Garnier, Gilbert et deux cents autres contemporains ne trouvaient-ils rien à tirer de ce qui les environnait, si ce n'est de mauvaises déclamations ? C'est qu'ils étaient faibles, et que Corneille était fort.

Nous avons développé dans un chapitre spécial (1) nos observations sur ce perpétuel travail d'assimilation et d'élaboration que subissent les races, et dont les hommes de génie sont les ouvriers sublimes. Corneille en offre un mémorable exemple. Il s'assimile les éléments sains et puissants qui flottent autour de lui ; il fait disparaître l'œuvre de Guillen et l'absorbe dans son *Cid*, comme Shakspeare avait absorbé le vieux Timon et le vieux Lear dans son *King Lear* et son *Timon of Athens*.

Le monde intellectuel est régi par les lois qui régissent le monde physique : sympathie, attraction, gravitation, alimentation, absorption, tout s'y retrouve. Le procédé de création est uniforme pour la nature organique et pour l'esprit humain.

(1) V. à la tête de cette collection, nos VUES GÉNÉRALES, t. I. (Études sur l'Antiquité).

# D'UN THÉATRE ESPAGNOL-VÉNITIEN

## AU XVIIIᵉ SIÈCLE

# ET DE CHARLES GOZZI.

# DOCUMENTS RELATIFS A L'HISTOIRE LITTÉRAIRE DE VENISE AU XVIIIᵉ SIÈCLE.

Consulter. — Corniani, (de la littérature italienne).
          Salfi. (Continuation de l'Histoire litt. de Ginguené).
          Archenholz, Voyages.
          Moore's Travels in Italy.
          Baretti. Frusta litteraria.
          Goldoni, passim.

*N. B.* J'ai le premier introduit en France le nom de Charles Gozzi que, depuis la publication de mes études analytiques, d'aimables et piquants esprits ont choisi pour texte de leurs commentaires ou de leurs ingénieux romans. Je me plais à signaler surtout le singulier point de transition qui, dans la personne de Gozzi, fait converger l'Espagne inspiratrice, l'Italie toujours féconde et l'Allemagne amoureuse de l'Art. Gœthe, Schiller et Schlegel ont imité Gozzi.

# APPRENTISSAGE DE CHARLES GOZZI,

### SES

## AMOURS, SES AVENTURES ET SON THÉÂTRE.

### § Ier.

#### Ce que c'est que le théâtre espagnol-vénitien de Charles Gozzi.

Le règne du théâtre Espagnol en Europe s'effaça et disparut vers la fin du XVIIe siècle. Les Espagnols eux-mêmes, après l'accession de la branche de Bourbon, dédaignèrent leurs anciennes mœurs, répudièrent leurs vieux chefs-d'œuvre et empruntèrent à l'Italie des modèles élégiaques, à la France le style didactique et même la forme grecque du drame passionné.

Comment se fit-il que de 1780 à 1790, dans un coin de l'Europe, au sein d'une république en décadence, la fantasmagorie espagnole, l'héroïsme aventureux des drames de Caldéron, le conte des fées et le conte de cape et d'épée, reparurent tout-à-coup avec un succès merveilleux ? L'auteur bizarre de cette résurrection momentanée se nommait Charles Gozzi. Il a pris la peine d'expliquer ses motifs et de donner tous les détails relatifs aux sentiments et aux idées qui préparèrent ses œuvres. Homme singulier, étranger à toutes les influences de son siècle, il avait passé dans un pays sauvage les plus belles années de sa jeunesse. Il nous dit dans ses Mémoires comment la lecture du Drame libre des Espagnols et le succès des Drames fades de Goldoni firent naître en lui la pensée d'amuser le bon peuple Vénitien et de relever dans le monde moderne le règne de l'imagination ; comment la partie sérieuse du théâtre espagnol fut rejetée par lui et la portion puérile de ce Drame transformée en Fééries aristophaniques d'un étrange éclat et d'un caractère tout nouveau. Quoiqu'il ait étudié et quelquefois copié Canizarès, Rojas, Caldéron et Montalvan, son théâtre est parfaitement original, surtout dans la première partie de ses œuvres composées de contes des Mille et Une Nuits, dans le genre de la *Vida el un Sueno*, et animées d'une verve de sarcasme grotesque étrangère à Caldéron. Plus sérieux, le théâtre de Gozzi ne se serait pas fait accepter du peuple Vénitien. Plus rapproché des réalités comiques, il n'eût pas charmé ces imaginations enfantines. Gozzi prit son point de vue avec une si admirable adresse, et de l'étude des Espagnols, créateurs du Drame d'aventure, il s'éleva jusqu'à une création si originale, que toute la nation le suivit avec enthousiasme.

Il mérite une place secondaire et isolée dans l'histoire de la Littérature Européenne ; avant d'analyser ses Contes Dramatiques de féerie et d'aventure, qui ont inspiré Tieck, Hoffmann, Lenz et toute l'École de Gœthe, suivons le cours de son étrange jeunesse, dont les aventures racontées par lui avec une maligne et mélancolique gaieté nous montreront le développement de cet esprit étrange, à la fois méditatif et naïf.

## § II.

Les Femmes Dalmates. — Memorie Inutili.

> J'ai toujours de la reconnaissance pour celui qui, sans prévoyance intéressée, sans retour sur lui-même, me procure une sensation voluptueuse et délicate. J'en garde un souvenir profond et plein de gratitude. Aussi ai-je une affection sincère et vive pour ces charmants ouvrages, les plus désintéressés des bienfaiteurs, souvent obscurs, souvent méconnus, qui sont venus, au milieu des maladies et des douleurs, consoler mes peines, briser ma pensée et dorer les nuages de mon imagination malade ! (1)

L'homme dont je veux parler n'était pas sans rapport avec ce pauvre Hoffmann, que j'aime pour son imagination satirique et puissante, et que je déteste pour avoir versé sur la France une contagion fantastique que vous savez.

Si l'on classait les talents par groupes distincts, on verrait surgir avec étonnement toute une nation particulière, vouée en apparence au caprice le plus absurde; sagace et pénétrante en réalité; asservissant la fougue de l'exécution à la force de la conception; suivie d'une troupe d'imitateurs qui se cache dans les pans de la robe des maîtres; railleuse, et non frivole; vagabonde, et non sans but; admirable en ce qu'elle sait plaire à la fois

(1) E. T. E. Hoffman, Contes fantastiques.

aux esprits communs par la popularité folle de ses conceptions, et ravir les intelligences d'élite par le sens profond qu'elles voilent.

C'est une fort petite armée que celle des écrivains et des artistes que je signale. Je n'y trouve guère d'autres noms que ceux d'Aristophane et de Callot, d'Hoffmann et de Gozzi ; hommes rares, qui naissent ordinairement au milieu d'époques confuses.

L'étrangeté des formes qu'ils choisissent exerce une séduction puissante sur le vulgaire. Habiles à saisir le pittoresque au milieu du chaos, et à racheter, par la précision du trait, la hardiesse et la nouveauté de l'invention, vous les croyez bouffons ; il n'y a pas d'hommes plus sévères que ces auteurs d'arabesques. Leur moquerie triste se révèle par des bizarreries audacieuses ; on les prend pour fous, comme tels on les accepte.

Gozzi a produit en Allemagne le même effet contagieux que le fameux Hoffmann en France. De Gozzi le Vénitien date la folie du fantastique ; Gœthe l'admira, Tieck l'imita ; Lenz, infortuné qui mourut sur une grande route, amoureux d'une princesse, avait Gozzi pour modèle et pour type quand il inventa ses deux drames aristophaniques. Gozzi ne doit pas répondre des fautes de ses courtisans ; plus on a de génie, plus on fait d'imitateurs ridicules. Avant d'étudier les singulières créations du Vénitien, étudions sa vie aussi curieuse que ses œuvres.

Une partie de la jeunesse de Gozzi s'est écoulée dans la Dalmatie sauvage ; le reste de son existence eut pour asile Venise énervée et languissante. Déjà vieux, il consigna dans ses mémoires le double et curieux tableau des mœurs de Zara et de la Dalmatie au XVIIIe siècle, et de celles de la capitale de l'Adriatique, trop perdue de voluptés pour se peindre elle-même, trop dissolue pour se comprendre et s'analyser. Les *Memorie inutili di Carlo Gozzi, scritte da lui Medesimo, e pubblicate per umilta* (1) méritaient la popularité. La chute de la puissance vénitienne étouffa ce charmant ouvrage, aujourd'hui inconnu, écrit d'un style naïf, hardi et pittoresque, sentant son vénitien d'une lieue. C'est la peinture la plus vive de la société de Venise et de la vie dalmate à cette époque. Ginguené se contente de citer ces trois volumes, en homme qui n'a pas daigné les lire. Pardonnons à Gozzi les grimaces et les gambades vénitiennes de son langage; lions connaissance avec lui avant de l'accompagner chez les Dalmates. Nous verrons ensuite comment cet homme singulier créa un singulier théâtre, le théâtre Vénitien-Espagnol.

« Je suis assez grand de taille, dit-il, et je m'en aperçois, hélas! de deux manières : à l'argent que me demandent les tailleurs qui m'habillent, et au nombre de bosses que je me fais à la tête quand les portes sont basses. Je ne suis, grâce à Dieu, ni borgne, ni boiteux, ni difforme ; mais si Dieu m'avait fait de cette manière, et non d'une autre, je porterais ma bosse à Venise comme Scarron traînait sa laideur impotente à Paris. Suis-je beau? Suis-je laid? Il y a longtemps que j'ai laissé les femmes libres de m'appeler beau pour m'attraper et laid pour me faire enrager : deux entreprises auxquelles elles réussissaient peu. Ma manière de me vêtir m'a toujours fort peu occupé ; demandez plutôt à Joseph Fornace, ce bon tailleur qui me vole avec beaucoup de constance depuis quarante ans. Vous jugerez de la fermeté héroïque de mon âme, quand je vous apprendrai qu'à travers les douze cent mille révolutions de

(1) Venezia, 1797.

la coiffure vénitienne, j'ai conservé entière ma frisure personnelle. Ma chaussure n'est pas moins fidèle aux antécédents : lorsque mes boucles sont devenues ovales, de carrées qu'elles étaient, c'était tout bonnement parce que l'orfèvre, fort entendu dans son métier et commerçant accompli, a jugé à propos qu'il en fût ainsi. Je les porte ordinairement peu épaisses, parce qu'il est de son intérêt de me les donner minces, qu'elles se brisent plus aisément, et qu'il m'en fournit davantage.

« Si vous avez quelquefois rencontré sur un des petits trottoirs de Venise, un homme sombre, le sourcil froncé, la tête basse, marchant lentement, voulant échapper à tous les yeux, ce devait être moi. Vous m'aurez pris pour un scélérat qui médite un crime, et je pensais tout simplement à composer mon drame : *Verdelet, le bel oiseau*. Cet homme bourru, revêche et maussade en apparence, est au fond l'homme le plus gai de la terre. C'est pour moi un amusement sans fin de voir le monde tel qu'il est dans le siècle où je suis né, et de contempler le grand chaudron où toutes nos folies bouillonnent.

« Voici en effet les femmes devenues hommes et les hommes devenus femmes ; puis les uns et les autres qui deviennent singes ; voici la luxure agréablement vêtue, qui se donne pour sensibilité ; voici mon siècle qui, avec une solennité philosophique, s'amuse à brûler de l'encens sur l'autel du dieu des jardins. N'est-ce pas une farce immense, et n'ai-je pas eu raison d'en faire le jouet de mes menus-plaisirs, et de compter en riant toutes les culbutes de l'humanité (1) ?

---

(1) Il contemplare donne divenute uomini, uomini divenuti donne, donne ed uomini divenuti scimie..... Credere la brutalita de sensi, leggiadramente vestita, sensibilita..... ardere incensi con filosofica solennita al culto del Dio degli orti. »

Gozzi qui a passé sa vie à rire des « culbutes » de l'humanité et à les reproduire sur la scène, partit à seize ans pour la Dalmatie, escorté de sa guitare et d'une petite caisse de livres. C'était le septième fils d'une de ces riches et nobles familles vénitiennes que deux ou trois siècles d'indolence, d'éclat, de luxe et de volupté avaient réduites à la besace ; la progéniture était nombreuse, la caisse vide, le père paralytique et mourant ; le frère aîné s'était épris d'une poétesse d'académie, dont le nom arcadien était Irminda Palamède, et qui, entrant dans la famille, n'y apporta que des chimères, un grand goût de dépense et une extrême ardeur de domination. « La phthisie pulmonaire des revenus paternels tendait à la consomption définitive, dont le dénouement se trouvait encore précipité par le ministère de certains médecins hébreux. » Il faut lire tout ce charmant tableau dans l'original, et nous y reviendrons quand il sera question de Venise. Le bon sens, qui fut une des qualités dominantes du très-spirituel Gozzi, lui apprit qu'il n'y avait rien à espérer sous le toit paternel ; il s'adressa à son oncle Almoro César Tiepolo, sénateur considéré et influent, qui le recommanda à Son Excellence Girolamo Quirini, nommé providiteur-général de la Dalmatie. Ce fut à cette occasion et dans un bien petit équipage que l'adolescent quitta Venise, en 1738, monté sur la galère qui devait le conduire à Zara.

A peine sur le *navire infernal*, qu'on nomme « galère », il exerce sa philosophie. Voilà tous ces jeunes officiers vénitiens, prosternés devant leur général, *coi nasi su i piedi*, en face du providiteur ; et le providiteur, le sourcil froncé, la figure triste, oubliant ses orgies de la veille et ses pertes au pharaon, pour ne se souvenir que de l'austère discipline commandée par l'ancienne république.

Trois années se passèrent en Dalmatie ; le petit officier qui avait peu de chose à faire s'occupa d'observations sur les hommes, et un peu de ses amours. Nous ne craindrons pas de répéter les unes et les autres, avec la gravité philosophique qu'il y met lui-même. La maladie l'accueillit d'abord à Zara, dès le premier moment de son arrivée. Après cette épreuve, il fallut, d'une part, accompagner ses jeunes amis, dont les mœurs n'étaient pas des plus louables, et d'une autre se livrer à l'étude de l'arithmétique, de la géométrie et de l'algèbre. « Je m'appliquai profondément, dit-il, à ces sciences mathématiques qui ont fait tant de bien et tant de mal au monde, j'avoue l'un et l'autre de grand cœur ; comparez, cependant. Voici, grâce à ces admirables sciences, des milliers d'hommes tués ingénieusement sur terre et sur mer. Voici, d'autre part, un instrument tout petit que je tire de ma poche, une montre fille des mathématiques et qui m'apprend à quelle heure je puis aller dîner ou me coucher ! La balance est-elle exacte ?

« Enfin je devins un assez bon ingénieur, c'est-à-dire que je parvins à comprendre fort bien, à force de calculs, en étudiant attentivement les bastions et les contrescarpes de Zara, toutes les espèces de machines que la mort a dessinées pour son service particulier et pour le plaisir des humains qui veulent massacrer leurs semblables. Je devins diaboliquement habile dans cet art de Satan ; je me souviens même qu'un brave lieutenant, qui s'appelait Jean Alpergi (extrêmement dévot envers Dieu, toutes les fois qu'il souffrait d'une goutte, fruit de sa trop grande dévotion envers le monde), me donnait des leçons de discipline militaire et d'exercice du fusil. Nous possédions un vaste échiquier chargé de soldats de bois que nous rangions en bataille, afin de découvrir la manière de tuer avec luxe et de se faire tuer avec économie : ce qui est une très-belle et très-noble gloire. Nous logions comme des oiseaux de proie, sur la cime d'un magnifique rocher, d'où nous apercevions la mer orageuse et la cité de Zara.

« J'avais pour protecteur le secrétaire du généralat, Joachim Columbo, celui-là même qui eut le malheur honorable de mourir grand chancelier sérénissime; malheur adouci sans doute par la magnifique pompe funèbre faite en son honneur et gloire. Cet homme lettré avait apporté une petite bibliothèque, me prêtait souvent des livres et m'invitait à continuer les essais poétiques, les esquisses de caractère, et les ébauches de toute espèce que je ne manquais pas de griffonner, fidèle à l'épidémie littéraire dont ma famille entière a donné l'exemple.

« Les citoyens de Zara voulurent fêter dignement leur nouveau providiteur, et lui prouver qu'ils étaient parfaitement civilisés, littéraires et académiques. Une belle rotonde, soutenue par des arbres couverts encore de leur écorce et qui tenaient lieu de colonnes, s'éleva donc dans le pré du Fort; on le couronna d'une superbe coupole de feuillage; le plus grand littérateur de la ville, un vieux noble, avocat fiscal, le seigneur docteur Giovanni Pellegrini, dont l'énorme perruque blonde retombait gracieusement sur le velours de son habit noir, se chargea de distribuer les billets et de choisir des sujets sur lesquels devrait s'exercer la verve des prosateurs et des versificateurs. Il y en avait deux : l'un était (bien entendu), l'éloge du providiteur; dans l'autre, il s'agissait de traiter la question :

« S'il est plus glorieux pour un prince de maintenir la

paix dans ses états que d'agrandir ses domaines par la force des armes.

« Je ne reçus pas de billet d'invitation ; ce qui mortifia beaucoup mes protecteurs et mes amis. Quoi ! l'on me refusait la promotion académique ! On me jugeait indigne d'écrire un sonnet et un mauvais discours en prose ! — J'écrivis l'un et l'autre, sans autre intention que de me prouver ma capacité.

« L'avocat Pellegrini menait tout cela avec une gravité illyrico-italienne, qui ne lui permettait pas d'admettre au sein des élus un petit bambin tel que moi. Cependant j'avais bâclé le sonnet et le discours. Me voilà donc, mes deux inutiles ouvrages dans la poche, qui me rends à l'illustre académie, dont le centre est occupé par ses nobles membres. Un grand trône de velours rouge, enrichi de crépines d'or, s'élève pour le prôvéditeur-général, et une quantité de gradins sont disposés circulairement pour MM. les adeptes. La foule vulgaire est séparée de ces dignitaires par un rang de colonnes, ou plutôt de bûches dont l'écorce avait été respectée. C'était grandiose, comme vous voyez. Comme j'avais une soif dévorante, je m'adressai à plusieurs laquais que je vis courir çà et là pour distribuer des limonades. — « Nous avons ordre, répondirent-ils, de ne donner de rafraîchissement qu'aux membres de l'académie ; c'est un privilége qui leur est réservé. » Ce refus qui s'adressait d'ailleurs à tous les officiers me contrariait horriblement, et ma soif devenait de plus en plus brûlante. Je trouvais ridicule que cet acte de miséricorde eût pour objet unique messieurs de l'académie. Je pris une grande résolution :

— « Allons, me dis-je, faisons nous académicien. Une limonade vaut bien un sonnet, gagnons une limonade avec un sonnet, donnons-nous pour académicien et tentons la fortune. »

« Je répondis au valet que j'étais académicien, et le mensonge me réussit.

« Depuis cette époque je suis resté convaincu de l'utilité de la poésie, que tant de personnes regardent comme une science vaine et stérile.

« Quand je pris place au milieu de mes confrères, on s'étonna; mais j'avais pris ma limonade, et je m'assis fier comme un paon. Trois heures entières, l'air retentit de dissertations ampoulées et de prodigieuses folies en prose et en vers, dont la mélodie était aussi contestable que le sens. Trois ou quatre pièces me semblèrent supportables, entre autres le sonnet d'un certain petit abbé, qui est devenu évêque; la poésie à laquelle je devais ma limonade devait lui donner la mître.

« Mon tour arrive. Tous les yeux se portent sur moi. Sans broncher, je me lève et récite mes vers, presque textuellement empruntés à une épître de Boileau, mais (il faut le dire) assez agréablement traduits. De Louis XIV j'avais simplement fait le provéditeur. Personne ne s'aperçut de la transformation, et le provéditeur qui avait souri aux efforts de mes rivaux, daigna manifester toute sa satisfaction et approuver mon panégyrique. Deux jours après, nous montons à cheval le matin, comme c'était l'usage, pour accompagner monseigneur dans sa promenade. A peine avons-nous galopé une demi-heure, Son Excellence s'adressant à moi : « Gozzi, me dit-il, répétez-moi donc votre sonnet! » Nous étions encore au galop. Je rapproche mon cheval toujours galopant et je commence. Le provéditeur n'avait pas ralenti son coursier d'un seul pas; et moi, toujours bondissant, beuglant mon sonnet, mêlant à ma déclamation les trilles, les modulations, les cadences, les demi-tons fort peu académiques que le galop d'un cheval peut jeter à travers un sonnet, je vais courageusement jusqu'à mon quatorzième vers, et je remercie Dieu de ce dénouement. Le provéditeur riait de toute son âme, et j'étais tenté de croire qu'il s'était moqué de moi et que tout l'état-major allait en faire autant. Folle pensée! Chacun enviait mon bonheur. N'étais-je pas le favori, le bien-aimé, l'homme choisi et chéri? Tous, ils auraient voulu se trouver à ma place et jouer la scène d'arlequinade à cheval dont j'avais été le héros. L'envie dont je fus l'objet à propos de ce misérable sonnet et toute cette grande gloire née d'une limonade, devaient exposer bientôt ma vie.

« Le pacha de Bosnie avait envoyé au provéditeur un superbe cheval entier, à la robe truitée, d'une belle encolure, plein de ressources et de feu, mais si méchant, que personne n'osait se confier à son échine périlleuse. Un beau jour, il se trouva que les valets d'écurie, sans doute mus par quelque raison supérieure que je n'ai pu découvrir, ou plutôt payés par les officiers mes rivaux, placèrent ma selle et mon harnais sur le dos de cette terrible bête. Refuser aurait été honteux; accepter, c'était, on va le voir, m'exposer à me rompre le cou; j'avais déjà monté des chevaux vicieux, et les regards de tant de camarades m'auraient seuls empêché de me soustraire au dangereux honneur qu'on m'imposait. Je m'élance donc sur l'animal, comme un vrai paladin, et ne me donne pas la peine de regarder si son mors, sa bride et tout l'attirail équestre se trouvent à leur place. Le bucéphale se dresse sur les deux jambes de derrière, fait en l'air un demi-tour à droite, et se met à courir, de toutes ses forces, du côté de l'écurie;

j'ai beau tirer les rênes à moi, j'ai beau lui scier les barres, il n'écoute rien, il va toujours, comme un fou, comme un torrent. Je baisse la tête ; je regarde sa bouche, je vois qu'on ne lui a pas mis de frein ni de gourmette. Les portes basses, les rues étroites, par lesquelles ce diable volant allait me faire passer, me firent réfléchir que je pourrais bien arriver jusqu'à l'écurie, mais avec une tête de moins. Je me rappelai la leçon que m'avait donnée jadis un brave écuyer qui s'intéressait à mon salut. Me levant sur mes étriers et tendant les bras vers la tête de ce farouche coursier, je lui bouchai les deux yeux hermétiquement avec mes deux mains. Lancé au grand galop, étonné de cet aveuglement subit, l'animal alla donner du front contre une muraille et s'abattit des quatre jambes à la fois. Je restai là, brave cavalier, et fis relever aussitôt le cheval qui tremblait comme la feuille ; après quoi, tremblant non moins que lui, je rajustai son mors, et revins me joindre à l'escorte, qui m'applaudit avec l'enthousiasme que ces extravagances excitent toujours. L'index de ma main gauche resta glorieusement écorché ; je porte encore la marque de ce grand exploit, qui m'a coûté un petit lambeau de chair, *ex voto* digne d'être consacré dans le temple de ma folle valeur. »

Voilà quelques-unes des belles choses que Gozzi, qui devait être un jour l'Aristophane vénitien, faisait en Dalmatie ; « faute de guerre, vie de garnison. Il se serait bien, dit-il, point à mourir martyr de la patrie, de la gloire et de 38 livres d'appointements ; » l'occasion ne s'en est pas présentée ; tout ce qu'il a pu faire de mieux, ça été de s'exposer au froid et au chaud, à la pluie et au vent, de cavalcader bravement sur les plus durs trotteurs de l'Europe, et de passer cinq et six heures du jour à faire subir aux lettres de son excellence la cérémonie de la fumigation, au grand détriment de ses chemises et de ses manchettes. Le chapitre de ses amours tient bonne place dans cette histoire, et l'esquisse de mœurs dalmates que je lui emprunte, serait incomplet, si je passais sous silence le tromblon et Tonina.

« La ville de Zara, où je demeurais, dit-il, ne se compose guère que d'une grande rue, qui traverse toute la ville, et qui va de la porte Marine à la place Saint-Siméon. Beaucoup de petites ruelles viennent y déboucher et conduisent aux remparts dont la ville est entourée. Certain soir que plusieurs de nos camarades voulurent traverser une de ces ruelles, ils furent arrêtés au passage par un homme enseveli dans son manteau, muet, la figure voilée, et qui n'avait pour éloquence qu'un énorme tromblon qu'il leur présentait tout armé, et dont il les menaçait, s'ils ne voulaient rebrousser chemin. On céda; quelle honte pour des militaires! Le lendemain et le surlendemain il ne fut question au quartier que du tromblon dalmate et de la nécessité de châtier cette insolence.

» Voici quelle cause mettait en embuscade cette bouche à feu si menaçante; dans la ruelle dont j'ai parlé demeurait une jeune fille aussi belle que l'on puisse l'imaginer ou la rêver, et qui s'appelait la *Tonina*. Elle avait beaucoup d'amants; à force de ruse, de coquetterie, de manœuvres, faisant valoir ce qui déjà n'avait plus qu'une valeur très-modique, elle tirait foule de sequins et de ducats du triste commerce qu'elle savait faire avec une admirable habileté. Un Dalmate, éperdu d'amour pour elle, et voulant être le seul auquel il fût permis de contempler et d'adorer ce beau trésor, s'avisa de lui donner un témoignage vraiment dalmate de son affection sans bornes. Il se planta en vedette au bout de la rue qu'elle habitait, et resta là, armé de son tromblom. Les officiers cherchèrent en vain à connaître son nom ; puis, humiliés dans la personne de leurs camarades, ils résolurent d'aller faire l'assaut de la ruelle et de chasser de son poste le tromblon provocateur. Nous fûmes douze qui prêtâmes serment de fidélité à cette belle entreprise.

» Pour signe de ralliement, on choisit un œillet blanc, que chacun de nous devait porter à son chapeau, et l'on convint de se trouver en armes dans la salle de billard, lieu ordinaire de nos rendez-vous dans ces glorieuses expéditions. Nous voilà rassemblés et tout prêts à marcher à la conquête. Cependant un noble Illyrien, caractère résolu et bizarre, un de ces hommes qui ne reculent jamais, beau de sa personne et vigoureux, qui s'appelait Siméon Czernowich, dormait étendu sur un banc, dans l'antichambre de l'état-major, et ne paraissait pas faire la moindre attention à ce qui se passait ; plus d'une fois il m'avait assuré de son amitié. La ligue jurée, nous passâmes de l'antichambre dans la grande salle ; et Siméon, paraissant se réveiller, nous y suivit. Il vint à moi, me parla de choses indifférentes, m'attira dans l'embrasure d'une fenêtre, et quand il vit que nous étions placés de manière à ce que personne ne l'entendît :

» Il est temps, me dit-il, d'un air très-ouvert, que je vous donne une preuve de l'amitié cordiale que j'ai pour vous. Je regrette que vous vous soyez imprudemment engagé dans l'entreprise de ces imbéciles. Je vous crois loyal, incapable de bassesse et d'une indiscrétion qui serait honteuse. Vous allez voir quelle confiance j'ai en vous, l'estime que je vous porte, et l'amitié que vous m'avez inspirée. C'est moi qui suis l'homme masqué ; ce soir la rue sera défendue par quatre armes comme la mienne. Je perdrai la vie ; mais avant de passer dans cette ruelle, beaucoup des vôtres la perdront aussi. Dispensez-vous, de quelque manière que ce puisse être, d'accompagner vos camarades, et laissez venir les autres qui trouveront à qui parler. »

« Cette singulière éloquence prononcée d'un ton résolu et d'une voix de bouche à feu, ne laissa pas que de me surprendre ; je lui répondis avec assez de tranquillité.

» — Je suis étonné que vous ayez commencé par me protester de votre amitié et par me prêcher la prudence. Je vois, à mon grand regret, que vous ne connaissez pas l'une, et que vous ne savez guère ce que signifie la seconde. Je vous remercie seulement de m'avoir cru incapable de révéler votre secret et de vous trahir ; en cela vous avez bien jugé. Je vous assure que l'on me tuerait plutôt que de m'arracher votre secret. Mais vous vous trompez en croyant que ma vie menacée me fera manquer à ma parole. Je deviendrais ridicule et odieux aux yeux de tous mes camarades ; cela ferait de moi un objet de mépris public. Est-ce donc là votre amitié? Quant à votre prudence, en donnez-vous une preuve bien remarquable, lorsque, à la prière d'une péronnelle qu'il faudrait châtier, vous vous exposez à vous faire tuer et à tuer vos amis. Si vous abandonnez cette folle idée, et que vous laissiez la voie libre à ce bataillon d'étourdis, aussi fous que vous, il n'en arrivera aucun mal. On ne pourra vous reprocher aucune pusillanimité, tandis que moi, si je recule, je resterai entaché de bassesse et de parjure ; je serai le jouet de mes camarades et le but de leurs risées. Vous prétendez que vous me garderez le secret ; mais ce secret même attaque mon honneur. Et qui vous dit que quelqu'un de vos adhérents n'ira pas révéler votre projet aux autorités supérieures ; et ne pourrez-vous pas croire avec assez de vraisemblance que c'est moi qui vous ai trahi? Votre devoir le plus strict est de céder aux conseils d'une véritable amitié et d'une véritable prudence. Laissez le chemin libre ; quittez ce tromblon qui fait peu d'honneur à Tonina. Vous avez assez d'autres moyens de lui plaire. Elle est jolie, et, sous ce rapport, votre inclination est justifiée. Avouez que, sous tous les autres, il y a bien des objections à faire. »

« Le Dalmate, entêté comme tous les sauvages, répondait qu'il n'abandonnerait jamais le champ de bataille ; qu'il y resterait cadavre, mais qu'il « ferait un massacre. » Comment vaincre ce singulier héros, et désarmer sa furie ? Je pensai qu'il était nécessaire de frapper les grands coups, et m'arrêtant, croisant les bras, le regardant fixement :

» Eh bien ! lui dis-je, après une ou deux minutes de profond silence, vous pouvez compter que ce soir je serai le premier à me montrer dans la rue que vous prétendez nous interdire. Je ne veux pas vous offenser : mais ma poitrine sera la première que vos balles rencontreront ; je n'ai pas de meilleur moyen de vous prouver combien peu je vous crois mon ami. »

« Je me retirai lentement, après lui avoir tourné le dos ; et ce brave gentilhomme sauvage qui était plein de cœur et de noblesse, m'arrêta par le bras sans mot dire ; il ne me fallut plus que quelques paroles pour le persuader. La rue demeura libre ; pendant six nuits consécutives, nous la traversâmes en tous les sens, chantant comme beaux diables, sans que le bon Dalmate manquât à sa parole.

» Vous avez assisté à une scène de littérature dalmatico-vénitienne ; maintenant je vous entretiendrai du théâtre. Notre troupe se composait de jeunes officiers qui s'étaient partagé les rôles mâles et femelles, et qui amusaient ainsi le provéditeur et sa cour. Chacun avait son emploi spécial, et sur un canevas convenu d'avance on brodait cette comédie improvisée, que les Italiens aiment avec tant de passion. L'un était le père, l'autre, Arlequin, la troisième, Colombine. Je m'avisai de créer un rôle, celui d'une femme de chambre illyrienne; employant le patois dalmate, raillant les travers féminins, rappelant de mon mieux les anecdotes récentes, mêlant la satire à la bouffonnerie, j'obtenais un immense succès. Le rôle de Lucile, la servante dalmate, était le sujet de toutes les conversations; plus d'une dame du pays voulut connaître ce petit démon incarné qui l'avait tant fait rire sur la scène. Combien ces belles furent étonnées de me trouver grave, réservé, simple et même taciturne! Il y en eut qui se fâchèrent sérieusement contre moi, et je m'en affligeai. Pauvre enfant! je ne connaissais pas alors la souple étendue et l'élasticité merveilleuse du génie féminin; je ne savais pas que toute cette colère n'était qu'un signe de faveur. Ce succès dont je ne profitai guère, s'accrut par mon adresse dans tous les exercices du corps, qui faisait grand bruit à Zara. Je m'étonnais beaucoup de ce que mon amour de l'étude, mes goûts chastes, quelques talents littéraires, quelques vues sérieuses et au-dessus de mon âge ne produisissent pas autant d'effet sur ce sexe que ma robe de femme de chambre dalmate et mon adresse à jouer au ballon. Je n'étais pas encore descendu dans la profondeur de l'esprit féminin; je ne connaissais pas les lois par lesquelles sont régies les attractions magnétiques de ces bizarres cerveaux. Je vois avec plaisir aujourd'hui, que les romans modernes établissent, en faveur de ces dames, une sociabilité qui doit les satisfaire, et qui les lance dans un véritable océan d'électricité magnétique tout-à-fait d'accord avec leurs inclinations personnelles. »

Le chapitre de ces électricités magnétiques, dont le XVIII<sup>e</sup> siècle a répandu ses vapeurs passionnées à travers l'Europe, et qui, grâce à l'influence de Venise, pénétrait alors jusqu'aux régions sauvages de la Dalmatie et de l'Illyrie, n'est pas la moins piquante portion des Mémoires de Gozzi.

## § III.

#### Comment Gozzi étudia l'art dramatique. — Suite de ses aventures en Dalmatie.

> Nu' semo nati alla ventura,
> E dopo morti, come che se mai
> A sto mondo nó fussimo mai stai,
> Resteremo in eterno in sepoltura.
>
> L'anima nostra xé na fiamma pura
> E, co in cenere ì corpi sara andai
> Anca i salumi restera smorzai,
> E affatto i perderà la so natura.
>
> Del ben presente tutti via godemo,
> Affrettemose a gustar ogni affetto
> Ei più squisiti vini su bevemo (1).
>
> *Morale vénitienne.*

Les confessions de Gozzi n'ont rien de vaniteux comme celles de Rousseau; il ne dore et ne pare pas son vice; sans doute il peut se tromper lui-même et s'estimer à trop haut prix; du moins ne veut-il pas que vous regardiez ses défauts comme sublimes. Ce qui le contrarie le plus, c'est

(1) Poésies en dialecte Vénitien.

la philosophie nouvelle, cette philosophie de Rousseau, de Voltaire et de d'Alembert qui renverse toutes ses idées. Il préfère encore la férocité dalmate à l'énervement de son pays, et surtout à la propagation des idées philosophiques tombant au milieu d'un peuple corrompu pour achever sa corruption. Tout cela, il ne le dit pas avec un sérieux fait pour provoquer l'ennui ; il est gai, bouffon, artiste. Moraliste et caricaturiste, il intitule ses Mémoires : *Mémoires inutiles de ma vie, publiés par humilité.* Il se couvre d'un domino pour observer les mœurs populaires et s'amuse en écrivant !

Le style de Gozzi est plein de pantalonnades piquantes que je ne puis pas espérer faire passer dans le mien. On n'a jamais décalqué la phrase florentine de Benvenuto Cellini, je désespère de rendre la phrase vénitienne de cet autre original. Toutes deux colorées et ardentes semblent danser devant vous. La Fontaine, Rabelais ou Dufrény pourraient seuls reproduire ce style singulier.

De 1750 à 1800, il y avait bien des choses à observer. Les monarchies étaient chancelantes ; mêmes futilités, mêmes frivolités occupaient l'Europe ; et le foyer de ces vices énervés se trouvait à Venise.

Bizarre comme ses œuvres, Gozzi mena une vie réglée et doucement sévère, au milieu de cette société dissolue ; qu'il amusa en se moquant d'elle. Pourquoi a-t-on si peu parlé de lui ? Ce remarquable talent est éclos dans un sépulcre ; malheur à la pensée forte qui se trouve étouffée par une société mourante ; l'une entraîne l'autre dans l'obscurité et le néant.

Nous observerons à loisir ces nains superbes de la république vénitienne déchue, leurs amours, leurs jeux, leurs masques de gravité sur des mœurs d'enfant débauché, leur vie concentrée dans les cafés, les théâtres, les boudoirs et les casini.

La Dalmatie sauvage, voisine de Venise voluptueuse, servait de pied-à-terre aux Vénitiens du côté de la Turquie. Leur imagination semblait trouver plaisir à ce conflit de la vie des bois et des rochers et de l'autre existence des voluptés et du luxe. Il n'y avait rien à faire dans la Dalmatie, et nos Vénitiens s'occupaient à courtiser les femmes morlaques, à quereller les indigènes et à jouer les débris de leur fortune ou l'espoir de celle qui ne devait jamais leur advenir. Gozzi, qui avait à peine barbe au menton, commençait là son métier d'observateur.

« Si vous avez lu Virgile et surtout Homère, dit-il, vous y avez vu des Morlaques. Ils sont aussi païens, en fait de mariage, de funérailles, de coutumes, de mœurs, que les peuples de la païenne antiquité. Ils paient encore une troupe de pleureuses qui viennent hurler leurs hymnes sur les cadavres, et qui se relaient, quand leurs bronches fatiguées se refusent à continuer cette épouvantable musique. Un de leurs jeux nationaux et favoris consiste à soulever un disque énorme, taillé dans le marbre, et à le lancer le plus loin possible. N'est-ce pas là Diomède et Turnus?

» Toute famille qui ne compte pas beaucoup d'hommes tués et de vengeances exercées sur elle et par elle, est méprisée. Sous les murs de Bude, je me promenais souvent avec un brave curé qui me racontait, d'un ton pénétré d'admiration, les exploits de ses ouailles, les arquebusades des deux villages dont il était le pasteur, le tarif des morts, tel qui se trouvait fixé par la coutume, celui des viols, qui ne montait pas très-haut; et le fidéi-commis de vengeance que les générations se transmettent avec une constance merveilleuse.

» Je ne tardai pas à m'apercevoir que le curé morlaque disait vrai. Une femme d'environ cinquante ans, trois ou quatre jours après mon arrivée, alla se prosterner aux pieds du provéditeur-général : une lourde carnassière pendait sur son épaule ; elle en tira je ne sais quelle perruque dégoûtante, attachée à un crâne desséché ; elle jeta le crâne et la perruque aux pieds du provéditeur, frappa du front la terre, et cria en pleurant : *Justice ! justice !* Je demandai le motif de cette exhibition extraordinaire, et j'appris que le malheureux crâne était celui de la mère de cette femme, assassinée trente ans auparavant ; que les malfaiteurs avaient été punis ; mais que le désir de vengeance de cette bonne fille ne s'était pas encore assouvi, et que, depuis trente ans, elle n'avait jamais manqué de répéter la même cérémonie devant chaque nouveau provéditeur, avec les mêmes cris, les mêmes hurlements, la même carnassière et le même crâne desséché.

» Les femmes montenegrines, ordinairement assez jolies, font tout ce qu'elles peuvent pour ne pas plaire. Une espèce de sac noir les enveloppe ; à peine aperçoit-on leurs cheveux en désordre, et leurs yeux qui brillent, comme des étoiles, sous ce capuchon lugubre. Dans tous les pays sauvages, les labeurs pénibles appartiennent aux femmes ; véritables esclaves, elles baisent la main de leur maître toutes les fois qu'elles rencontrent un homme sur la grande route ou dans le bois. Frugales, économes, chastes, dévouées, contentes de leur sort ; on devrait, pour tempérer un peu la frivolité et les vices des mœurs vénitiennes, jeter au milieu de nous une colonie de ces Montenegrines.

» Dans le reste de la Dalmatie, le fonds des mœurs est encore austère ; mais la violence des passions, l'ardeur du climat, l'influence exercée par les officiers italiens ont dû chasser au loin ce nuage de préjugés que la civilisation dissipe sur son passage, et qu'elle remplace par des vices. De mon temps on conciliait, comme l'on pouvait, la décence extérieure avec la volupté; la sévérité extérieure restait la même, et le voile de la nuit couvrait un millier d'intrigues. C'était le plus étrange alliage de la passion et de la morale, de la volupté et de l'austérité, d'une vie farouche et d'une vie molle.

» On a fait beaucoup de plans pour cultiver les fertiles campagnes de ces provinces: efforts inutiles. Les Dalmates ne veulent agir que comme leurs pères. L'industrie qui défriche le sol n'est rien, si l'intelligence et le courage ne viennent seconder et diriger ensuite les travaux matériels. Pourquoi de notre temps songe-t-on si peu au moral des hommes? On croit tout faire avec des machines et des inventions; c'est le cœur humain qu'il faut changer. Vous ne persuaderez jamais à un Morlaque qu'il agira beaucoup mieux en cultivant la terre et en y plantant de l'ail et des ciboules, et que c'est folie de faire venir des campagnes napolitaines ces produits dont le pays absorbe une consommation si extraordinaire. Il fera comme on a fait avant lui. Ne s'apercevra-t-on jamais que la civilisation doit commencer par l'âme, et que tout ce qui est matériel sera toujours régi par ce qui est intellectuel? L'opulence, le luxe, l'aisance de notre corps, le bonheur physique, attirent toute l'attention; et l'on ne voit pas que ce prétendu perfectionnement ne sert point au bonheur, si les âmes sont rongées d'envie, enflammées de cupidité, minées par l'ennui. »

C'était deviner la tendance de l'Europe, cette matérialisation des idées; cette espérance d'idéaliser le destin de l'humanité entière, en perfectionnant la vie matérielle; cet accroissement des jouissances et des moyens physiques augmentant les désirs, le luxe et l'abondance; erreur mêlée à un progrès, puisqu'il y a dans l'homme d'autres facultés qui, s'enivrant de ce besoin insatiable de jouissance, augmentent leur misère par le mouvement qui les entraîne, et aboutissent au désespoir.

Revenons à la Dalmatie.

« L'ennui des officiers, dit Gozzi, l'oisiveté de la garnison, la singularité sauvage des mœurs dalmates, produisaient de temps à autre des scènes singulières. Les uns jouaient sur une carte leurs appointements de six années; les autres allaient faire des sérénades sous les balcons, s'exposant aux contre-sérénades des balles qui jaillissaient du pistolet dalmate, et qui ne manquaient guère de troubler la fête; orgies nocturnes, festins dans les bois, enlèvements, intrigues, tout ce qu'il y a de plus romanesque, naissaient de cette singulière collision entre une civilisation efféminée et une existence sauvage. Nous étions heureux quand nous réussissions à troubler le sommeil de nos bons bourgeois. Je jouais de la guitare passablement, ce qui me rendait nécessaire à mes camarades; ils s'amusaient à me faire exécuter mes sonates sous les fenêtres des habitants, et à marquer la mesure de mes chansons à coups de pistolet.

» Pendant l'été que nous passâmes à Spalatro, nous nous avisâmes de mettre toute la ville en rumeur par une formidable invention. La nuit est chaude : nous prenons chacun deux chemises; l'une que nous passons comme à l'ordinaire, mais absolument nus; et l'autre dans les bras de laquelle nous faisons entrer nos jambes. Nous attachons ces deux chemises l'une à l'autre, et notre troupe, composée de huit ou dix jeunes fous, un bonnet blanc sur la tête, agitant des torches enflammées, se met à courir les rues avec des hurlements qui éveillent et épouvantent femmes et enfants ; frappant aux portes, et semblables à une légion de fantômes échappés de l'enfer. On avait coutume, pour rafraîchir les chevaux, de tenir les écuries ouvertes pendant la nuit ; nous y entrâmes, en détachâmes plus de cinquante, qui, lâchés dans la ville, galopant, hennissant et ruant sous le feu de nos torches, augmentaient ce désordre enragé. Le tumulte était infernal. Tous les habitants sortaient de leur lit, croyant que les Turcs avaient fait irruption dans la ville, et se demandant : « Qu'est cela ? Qu'est-ce que cela veut dire ? » et nous, de continuer de plus belle notre course et nos clameurs. Le matin, les habitants, tout étourdis, avaient grand'peine à retrouver leurs chevaux, et ne savaient comment s'expliquer cette invasion des puissances de l'enfer.

» Je vous ai déjà parlé de la grande affaire du tromblon, et je vous ai dit cet héroïsme du noble Dalmate, qui défendait aux passants l'accès de la rue habitée par sa bien-aimée. Peu de temps après, Siméon avait renoncé à sa passion, lorsque j'eus à représenter mon rôle favori dans un canevas nouveau. C'était jour de mardi-gras ; toute la ville et le provéditeur assistaient à la représentation.

» Le rideau se lève. Lucile (c'est moi) est femme du vieux Pantalon, homme parfaitement vicieux, dont elle attend le retour. Lucile berce son enfant, décrie les mœurs du mari, décoche sur son passage les épigrammes dont elle s'avise, et a l'honneur de faire rire la noblesse et la bourgeoisie dalmates. Un quart-d'heure se passe ainsi ; Pantalon, que j'attends, manque son entrée en scène. Je fixe un regard affligé sur la coulisse, je renouvelle mes lazzis, je me plains de ce que les mauvais traitements de mon mari m'empêchent d'être une bonne nourrice. Personne ne vient encore. Ma verve est à sec; rester court! Quel déshonneur! un bon comédien *dell' arte* ne doit jamais s'y exposer. Mes regards se promènent sur tous les rangs de loges. Qui vois-je resplendir aux premières, toute couverte de diamants et de fleurs? Tonina, la Phryné de la ville de Zara, l'écueil de toutes les fortunes, plus belle qu'à l'ordinaire, et dont la parure annonçait les récents triomphes. Elle riait beaucoup des lazzis que je me permettais. Je me rappelai alors vivement le danger que m'avait fait courir son amoureux. Il me sembla qu'un éclair subit me révélait l'idée d'une scène nouvelle, et m'offrait l'occasion de soutenir l'attention de mes auditeurs. Tout est permis sur un théâtre particulier, où personne ne paie sa place, et qui fait de la licence un mérite.

« Me voilà qui reprends dans mes bras la poupée qui représentait ma fille et que j'appelle du nom de Tonina.—Tu seras belle, lui dis-je, mais prends garde! Si, malgré mes soins, mon zèle, mes avis et mes exemples, tu t'avises de mal tourner, je maudirai le jour où tu es née! ô Tonina maudite! Tonina la perfide et la séductrice! quelle sera ta vie? comment useras-tu ton âme et flétriras-tu ton corps? — Bientôt toutes les scènes scandaleuses qui se rapportaient à la Tonina vivante me servent de texte, et j'y entremêle une foule de réflexions morales; on rit, on m'encourage ; je continue ; je fais toute l'histoire de Tonina ; le provéditeur éclate de colère. Tonina, rouge et pâle de colère, s'enfonce dans sa loge; le peuple applaudit à tout rompre, et Tonina est obligée de s'enfuir. »

« Mais ce n'était pas tout. Singulier caprice des femmes!

» Au bal et au souper que les officiers, mes camarades,

avaient préparé, qui vois-je reparaître ? Tonina, qui avait changé de costume, et que le *Zendalo* vénitien rendait plus attrayante. A moi seul qui l'avais outragée si gravement s'adressent toutes ses agaceries; à moi tous ses regards, à moi ses reproches mêlés de larmes et d'œillades. Je n'en revenais pas. Tonina passa deux mois à dresser ses batteries, à m'entourer de ses filets, à établir un mur de circonvallation autour de ma pauvre vertu. J'étudiai à loisir ce magnétisme bizarre qu'on appelle amour, et dont l'orgueil est un des éléments constitutifs..... je restai vainqueur. »

Parmi les originaux et les humoristes que j'aime (conservateurs hardis de la naïveté humaine), l'un des derniers de cette famille excentrique assez peu commune en Italie, famille indigène de l'Angleterre (1) et que j'étudie ailleurs dans sa patrie elle-même, c'est Gozzi. Il s'est avisé de naître quand l'astre des monarchies s'éclipsait, au moment où les communes se levaient, colosse en fureur; à l'époque où toute individualité pâlissait devant la nouvelle explosion. Au XVIIIᵉ siècle, je vois peu d'hommes qui lui ressemblent; Diderot est un prédicateur de salon, Swift un homme dévoré de bile, Jean-Jacques un malade sublime. A tous il faut un cercle qui les regarde, des auditeurs qui s'étonnent, des applaudisseurs et des fanatiques. Gozzi, philosophe isolé, observateur taciturne, triste et doué du génie comique, platonique dans ses amours, pendant que la débauche vénitienne bondit autour de lui est tout-à-fait à part.

On ne le lit plus; n'ayez pas de dédain pour les livres obscurs; souvenez-vous que Tacite est resté enfoui pendant quelques siècles, et que, demain peut-être les livres

(1) V. le XVIIIᵉ SIÈCLE EN ANGLETERRE.— Les excentriques.

perdus de cet admirable génie, reparaîtront au grand jour. Il ne faut pas me blâmer, si je cite un livre oublié ; la moitié de la vie humaine et de l'histoire se cachent dans des recoins inconnus. A quoi bon les points de vue communs et vulgaires? une belle solitude est chose charmante; on se promène avec bonheur dans les pages d'un agréable livre longtemps négligé.

Gozzi aperçoit non-seulement les ridicules des hommes, mais ceux du siècle ; il les esquisse avec un trait si fin, que vous diriez une belle eau-forte. Finesse et audace de touche ; mille figures hétéroclites se pressent dans un espace étroit, toutes ont un caractère, une vie propre. Cet observateur qui affecte le caprice est plus profond que les inventeurs de classifications esthétiques.

Le chapitre des mœurs vénitiennes serait incomplet sans l'histoire des amours de Gozzi. Ces petits défauts, ces faiblesses humaines, ces secrets de la chambre à coucher et de l'alcôve, folies vénitiennes, caprices, vices même; tout cela est nécessaire pour pénétrer dans la vie d'une nation. Nous aimons à jeter un coup-d'œil froid et sans passion dans ces annales domestiques. Plus l'esprit de l'Aristophane vénitien était bizarre et sagace, plus il nous convient de suivre les récits qu'il a faits de lui-même. Ce bonhomme, l'imagineriez-vous? a trouvé des amours platoniques à Venise. Dans cette douce et joyeuse bacchanale, dans cette ingénuité de vices qui oubliaient leur propre nature et ne se souvenaient plus du péché, tant ils étaient enfantins, voici un homme qui rêve les voluptés de l'âme.

Les Orientalistes nous apprennent que les dévots persans chantent des poèmes mystiques, quand ils sont à table, buvant le vin de Chyraz dans des coupes de cristal. Ainsi se présente Gozzi, assez bien placé pour que tout le mouvement de Venise tourbillonne autour de lui, assez fin pour tout apercevoir ; doué d'un génie dramatique qui comprend les passions ; d'une âme bonne et indulgente qui pardonne à nos vices. Le philosophe passe en revue cantatrices, danseurs, fats à la mode, abbés libertins, joueurs de Pharaon, magistrats chantant la sensualité en vers que Pétrone n'eût pas osé faire ; intrigues de toilette, petites rumeurs de place publique ; un tumulte d'enfants. Nul ne s'embarrasse de ce que dira le voisin. Il faut jouir de la vie ; la république se meurt, le temps s'en va, Venise est encore belle ; vive le bonheur facile, le plaisir qui va vite et coûte peu ! Voici l'éclat du ciel, les drames rapides, la musique que le vent emporte ; la foule du peuple sur la grande place, la nuit passée dans les casini, une ombre de religion pour rassurer les âmes ; un nuage coloré par les arts antiques, par le souvenir du Titien et les pinceaux du Tintoret, enfin tout ce qui peut bercer ces âmes molles, dépravées et radieuses !

## § IV.

### Les trois amours du philosophe Vénitien.

Cet homme grand et brun, à la figure pâle, à l'œil fixe, au regard perçant, à la démarche lente, porte, vers l'année 1780, la majestueuse perruque de 1735, les boucles d'or d'un vieux sénateur, et le rabat à l'antique. Il habite un palais ruiné dans cette ruine de république qui porte encore le nom de Venise, et ne sort que pour aller rendre visite à ses acteurs et à ses actrices. Paraît-il dans les coulisses? Tout ce petit monde est à ses pieds; l'Arlequin se prosterne; la première femme s'humilie, le directeur fait apporter des sorbets, et les rivalités des dames se taisent ou se dissimulent. Admirez cette grande figure sévère et mélancolique, et la vénération qu'elle inspire à toute la famille de Tartaglia et de Pantalon ! D'où vient ce respect ? vous allez le savoir.

Relever un théâtre, alimenter des acteurs, attirer la foule, exciter la curiosité, faire couler l'argent et l'or des poches du public dans celles des artistes, c'est beaucoup sans doute; un auteur qui possède ces titres, peut prétendre à la considération du peuple dramatique. Mais donner ses drames, et non les vendre; ne prélever aucun tribut sur des produits qui font germer l'or dans les poches des autres; les enrichir et ne prétendre à rien; c'est vouloir être Dieu. Le capricieux bonhomme, dont j'ai parlé tout-à-l'heure, en agissait ainsi. Carlo Gozzi était adoré : son théâtre était à lui, corps et âme, acteurs et actrices, décorateurs et coulisses, souffleur et musiciens.

Les hommages qu'il recevait de sa troupe n'eussent pas été aussi obséquieux s'il eût été nonce du pape, ou membre de la Quarantie. Ses cinquante drames, qui composent douze volumes assez rares, avaient non-seulement exhumé la pauvre troupe Sacchi, fait vivre une infinité d'orphelins et de petits enfants attachés à ce respectable corps, donné des ressources à ces dames, un public à ces messieurs, mais ranimé les languissants plaisirs de Venise qui s'éteignait dans le Pharaon, la bouillotte et les casini. Ces pièces, la plupart écrites en beaux vers que Goethe daignait admirer, n'avaient pas accru d'un denier le petit revenu de l'auteur; il avait tout juste assez d'argent pour acheter des rabats, des plumes, de l'encre, vivre en ermite dans un coin de son palais ruiné, et faire quelques petits cadeaux à la troupe Sacchi.

S'il avait suivi son penchant, s'il l'avait osé, je crois qu'il aurait soldé volontiers ce groupe d'acteurs et d'actrices, tant il était charmé de se trouver dans leur ruche, de les voir de près, de les observer curieusement, de les confesser, de se sentir nécessaire et de rire en dedans, son plus grand plaisir. Il n'avait pas de besoins, pas d'enfants, pas de vices, pas de travers, et dans ce singulier monde, il trouvait, comme il nous l'apprend lui-même, « des cœurs si enveloppés de mystères, couverts de tant de voiles, tellement usés par la crainte, l'intrigue, les voyages, les chances, les hauts et les bas de la vie, les rivalités mordantes, les poignantes jalousies, les *affres* de l'amour-propre et les nécessités toujours renaissantes, » qu'il aurait vainement cherché une meilleure école d'observation. Il se tenait donc là, philosophe rêveur, comme l'araignée au milieu de sa toile, maître de ce qui l'entourait et parfaitement heureux. Il savait les amours, pénétrait les menues scélératesses, écoutait les ardents soupirs des actrices qui, toutes régulièrement, tombaient malades d'amour pour sa personne, en riait comme un fou, leur promettait une dot, c'est-à-dire un rôle fait à leur taille, les mariait à quelque bourgeois de Venise, et reprenait son métier de *rieur mélancolique*, métier d'Aristophane et de Molière, et qui est peut-être, hélas! le dernier point de l'humaine sagesse.

Cette analyse philosophique n'était pas sans quelque danger pour le cœur et pour les sens; le philosophe avait vu le monde et s'était cuirassé de bonne heure contre toute séduction. Il restait froid au milieu de ces femmes (1) pétries d'amour *(impastate d'amore)*, comme cet Espagnol dont le corps endurci bravait les flammes qui le pressaient sans l'atteindre. Il voyait venir, par tous les courriers, des lettres de Milan, de Parme, de Vicence, de Venise; et quand il demandait ce que pouvait signifier cette grande correspondance, on lui répondait que c'étaient des jeunes commerçants, de riches citoyens, quelquefois des cavaliers de Turin, de Milan, de Parme, de Modène, de Gênes, qui professaient le plus vif et le plus honorable désir de contracter mariage avec les susdites dames; que d'ailleurs ils attendaient tous le décès, qui d'un oncle, qui d'une mère, quelques-uns d'une femme, pauvres êtres à l'agonie, moribonds, et qui allaient céder le pas à la jeune épouse aussitôt que l'hydropisie, l'étisie ou l'apoplexie les aurait envoyés de ce monde dans l'autre (2).

Le philosophe demeurait, nous l'avons dit, froid comme le marbre dans ce tourbillon d'ardeurs romanesques. C'était alors que, pour lui inspirer une jalousie qu'il ne vou-

---

(1) « S'inganna chi crede di poter praticare con delle comiche senza far all' amore. Convien farlo, o fingere di farlo. Questa è la via di ridurle al lor bene. Esse sono impastate d'amore. Amore comincia d'essere la lor guida principale da loro cinque o sei anni d'età, e da questa parte conobbi ben tosto che l'austerità della compagnia del Sacchi era infructuosa come aveva veduto inutile, sopra a tal punto, anche la rigidezza delle private famiglie. »

(2) « Protestavano che le lettere che avevano ricevute, e alle quali rispondevano, erano di giovani mercanti, o di ricchi cittadini, e talora di cavalieri torinesi, milanesi, parmigiani, modenesi, genovesi, etc., i quali avevano una viva, onorata intenzione di sposarle, ma che quelli attendevano la morte chi d'uno zio, chi d'un padre, chi d'una madre, chi d'una moglie, tutti presso che agonizzanti d'apoplesia, d'etisia, d'idropisia. »

lait pas se laisser inoculer, on lui communiquait à plaisir la volumineuse correspondance de ces messieurs ; les uns céladons, les autres poétiques, tous ridicules et dupes (1).

Ainsi Charles Gozzi se donnait la comédie dans les coulisses ; je ne doute pas que Molière et Shakspeare n'en aient fait autant. Mais sa situation indépendante lui assurait un pouvoir, une autorité, un sang-froid qui n'avaient pas appartenu à ces grands-maîtres. Tous les intérêts n'avaient que lui pour centre. Le directeur s'abaissait en sa présence. De lui seul tout ce monde attendait la vie. Indépendant, railleur, possesseur d'une royauté sans limites et sans contrôle, ne relevant que de lui seul, tenant quarante destinées dans ses mains, il vécut longtemps de cette manière, dans un vrai paradis d'observations philosophiques ; et lorsque la rivalité de deux actrices et les prétentions d'un fat eurent dispersé la troupe de Sacchi et mis fin à cette singulière existence, il se réfugia dans la solitude. Pendant que les armes de Bonaparte achevaient la destruction du lion de Saint-Marc, il écrivit les charmants mémoires que j'ai essayé de faire connaître, ressuscita ses aventures et mésaventures théâtrales, introduisit le lecteur dans les petites passions vénitiennes du xviii° siècle, et doubla son ancien plaisir en griffonnant ses *Souvenirs inutiles*, écrits, dit-il, par humilité.

C'est là qu'il dit par quel progrès singulier il a fini par atteindre la froideur glaciale, égide contre la licence vénitienne, qui lui a permis de traverser, en conservant la santé de son cœur et le flegme de ses sens, l'atmosphère de volup-

---

(1) « Nuova sorgente di divertimento per me. Legeva le lettere amatorie alloro dirette. Trovava e loro amanti o caissandri, o romancier, o libertini, e con mio stupore, di lombardi ipocriti beccarellisti. »

tés qui était devenue l'air vital pour ces bienheureux enfants du nord de l'Italie. De là, l'histoire de ses trois uniques amours, qu'il raconte avec un sang-froid ironique et le plus calme mépris de ses folies. Ces détails recèlent un filon vraiment historique ; la gondole, le casino, la vraie femme de Venise, qui n'est pas celle des romans.

Gozzi est honteux de ses historiettes « Je vais vous dire en rougissant, moi, vieux barbon, et avec toute la sincérité possible, comment il est arrivé que je me suis dégoûté de l'amour. De bonne heure, ma sympathie pour les femmes les offrait à mes regards comme des Déités terrestres. Je n'ai pu retomber de ce céleste et magnifique empyrée jusqu'aux réalités et aux fragilités de la vie, sans que le cristal de mon illusion se brisât. Voici comment.

« Oh! quelle grande, quelle haute idée ne me faisais-je pas de ce sexe! Sa vertu me plaisait et m'enivrait. Je rêvais les langueurs suaves d'une affection pure ; je ne concevais la passion que comme l'entraînement des âmes ; je ne pardonnais aux transports des sens qu'en faveur des platoniques douceurs, qui me semblaient seules dignes d'un homme sensible. J'aurais déchiré mes entrailles et versé mon sang pour la femme qui aurait partagé mes sentiments à cet égard. Les raffinements de ma métaphysique amoureuse me donnaient, à seize ans, un sérieux, une gravité, une mélancolie apparente, qui ne laissaient pas de contraster avec l'âge où le sang est de feu, et avec le pays sauvage qui fut l'écueil de ma vertu puérile.

» Ce pays fut la Dalmatie. Que les gens graves me pardonnent l'ingénuité de ce que je vais dire, en faveur de la moralité que mes historiettes renferment ; que les gens qui ne sont pas graves me pardonnent mon platonisme en faveur de mes jeunes erreurs.

» J'avais beaucoup souffert à mon arrivée à Zara : ma santé s'était par degrés raffermie. Mon petit logement, situé sur les remparts de la ville, dominait un point de vue magnifique, et celle des fenêtres qui ouvrait sur la rue voisine se trouvait faire face aux fenêtres d'un logis habité par trois jeunes filles nobles, très-pauvres, qui recevaient quelques rares secours d'un jeune frère officier, et vivaient du travail de leurs mains. L'une, l'aînée, aurait été jolie, sans deux yeux à la chinoise, que je ne pouvais souffrir, et dont le cadre rouge me déplaisait. La seconde était réellement un de ces *diablotins* de l'autre sexe qui sont faits pour être détestés et adorés. Petite, bien prise dans sa taille, brune de peau, les cheveux noirs tombant jusqu'à terre, et les yeux du noir le plus étincelant. Une troisième petite fille, n'était encore qu'une promesse ou une menace, un joli prélude dont il fallait attendre la suite.

» Ces trois grâces m'apparaissaient seulement lorsque j'ouvrais la fenêtre de la rue, et que leurs fenêtres étaient ouvertes. Elles me saluaient en baissant doucement et décemment la tête, mouvement que j'imitais comme il convenait à un jeune homme enflammé par la beauté idéale, la vertu personnifiée dans la femme. Je remarquais pourtant que la seconde, *diablotin* aux yeux noirs, ne manquait jamais d'entr'ouvrir sa fenêtre quand je paraissais à la mienne, et que ce beau visage s'abaissait en rougissant, et que ces magnifiques yeux noirs paraissaient avoir quelque chose de particulier à me dire. Il y avait de quoi faire rêver un platonicien de cet âge. Mais hélas ! tout ce qui touchait au corps, tout ce qui ne se rapportait pas à l'âme seule, m'était devenu odieux ; je me repliais dans le centre de mes réflexions austères ; et, sans manquer de politesse, j'affectais la plus civile et la plus grave indifférence.

» Voici qu'un jour ma blanchisseuse génoise m'apporta mon linge dans la petite corbeille accoutumée, et sur ce linge le plus bel œillet du monde.

— Pourquoi cet œillet ? lui demandai-je.

— Il s'adresse à monsieur ; il a été cueilli par une fort jolie personne, voisine de monsieur, qui a la cruauté de ne pas s'occuper d'elle.

— Dites-lui que je la remercie infiniment, mais que ses fleurs s'adressent mal, répliquai-je en prenant mon air le plus grave.

» Déjà ma fermeté était attaquée, et la tête commençait à me tourner. Je le sentis, et le fantôme du mariage vint m'effrayer ; je crus devoir fuir le danger et les deux yeux du diable, en ne me faisant plus voir à la fenêtre. Inutile retraite, remède pire que le mal!

» Jean Alpergi, officier, mon camarade, d'une bonne famille, avec lequel je m'étais lié, et qui m'avait dirigé dans mes études militaires, ne partageait pas le moins du monde le platonisme de mes goûts, et devait à son système, mis en pratique d'une façon trop assidue, la goutte et plusieurs calamités qui le retenaient au lit. Il me pria de venir le voir. Il demeurait à peu de distance, chez la femme d'un notaire, d'un âge déjà raisonnable.

» J'y allai. Je trouvai la dame assise dans la chambre de mon ami. Elle m'accueillit comme un vénérable ecclésiastique accueille un pécheur qu'il veut ramener à la morale et à la vertu. D'un ton grave, maternel et un peu amer, elle me reprocha mon impolitesse, mon peu d'usage, le ridicule de parodier à seize ans la gravité d'un homme de cinquante ans; et divisant son sermon en trois points, elle finit par une péroraison dans laquelle elle me représentait pathétiquement l'absurdité que je commettais en sacrifiant à mes dédains et réduisant au désespoir les jeunes personnes honnêtes et belles qui avaient du goût pour moi. Ce n'était rien (disait-elle éloquemment) qui ressemblât à de la sagesse, mais grossièreté pure, folie et tyrannie évidente.

» Quant à l'officier étendu sur son lit de douleur et poussant de temps à autre un soupir, un gémissement, quelques cris aigus, que lui arrachait non le remords, mais la douleur, il accompagnait de beaux commentaires le sermon moral de la femme du notaire, s'exclamait sur ma niaiserie, sur le tort que j'avais, sur la nécessité d'aimer, et ne s'arrêtait qu'au moment où une angoisse imprévue le faisait bondir sur sa couche.

» Je m'apprêtais à répondre de mon mieux, lorsque deux petits coups frappés à la porte annoncèrent l'arrivée d'un nouveau personnage, et je vis entrer la périlleuse beauté qui venait savoir des nouvelles de mon ami l'officier. Je crois que cette visite au malade s'adressait à l'homme en santé. On était venu seul, la servante avait été obligée de garder à la maison une sœur qui avait la fièvre. On parla modestement, doucement, de choses indifférentes, mais de manière à me prouver que l'on avait de l'esprit et du sens. Les yeux noirs me disaient éloquemment que j'étais un ingrat. L'entretien fini, elle ne pouvait partir seule ; je m'offris. La jeune Dalmate résista un moment par convenance. Je pris son bras, qui trembla violemment; c'était au cœur de juillet ; la traversée n'était pas longue, et nous nous en allâmes muets comme des statues. Nous voici devant la porte de la maison : d'une voix humble et timide, « vous ne me refuserez pas, me dit-elle, d'entrer et de vous reposer quelques moments. »

» Tout respirait l'indigence dans ce malheureux asile.

Dans la chambre où je me trouvai bientôt, la sœur aux yeux chinois était couchée et souffrante. Pour ne pas réveiller la malade, on parle bas. Je m'assieds sur un petit sofa jaune et ridé, et la Dalmate, prenant son ouvrage, se met à travailler à l'aiguille. Les yeux baissés, à demi-voix, elle me dit alors que depuis quelques mois elle a conçu pour moi la plus grande estime; mais qu'elle craint bien de ne pouvoir mériter de ma part le plus léger sentiment de gratitude en échange d'un sentiment très-vif. Je lui répondis aussi à demi-voix, mais en fixant sur elle un regard assuré, que ne pas croire à ses paroles eût été une insulte, mais que j'étais curieux de savoir comment une partialité de cette nature avait pu naître en faveur d'un jeune homme tout-à-fait inconnu, et qui ne méritait certes pas l'honneur insigne qu'on lui faisait. Elle répliqua, en relevant les yeux vers moi, qu'elle était fort sincère, que l'émotion dont elle me parlait avait commencé au théâtre en me voyant jouer un rôle de soubrette, et que cette émotion était devenue plus vive en me voyant jouer au ballon. — O Dieu! est-il possible; quelle honte! Ce qui lui a plu en moi, ce qui a fait naître une passion dans son cœur, c'est une partie de ballon et un pauvre rôle de soubrette. Mobiles frivoles! Une femme civilisée les eût dissimulés, et la Dalmate les avouait ingénument. Ils m'humiliaient si fort, que je l'écoutai d'un air tout-à-fait farouche, et je repris en disant :

— J'aurais pensé qu'une jeune personne distinguée ferait moins d'attention aux niaiseries dont vous me parlez, et beaucoup plus aux qualités intérieures.

— Je vous rends compte sincèrement de ce que j'éprouve, répondit-elle toute mortifiée et avec une naïveté fine ; il m'a semblé d'ailleurs que j'étais de l'avis de tout le monde, et à force d'entendre dire du bien de vous, je me suis habituée à en penser. Les continuels éloges que l'on a faits de vous ont accru ma préférence, et si je me vois méprisée, je ne sais à quoi me réduira mon désespoir.

» Ses yeux se mouillaient de quelques petites larmes qu'elle cherchait à me cacher, mais que j'apercevais. L'amour-propre était flatté, la sensibilité émue, et la beauté du diablotin brun avait produit son effet. J'appelai toute ma raison à mon secours, et je fis remarquer à la Dalmate, que je ne voulais pas me marier, que je ne le pouvais pas, que j'étais pauvre, et que son affection me touchait; qu'en la voyant plus souvent, je pourrais nuire à sa réputation et à sa fortune, et que je la priais de regarder comme une preuve d'estime et de devoûment, le soin que je mettrais à m'éloigner d'elle.

» Elle laissa tomber à terre la toile et l'aiguille qu'elle tenait. Elle prit une de mes mains et l'approcha de sa poitrine ; puis elle pleura amèrement en appuyant une de ses belles joues sur mon épaule ; parlant toujours à demi-voix, pour ne pas réveiller sa sœur, et cessant d'employer la troisième personne, comme le cérémonial italien l'exige, pour me tutoyer à la dalmate :

— Ami de mon âme, me dit-elle, tu ne me connais pas ; la délicatesse et la sagesse de tes paroles augmentent encore mon amour. Crois-tu donc que ma pauvreté tend des embûches à ta jeunesse économe? Me juges-tu vicieuse, ou supposes-tu que je cherche un mari? Tout cela pourrait être. Mais tu te trompes, et je te pardonne. Par pitié, tâche de me connaître, accorde-moi quelques instants de ta conversation qui m'est délicieuse; si tu n'es pas un tigre, tu n'abandonneras pas à une douleur insupportable une âme pleine de toi.

« Ses larmes coulaient abondantes, pour moi, j'étais ravi. Le voilà donc trouvé, le rêve de mes jeunes pensées; voici la femme qui aime mon âme, et qui veut être aimée avec une ardeur idéale et métaphysique. Je me livrai sans crainte à ce sentiment qui me charmait, et nos mains serrées, nos regards remplis de passion, nos tendres discours, étaient dignes, en vérité, des bergers du Lignon et de l'Astrée.

» Pourquoi rire de ce paradis qui coûte si peu? N'est-ce pas le bonheur! Causeries folâtres, gaies, savoureuses, échange de sentiments, soupirs qui partaient du fond du cœur, langueurs adorables, longues confidences, regards tremblants, pâleur soudaine, nous épuisâmes toutes ces délices innocentes, que je regarde encore, moi, vieillard, comme les plus délicates et les plus durables délices de l'amour. Un sentiment de pudeur semblait nous retenir l'un et l'autre; était-il réel chez tous les deux? C'est ce dont on jugera tout-à-l'heure.

» Un soir la femme du notaire, qui faisait de si beaux sermons, mon ami le goutteux et la jeune Dalmate, allèrent se promener avec moi sur les remparts. Il marchait lentement, parce qu'il avait la goutte et d'autres peines. Je marchais lentement aussi, parce que le petit diable brun se trouvait suspendu à mon bras. Aussi notre procession était-elle assez majestueuse. Je restai le plus loin possible du couple qui nous précédait. La nuit tombait, le ciel devenait obscur, mon ami se plaignait de la goutte ; il rentra en boitant et nous laissa seuls.

» Il n'y eut pas de conversation entre nous ; c'étaient des exclamations interrompues et à peine formées, et nous marchions sans nous apercevoir que nous marchions. Nous nous aperçûmes du danger que courait notre platonisme, et le frais de la nuit n'exerçant sur nous aucune influence glaciale, nous résolûmes de cesser une promenade trop périlleuse. Mais pour la reconduire chez elle, il nous fallait passer tout près de chez moi.

— Fais-moi une grâce, dit le diablotin brun, laisse-moi voir ton logement?

» Je tirai la clé, j'ouvris, nous entrâmes. Une petite veilleuse brûlait sur un guéridon, près de mon lit. La jeune fille s'assit sur le lit.

— C'est donc là que tu dors seul? me dit-elle.

» Les deux cœurs battaient à rompre les poitrines. Cette solitude, la nuit, la débile lueur de la veilleuse, tout semblait devoir nous perdre; mais nous résistions à cet entraînement, et nous démeurions presque muets. Les imbéciles! les niais! diront quelques sensuels vicieux, ils nous font pitié; que de scrupules et de lenteurs! O Stupides et fous que vous êtes; vous ignorez, je le jure, ce qu'il y a de meilleur et de plus exquis dans l'amour.

» Mais la jeune Dalmate, rompant la première le silence, et cachant dans mon sein son beau visage enflammé :

— Tu es plus sage et plus cruel que moi, me dit-elle; je t'aime davantage et je dois te sacrifier jusqu'au secret de mon honneur. Ce que tu respectes en moi, cette innocence que tu aimes m'est étrangère; ton colonel m'a trompée, et trois jours après avoir été séduite, ou plutôt victime d'une violence exécrable, je me suis vue abandonnée. Ah! pourquoi tous les hommes ne te ressemblent-ils pas? Je regarderais comme un crime de te rien cacher, et il me semble moins honteux encore d'être sincère et déshonorée que de mentir et de tromper. Ne m'abhorre pas, ou tue-moi.

J'étais tout mouillé de ses larmes. Je n'ignorais pas l'abus que le colonel avait fait de son pouvoir en Dalmatie, et les nombreuses violences qui lui étaient reprochées. Je restai frappé de stupeur, et la jeune fille levant vers moi ses yeux humides :

— Tu me détestes ! tu me détestes. Tue-moi ! tue-moi ! s'écria-t-elle.

» Je me baissai pour la consoler, ne sachant ce que je faisais ni ce que je disais. Son souffle me brûlait. Je n'étais plus à moi, la lumière s'éteignit, les nymphes gémirent.

» Ce que le lecteur aura peine à croire, c'est qu'elle avait menti. Ce premier phénomène de l'âme féminine me frappa de la manière la plus étrange, et me fit beaucoup réfléchir, tout jeune que j'étais, sur la route bizarre que suivent les passions. Mais le dénoûment de l'aventure me mit au courant d'un phénomène nouveau que les métaphysiciens de l'amour expliqueront s'ils le peuvent.

» Pendant deux mois, deux mois entiers, nous cédâmes à cette influence, et notre barque vogua sur cet océan de délices qui, en dépit des précédents, furent toujours beaucoup plus platoniques que sensuels. Elle était pauvre, je le savais, et j'en souffrais mille peines. Je la priai de me laisser partager ma pauvreté avec elle ; ressources faibles sans doute, mais qui, enfin, pouvaient être de quelque secours. Mes prières et mes arguments étaient repoussés. Elle raisonnait là-dessus comme un véritable docteur ; elle prétendait qu'elle voulait garder son amour, et non faire un trafic ; qu'il y avait, selon elle, antipathie invincible entre les rapports du cœur et toute espèce d'intérêts. Ma métaphysicienne avait raison ; elle argumentait très-bien, de même qu'elle avait très-bien raisonné en se prétendant coupable d'avance pour me rendre coupable à mon tour. Son instinct lui disait que l'amour est libre, et que la plus légère chaîne d'intérêt l'écrase. Hélas ! écoutez ce qu'il en advint, quelles sont les chances de la vie, et comment se termina tant de bonheur idéal, par un dénouement auquel personne ne se serait attendu.

» Il fallut faire, dans les montagnes, un voyage de quarante jours. Nous nous quittâmes; Dieu sait avec quelle tristesse. Chaque journée me parut un siècle. A peine débarqué, ce fut elle que je cherchai. Mais je rencontrai sur la plage un de mes amis, qui me tira à part et me parla avec précaution. — « Gozzi, me dit-il, je sais que vous avez de l'affection pour une des plus belles personnes du pays; je dois vous avertir que votre absence vous a été funeste. L'intendant militaire, qui était depuis longtemps épris d'elle, a saisi le moment favorable, et vous a supplanté. Soyez-en sûr, et croyez à ce que je vous dis ! »

» L'idée seule de cette infidélité me révolta. Me voilà plongé dans la rêverie la plus triste et la plus profonde. Non-seulement je n'allai plus la voir, mais je fermai ma fenêtre, et j'évitai toutes les occasions de la rencontrer. En vain la porteuse d'œillets fut chargée de plus d'une ambassade ; je repoussai toutes les avances ; je renvoyai les billets. Mais la vérité, comment la connaître? Lecteur qui que vous soyez, vous ne l'imaginerez pas, vous ne la devinerez pas, vous ne l'inventerez pas. J'aurai tout-à-l'heure, je le crois, le plaisir de vous faire rire aux dépens de ce même amour qui peut-être vous a fait pleurer.

» Comme je passais un jour devant la maison du notaire, la femme aux sermons me vit et m'appela. Bientôt introduit dans une chambre, j'y vis, assise dans un canapé et baignée de larmes, celle que j'avais tant aimée. On nous laissa seuls, et je demeurai immobile en face de cette beauté qui me charmait encore ; ce furent d'abord, de sa part, les reproches les plus vifs et les plus sanglans. Je l'arrêtai.

— Ah çà! et l'intendant militaire? lui dis-je.

Elle pâlit en m'écoutant, et s'écria :

— Quel est le calomniateur infâme...

— Oh! ne vous fatiguez pas à vous justifier ; je ne suis ni ingrat, ni injuste : je sais tout.

« Ce ton décidé l'attéra d'abord ; puis, baissant la tête, comme honteuse d'être aperçue, soupirant à chaque mot, et interrompant ses phrases par de longs sanglots.

— Tu as raison... je suis indigne... indigne de toi... Deux sacs de farine !... Ma scélérate de sœur !... Elle m'a priée... j'ai résisté longtemps... Mon aversion était horrible... Maudite sœur !... maudite farine !... maudite indigence !...

» Ses larmes l'étouffaient.

» O philosophes ! ô rêveurs ! ô platoniciens, ne seriez-vous pas tombés et frappés de la foudre sous cette farine. Un tel dénouement réduisait mon cœur métaphysicien et platonique à un état d'angoisse et de fureur que je ne saurais exprimer. Je restai muet. J'avais une vingtaine de ducats dans mon escarcelle ; je les laissai tomber l'un après l'autre dans son sein, et je me sauvai à toutes jambes, en pleurant et criant comme un damné : « Maudite sœur ! maudit intendant ! maudite farine ! »

Ce fut la première expérience du philosophe.

Notre héros, auquel cette aventure avait donné quelques lumières, vivait dans l'intimité d'un autre officier nommé Maxime, avec lequel il s'en alla loger lorsqu'il plut au providiteur-général de disposer du logement où le petit diable brun était venu lui rendre visite. Les deux amis commencèrent par aller se percher au sommet des murailles, dans une espèce d'observatoire d'où ils bravèrent Borée et la tempête, mais qu'ils abandonnèrent bientôt, fatigués d'être exposés à tous les vents. Maxime avait pour ami un boutiquier de Zara, dont la maison était commode, vaste, et dont la femme, comme s'exprime Gozzi, était grassotte et fraîche (*grassotta e fresca*).

« — Je crois, que Dieu me pardonne, dit-il, que Maxime avait encore plus d'amitié pour la femme que pour le mari, et cette bonne famille nous loua sans peine deux chambres, en nous donnant, moyennant un petit salaire, la table et le logement. Pour faire une action chrétienne et charitable, le marchand, qui n'avait pas d'enfants, avait adopté une jeune fille pauvre, qui était sa *fille d'âme* (*figlia d'anima*), comme on dit en Italie avec une tendresse si délicate, et qui mangeait à la même table que nous. Elle pouvait avoir treize ans, avait les cheveux blonds, les yeux grands et bleus, le regard suave et languissant, le visage pâle avec une légère teinte d'incarnat au milieu de cette blancheur de cire; d'ailleurs modeste, avec peu d'embonpoint, mais svelte, élégante, gracieuse et d'une taille bien prise qui joignait la délicatesse à la majesté.

» Lorsqu'il était question de remplir mon rôle comique, c'était cette jeune personne qui me servait de femme de chambre, qui m'arrangeait les cheveux, qui les bouclait, les frisait, les couvrait du *Zendaletto ;* elle jouait comme une jeune chatte et riait en me regardant. M'échappait-il quelque plaisanterie sans conséquence? elle riait de plus belle. Enfin, un soir, après m'avoir bien coiffé, elle s'avisa tout-à-coup de m'accorder trois ou quatre baisers, petits, jolis. Elle m'étonna : je la croyais la plus insouciante du monde. C'était une vraie sainte. — « Sans doute, me dis-je, elle me prend pour une femme ; mon costume la trompe. » Mais tous les jours le même manége recommençait et de profonds soupirs témoignaient hautement contre l'innocence que j'attribuais à la belle. Je respectais les droits de l'hospitalité ; à ma sagesse naturelle se joignait l'expérience que je venais d'acquérir ; je lui fis observer, d'un ton bien grave, que le confesseur défendait absolument ces sortes de choses ; ce qui n'aboutit qu'à la faire rire. — « Taisez-vous, me dit-elle, et ne faites pas de bruit ; laissez seusement la porte de votre chambre entr'ouverte ce soir, quand tout le monde sera endormi : que je puisse vous dire un secret. »

« La curiosité, et surtout le singulier contraste qui se trouvait entre sa sainteté apparente, le profond sérieux qu'elle affectait et ses nouvelles manières me déterminèrent. La moitié de la nuit se passa en contes folâtres et innocents et en paroles enfantines, et je commençais à sommeiller lorsque, m'arrachant à cet insolent sommeil :

— « Pauvre petit imbécile, me dit-elle, tu crois donc que le maître de la maison est mon père adoptif, parce qu'il me prêche toute la journée, et qu'il m'ordonne d'avoir l'air grave et de me bien tenir ? C'est tout simplement un vieux drôle, qui, sous ombre de charité, m'a recueillie dans sa maison ; je ne suis pas *sa fille d'âme*, mais la fille de ses plaisirs. Sa bonne femme d'épouse croit tout ce qu'il veut, et lui jaloux comme un tigre me tourmente horriblement. Tu me plais et je t'aime avec passion (*innamorata morta*) ; console-moi un peu de l'ennui que me cause ce misérable : j'espère que tu me veux du bien ? »

« Elle ne me laissa pas le temps de la réflexion. Cet esprit follet qui avait, comme on le voit, les manières assurées, à peine vêtu, audacieux, ardent, et se moquant de ma froideur, força bientôt tout mon platonisme à s'évaporer ; étourdissement, ivresse, délire, entraînement, composèrent, d'une manière exclusive, le second chapitre de mes amours. Adieu, chère métaphysique ! Il faut que vous disparaissiez toujours en face des réalités ! je ne pouvais revenir de mon étonnement. Le matin, mon farfadet vainqueur redevenait sainte, les yeux baissés, l'air grave et contrit, le visage composé ; à lui donner le bon Dieu sans confession.

« Mon platonisme était bien déchu, et le plaisir étendit son voile complaisant sur des délits qui ne laissaient pas que d'exciter en moi quelques remords. J'allais partir pour Venise, et j'avoue que l'idée de renoncer à ces conversations intéressantes me contrariait singulièrement, lorsque, trois jours avant mon départ, un accident comique vint me guérir subitement de ma seconde maladie et me fit bénir ce départ que je n'avais pu voir sans terreur.

« Pour raconter cette aventure, il faut d'abord que je décrive la maison habitée par nous. Un grand escalier de marbre conduisait à une vaste salle ; de cette salle on passait à la chambre à coucher des deux époux, et de là, dans une autre chambre à coucher habitée par mon ami Maxime. En montant l'escalier, on trouvait, à main gauche, la porte de ma chambre, et tout à côté un second escalier, ou plutôt une échelle de bois fort longue, qui conduisait à un étage supérieur. C'était au bout de ce second escalier, que se trouvait la porte de la chaste cellule où reposaient mes amours. A côté de cette porte s'ouvrait une fenêtre extérieure, qui servait à monter sur le toit lorsqu'il fallait réparer les ardoises ou la charpente de la maison.

» Le charitable père adoptif, qui avait tant de complaisance et une âme si chrétienne pour les jeunes filles de treize ans, ne me soupçonnait pas le moins du monde ; nous avions tous deux quelque chose de si posé dans la démarche et le regard, et le rôle que je jouais était si bien calqué sur le modèle qu'elle m'offrait, qu'il était difficile au marchand de concevoir le moindre ombrage. Mais, ainsi que me l'avait dit la demoiselle, notre homme était jaloux jusqu'à la rage ; il lui était venu dans la pensée qu'un jeune voisin, qui la lorgnait depuis longtemps, pouvait bien entrer la nuit par l'ouverture que j'ai décrite, et s'approprier l'usufruit du bien qu'il s'était réservé. Quelques indices l'avaient mis sur la voie, et la jalousie, industrieuse comme les autres passions, lui fournit un moyen d'éclaircir ses doutes. Il ferma la fenêtre de manière à ce qu'on pût l'ouvrir du dehors. Un énorme bloc de pierre, placé à l'intérieur, devait rouler le long de l'escalier, si l'on essayait d'ouvrir la fenêtre en son absence. Au moyen de cette invention, le père gardien espérait que les coupables seraient dévoilés, et s'apprêtait à les rendre victimes de sa colère rendue féroce par la jalousie.

» En effet, un soir que j'avais fermé ma porte, et que n'ayant pas reçu du démon nocturne le signal auquel j'obéissais, je dormais du sommeil le plus savoureux, un bruit infernal m'éveilla en sursaut. L'escalier de bois se trouvait placé tout à côté de la cloison à laquelle était adossé mon lit et vous pouvez imaginer le tapage que faisait en descendant une énorme pierre qui dansait sur les degrés. Me voilà qui sors du lit en chemise, et qui, saisissant mon flambeau, m'empresse d'aller secourir la pauvrette, que je croyais en danger. Le premier personnage que j'aperçus fut le père gardien, le bougeoir d'une main, un cimeterre de l'autre, furieux, montant l'escalier à grands pas, pour se venger du séducteur. Derrière lui, sa femme, légèrement vêtue, le tirait de toutes ses forces, pour l'empêcher d'accomplir ses funestes desseins ; Maxime enfin, dans le même équipage, brandissant son épée, criait : Qu'est-ce que c'est ? qu'y a-t-il ? laissez-moi faire ! » Au pied de la fenêtre, on apercevait la jeune fille, agenouillée, racoquillée, et comme frappée de la foudre. Le crime était évident. Nous eûmes grand'peine à retenir ce père qui voulait couper la tête de son honorable fille. Alors ce furent menaces sur menaces, gémissements, douleurs et supplications ; l'enquête, dans laquelle on ne pensait pas à me mêler, aboutit à nous faire comprendre que la jeune et modeste vierge, non-seulement ouvrait la fenêtre tous les soirs à un personnage qui courait les toits, mais qu'elle descendait la nuit, ouvrait la porte de la rue, et commençait je ne sais quelle Odyssée nocturne, d'assez mauvaise apparence. On pria, pleura et gronda ; la jeune sainte changea de chambre et tout fut dit. Quant à moi, je gardai dans ma mémoire le souvenir de cette terrible fille de treize ans.

» Il y avait, comme vous voyez, de quoi prendre en dégoût l'amour platonique, après ma première aventure, dont le dénouement fut provoqué par un sac de farine, et raison de répudier l'autre amour terminé par un coup de tonnerre sous la forme de cette grosse pierre roulant à travers l'escalier. Mais les délices de ce paradis des fous ont quelque chose de si attrayant, qu'il m'a fallu, lecteurs, le croiriez-vous ? une troisième et dernière expérience pour me désabuser. Voici la dernière épreuve à laquelle furent soumis les sublimes sentiments de mon âme. Boccace aurait fait de ce petit drame un conte excellent.

» Je revins à Venise, désillusionné ; j'allai habiter le palais paternel, et ce fut de l'étage le plus élevé que je fis mon cabi-

29*

net d'étude. Là, je préparais mes frivoles chefs-d'œuvre et je passais des journées entières. De temps à autre une voix sonore et mélancolique se faisait entendre ; des ariettes tristes, chantées avec le goût le plus pur et une expression à fendre l'âme, parvenaient jusqu'à moi, et il n'était pas étonnant que j'en entendisse toutes les paroles, car la personne qui les prononçait se trouvait aussi rapprochée que possible de ma fenêtre. On sait combien sont étroites les rues de Venise qui ne sont pas traversées par des canaux ; une de ces rues séparait notre habitation de celle où logeait la cantatrice. En effet, en approchant un jour de ma croisée, j'aperçus une figure triste, blanche, couronnée d'une forêt de cheveux très-noirs, retenus par un ruban ponceau, avec un œillet rouge sur le côté. Il était impossible d'être plus belle, difficile de mêler plus de gravité à une physionomie plus agréable et à des traits plus réguliers.

» Une taille moyenne, un bras arrondi et potelé, un regard calme, suave et languissant auraient pu s'emparer de mon cœur, sans les deux bonnes leçons que j'avais reçues et qui m'avaient donné une certaine expérience. Instruit par ces accidents, je ne m'avançai donc pas ; seulement lorsque j'ouvrais ma fenêtre et que je la voyais occupée à travailler auprès de la sienne, je lui disais quelques-uns de ces mots qui servent de conversation à ceux qui n'en ont pas ; il s'agissait du siroco, du beau temps, du mauvais temps, de la neige, de la pluie ; et cette causerie insignifiante nous laissait croire à tous deux que nous devions passer pour absurdes aux yeux de la voisine et du voisin. Je lui demandai donc un jour pourquoi tous les airs qu'elle chantait étaient si tristes, et d'où venait qu'une si belle voix se trouvait ainsi consacrée à des paroles lugubres et à une lugubre musique. Elle me répondit que son tempérament était mélancolique, qu'elle chantait pour se distraire, et que son goût particulier lui faisait préférer les airs tristes et les paroles tristes.

— Quoi! si jeune, et vous qui me semblez dans une situation heureuse, vous dont la physionomie annonce de l'intelligence et de l'âme! comment se fait-il que vous ne puissiez dominer la tristesse que je lis toujours dans vos regards et qui cause mon étonnement?

— Je ne prétends pas, me répondit-elle avec un petit sourire à rendre fou le plus sage, je ne prétends pas moi, qui suis femme, deviner les sentiments et les impressions des hommes. Faites de même, et n'imaginez pas pénétrer les sentiments et les idées des femmes.

» Cette réplique avait quelque chose de presque philosophique qui me toucha le cœur. Ce n'était plus la barbare naïveté dalmate; si je condamnais mes premières erreurs, je ne pouvais en comparer la cause à ce qui se présentait à mes yeux : une jeune Vénitienne bien élevée, modeste, observatrice, sérieuse et honnête! Chimère de mon esprit, te voilà donc trouvée! Voilà la femme pure et idéale.

» Cependant une foule de réflexions venaient m'assaillir, et le résultat définitif de ces réflexions fut que je devais ouvrir la croisée le moins souvent possible et rendre mes causeries brèves. Quant à elle, il paraît que le nombre de ses travaux à l'aiguille augmentait chaque jour, et elle ne quittait plus son poste; sans cesse je la voyais assise à sa fenêtre, d'un air mélancolique et sérieux. Je ne pouvais m'empêcher de réfléchir que c'était chose incivil de ne pas lui adresser quelques paroles de consolation; et mon pauvre cœur attendri cherchait à la soulager par des récits philosophiques, par des réflexions sur la vie et les hommes, causeries plus graves qu'amusantes et auxquelles elle ne répondait que par un doux et léger sourire. Il y avait toujours de la réserve, un tour ingénieux et une grâce parfaite dans ses réponses; souvent lorsque la discussion était établie entre nous, elle quittait l'aiguille, me regardait fixement et écoutait ce que j'avais à lui dire comme si elle eût étudié un livre. Des idées que je jugeais folles me traversaient le cerveau; je voulais les étouffer et restreindre encore le nombre et l'étendue de nos conversations charmantes, honnêtes, périlleuses, et qui avaient duré un mois. J'avais grand besoin de ne parler que de choses générales. Un jour que je reprenais la conversation qui nous avait intéressés trois jours auparavant, je la vis rougir tout-à-coup et baisser les yeux d'un air distrait.

— Vous êtes occupée d'autre chose, lui dis-je, et je ne veux pas vous être à charge.

« Elle se leva toute troublée :

— Un moment! me dit-elle; n'avez-vous pas reçu, il y a deux jours, de moi, un billet et un portrait en réponse à votre lettre?

— Quel billet? quel portrait? Je ne sais ce que vous voulez dire.

» Elle pâlit.

— Quoi! vraiment!

— Je vous assure, sur mon honneur, que je ne puis deviner à quelle circonstance vous faites allusion!

» Elle tomba sur sa chaise à demi-pâmée, poussant un grand soupir.

— O malheureuse que je suis! perdue et trahie!

» Puis, après une pose de profonde douleur, se levant :

— J'ai grand besoin de conseil, me dit-elle; j'ai obtenu de mon mari la permission d'aller ce soir chez une de mes tantes, religieuse à la Giudecca. Soyez, à la vingt-unième heure, sous le *Ponte Storto* de Saint-Apollinaire, vous y verrez une gondole ; et, à la fenêtre de cette gondole, un mouchoir blanc ; vous y entrerez, j'y serai ; vous saurez à quel péril mon imprudence m'a exposée ; vous êtes la seule personne qui puisse me donner conseil; si vous croyez que je mérite votre pitié, ne manquez pas de vous trouver là ; je suis persuadée que ma confiance est bien placée.

» A ces mots, elle s'envola et disparut. Je restai comme un homme de stuc, mon cerveau tournant comme une roue de moulin et bien déterminé à pénétrer le secret de la gondole. Je dînai avec tant de précipitation, que je pensai m'étouffer. Me voilà sous le *Ponte Storto*, et bientôt après dans la gondole ; j'y trouvai cette beauté resplendissante sous le *Zendalo* avec beaucoup de brillants aux oreilles, au cou et aux doigts.

— Fermez le rideau, cria-t-elle au gondolier, et dirigez-vous vers la Giudecca. Mille pardons, dit-elle de la manière la plus douce, pour la peine que j'ose vous donner. Je vous en supplie, n'allez pas prendre mauvaise opinion de mon caractère, à cause de ce rendez-vous qui semble en effet fort équivoque de la part d'une femme d'honneur, femme mariée ! Je n'aurais pas eu recours à votre conseil, si je n'avais, monsieur, très-haute opinion de votre sagesse, de votre prudence et de vos mœurs. Je me trouve aujourd'hui dans le plus grand embarras, et je vais vous en dire la cause. Ne connaîtriez-vous pas un homme et une femme qui habitent le rez-de-chaussée de notre maison, gens mariés et très-pauvres ?

— Pas le moins du monde.

— Allons, reprit-elle en fermant avec angoisse les paupières et les lèvres. Ce personnage m'a cependant dit positivement qu'il vous connaissait, qu'il avait toute votre confiance, et que le billet que voici était de vous.

« Elle tira de son sein un papier à lettre plié et me le présenta. Je ne savais où j'en étais. J'ouvris le précieux papier dans lequel je trouvai des protestations d'amour absurdes; des *hélas* et des soupirs ridicules, le tout lardé de vers de Métastase. On disait à la dame qu'on l'aimait avec passion, et que, ne pouvant la voir sans cesse, on lui demandait son portrait, remède contre les tourments de Cupidon, « cataplasme d'amour, disait l'épistolographe, que l'on ne manquerait pas de porter tout près du cœur pour en affaiblir les souffrances. »

— Ah! çà, lui dis-je en terminant la lecture de ce beau billet, c'est donc la lecture de ce chef-d'œuvre qui vous a donné, madame, une idée si favorable de ma sagesse et de ma prudence.

— Mon Dieu! nous autres femmes, nous ne pouvons guère, toutes tant que nous sommes, nous dépouiller de cet amour-propre effréné, qui nous rend folles ou aveugles. J'ai peur que l'imprudence que j'ai commise ne me coûte bien des larmes; croiriez-vous que j'ai répondu d'une manière assez civile à cette déclaration prétendue et que j'ai ajouté à ma réponse l'envoi de mon portrait garni de diamants?

« Cette narration mêlée de larmes m'apprit que le ménage logé au rez-de-chaussée avait convoité la garniture de diamants qui entouraient le portrait; — que la jeune femme ayant fait à l'épouse du fripon confidence de son inclination pour moi, cette dernière avait, de concert avec son mari, inventé l'admirable moyen dont j'ai parlé, pour confisquer au profit du ménage, diamants et portrait. Je donnai à l'imprudente femme les meilleurs conseils du monde ; je lui recommandai de ne plus se montrer à la fenêtre, de continuer à traiter sa confidente avec tous les égards imaginables, de lui dire en grand secret que le commencement d'inclination qu'elle avait pour moi s'était complètement effacé; enfin de regarder le portrait volé comme tout-à-fait perdu. J'ajoutai que le meilleur moyen de se tirer de ce mauvais pas était de tromper les fripons par de fausses confidences, de leur sacrifier même quelques ducats dans l'occasion ; de leur apprendre surtout qu'on avait de mes nouvelles, que j'étais un fort mauvais sujet et que l'on renonçait à moi.

» Tout réussit comme je l'avais prévu ; les billets reparurent avec leur caricature d'amour, et la jeune femme s'en débarrassa par quelques sacrifices. Bientôt le mari et la femme, enhardis par un premier vol, fouillèrent le secrétaire du mari, y trouvèrent quelques sequins et furent chassés de la maison. Tous ces événements, elle me les apprenait pendant nos voyages en gondole ; car nos promenades continuaient toujours. A la fin de la troisième de ces promenades, nous étions arrivés à l'église de Sainte-Marguerite qui en était le but ; elle tenait ma main serrée dans une des plus belles mains du monde. Je voulus baiser cette main ; elle la retira, prit la mienne, en voulut faire autant, et j'imitai son mouvement.

Toutes mes idées étaient brouillées ; dix-sept ans, cette amitié platonique, cette résolution de sagesse, cette simplicité, cette force d'âme me plaisaient ; les rendez-vous au *Ponte-Storto* continuaient : un billet lancé par elle et attaché à une pierre m'arrivait par la fenêtre : gondole de marcher, conversations d'aller leur train, plus gaies qu'amoureuses, sans autre crime qu'un échange de sentiments, sans autre inconvenance qu'un serrement de mains plus ou moins passionné. Les choses durèrent ainsi, parfaitement niaises, et d'une niaiserie délicieuse. Je ne sais pas combien de visites de toute espèce elle eut à rendre à ses parentes et à ses amies ; à chaque nouveau rendez-vous elle changeait de gondole et de gondolier, et ce que nous faisions de plus coupable, c'était d'aller ensemble à Murano ou à la Giudecca faire un petit repas accompagné de rires, de protestations d'amitié, de soupirs quand on se séparait, quelquefois d'une audace qui allait jusqu'à poser la main sur le cœur de l'un et de l'autre. Cependant la troisième personne de la conversation italienne s'était changée en *vous*, et le vous s'était changé en *tu*. La familiarité croissait. Je lui demandai un jour l'histoire de son mariage.

— Tu vas me rire au nez, me dit-elle ; je suis fille de noble. Mon père, dissipateur, et qui ne manque pas de vices, n'ayant pas un sou de dot à nous donner, accepta les propositions d'un négociant assez riche qui s'était épris de moi. J'avais quinze ans lorsque je l'ai épousé ; il y a deux ans de cela, et bien qu'il soit austère et à la vieille mode, je suis parfaitement heureuse avec lui.

— Et depuis deux ans vous n'avez pas d'enfants ?

« Ceci parut la blesser ; elle rougit, je crus lui avoir fait peine, et je lui en demandai pardon. Quand on aime, on craint souverainement.

» A son tour elle pensa m'avoir offensé, et me serra la main.

— A un ami tel que toi je ne dois rien cacher ; mon pauvre mari est phthisique, en proie à une fièvre continue, et ne fait que pleurer toute la nuit en me demandant pardon de m'avoir enchaînée à un cadavre. Il y a tant de cœur dans ces paroles, qu'elles me font pleurer aussi, moins à cause de ma peine que de la sienne. J'essaie de le consoler et de lui donner l'assurance d'une guérison impossible. Si tout mon sang pouvait le sauver, je le verserais avec plaisir; il a voulu me constituer un douaire de huit mille ducats que j'ai refusé. Chaque jour ce sont des pièces d'or, des diamants, des perles, des bijoux dont il me fait présent, » afin que je ne le déteste pas, me dit-il; » ou des étoffes coûteuses, des ornements de prix, du linge très-fin qu'il veut que j'accepte. « Mettez cela en réserve, chère fille, me dit-il, vous serez bientôt veuve. Puisse Dieu vous donner des jours plus heureux que ceux qui vous enchaînent à un mariage fatal! »

— Je crains, continua-t-elle en me regardant fixement d'un air grave, que l'aveu que tu viens de m'arracher ne fasse naître dans ton esprit des soupçons injurieux pour moi, et que tu ne penses que j'ai recherché ton amitié dans des vues sensuelles. Si je pouvais te croire capable de me juger ainsi, je perdrais bientôt le sentiment qui me fait t'aimer, et notre amitié serait finie.

» Rien ne pouvait mieux me convenir que de telles dispositions chez une femme; aussi nos sentiments mutuels ne faisaient-ils que s'accroître, bien que nous ne leur donnassions pour aliment que quelque petit sonnet platonique qu'elle regardait comme une perle et qu'elle plaçait entre sa robe et une poitrine plus belle que le sonnet.

» Hélas! pourquoi dois-je raconter la dégénérescence de ce bel amour? Les historiens doivent être fidèles. Entre un jeune homme de vingt ans et une belle personne de dix-sept, qui se sont fait l'aveu d'une passion mutuelle, la vertu rigide ne peut se maintenir longtemps. Il faut cependant achever cette narration, tout en avouant que ce qui me reste à dire est loin de valoir ce que j'ai dit.

» Nous étions au milieu du mois d'avril, mois dont le souvenir restera gravé dans ma mémoire ; nous voguions un jour ensemble dans la gondole, moi et la jeune femme, vêtue de rose avec une négligence délicieuse. Nous nous rendîmes comme à l'ordinaire à Murano, où se trouvaient un petit jardin et une maison qui nous servaient de lieu de repos. Là, nous avions coutume de prendre quelques aliments ; tout était propre, soigné, silencieux. Nous collationnâmes, comme à l'ordinaire, avec plus de gaîté de part et d'autre et une vivacité de reparties qui nous charmait tous les deux. Que dire au lecteur ? la solitude et le charme du lieu ; un *non* qui pouvait passer pour le plus beau *oui* du monde ; tout nous perdit. Je ne parlerai pas de ce mélange de pudeur et de transport, dont ma blanche vieillesse est encore émue. Toutefois je ne puis guère me rappeler sans rire le singulier débat qui s'éleva entre nous :

— Je suis coupable ! s'écria-t-elle ; pardonnez-moi, ô mon ami ! C'est moi, moi seule qui vous ai séduit. Ne m'ôtez pas votre estime ?

— Ah ! c'est moi seul qui suis criminel, m'écriai-je à mon tour ; ne me haïssez pas !

» A six mois de platonisme qui avaient charmé mon âme succédèrent six mois dont nos cœurs n'eurent pas tout le bénéfice. La maladie du mari suivit son cours ordinaire. Bientôt les médecins désespérèrent de lui, et furent obligés de lui faire quitter Venise et de le conduire à la campagne. Une intimité plus douce et plus vive perpétua nos rapports. Hélas ! qui aurait pu croire à la fin de cette nouvelle aventure ? Celle-ci dépasse, en vérité, le sac de farine, quelque beau que le sac de farine pût être. Que ceux qui se fient du soin de leur bonheur à la plus faible créature de la terre, à la femme, reçoivent une dernière leçon. On a péroré contre le mariage; en vérité les dangers qu'il entraîne sont encore au-dessous des périls et des angoisses attachés aux liaisons.

» Un de mes amis vint me voir et logea chez moi. Plus âgé que moi, mais vif et ardent, Lovelace accompli, fort incrédule quant à la vertu des femmes, et singulièrement hardi dans l'attaque, il m'enleva celle-ci, et il ne lui fallut pour cela que trois minutes... Crébillon fils aurait fait de cela un roman. »

. . . . . . . . . . . . . . . . . . . .

Ainsi s'essayait à l'observation des hommes et des passions cet esprit sagace, non ironique, cette âme douce et capable de comprendre toutes les émotions. En croyant reproduire seulement les fantaisies de sa jeunesse, Gozzi a fait la peinture exacte de la vie vénitienne, de ses mœurs puériles et de ses faiblesses passées en loi. Que l'on juge ce pays et sa décadence, en réfléchissant que ces historiettes rapportées par nous et souvent adoucies dans l'expression, affaiblies quant à la couleur, sont sorties de la plume la plus philosophique et la plus grave qui ait honoré Venise à la fin du XVIII<sup>e</sup> siècle.

## § V.

#### Venise à la fin du XVIII<sup>e</sup> siècle.

Venise n'avait conservé que le fantôme de sa puissance et la tradition de ses fêtes. Son histoire avait commencé comme une légende; elle avait continué comme un récit d'Anne Radcliffe; elle finissait comme un roman de l'Arétin. Les voyageurs Moore (1) et Archenholtz (2), le vénitien Casanova de Steingalt, Goldoni dans ses mémoires (3), Gaspard Gozzi (4), imitateur d'Addison et frère de Charles Gozzi, Joseph Baretti (5) dans sa *Frusta letteraria*, et plusieurs autres, nous ont laissé des documents précieux sur l'état moral de cette Rome de l'Océan, tour-à-tour démocratie jalouse, aristocratie puissante, oligarchie décrépite; peuple de grands enfants, heureux de leurs belles nuits et de leur rien faire, s'amusant de vers martelliens, pendant que l'éloquence de Rousseau ébranlait les âmes et annonçait les convulsions de l'Europe. Qu'un tel peuple, à une telle époque ait eu son Aristophane, voilà le prodige; et ce prodige fut réalisé par l'apparition de Gozzi.

Ainsi que l'auteur grec, le comte vénitien voulut défendre les anciennes mœurs et les anciennes idées nationales contre le nouveau mouvement des intelligences. Chez tous les deux il y eut verve, cynisme élégant, hardiesse savante et méditée, emploi audacieux de l'allégorie populaire, lutte acharnée contre les poètes en crédit, haine de la démocratie, profondeur cachée sous la puérilité apparente des moyens, fécondité de ressources, naïveté brillante

---

(1) John Moore, anglais spirituel et instruit. *View of Italy*, etc.
(2) Prussien qui voyagea beaucoup en Italie, Reise, etc.
(3) Publiées en 1787 pour la première fois.
(4) Gaspard Gozzi, auteur du *Spectateur vénitien*.
(5) Giuseppe Baretti, un des critiques les plus remarquables et les moins connus du xviiie siècle, a voyagé en Angleterre, en Portugal, en Espagne, en France; accusé d'assassinat à Londres, il se défendit lui-même dans un plaidoyer éloquent qu'il récita en anglais, et fut acquitté. Ce fait, consigné dans l'*Annual Register* avec son plaidoyer, n'a été rappelé dans aucune biographie.

de langage, pureté de style, jointe à l'imitation la plus gaie de la trivialité plébéïenne ; le parallèle s'arrête ici. Le mâle génie de l'écrivain attique, se jouant dans une société libre et ardente, soulevait sans crainte toutes les questions politiques et morales. Ses fables allaient remuer hardiment les intérêts les plus vitaux et les plus pressants. Concitoyen de Démosthène et d'Euripide, des ébauches imparfaites n'eussent satisfait ni ce besoin de perfection, qui régnait chez le peuple artiste, ni le goût délicat de l'auteur. Non content de donner l'essor à ses caprices et à son indignation, il développa librement ce talent de poète lyrique dont la nature l'avait doué. Ses drames furent hardis par la conception, complets dans leur ensemble, et achevés dans leurs parties. Vous y reconnaissez toujours le travail de l'artiste s'occupant de son œuvre avec amour, au milieu d'une apparente extravagance et d'un désordre affecté. C'est une élégance admirable, une verve éclatante, un fini précieux dans les détails, une poésie semblable, dit l'ancien critique (1), à ces pierres fines si curieusement creusées et polies par le ciseau de l'ouvrier : οὐ γραπτοῖς, ἀλλὰ γλυπτοῖς καὶ τορευτοῖς εἰκότας λόγους.

Les mœurs de Venise ne comportaient rien d'aussi achevé ni d'aussi hardi ; la cité de Saint-Marc était vieille, timide, corrompue, incapable de s'élever jusqu'aux pensées de la philosophie ou de songer sans effroi à ses destinées politiques. Peuple sensuel, poétique, voluptueux et pittoresque, chez lui toutes les qualités de l'imagination, dénuées de virilité, nourries par une oisiveté profonde, efféminée par le despotisme et par les progrès de la civilisation, concouraient avec la mollesse du climat et la singularité des

---

(1) Denys d'Halicarnasse, *de Struct. orat.* sect. 25.

habitudes à composer un ensemble de mœurs fantastiques, ingénument débauchées, naïves jusqu'à l'enfantillage, et bizarres comme la féerie. Les édifices de Venise sont des arabesques; dômes moresques, mosaïques, incrustations de porphyre et d'or; magnifique caprice. La langue vénitienne forme un dialecte spécial, où toutes les syllabes sont mouillées, d'où toutes les consonnes dures sont bannies, où les diphtongues douces et molles, les lettres coulantes, labiales, faciles à prononcer, dominent seules; *canal regio* devient *canaleïo*; *figlio, fio; niente, gnente; Elena, Nene; Antonio, Tonino* (1); dialecte abondant en mots de volupté, en diminutifs familiers et tendres; parler naïf et léger, murmure plutôt que langage, bégaiement semblable au gazouillement des oiseaux, non au discours de l'homme. Les auteurs dont les ouvrages nombreux peuvent nous servir à étudier cette modification de la langue italienne, énervement d'un idiome déjà si tendre et si fluide, attestent le goût populaire des Vénitiens pour la plaisanterie mordante, libertine et légère, leur talent de narrer, surtout la licence inouïe de ces mœurs auxquelles le gouvernement faisait acheter le vice par la servitude. Ni Martial, ni Vadé, ni Le Berni, ne peuvent donner une idée de cette recherche, de cette idolâtrie et de ce raffinement

---

(1) Les lettres *r, t, d,* les inflexions nasales n'existent pas dans le dialecte vénitien. On dit la *coa*, pour la *coda; zorno*, pour *giorno; ziogho* pour *giuoco*. Les *c*, les *g*, sont remplacés par les *s*, et les *z*. Le vénitien parle comme ces enfants qui, n'ayant pas encore la langue déliée, disent *zour* au lieu de *jour; sarme* au lieu de *charme*, etc.; défaut de prononciation puérile désigné dans quelques lexiques, non dans le *Dictionnaire de l'Académie française*, par deux mots peu connus, *susseyement* et *zézeyement*.

de voluptés physiques, de cet insouci de toute moralité dont les poésies vénitiennes modernes portent l'empreinte ; à cet accent de la débauche se mêlent une grâce abandonnée, une harmonie enchanteresse, un élan presque dithyrambique. L'incapacité des vertus politiques et privées est écrite dans chacun de ses vers : « Venise vous apparaît comme un mauvais lieu, gouverné par des officiers de police. » La licence se montre si candide et si ingénue que l'on s'offense moins de son excès, comme si elle constituait la langue naturelle de ce peuple. La nudité des paroles semble échapper à l'étourderie d'un enfant sauvage ; elle emprunte à son ignorance une naïveté qui en tempère le dégoût.

Ce peuple, qu'une ivresse joyeuse berçait et consolait dans son abaissement, avait perdu toute prépondérance politique et commerciale. Venise languissait dépouillée de l'auréole de gloire et d'opulence dont ses conquêtes la paraient quand tous les peuples du monde affluaient aux fêtes de l'île de Marbre ; il lui restait la poésie d'un ciel resplendissant de lumière, ses nuits plus douces que nos beaux jours, la magie de ses gondoles illuminées, projetant un long rayon de clarté sur ses eaux mouvantes, de ses fisolères glissant sur la mer comme des oiseaux, de son peuple presque oriental, aux yeux noirs, étincelants sur un teint basané, modèle vivant de Titien et Véronèse.

« A Venise, disait un poète (1) patricien de Venise, au-

---

(1) Ce tableau de Venise tel que le traça au xviiie siècle un grave patricien, Baffò de Saint-Marc, offrirait à la fois la peinture la plus vive de ces incroyables mœurs et un curieux échantillon du dialecte des lagunes ; mais la plume se refuse à le copier, et nous ne pouvons extraire que des fragments peu nombreux des vingt-huit strophes qui le composent.

teur d'œuvres incroyables qu'on ne peut citer que par fragments, et qui écrivait du temps de Gozzi, règne une allégresse perpétuelle. »

> Ghè a Venezia un' allegria
> E ghè un far cussi ziocondo,
> Che no credo, che ghè sia
> Altrettanto in tutto'l mondo.
>
> Ghè xe mille morbidezze,
> Ghè maniere dolci e tenere,
> E alle tante gran bellezze
> La città la par de venere
>
> . . . . . . . . . .
> In tripudi, zioghi e canti
> Se stà su le notti intiere
> E in sto tempo da lior amanti...
> . . . . . . . . . .
>
> E gran lusso, e la gran moda
> De sti tanti bei casini
> Fà, che tutti quanti godà
> Che i spenda dei zecchini.
>
> . . . . . . . . . .
> Oh ! che vita deliziosa !
> Oh ! che amabile contento !
> . . . . . . . . . .
>
> Me stupisso che nò venga
> Forestieri in quantità
> Perche quà chi no xe tegna
> De la gode, come và.
>
> Viva donca sta città
> Che xe'l centro de piaseri
> Che assae gode chi stà quà
> E anca gode i forestieri.

« Joie ! ivresse ! Rien de pareil, je crois, ne se trouve dans le monde entier. Molles tendresses, amours légers, plaisirs doux et faciles ! Quel enchantement ! C'est la ville de Vénus même... On y danse, on y chante, on y joue pendant les nuits entières... Bienheureux casins ! vie délicieuse ! Et comment tous les habitants du globe ne se donnent-ils pas rendez-vous à Venise, séjour du bonheur, et centre des voluptés ? »

A une telle nation, assignez une littérature spéciale, ce sera le *Cabinet des fées*. Quels drames aura-t-il ? des féeries. Quelle statuaire ? la voluptueuse sculpture de Canova. Quelle école de peinture ? celle où domine la magie du coloris.

## § VI.

### Théâtre espagnol-vénitien de Gozzi.

Voilà le peuple auquel le comte Charles Gozzi, à son retour de Dalmatie, voulut donner un théâtre national. Nous connaissons maintenant cet homme d'un esprit bizarre et cultivé.

Naturellement taciturne et satirique, l'abondance de mauvais poètes dont l'Italie était inondée lui déplut. Cette mauvaise imitation du goût français qui envahissait l'Italie et atteignait Venise, lui semblait le présage funeste qui annonçait la mort politique et morale de la république vénitienne. L'extrême facilité des mœurs favorisait l'immorale et insignifiante facilité du style. Un détestable auteur de drames et de romans, l'abbé Chiari parodiait les tragédies de Corneille, dont il ne reproduisait ni le génie, ni la passion, ni l'éloquence, mais seulement les formes extérieures et le mouvement. Goldoni, doué d'un talent remarquable, bon peintre de mœurs, plein de naturel dans le dialogue, et connaissant bien la scène, essayait d'épurer le théâtre italien, voyait ses ouvrages réussir, et recevait de Voltaire ces flatteries sans conséquence, protocoles émanés de la grande chancellerie littéraire de Ferney.

On a discuté en Italie et en France sur le mérite véritable de Goldoni, et révoqué en doute le succès qui a couronné sa tentative. Né dans un autre pays, il se fût rangé parmi les meilleurs auteurs comiques ; quel usage pouvait-il faire de ces mœurs italiennes, de cette société qui n'était ni animée, ni poétique, ni élégante, ni véhémente, où le bon ton n'avait rien de piquant et où tout languissait ? C'est cet état de langueur sociale que représentent fort bien les intrigues de Goldoni, intrigues qui n'avancent jamais, et qui se traînent éternellement dans le même cercle, autour d'une donnée triviale. Le *Bourru bienfaisant*, pièce qu'il a composée en France, l'emporte infiniment sur tous ses ouvrages italiens et atteste l'influence qu'exerça sur l'auteur comique une société plus perfectionnée et plus cultivée. Dans son théâtre italien les bonnes plaisanteries abondent et la vie commune est fidèlement copiée ; la superficie des mœurs est reproduite. Mais ces mœurs n'ont rien d'attrayant ; cette peinture en détrempe manque de vigueur ; toutes ces Béatrices gaies et turbulentes, toutes ces Rosaures sentimentales causent de l'ennui. Après avoir lu Goldoni, on demande des émotions plus poétiques et plus profondes qui se rattachent au moins par quelque rapport à la partie la plus brillante et la plus énergique de notre intelligence, à l'imagination.

C'est ce défaut de toute poésie, cette trivialité et cette monotonie que reprochait amèrement à Goldoni un critique italien, Joseph Baretti, qui revenait de Londres où il avait vécu longtemps, après avoir visité une partie de l'Europe. Dans sa *Frusta letteraria*, le journal le mieux écrit peut-être que l'on ait publié, il se représente sous les traits d'un vieil invalide mutilé, retiré dans un petit village près de Venise, et se faisant lire par le curé du lieu, Don Petronio Zamberlucco, tous les ouvrages qui paraissaient : ces ouvrages servaient ensuite à allumer la pipe du soldat. On retrouve dans ce plan un souvenir des inventions familièrement allégoriques de Cervantes et d'Addison. Mais ce qui est tout-à-fait italien, c'est cette violence inexorable, cette robuste correction, cette colère avec lesquelles Aristarco Scannabue, c'est ainsi qu'il se nomme, chasse devant lui à grands coups de fouet les troupeaux arcadiques et académiques et tous ces gens *che vanno scarabocchiando comedie impure, tragedie balorde, critiche puerili, romanzi bislacchi, dissertazioni frivole*, etc.

Il y avait chez ce Baretti, que l'on chassa de Venise pour avoir mal parlé de Bembo, quelque chose de la verve satirique de Beaumarchais; comme Charles Gozzi, il accusait Goldoni de ne point parler à l'imagination d'un peuple chez lequel l'imagination domine et de couvrir la scène de pâles et froides ébauches.

Peuple fabuleux, le merveilleux lui était nécessaire; et si la mode favorisait Goldoni et Chiari, le goût national et populaire les repoussait. Pour deviner quel genre de théâtre convenait à ce peuple, il suffisait de le voir attroupé autour de ses narrateurs de place publique. « Le premier jour de mon arrivée à Venise, dit John Moore, je remarquai un grand homme vêtu de noir, qui, le chapeau à la main, et faisant beaucoup de gestes, se tenait debout au milieu de la place et convoquait les auditeurs récalcitrants. — « Belles et vertueuses dames ! Nobles gentilshommes ! Maîtres bien aimés (*carissimi paroncini*) ! écoutez ! écoutez ! Daignez m'accorder un moment d'attention. Il s'agit des aventures merveilleuses arrivées à un galant chevalier. Je vais vous les raconter telles que je les tiens de son propre domestique, le Dalmate Zaloccubrini. Venez, messieurs, venez mesdames ! » Personne ne venait. « Mon héros, continuait le narrateur, est un noble chevalier amoureux ; écoutez, Zentildone. » Peu d'attention encore. « C'est un chevalier chrétien. » Quelques gondoliers s'arrêtèrent. « C'est un guerrier de Venise, un héros de Saint-Marc. » Le groupe commence à se former. « Vous allez savoir avec quel courage miraculeux notre compatriote triompha des maléfices d'un nécromant redoutable. » Le cercle augmente, le peuple se presse, et le romancier populaire commence son récit de féerie, où le premier rôle appartient à une abeille qui, pour détourner le coup dont un meurtrier va frapper l'innocence, pique l'assassin au visage ; récit puéril qui renferme des reconnaissances sans nombre, des transformations à perte de vue, des combats à outrance, dragons, magiciens et hippogriffes, tout ce que le *Cabinet des fées* contient de merveilles et de ressources. Au milieu du conte, quand l'intérêt vivement excité tient tous les auditeurs en suspens, le chapeau tombe, réclame le prix de la séance, se remplit de paoletti et de sequins ; et l'orateur continue.

Ces matériaux populaires sont précisément ceux du théâtre espagnol : curiosité poétique ; amour du merveilleux ;

souvenirs nationaux ; aventures héroï-comiques ; magie ; invaisemblances ; fictions puériles. Gozzi eut soin de conserver, au milieu de ces féeries, la famille italienne qui a fait rire l'Europe pendant deux cents ans, et à laquelle Annibal Carrache a daigné prêter son pinceau : *Arlequin*, *Pantalon*, *Truffaldin*, *Tartaglia*, masques aimés du peuple.

Ces représentants des diverses localités italiennes méritent d'occuper une place dans l'histoire de l'art, du théâtre et des mœurs. Singulier produit de l'imagination pittoresque, propre à l'Italie moderne ! Comme la sculpture antique individualisait les vertus, les vices, les énergies, les lois de la nature, voici des symboles de caractère inventés par la comédie des Italiens. Une mythologie populaire et grotesque représente, par des emblèmes immuables (1), les défauts naïfs et tranchés de ces diverses populations ; la complaisance et la cupidité de *Truffaldino*, la forfanterie de *Spavanto*, italien espagnolisé, la voracité paresseuse du napolitain *Tartaglia*, la légèreté et la souplesse intrigante (scaltritezza) de *Brighella* le Bergamasque ; la maladresse enfantine (balordaggine) d'*Arlicchino*, la bonhomie sensuelle et la servitude voluptueuse du vieux *Pantalone* de Venise (Vecchio barbojo). C'est à la fois de la satire burlesque et de la comédie stéréotypée. Pour ces rôles et ces acteurs, l'auteur comique traçait en quelques pages une esquisse de comédie, où les personnifications de caractères différents se donnaient rendez-vous ; malgré la stérilité apparente de la donnée première, on pouvait faire jouer de mille manières ces rôles toujours les mêmes, comme on se sert des pièces du jeu

---

(1) V. nos Études sur le Moyen-Age.

30*

d'échecs, dont la marche déterminée donne naissance à tant de combinaisons imprévues. La langue italienne, dont la richesse se prête à l'improvisation, la promptitude d'esprit et la verve de bouffonnerie naturelle à ce peuple avaient longtemps favorisé le développement de ce genre de comédie, que la bonne compagnie commençait à prendre en mépris, et que Gozzi voulut remettre en honneur, tout en les mêlant à l'esprit d'aventures et à l'imbroglio du théâtre espagnol qu'il venait d'étudier.

Maintenant que nous savons à peu près à quel peuple et à quel auteur nous avons affaire, entrons avec l'Allemand Meyer dans une de ces neuf salles de spectacle qui, en 1780, s'ouvraient aux quinze mille habitants de Venise. Moyennant dix sous de droit d'entrée vous prenez rang parmi les spectateurs, et vous pénétrez dans une enceinte obscure, bruyante, dont la foule des gondoliers et des domestiques occupe le fond. Une galerie pratiquée en face du théâtre sert de promenoir aux hommes comme il faut ; c'est là que les femmes masquées, couvertes de leurs *Zendaletti*, et accompagnées de leurs *Cicisbei*, vont et viennent pendant la pièce même, lorgnant, causant, riant, murmurant, et par leur mouvement continuel protestant contre l'intérêt du drame et le talent des acteurs, que le bas-peuple siffle ou applaudit. L'art dramatique peut-il tomber si bas !

Si, pour quelques sous de plus, vous allez vous asseoir dans ces vastes loges où l'on joue aux cartes, où l'on fait collation, où l'on prend des sorbets, et que vous accordiez un peu d'attention aux acteurs qui entrent en scène, vous assisterez à la représentation de l'*Amour des trois Oranges*, première ébauche comique que Gozzi ait donnée ; fable populaire, canevas bouffon, satire en arabesque, et, il faut le dire, l'une des esquisses les moins terminées et les plus puériles qu'ait produites cet auteur original. Toute puérile qu'elle est, c'est une vive attaque contre le goût français ; une tentative pour ressusciter la comédie à masques si éminemment italienne ; une satire contre les succès de Goldoni et de sa comédie bourgeoise, de Chiari et de sa tragédie emphatique ; une allégorie en faveur des droits de l'imagination et du Drame espagnol.

J'ai déjà dit quels points de contact se trouvent entre le comte Gozzi et Aristophane, ennemi non moins déclaré des nouveautés, de la démocratie et des philosophes, partisan non moins ardent de l'ancienne constitution et des vieilles mœurs. Tous deux pour défendre leur opinion ont jeté sur la scène des emblêmes, des trivialités, des symboles populaires. Le pantalon vénitien, en fait de caricature et de bouffonnerie, vaut le Strepsiade athénien : Aristophane et Gozzi se trompaient tous deux, en attribuant au progrès de la philosophie la dégradation de l'art et des mœurs. L'un et l'autre ont vainement lutté contre le mouvement invincible des choses humaines et la décadence de leur pays ; tous deux étaient poètes. Ne demandez à Gozzi ni la virile énergie, ni la perfection poétique d'Aristophane. Ce Vénitien vous donne des canevas Italiens-Espagnols, soutenus par une grande vigueur d'invention, animés d'une folle licence ; ses pièces s'adressent à de vieux enfants. Esquisses tracées par un génie facile et satirique, elles ont aussi leur but philosophique, leur ironie oblique et populaire ; mais les traits en sont à peine arrêtés, la verve satirique en est moins positive que capricieuse ; l'art est presque toujours dédaigné ; l'esclavage a passé par là.

Gozzi a saisi le véritable génie vénitien : ses pièces sont composées pour l'effet ; ses couleurs sont fortes et naïves ; ses situations *robustes*, comme il le dit dans son style hardi.

Dépassant de tous côtés la nature, échappant à la réalité par tous les points, il fait jouer, à côté d'une partie merveilleuse et sérieuse, partie espagnole, ses masques qui sont tout Italiens, et dont la verve comique s'allie si bien avec la féerie. La trivialité de Pantalon s'ennoblit au milieu du théâtre fantastique où il se joue. La puérilité des contes de fée se trouve relevée et corrigée par la satire réelle et mordante que renferment ces rôles populaires de *Bredouille*, devenu monarque fainéant, vrai Pantagruel en son genre; de Machiavel devenu *Truffaldin*, marchand de saucisses et politique profond; du peuple vénitien avec sa gaîté et son élan, représenté par le bon *Pantalon*, officieux et dévoué à ses maîtres comme à ses plaisirs.

## § VII.

#### L'amour des trois oranges. — Canevas.

Lisez le cabinet des fées napolitain, le *Cunto delli Cunti* (1), si vous voulez trouver dans son germe cette imagination italienne qui se joue de tout, traverse l'espace pour faire l'essai de sa force, et brode sur un fond d'ironie les plus étranges caprices. L'esprit dans cet ouvrage populaire, vieux recueil de fables dont les enfants napolitains s'amusent, semble vouloir se moquer de lui-même et n'avoir que ce but unique. Il est heureux pourvu qu'il s'agite

(1) Ouvrage écrit en dialecté napolitain ; recueil de contes facétieux.

et qu'il crée. Ne vous attendez plus à l'invention railleuse des Normands, ni à ce raffinement de scolastique amoureuse dont la Provence nous a laissé des modèles. Il y a là moins de moralité que dans le *Petit-Poucet*, moins de poésie que dans les Mille et une Nuits arabes. Les fantastiques allemands vous promèneront à travers d'autres espaces ; il y a de l'esthétique dans leur gaîté, de la métaphysique dans leur féerie. Leurs chimères sont savantes. Qui veut comprendre Hoffmann et surtout Jean-Paul doit se soumettre à un rude labeur; au contraire la gaîté du livre napolitain, franche, complète, enfantine, vit pour elle-même et se suffit. C'est un vrai recueil de contes de nourrice pour bercer les enfants : *Trattenimento per li peccerili e le peccerile*, comme vous lisez sur le titre.

Naïveté d'imagination, innocence d'esprit, verve de plaisir, aptitude à ce bonheur physique dont une franche joie nous enivre, talent de créer des formes bizarres pour en rire, et des situations grotesques, comme une volupté dont l'imagination fait les frais : tels sont les éléments de ce fantastique isolé dont le peuple italien a seul donné l'exemple et senti le prix. Quand la civilisation est venue travailler ce fonds d'inimitables facéties, une satire plus vive, plus positive, moins idéale s'y est mêlée. De cette faculté populaire, de ces gros rires et de ces bonnes caricatures pittoresques, agissantes, grimacières, que vous retrouvez sous la forme des diables cornus dans le gouffre même de Dante, ont émané le *Pulci*, *Boiardo*, et l'épopée la moins connue de l'Europe, malgré son mérite, celle de Théophile Folengo, (1) que Rabelais étouffa en l'imitant.

(1) V. nos ÉTUDES SUR LE XVIᵉ SIÈCLE, les Trois Moines.

L'Arioste n'offre qu'un souvenir mobile de cette vieille disposition à s'amuser des formes, des sons, des idées et des couleurs, à rire de l'héroïsme sans le ravaler, de la vertu sans la blesser, de l'amour sans combattre son empire, de l'histoire sans la discuter. Peu semblable à Cervantes, dont on l'a trop souvent rapproché, aussi frivole que Cervantes est profond, l'Arioste, poëte des formes et des couleurs, n'a rien de sérieux. Tout est sérieux chez l'auteur espagnol, jusqu'à la gaieté. En faisant cette sublime épitaphe de la chevalerie, qu'on appelle *Don Quichotte*, il sait que c'est un grand débris que ses soins pieux ensevelissent; il appelle sur sa tombe, avec la pitié, l'admiration et le ridicule. Il pressent admirablement que la civilisation européenne, dégagée de croyances sévères et d'élans généreux, va se précipiter vers l'idolâtrie des penchants physiques, le culte d'une raison positive et la recherche des voluptés sensuelles. Aussi, pour se moquer à la fois de l'avenir et du passé, il place Sancho Pansa près du symbole de la chevalerie; le gros fermier de la Manche devient le type de toute une philosophie matérielle, de tout un monde nouveau (1). Voyez cette raison narquoise, ce bon sens du paysan, cette sagacité toujours à fleur de terre, en présence du dévouement, de la grandeur et de l'exaltation romanesque. Comme ces deux excès de la pensée humaine se frappent de coups mutuels et comiques! comme ces deux puissances, l'âme et la matière s'entrechoquent plaisamment! Rien de tel dans l'Arioste. Accourez, enfants; toutes les couleurs dont l'arc-en-ciel rayonne vont se jouer devant vous, il ne vous faut, pour

---

(1) V. nos ÉTUDES SUR LE XVIᵉ SIÈCLE, Sancho et Panurge.

être heureux ici, que la faculté d'entendre, d'admirer et de jouir.

Ce génie de la gaîté italienne, se mêle au génie de la passion espagnole dans les œuvres de Gozzi. Il paraît surtout sans voile et sans art dans la première ébauche qu'il ait donnée à la scène, l'*Amour des trois Oranges*, fable, *fiaba* (c'est ainsi qu'il l'appelle), empruntée au *Cunto delli Cunti*.

Imaginez que vous êtes à la cour du roi de Carreau. Ces vieux symboles du *jeu de cartes* se trouvent devant vous, avec leurs armoiries, leurs énormes manteaux et leurs sceptres pesans. Vous êtes en face de Sa Majesté le roi de Carreau, roi à la manière du Pantagruel de Rabelais, sans fiel, sans humeur et sans malice, marionnette comique ou tragique, comme il vous plaira. Le fils du roi est malade : Bredouille va mourir de mélancolie. Ce Bredouille, c'est le public qu'on n'amuse plus. La scène qui commence la pièce est un chef-d'œuvre de licence aristophanique et de verve bouffonne. Il faut voir le médecin Truffaldin tâter le pouls du public et nous dire comment il est tombé dans ce marasme qui l'accable ; une poésie sablonneuse ; des hémistiches larmoyans, de mauvaises rimes à la mode ont rendu ses digestions difficiles ; et Truffaldin sur la scène ne vous fait grâce d'aucun des détails de la chambre à coucher d'un malade.

De brillantes fêtes sont données pour amuser ce public, le prince Bredouille ; on n'y réussit guère. L'altesse n'est plus amusable ; les tournois l'ennuient, la musique lui fend la tête, la tragédie emphatique le désole, la comédie maniérée l'endort. C'est un public civilisé, un homme de 1780, ou plutôt de 1830, ne sachant à quoi se prendre pour se désennuyer ; caricature vraie et bouffonne. Truffaldin, dont le roi de carreau admire le talent médical et remplit l'escarcelle, ne ressemble pas mal à nos critiques-jurés, tâtant le pouls du public, incapables de l'amuser et de le guérir, le fatiguant de leurs prescriptions, et prélevant impôt sur la satiété qui le ronge.

Mais savez-vous à qui est réservée cette merveilleuse cure? Une pauvre vieille, semblable à ces bonnes femmes décrépites, que Callot représente dansant au son de la cornemuse et les poings sur les hanches, vient se mêler au magnifique tournoi qui fait bâiller le prince, et fait devant lui la culbute. Ici la satire devient personnelle. Il s'agit d'un abbé Chiari, aussi oublié aujourd'hui qu'il était célèbre en son temps par la multitude de ses ouvrages et de ses chutes sur la scène. La tournure comique de la fée Chiari rompt le charme sous lequel se trouvait le prince. Il part d'un grand éclat de rire. La joie se répand dans la cour du bon roi de carreau; les courtisans s'embrassent et se félicitent. Truffaldin le docteur écrit cette observation sur son carnet, et cet étrange premier acte est terminé.

Avec le second acte, Gozzi entre franchement dans le conte enfantin sur lequel il a fondé sa pièce. La vieille fée, mécontente du prince qu'elle a fait rire, lui inspire le désir d'aller à la conquête des trois magnifiques oranges, situées dans je ne sais quel domaine fabuleux, et dont le mage Créonte est le gardien. Ces nouvelles pommes des Hespérides, sont pour le pauvre public convalescent un sujet d'enthousiasme vraiment sublime. Il s'élance vers ces régions inconnues, comme on le voit toujours se précipiter vers le mystérieux et le nouveau. La cérémonie où le père de Léandre l'arme chevalier, parodie excellente des pièces de Dubelloy et de ses imitateurs italiens, abonde en traits plaisants, qui peignent bien l'état des esprits et de la littérature en Europe. Vous trouverez là de longues tirades empruntées à Sénèque, les ah! et les oh! de la tragédie boursouflée, les gémissements en périodes hexamètres et les redondances ampoulées de cette couleur dramatique dont Diderot lui-même n'a pas su se garantir. Sa Majesté congédie son fils, et la scène venant à changer, Truffaldin et Léandre arrivent près du château des Trois-Oranges. Un diablotin, armé d'un soufflet, les pousse sur le théâtre, et parodie ainsi la facilité romantique avec laquelle un personnage se trouve toujours là où l'on veut. Pour conquérir les Oranges, il faut vaincre quatre obstacles : un portail de fer couvert de rouille, un chien affamé, une corde de puits humide, un four enflammé. On donne au prince : du pain, un fagot, un onguent magique pour dérouiller la porte, et on lui ordonne d'étendre et de dérouler la corde au soleil. S'il cueille les oranges, il doit les ouvrir près d'une fontaine. Tel est le récit absurde emprunté du *Cunto delli Cunti*.

« Je m'étonne encore, dit Gozzi, de la puissance du merveilleux sur l'humanité et du grand effet produit par les objets les plus ridicules. Un portique de fer, un chien qui hurlait et traversait la scène, un puits avec une corde à côté, une boulangère attisant son feu tenaient le théâtre dans une attention et un silence qui font honte aux meilleures compositions dramatiques. » En vain le nécromant attaqué dans son asile crie à la boulangère de jeter les aventuriers dans le four, au portail de se fermer, à la corde : *Pends-les, corde, pends-les!* Le four, la corde, le portail répondent au magicien en vers hexamètres, que le nécromant les a trop longtemps abandonnés, et qu'ils se vengent. Imaginez des objets inanimés et matériels parodiant en France les vers de Lemière ou de La Harpe. « Il faisait beau voir, dit Gozzi, l'étonnement de Truffaldin et de son

compagnon, surpris de trouver une si grande abondance
de poètes. Pour moi, j'étais humilié de rire, vieux comme
je suis, des mêmes choses qui m'avaient fait rire enfant »
L'acte finit par un coup de foudre qui réduit en cendres le
château de Créonte. L'invocation de ce dernier est la parodie exacte de la déclamation à la Sénèque, peste inhérente
aux tragédies modernes.

La scène change encore. Truffaldin arrive avant son
maître, avec les Trois-Oranges. Il a faim et soif, il a grande
envie d'une orange; il oublie l'oracle qui défend d'ouvrir
les oranges ailleurs qu'auprès d'une fontaine. En effet, le
fruit s'ouvre ; une jeune fille en sort : grands applaudissements du parterre. Elle s'écrie qu'elle meurt de soif; Truffaldin n'a pas d'eau : elle expire. Une seconde, une troisième
orange sont encore ouvertes : même résultat. Les deux
premières nymphes sorties des oranges ont terminé leur
vie. Le prince arrive à temps pour sauver la troisième,
qu'il arrache au barbare Truffaldin. Après mille autres folies et la métamorphose de cette belle en colombe, le public
ou Bredouille épouse son orange miraculeuse ; il se marie
au genre fantastique et merveilleux, dont Gozzi avait si
bien prévu l'influence et le succès modernes.

Telle est cette esquisse dont Gozzi connaissait l'ineptie.
Cependant on aime cette personnification du public malade, et toute la parodie qui se joue et se presse autour de
lui n'est pas sans finesse. Bientôt nous verrons le génie de
Gozzi dans des pièces dialoguées et écrites en vers pleins
de vigueur se déployer librement. Cette verve de gaîté
jointe à l'emploi du merveilleux va s'employer d'une manière plus digne de l'artiste; ce comique léger et capricieux
va prendre sa place dans des plans mieux combinés. Nous
suivrons la marche de cette imagination toute méridionale ;

nous verrons quel rang doit occuper cet homme dont les critiques modernes ont presque oublié le nom.

## § VIII.

#### Gozzi continue son œuvre. — Le Roi-Cerf, fable populaire.

A Venise, en 1762, tout le monde connaissait le signor Cigolotti. Barette rouge et trouée, bas violets mal réparés, habit noir légué par un abbé dameret, figure longue, barbe en désordre, tels étaient le costume et le signalement du conteur favori de la place Saint-Marc; grammairien, critique, poëte, érudit, souvent ivre, il avait soin de faire remarquer au peuple qui l'entourait les mots toscans et les élégances de diction dont il ornait ses contes, toujours écoutés et toujours admirés. Arriviez-vous à l'auberge de Saint-Pantaléon, Cigolotti vous présentait un sonnet; preniez-vous femme, Cigolotti faisait votre épithalame; vous apportait-on l'extrême-onction, Cigolotti préparait la complainte pour vous et l'épitaphe pour les héritiers. Homme grave, de mœurs douces, j'ajouterai avec chagrin qu'il fut persécuté, sans que l'histoire lui accorde une page. Le sénat de Venise, jugeant que sa population des courtisanes augmentait démesurément, les bannit toutes par un décret. Cigolotti leur consacra sa verve; il réclama par une complainte en faveur des condamnées; le peuple répéta ses petits vers composés en patois des Lagunes; et Cigolotti fut banni comme Homère, Camoëns et le Dante. Plusieurs mois après on rouvrit les portes de Venise à la troupe exilée ; mais leur chantre et leur défenseur, dont l'État n'avait pas besoin, mourut en exil.

Ce fut ce poète malheureux, mais non illustre, que Gozzi fit paraître sur la scène, en lui conservant son nom et ses vêtements accoutumés, pour débiter le prologue de la comédie fantastique intitulée le *Roi-Cerf*. On reconnaît dans ce prologue, si heureux d'invention, une imitation exacte du style de ces conteurs de place publique, que Venise a perdus en perdant sa puissance, sa richesse et ses plaisirs. Gozzi trouvait ainsi un adroit et ingénieux moyen de faire l'exposition de sa pièce, et de préparer les spectateurs à la puérile bizarrerie de l'œuvre qu'on allait représenter. Cigolotti, après trois révérences du régisseur, défaisant sa barette et parcourant de l'œil la salle de Saint-Samuel, racontait d'un style prétentieux, barbare et orné les événements de l'avant-scène. Or, voici la sérieuse histoire annoncée par ce grave préambule, dont le succès dramatique fut immense à Venise, au temps où Rousseau et Voltaire écrivaient.

Il y avait une fois un grand sorcier vénitien dont le nom était Durandard. En passant par Venise, le roi Derame, monarque de Serendipe, ne manqua point de le consulter. Ils furent contents l'un de l'autre : les réponses du sorcier satisfirent le prince, et Derame le traita si bien que Durandard, reconnaissant, lui communiqua ses deux plus importants secrets. La magie n'a rien inventé, comme on va voir, de plus merveilleux ni de plus utile.

« Voici, lui dit le sorcier, un buste de marbre qui m'a coûté beaucoup de travaux, et dont la puissance est miraculeuse. Qu'une dame ou demoiselle s'avise de mentir en sa présence, vous verrez sa figure blanche s'épanouir, et le buste, déridé tout-à-coup, éclater de rire. Plus le mensonge sera grossier, plus vous le verrez manifester hautement son ironique gaîté. C'est là, je le crois, et vous l'avouerez, un talisman de bon aloi et d'usage applicable. Mettez-le à l'épreuve : les dames vénitiennes lui ont coûté plus d'un sourire... »

Le roi de Serendipe allait témoigner sa reconnaissance au nécromant, qui l'arrêta et lui dit :

« Écoutez encore, grand roi. Mon second présent vaut celui que je viens de vous faire. Retenez, si vous pouvez, le vers magique que voici, et dont l'immortel Merlin Coccaïe a orné ses œuvres sublimes :

Cric, crac, trif, taf, not sgnieflet canatauta riogna.

— Le vers est difficile à retenir, interrompit le roi.
— C'est de la poésie nouvelle, reprit le magicien, elle est dure et sublime. Si vous rencontrez un animal ou un homme mort, et que vous prononciez ce vers auprès du cadavre, votre âme s'élancera aussitôt dans le corps qu'elle viendra ranimer, et votre dépouille mortelle, comme disent les prédicateurs, tombera par terre. Pour peu que vous préfériez votre ancienne forme à votre nouvelle transformation, il vous suffira de répéter près de votre propre cadavre l'incantation que je viens de vous apprendre ; aussitôt vous reprendrez possession des membres que la nature vous avait donnés, et la mort retrouvera sa première proie. Ainsi vous jouirez d'une faculté de transformation dont les plus habiles magiciens n'ont pas toujours eu le bonheur de conquérir le secret. Je ne vous cache pas, sire, que le pouvoir que je vous confère peut vous exposer à de grands dangers. Au surplus, nous nous re-

verrons ; et si jamais vous rencontrez sur votre route un gros perroquet vert, vous vous garderez bien de le tuer : vous courriez risque de tuer votre bienfaiteur. »

Le bon roi Derame, enrichi de ces deux précieux trésors et accompagné de sa statue retourna dans ses États. Il se hâta, comme on le pense bien, de faire l'épreuve de son pouvoir : au moyen des transformations diverses que le vers de Merlin Coccaïe lui rendait faciles, il pénétra plus d'un secret, découvrit plus d'une trame, apprit de science certaine que les courtisans ne valent rien, et beaucoup d'autres choses que les monarques ignorent.

L'épreuve du second talisman fut plus amusante. Deux mille sept cent quarante-huit dames, demoiselles, princesses, bergères, de tous les rangs et de tous les âges, convoquées tour-à-tour dans le cabinet du prince, et interrogées par lui sur leurs sentiments secrets, répondirent de la même manière, et pas une ne dit la vérité. A mesure que ces menteuses protestaient de leur amour pour le roi, et juraient que nul sentiment n'avait approché de leur cœur, le buste perfide se prenait à rire. Derame avait envie de se marier ; mais où trouver une femme sincère ? Le buste avait détruit ses illusions. Le pauvre roi devint triste.

Or, vous saurez qu'à la cour de Derame des intrigues se nouaient comme partout. Le ministre Bredouille (Tartaglia), confident du monarque, avait gagné sa confiance et lui faisait faire plus d'une sottise. Le bon Pantalon, gondolier de Venise, se contentait de servir fidèlement et de boire sec. Brighella, le ministre des finances, puisait à loisir dans la caisse de l'État, et cherchait à faire tomber sur sa sœur Sméraldine, coquette arriérée et femme à prétentions, les faveurs du monarque. Depuis que l'intention matrimoniale de Derame était connue, pères, frères, oncles et cousins n'espéraient plus qu'en leurs filles, en leurs sœurs, en leurs nièces, en leurs cousines. C'était un tapage d'ambitions féminines vraiment effroyable, et une série de désappointements cruels causés par ce buste dont tout le monde et même le favori Bredouille ignorait la puissante sagacité. Les femmes du royaume de Serendipe trouvaient leur roi singulièrement difficile ; comme il arrive toujours, le désir de le posséder s'augmentait de cette difficulté de lui plaire. Sméraldine jouait le sentiment : le buste riait ; Clarice protestait qu'elle n'avait jamais aimé : le buste de rire encore. Le roi maudissait son savoir, et sa mélancolie redoublait.

Le bon Pantalon avait une fille naïve et sans art, mais non sans passion ni sans esprit. Angela, c'est le nom de la Vénitienne, aimait ardemment le roi ; elle en était *amoureuse-morte*, *innamorata-morta*, comme dit le texte. Son père, en véritable Vénitien, l'avait souvent grondée, lui disant qu'elle pouvait aimer tant qu'il lui plairait, que c'était fort bien à elle, mais que d'aimer le roi il ne le lui pardonnerait jamais. Angela fut la deux mille sept cent quarante-neuvième personne qu'on appela dans le cabinet royal, et la première qui répondit la vérité. Aussi fut-elle épousée. Derame, dans un beau transport d'admiration et d'amour, se hâta de briser le buste qui lui avait choisi, entre tant de femmes dissimulées, une femme sincère. C'était aller bien vite, le bon monarque de Serendipe était plus généreux que prudent, comme la suite de sa singulière histoire ne le prouve que trop.

Quand les noces du roi eurent été célébrées avec la magnificence convenable, la cour reprit son train ordinaire ; on remarqua la profonde mélancolie de l'ambitieux Bredouille, déçu dans ses espérances : son rival triomphait. Bredouille essayait de le féliciter de son mieux, et le défaut de sa prononciation, trompant ses efforts, redoublait ses tourments. Si vous ajoutez à ce malheur de l'ambitieux trompé et du complimenteur qui bredouillait une autre circonstance, celle de son amour secret pour Angela, devenue femme du roi, vous avouerez que son désespoir était motivé. Aussi le bonhomme de monarque eut-il compassion de son vieux serviteur ; et, pour le consoler, il lui confia son second secret, celui du vers de Merlin Coccaïe, et de la transformation qui devait le suivre. Au moment de cette imprudente confidence, le roi et le ministre se trouvaient à la chasse. Deux cerfs vinrent mourir à leurs pieds. Derame, excellent roi, excellent ami, mais trop complaisant, poussa la bonne grâce et la condescendance jusqu'à essayer lui-même, en présence de son favori, la métamorphose dont nous avons parlé. O merveille ! À peine eut-il prononcé la terrible incantation, son âme quitta son corps, passa dans celui du cerf, et laissa étendu par terre, auprès de Bredouille stupéfait, le cadavre de Derame. Le traître saisit l'occasion ; prononce à son tour le vers magique ; son bredouillement le gêne un peu et ralentit l'opération ; mais enfin elle s'accomplit. Voilà sa mauvaise âme qui s'empare de la dépouille mortelle de Derame ; et le corps de Bredouille qui reste comme mort, pendant que le *roi-cerf* s'amuse à courir les forêts et essaie la légèreté de ses jambes.

Bredouille, entré par magie dans le corps du roi, commence à se demander ce qu'il fera du cadavre de Bredouille. Cette nouvelle habitation est meilleure, il la préfère à l'autre ; d'un coup de cimeterre, il tranche la tête du ministre, c'est-à-dire sa propre tête.

L'âme d'un tyran a donc pris possession de cette forme extérieure qui appartenait à un souverain paternel. Tout change aussitôt dans la monarchie. Comme dans cette espèce de société que les contes de fées nous présentent, la bonhomie du monarque est le seul contre-poids du pouvoir, ce contre-poids une fois détruit, le désordre se met partout. Bredouille n'a qu'une crainte, c'est que l'âme du véritable monarque, enfermée dans le corps du cerf, ne ressuscite et ne reconquière sa forme extérieure, dont lui Bredouille a pris traîtreusement possession. Par quel moyen anéantir ce redoutable compétiteur ? Il faut tuer le *roi-cerf*. On proclame, à travers la ville de Serendipe, que mille sequins d'or seront donnés à qui apportera la dépouille d'un cerf blanc avec une étoile noire sur le front. On prépare une grande chasse : le cerf blanc passe devant les piqueurs du roi et leur échappe. Au moment où le nouveau monarque témoigne sa colère de ce qu'on ait manqué le cerf, le hasard amène en présence de Bredouille-Derame un vieux bûcheron. « As-tu vu passer le cerf? » lui demande le roi. Le bûcheron, à moitié ivre, répond qu'il ne l'a pas vu. « Qu'on le mette à mort ! » Ce paysan tombe aussitôt sous les coups des gens du roi. C'est ainsi qu'on rendait la justice dans le royaume de Serendipe.

Imaginez cependant, si vous le pouvez, la détresse et la douleur de cet excellent Derame, si mal payé de sa bonté ! Devenu cerf, poursuivi par l'ingrat qu'il a comblé de bienfaits, traqué par l'usurpateur de son royaume, il parcourt tout haletant les forêts où si souvent sa voix souveraine avait dirigé le pas des chasseurs et le vol des coursiers. Mais qu'aperçoit-il dans un ombrage épais? Le corps du paysan victime de la colère de Bredouille. « O bonheur ! s'écrie-t-il ; je vais enfin reconquérir une forme moins indigne de moi. Ce corps est bien vieux, bien cassé, bien impotent, mais enfin c'est le corps d'un homme. Voici la nouvelle demeure que le monarque de Serendipe, se trouve forcé d'habiter ! » Le vers magique sort de ses lèvres : la nouvelle métamorphose a lieu. Derame n'est plus qu'un mendiant, un bûcheron décrépit. C'est sous cette forme qu'il regagne sa ville capitale, méconnu de tous ses sujets, mais conservant, sous une figure hideuse, une âme royale. Il se glisse furtivement dans ces édifices splendides qu'il a fait construire, et parvient jusqu'à Angela, que la présence du vieux paysan étonne autant que ses discours. Comment Derame, changé en bûcheron, se fera-t-il reconnaître ? L'âme du roi, cachée sous la forme du vieil indigent, conservera-t-elle sa puissance sur l'âme tendre de sa belle épouse ?

Dans ces temps-là vivaient des femmes qui, sans se laisser séduire par les agréments extérieurs, rendaient aux qualités de l'esprit et du cœur ces hommages prodigués souvent à la richesse, au rang et à la beauté. Angela était un de ces êtres. En vain Bredouille, sous les traits et le costume du roi, cherchait-il à mettre à profit sa position et à se prévaloir de ses droits nouveaux, Angela reconnaissait la bassesse innée et la scélératesse ineffaçable de celui qui se présentait à elle comme son véritable époux. Elle s'effrayait du changement bizarre de ses sentiments ; elle repoussait les caresses et méprisait les prévenances de Bredouille-Derame. Ce fut au milieu de cet étrange conflit que le mendiant, c'est-à-dire le roi sous sa nouvelle métamorphose, se présenta aux yeux de la reine, et lui apprit par quel enchaînement d'incidents merveilleux il se trouvait transformé en bûcheron et Bredouille en roi. L'élégance du langage que le paysan avait conservée, la noblesse de ses pensées, la grâce de ses discours, comparées à la fausse grandeur, à la lâcheté de Bredouille-roi, convainquirent la jeune épouse de la vérité de cette étrange aventure. Mais comment rompre l'enchantement? Comment arracher à Bredouille-Derame, non-seulement son trône volé, mais son nom et ce corps dont il avait usurpé la possession?

Oncques ne vîtes sans doute un homme recevoir des mains d'un étranger son propre cadavre, lui faire des funérailles magnifiques, prononcer sa propre oraison funèbre et vivant assister à son inhumation solennelle et véritable? C'est que vous vivez en des siècles dégénérés, où le fantastique est sans pouvoir. Voilà pourtant ce dont toute la ville de Serendipe fut témoin sous le règne de Derame-Bredouille. Truffaldin, pauvre oiseleur attaché à la cour, tendait ses filets dans le bois, quand il aperçut le corps abandonné de Bredouille, cadavre dont le ministre, prévoyant assassin de lui-même, avait tranché la tête, ainsi que le benin lecteur doit se le rappeler. Non loin de ces restes mortels, gisait la dépouille du cerf blanc, où Derame avait eu l'imprudence de faire élection de domicile, cerf dont le tyran de Serendipe avait mis la tête à prix. Heureux de sa double trouvaille, notre oiseleur charge sur ses épaules le cerf qui doit lui valoir deux mille sequins, et fait porter à la ville, par deux paysans, le tronc informe de Bredouille. Le roi, charmé de la nouvelle, fait jeter le cerf à la voirie; et après avoir prononcé un panégyrique de Bredouille dont tout écrivain nécrologique tirerait vanité, fait embaumer ces restes, les ensevelit, se construit à lui-même un cénotaphe, envoie le triste Truffaldin en prison pour ne pas grever son budget des deux mille sequins promis (moyen économique d'administrer ses finances), accuse toute la cour de la mort de Bredouille, la jette en masse dans un cachot, et règne ainsi paisiblement, sans entraves, sans peine, sans scrupules, sans former un cabinet homogène, un ministère compact ou de fusion, et sans s'inquiéter d'une chambre des communes ou d'une chambre des pairs.

Le ciel juste veillait. Dans le palais même où Truffaldin avait déposé ses cadavres, il avait laissé les ustensiles de son métier et les oiseaux qu'il avait pris. De ce nombre était un beau perroquet vert de la plus grosse espèce : c'était Durandard, le sorcier Vénitien, l'homme des transformations et des talismans. Il arrivait à point. Derame, devenu paysan, avait été surpris dans les appartements de la reine ; Angela et son malheureux époux allaient tomber sous les coups du bourreau, quand cet honnête sorcier, portant secours à l'innocence, vint rendre à chacun sa forme première, restituer à Derame ses nobles proportions, à Bredouille son nez camard et son front bas, à Angela son époux véritable, et donner au peuple de Serendipe cette grande leçon de morale : « Qu'un roi ne doit jamais se fier aveuglement à ses ministres. »

C'est là le conte de *ma Mère-l'Oie*, qui, distribué par scènes, avec un art et une régularité peu communs, écrit moitié en prose spirituelle, moitié en vers éloquents et passionnés, fit l'admiration du bon peuple de Venise.

De grands coups de pinceau ; un coloris large et frais ; des nains et des singes dans un coin du tableau ; des rois et des reines étincelants de soie, de moire et de pierreries ; une architecture fantastique et impossible, se découpant sur un ciel profond, d'un éclatant et limpide azur ; voilà cette grande et singulière machine. On la comprend sans peine ; on se joue au milieu de ces personnages placés hors du monde réel et cependant naïfs. Il est difficile de jeter plus d'intérêt dans le fantastique et plus de vérité dans le mensonge. A voir cette franchise de touche et cette vigueur de pinceau, vous diriez que tous ces personnages sont des portraits. Angela, qui reconnaît si heureusement, par l'instinct de l'âme et la divination de l'amour, l'objet de ses affections sous la métamorphose qui le déguise, et repousse un traître caché sous la forme de son amant; Bredouille, le ministre complimenteur, le roi lâche, le panégyriste de lui-même; Pantalon, le symbole de la Venise populaire, bon serviteur, dévoué à son maître et à ses voluptés. Au lieu de ce dialogue incohérent et faux dont la plupart des féeries sont misérablement tissues, vous trouvez de la poésie, de l'éloquence, de l'élévation dans toutes les scènes où les sentiments ardents et nobles se développent. Telle est surtout la scène où Angela repousse les caresses de Bredouille devenu roi.

« Oui, lui dit-elle, voilà cette figure noble, ces traits chéris, ce beau corps, cet extérieur plein de grace, qui me charmèrent chez mon époux. Mais où sont ses actions? qu'est devenue son âme? où est son langage? où est l'élévation de sa pensée? Hélas! je ne retrouve plus cette délicatesse de sentiments qui, me pénétrant le cœur, arrachait à mon ingénuité de jeune fille l'aveu du plus tendre amour. Sans elle, vous aurais-je avoué mon désir de vous avoir pour époux? Pardon! ô mon roi, pardon! Ce n'étaient pas les proportions heureuses, la beauté de votre corps, qui éveillèrent mon ardente affection pour vous: ce fut la beauté admirable de votre pensée, l'ingénieux langage, l'expression de vos idées au-dessus du vulgaire; la majesté de ces paroles vertueuses qui sortaient de votre âme. Voilà ce qui m'a séduite: voilà ce que je cherche en vous aujourd'hui, ce que je cherche en vain, hélas! pour mon malheur!

(*Elle pleure.*)

> Pur siete quello stesso. E' quella
> La bella faccia, e quelle son le belle
> Membra, che amor m'hanno ispirato, pure
> I gesti non son quelli, i sentimenti
> Dello spirito vestro, il favellare,
> L'elevatezza del pensar sublime,
> Le delicate immagini non sono
> O non mi sembran piu quelle', che il core
> M'han rubato dal sen, che m'han sforzata
> A palesarvi l'amor mio, ch'han mosso
> Il desiderio in me d'avervi sposo.
> Perdon, mio re ; perdono, la bellezze
> Del vostro corpo la cagion no furo
> Del vero affetto mio. Furo le nobili
> Forme del pensar vostro, et le ingegnòse
> Imagin dello spirito, e i gravi modi,
> Che uscino dall'alma vostra, che m'han presa,
> Quelli ch'io piu non trovo, o che mi sembra
> Piu non trovar in voi, per mia sventura.
>
> (Piange).

On a remarqué les idées ingénieusement burlesques, que Gozzi a introduites dans son œuvre : Bredouille exerçant sur son propre cadavre le métier de bourreau, puis de maître de cérémonies, faisant son panégyrique et son éloge funèbre, et s'enterrant avec pompe ; et cette spirituelle invention qui, conservant au ministre son bredouillement dans le nouveau corps qu'il habite, assimile l'âme avec la pensée et le langage, et fait reconnaître le lâche sous sa forme empruntée. Hoffmann et Callot eussent envié à Gozzi ces caricatures, où tant de philosophie et de verve se mêlent à une bouffonnerie si amusante.

Quand ce Vénitien Dalmate transforma ainsi l'imbroglio

espagnol en féerie satyrique, la charpente sociale, toute pourrie dans ses jointures, s'affaissait avec un bruit sourd; Gozzi n'entendait que trop cette menace ; il amusait ses compatriotes de la Chiazza, comme on prodigue l'eau-de-vie aux matelots dans les tempêtes.

Contes d'enfants, pleins de grâce et de vigueur, les drames de Gozzi sont les monuments d'un monde détruit. Et ne les jugez pas frivoles : toute la décadence, toute la servitude et toute la puissance passée de Venise sont là. Le peuple qui produit une littérature de ce genre n'a plus rien à faire au monde : il a passé par la vieillesse, il est retombé dans l'enfance. Gozzi marqua, par ses œuvres brillantes, colorées, puériles et hardies, le dernier période de cette tutelle rigoureuse sous laquelle le peuple de Saint-Marc avait perdu ses droits de citoyen sans perdre ses facultés d'imagination et sa soif de voluptés.

Les créations piquantes de Gozzi sont au contraire le dernier résultat de cette situation sociale où un peuple d'imagination ardente est forcé à ne s'occuper que de ses plaisirs.

Nous ne donnerons pas l'analyse de toutes les merveilles dont sont remplis ces imbroglios au nombre de trente-six, les uns traduits de Cânizarès, de Matos Fragoso de Rojas; les autres puisés à la même source magique que la *Vida es un sueno* de Caldéron, tels que : *le Corbeau, Turandot, la Femme serpent, les Mendiants heureux, Zobéide, le Monstre bleu, Turquin, l'Oiselet d'un beau vert,* et *Zeim, roi des génies;* ce serait rouvrir aux yeux du lecteur les trésors du *Cabinet des Fées,* où Gozzi puisait sans scrupule. Toujours des secrets à garder, secrets que l'on ne peut garder sans péril ; toujours des ordres à exécuter, ordres dangereux ou impossibles dans leur accomplissement ; toujours des transformations miraculeuses et une complication étrange de moyens surnaturels par la variété et la vérité de ses caractères.

Ce qu'il faut y remarquer, c'est une admirable intuition de cette mythologie des fées émanée du moyen-âge. Il en a saisi le génie, il l'a transformée en poésie brillante. Il a su mêler à la magie orientale l'esprit chevaleresque ; de cette alliance a résulté une œuvre pleine de grâce et de nouveauté. Dans ses héros respire ce spiritualisme du point d'honneur emprunté au drame espagnol et qui, selon la belle expression de Burke, ressentait l'outrage comme une blessure. Dans ses personnages surnaturels vit le génie de l'Orient, prêtant à des forces humaines une puissance illimitée sur la nature esclave. Dans ses caractères inférieurs vous trouvez une abjecte soumission à la loi du corps, au cri des passions, à la tyrannie de l'intérêt. Ils offrent comme Sancho la contre-partie grossière des héros placés sous le coup du destin et luttant contre lui ; et des demi-dieux qui, dominant le destin, forcent l'héroïsme à se déployer dans une foule d'épreuves qui le torturent en l'épurant.

On voit sur quelle vaste échelle se dessinent les drames de Gozzi, esprit dont l'étendue égalait la finesse. En élargissant son cercle, en se jouant dans cette sphère sans bornes, il se créait des obstacles égaux à son pouvoir. Comment, dans de si vastes machines, caractériser finement, dessiner avec une précision parfaite tous les traits du tableau ? Comment ne pas sacrifier au mouvement trop rapide d'une scène remplie de prestiges le développement des passions ? Comment ne pas tout accorder au coloris, à la vivacité des teintes, à l'effet des contrastes ? Aussi, malgré le talent du poète, ses œuvres sont-elles plutôt de chaudes et brillantes esquisses que des productions achevées. Vous y remarquez des indications spirituelles, satiriques, profondes; le dialogue en est habile, passionné, énergique; mais la nécessité de suivre, en haletant, le cours précipité des événements miraculeux qui forment le tissu du drame contraint le poète à se contenter de quelques touches larges et fortes sans les détailler et les expliquer avec précision. De là le véritable défaut de Gozzi; quelque chose de lâché, d'incomplet et de précipité dans l'ensemble; de la vigueur, de l'abandon et de la verve, mais de l'incorrection.

Héroïsme et caricature se confondent dans ces drames. L'ironie est attribuée aux Truffaldin et aux Pantalon; Gozzi a senti qu'elle est populaire de sa nature; il lui a donné la prose pour expression, et le patois pour symbole.

Il faut à l'ironie un langage vulgaire, à la poésie un idiome symbolique réglé par des lois musicales. Ravaler la prose jusqu'au patois c'est donner à l'ironie son caractère le plus trivial. Quand Brighella l'intrigant s'exprime en dialecte bergamasque, la vivacité sautillante, la prononciation presque gasconne du personnage, fait mieux ressortir la moquerie qui apparaît en saillie; le langage est bas comme l'acteur; l'activité de ses paroles trahit cette alerte avidité dont Brighella est le type. Pantalon se montre-t-il sur la scène, son patois est tout sensuel, il est doux, naïf, coulant, amical, plein de bonhomie : c'est le patois de Venise. A côté de ces symboles si bien en harmonie avec leurs propres discours, et qui, représentant les passions vulgaires de l'humanité, ont un langage vulgaire émané de ces passions, se jouent des êtres plus nobles, plus purs; ceux-là parlent poésie.

Les mêmes effets de dialogue se trouvent dans Shakspeare ; les drames du Vénitien doivent aux particularités locales une variété plus piquante. L'esprit satirique de l'Italie a résumé, sous la forme d'un vice, chaque nationalité différente ; il a donné à ce vice un corps, une âme, une façon d'être et d'agir. Ce vice est devenu type, ce type a conservé le patois spécial de la localité qu'il caractérise. Lorsque le pédant de Shakspeare donne des leçons de grammaire en patois du pays de Galles, c'est tout simplement un magister gallois qui fait rire à ses dépens. Lorsque le vieux Pantalon ouvre la bouche, c'est la sensualité qui parle, Venise populaire. Le bredouilleur Tartaglia est le parfait symbole de la duplicité et de la ruse, comme Apollon est le symbole reconnu de la poésie et des arts.

Cette caricature-type, qui fournit à Gozzi son élément comique, s'allie très-bien avec la féerie. Toutes deux sont pittoresques, toutes deux émanent de l'imagination, et s'y rapportent, l'une par la gaîté, l'autre par l'éclat et l'invention. Elle s'allie également bien avec le merveilleux chevaleresque de l'Espagne. Qu'est-ce que ces aventures surprenantes, ces dévoûments au-dessus de l'homme, sinon le surnaturel transporté dans une sphère morale ? Le héros parfait, comme la fée, a toute-puissance sur le monde moral qui vit en lui-même ; il se dompte, il se transforme, il s'oublie, il se dévoue à un sacrifice éternel. Ce miracle est plus étonnant que l'autre.

Un secret rapport s'établit donc entre l'héroïsme moral, le fantastique merveilleux et la caricature bouffonne. La pure essence du génie chevaleresque se trouve au fond de ces drames ; les talismans de la magie en fournissent les puissants ressorts ; les Bredouille et les Brighella en sont la populace ironique, moqueuse et raillée. A ce sentiment de l'honneur et du devoir, à cette délicatesse excessive, dernier raffinement de la religion chevaleresque, s'accouplent des penchants grossiers, des vices ignobles, des inclinations triviales, des idées burlesques, représentés par les masques dont j'ai parlé. L'humanité idéalisée et tragique se trouve en face de l'humanité abjecte et comique. C'est Sancho près de son maître, c'est Falstaff promenant sa corpulence au milieu des guerres civiles, c'est l'esclave chargé de punir le triomphateur, c'est l'humanité toute entière, moitié ange, moitié brute : elle qui, selon le mot profond de Shakspeare, *serait trop fière de ses vertus si ses vices n'étaient là pour donner le fouet à sa grandeur.*

Résumons ce que nous avons à dire d'un écrivain peu connu, dont le talent n'est plus avoué en Italie, dont l'Allemagne seule, toujours amoureuse du fantastique, a conservé le souvenir. On peut voir en lui à la fois le dernier élève de l'Espagne héroïque et le dernier possesseur de cette verve railleuse et d'imagination que Pulci, Berni, et même Arioste, ont répandue dans leurs strophes brillantes. Si l'on se demande pourquoi cet homme d'un esprit si remarquable a constamment dénigré et repoussé les idées de la philosophie moderne, tourné ses axiomes en ridicule et poursuivi ses apôtres d'épigrammes violentes, on trouvera la cause de cette hostilité dans la tournure même de son génie. Lui qui avait tout emprunté à l'Espagne et au moyen-âge, se trouvait sur la limite d'un renouvellement social favorisé et protégé par les philosophes, et qui allait détruire à jamais ce que le moyen-âge avait fondé.

Gozzi se confond avec Alarcon et Cervantes par cette veine chevaleresque, cette foi de loyauté, ce dévoûment à l'honneur, ce déploiement de sentiments nobles et pieux, enfin cette grandeur héroïque, dont la nuance ardente se confond avec la mythologie des fées et le lazzi perpétuel des masques populaires. Seul de tous les auteurs dramatiques, Gozzi a revêtu d'une forme théâtrale la pensée de l'Arioste et celle de Cervantes.

Il faut avouer qu'une harmonie intime vit et règne dans les drames de Gozzi. A des monarques stupides et grandioses il faut des Truffaldins intrigants; à des ministres sottement perfides il faut des peuples moutons; à ces drames de convention dont l'intérêt repose sur la fiction magique il faut un comique de convention, dont la gaîté soit fondée sur des préjugés populaires. Cette exagération du merveilleux dans l'intrigue entraîne l'exagération de la verve bouffonne dans les scènes gaies et du pathétique dans les scènes tristes. Deviner cet accord c'est avoir du génie.

Il restera de Gozzi des scènes écrites avec une brillante facilité et une poésie naïve, ardente, colorée. Jamais on ne pourra l'opposer ni le comparer aux Molière et aux Shakspeare. C'est un Aristophane secondaire dont le théâtre est un phénomène plutôt qu'un modèle. Sa supériorité consiste dans l'homogénéité de sa création. Jetez au milieu d'une fable orientale, parmi les démons, les sylphes et les génies, la gaîté douce de Térence, l'observation précise de Molière, vous brisez l'unité de votre œuvre et mentez à la vérité. Le bizarre rénovateur du Drame espagnol à Venise n'a pas été infidèle aux préceptes de cette muse unique, régulatrice de toutes les productions de l'art, Vénus-Uranie, qui anime, soutient et règle le concert sublime des choses créées.

FIN.

# TABLE ALPHABÉTIQUE.

## A.

| | PAGES. |
|---|---|
| ALARCON, poète espagnol. | |
| — son génie, sa biographie, ses œuvres. | 81 |
| — Liste et analyse de ses drames. | 148 |
| A SEGRETO AGRAVIO SEGRETA VENGANZA, drame de Caldéron. | 28 |
| AS YOU LIKE IT. Pièce de Shakspeare. | 28 |
| ARABE (Le génie). | 229 |
| ADONE (L'), poème de Marino. — Analyse de ce poème. | 295 |
| ARTISTES (Les) au XVIIe siècle. | |

## B.

| | |
|---|---|
| BALZAC. Comment il imite les auteurs espagnols. | 110 |
| — A imité les axiômes de Perez. | 250 |
| — Imitateur de Marino. | 294 |
| — Sa liaison avec de Viau. | 396 |
| — Il le persécute. | 405 |
| BUCKINGHAM (Pièce de). Parodie des pièces espagnoles. | 104 |
| BALLADE (Une) espagnole. | |
| — Le grand Salteador. | 209 |
| BOILEAU (Victimes de). | 305 |
| — Sa sévérité. | 349 |
| CALDÉRON (Génie de) et ses | |

## C.

| | |
|---|---|
| œuvres dramatiques. | 20 |
| — Poète de l'Inquisition. | 228 |
| CAPRICE (Du), et quelle en est la valeur. | 307 |
| CHAPELAIN à l'hôtel de Rambouillet. | 273 |
| — Porte-queue de Marino. | 304 |
| CERVANTES (Génie de) et ses œuvres. | 23 |
| — N'écrit pas de mémoires. | 234 |
| CHILLICOTE BANNER (The), le journal-mouchoir. | 227 |
| CID (Le) pièce universelle. | 225 |
| CORNEILLE (P.). Ce qu'il prend à l'Espagne. | 82 |
| — Esprit de ses œuvres. | 155 |
| — Ses prétendus emprunts. | |
| CÉLESTINE. (La) Drame espagnol en vingt-huit actes. | 15 |
| CRITIQUE (Frivolité de la). | 8 |
| — De la critique appliquée au théâtre espagnol. | 38 |
| CROIX (La), symbole du Midi. | 38 |
| CATHOLIQUE (Symbole). | 39 |
| CADET-LA-PERLE. | 321 |
| CALLOT, représentant de son siècle. | 111 |
| — (Rôle de) au XVIIe siècle. | 300 |

## D.

DRAME (Du) dans les temps modernes. . . . . . . . 15
— Joue au XVI<sup>e</sup> et au XVII<sup>e</sup> siècle le rôle de la presse aujourd'hui. 228
DON JUAN. Drame européen. . . . . . . . . . 225
DRAMATIQUE (L'art) n'a qu'un moment de vie réelle chez les peuples. . 224
DANTE. Son œuvre et l'esprit de son œuvre. . . . 77
DÉVOTION DE LA CROIX. (La) Pièce de Caldéron. . . . 38
DRYDEN. Ce qu'il imite des pièces espagnoles. . . . 104

## E.

EBOLI (La princesse d'). Rôle de cette femme auprès de Philippe II. . . 239
ESCOVEDO. Rôle de cet Espagnol à la cour de Philippe II. . . . . . . . . 241
ESPAGNOL (Originalité particulière du génie). . . . 225
— Le génie espagnol laisse peu d'individualité aux auteurs. . . . . . . . ibid.
— Le drame espagnol reflète l'histoire intérieure de l'Espagne. . 229
— (La littérature) a peu de mémoires. . . . . 234
— Commencement de l'influence espagnole en France. . . . . . . . 235
— (Influence) sur la littérature italienne. . . . . 209
— (Du génie). . . . . . . 3
— Du théâtre. . . . . . . ib.
— De la nationalité espagnole. . . . . . . . 10
— Du drame espagnol. . . 15
— Rythme espagnol. . . . 26

— Influence de l'Espagne sur la France. . . . . 107
ÉTOURDI (L') de Molière. 132
EXAMEN DE MARIDOS. (El) Pièce d'Alarcon. . . . . 150

## F.

FARET. Son rôle. . . . . . 321
FAUST (Le) allemand et le Faust espagnol. . . . . 59
FEMME (Rôle de la) en Espagne. . . . . . . . . . 179
FRANÇAISE (La littérature). Influence qu'elle subit et qu'elle fait subir. . . . 251
— (Esquisse rapide de la marche de la littérature) jusqu'au XVII<sup>e</sup> siècle. . . . . . . . 293
FRANCE (La) au commencement du XVII<sup>e</sup> siècle. . 376
—(Influences subies par la) 107
FRANCE (La) Espagnole. . ibid.

## G.

GŒTHE (Le Faust de), anti-dramatique. . . . . . 223
— Son génie et ses œuvres. 75
GREC (Perfection du drame) 226
GARASSE. Ses déclamations. 383
GANAR AMIGOS. Pièce d'Alarcon. Analyse de cette pièce. . . . . . . . . . 160
GOZZI (Charles). Ses aventures. . . . . . . . . . 465
— Son théâtre espagnol-vénitien. . . . . . . . 480
GOINFRES (Les) de 1610. . 320

## H.

HAMLET. Pièce de Shakspeare, ou la méditation domine l'action. . . . 223
—Comparaison d'un Hamlet espagnol et d'un

| | | | |
|---|---|---|---|
| Hamlet anglais | 58 | — Nature de son talent | 292 |
| HOMME DE GÉNIE (ce que c'est que l') | 22 | — Son poème de l'Adone | 295 |
| HISTOIRE LITTÉRAIRE (l'). Quels rapports l'unissent à l'histoire politique | 254 | — Son habileté de courtisan-poète | 298 |
| | | — Le *Tempio* | ibid. |
| | | — Une bonne action de Marino | 7.7 |

### I.

| | | | |
|---|---|---|---|
| INDIVIDUALITÉ rare chez les poètes Espagnols | 225 | — (Entrée triomphale de) à Naples | 260 |
| ITALIENNE (Littérature) aux xiv<sup>e</sup> et au xv<sup>e</sup> siècle | 268 | — Sa vie | 264 |
| — Comment elle subit l'influence espagnole | 269 | — Type des spéculateurs littéraires | ibid. |
| — Influence italienne sur la littérature française | 273 | — Représentant de l'influence espagnole sur la littérature italienne | 269 |
| IBÉRIQUE (Type) | 220 | — Vient à Paris | 271 |
| ITALO-HISPANIQUE (Influence) en France | 291 | — Représentant de l'influence italienne sur la littérature française | 275 |
| | | MAGICO PRODIGIOSO. Drame de Caldéron | 59 |

### L.

| | | | |
|---|---|---|---|
| | | MANGANILLA DE MELILLA (La). Pièce d'Alarcon | 155 |
| LOS FAVORES. Pièce d'Alarcon | 143 | — Analyse de cette pièce | ibid. |
| LIBERTINS (Les) au xvii<sup>e</sup> siècle | 385 | MARCHAND DE VENISE (Le). Pièce de Shakspeare, ou scène analogue dans Alarcon | 151 |
| LOPE DE RUEDA, l'un des premiers poètes espagnols | 15 | MENTEUR (Le). Comédie de Corneille comparée à l'original espagnol | 81 |
| — Son génie | 24 | | |
| LOUIS XIII, (Du règne de) | 305 | MÈTRE (Du) dont se servent les poètes espagnols | 62 |

### M.

| | | | |
|---|---|---|---|
| | | MIDI (Esprit du) | 39 |
| MIDSUMNER'S NIGHT'S DREAM, pièce de Shakspeare antidramatique | 223 | MORALE (De la) dans le drame | 147 |
| MALHERBE. Combat Marino | 301 | MANCINI (Hortense). Son salut à Londres | 254 |
| — Combat Saint-Amant | 315 | MÉMOIRES (Les) ne sont pas espagnols | 233 |
| MARINO. Comment il se défend contre la critique | 289 | MÉRIDIONAL (Le drame) plus propre à la scène que le drame du Nord | 223 |
| — Condamné par la grande école française du xvii<sup>e</sup> siècle | 290 | | |

### N.

| | | | |
|---|---|---|---|
| — Quels furent ses imitateurs | ibid. | NATIONALITÉ (La) du drame en fait la force | 222 |

| | | | |
|---|---|---|---|
| Nationalité (Sans) point de littérature. | 10 | tilina et Salluste du xviie siècle. | 306 |
| Nord (Esprit du). | 39 | Richelieu. Son œuvre. | 305 |
| | | — Comment il devinait les hommes. | 321 |

**O.**

| | | | |
|---|---|---|---|
| Observation (L') est anglaise. | 228 | Rêve d'une nuit d'été (Le). Pièce de Shakspeare. | 100 |
| | | Rythme espagnol. | 26 |
| | | Racine. En quoi il s'éloigne du génie espagnol. | 28 |

**P.**

| | |
|---|---|
| Perez (Antonio). Sa vie et son livre. | 233 |
| — Donne l'impulsion castillane à l'esprit français. | 235 |
| — Sa généalogie et sa vie. | 239 |
| Philippe ii, roi d'Espagne. — Caractère de ce roi. | 235 |
| Pensée (Voyages de la). | 217 |
| Philosophie (La) dominant dans les drames du Nord, les rend moins propres à la scène. | 222 |
| Pisani (Hôtel). Point de réunion au xviie siècle. | 273 |
| Poésie (Marche de la) chez les peuples. | 224 |
| Précieuses (Les). | 272 |
| Presse (Puissance de la). | 227 |
| Philosophique (Mouvement) du xvie et xviie siècle. | 380 |
| Poussin (Nicolas), protégé par Marino. | 300 |
| Pistolet. Personnage de Shakspeare, parodie des personnages espagnols. | 100 |

**S.**

| | |
|---|---|
| Saint-Evremont initie Londres à l'esprit français. | 251 |
| Saint-Amant. Son véritable rôle. | 325 |
| — Poète descriptif. | 332 |
| — Saint-Amant en Angleterre. | 337 |
| — A Paris. | 340 |
| — Son poème. | 346 |
| — Subit l'influence de Marino. | 291 |
| — Il fut un grand homme de 1624 à 1650. | 309 |
| — Sa vie. | 314 |
| — Roi des Goinfres. | ibid. |
| Septentrional (Génie). | 93 |
| — (Le drame) plus philosophique que propre au théâtre. | 223 |
| Spéculateurs littéraires. | 265 |
| Salvator Rosa. Son génie capricieux. | 306 |
| Shakspeare. Son génie. — En quoi il diffère du génie espagnol. | 21 |
| — Ce qu'il imite d'Alarcon. | 151 |
| Société tapageuse de 1640. | 317 |
| Sismondi (M. de). Frivolité de sa critique. — Ses faux jugements. | 5 |
| Schiller. Son génie et ses œuvres. | 75 |

**R.**

| | |
|---|---|
| Rambouillet (Hôtel). | 274 |
| Révolutionnaires de la littérature (Les). | 266 |
| Roman (Le) est espagnol et père du drame. | 228 |
| Rabelais. Ce qu'il était en 1540. | 380 |
| Retz (Le cardinal de). Ca- | |

## TABLE ALPHABÉTIQUE.

### T.

TAMBOUR NOCTURNE. (Le).
  Pièce de Destouches . 148
THÉATRE ( Différence du
  drame et du). . . . . . 222
— (Du) de l'Europe. . . . 120
TEMPIO (Il). Poème de Ma-
  rino. . . . . . . . . . . 296
TEXEDOR DE SEGOVIA (El).
  Pièce d'Alarcon. . . . . 155

### V.

VARIÉTÉ (Rôle de la) dans
  le monde. . . . . . . . 78
VERDAD SOSPECHOSA (La). Pièce d'Alarcon. — Pro-
  totype du Menteur. . . . 82
VIAU (Théophile de). Sa po-
  sition à Paris en 1623. . 376
— Sa vie et ses œuvres. . . 386
— Ses lettres. . . . . . . 392
— Sa liaison avec Balzac. . 396
— Libre penseur.. . . . . 407
— Ses malheurs et ses voya-
  ges. . . . . . . . . . 412
— Chef des *Libertins*. . . 348
VOLTAIRE (Esprit de). . . . 11

### U.

UNITÉ (Rôle de l') dans le
  monde. . . . . . . . . 78

FIN DE LA TABLE DES MATIÈRES.

COULOMMIERS. — IMPRIMERIE DE A. MOUSSIN.

www.ingramcontent.com/pod-product-compliance
Lightning Source LLC
Chambersburg PA
CBHW060509230426
43665CB00013B/1453